权威·前沿·原创

皮书系列为
"十二五""十三五""十四五"时期国家重点出版物出版专项规划项目

BLUE BOOK

智库成果出版与传播平台

吉林蓝皮书
BLUE BOOK OF JILIN

吉林文化发展报告（2024）

ANNUAL REPORT ON CULTURAL DEVELOPMENT OF JILIN (2024)

主　编／郭连强
副主编／周笑梅

社会科学文献出版社
SOCIAL SCIENCES ACADEMIC PRESS (CHINA)

图书在版编目(CIP)数据

吉林文化发展报告.2024/郭连强主编.--北京：
社会科学文献出版社，2024.1
（吉林蓝皮书）
ISBN 978-7-5228-3154-1

Ⅰ.①吉… Ⅱ.①郭… Ⅲ.①地方文化-文化事业-
发展-研究报告-吉林-2024 Ⅳ.①G127.34

中国国家版本馆CIP数据核字（2024）第017970号

吉林蓝皮书
吉林文化发展报告（2024）

主　　编／郭连强
副 主 编／周笑梅

出 版 人／冀祥德
组稿编辑／任文武
责任编辑／郭　峰
文稿编辑／顾　萌
责任印制／王京美

出　　版／社会科学文献出版社·城市和绿色发展分社（010）59367143
　　　　　地址：北京市北三环中路甲29号院华龙大厦　邮编：100029
　　　　　网址：www.ssap.com.cn
发　　行／社会科学文献出版社（010）59367028
印　　装／三河市东方印刷有限公司

规　　格／开本：787mm×1092mm　1/16
　　　　　印张：24　字数：359千字
版　　次／2024年1月第1版　2024年1月第1次印刷
书　　号／ISBN 978-7-5228-3154-1
定　　价／128.00元

读者服务电话：4008918866

版权所有 翻印必究

编委会

主　任　刘立新

副主任　郭连强

成　员　韩东育　陈耀辉　佟德军　苏　威　曹保明
　　　　　郑　毅　马　跃　王志刚　鄂　霞　辛本禄
　　　　　谢宇辉　周笑梅　黄松筠　刘　辉　杨春风
　　　　　吴永华　邵丽坤

主要编撰者简介

郭连强 吉林省社会科学院副院长、二级研究员，经济学博士，享受国务院政府特殊津贴专家，吉林省委决策咨询委员，吉林省政府决策咨询委员，吉林省突出贡献专家，吉林省拔尖创新人才，国家社会科学基金同行评议专家，吉林省社会科学重点领域（吉林省省情）研究基地负责人。长期从事产业经济学研究工作，有关研究咨询报告得到中央领导及省级领导批示，主持国家社会科学基金等科研项目50余项，出版著作、发表文章、上报研究报告近百项，多篇文章被《新华文摘》《中国社会科学文摘》《中国人民大学报刊复印资料》等权威期刊转载。

周笑梅 吉林省社会科学院哲学与文化研究所所长、三级研究员，法学博士，吉林省突出贡献专家，中国科学社会主义学会理事，吉林省哲学学会副会长。主要研究领域为政府治理、文化治理，主持承担中宣部马工程项目、文化部公共文化服务体系制度设计研究项目、吉林省社科基金项目等项目多项，在《政治学研究》《光明日报》等期刊及报纸发表论文30余篇，部分论文被《新华文摘》《中国人民大学报刊复印资料》等全文转载，多篇咨询报告获省级领导批示，出版专著《新型智库发展优化研究——以地方社会科学院实践为例》。

摘　要

本报告紧紧围绕习近平总书记在文化传承发展座谈会、新时代推动东北全面振兴座谈会、宣传思想文化工作会议中的重要讲话、重要指示精神，聚焦近年来吉林省文化发展实践进程，系统总结其发展经验与成果，剖析其发展难点与困境，探讨其发展规律、趋势与对策。

本报告是以吉林省社会科学院科研人员为核心研究团队，与吉林省文化管理部门、文化机构等紧密合作，与社会各界专家学者密切协同，共同研究撰写的年度报告。报告综合运用文献研究、历史研究、实证研究、统计分析、比较研究等方法，宏观层面侧重研究了吉林省文化政策体系与发展规划顶层设计、地域文脉赓续发展、文化标识打造、文旅深度融合、文化数字化、文化产业布局、文化治理转型等主题，行业层面主要关注了文物利用保护、非遗传承保护、重大题材社会科学及文艺创作、公共文化服务创新发展、文化创意产业集聚等内容。全书由总报告、历史文脉传承、文旅融合发展、红色文化赓续、公共文化服务、文学艺术探索六大板块组成。

本报告指出，吉林文化有其独特的资源禀赋和历史价值。"十四五"以来，吉林省以全面推进文化强省、文旅深度融合发展等战略为引领，进一步强化高标准文化供给，积极培育高质量文化产业，不断推动高水平文旅融合，在完善政策体系、挖掘弘扬吉林文脉精神、推动重大主题艺术创作、发展文旅新业态、提升公共文化服务效能、助推文化数字化、打造吉林文化标识等方面取得了显著成效，同时也面临诸多挑战。本报告建议坚持以党的创新理论、习近平文化思想为指导，全面贯彻党的二十大精神，赓续吉林文

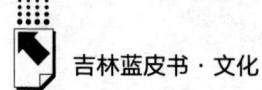

脉，弘扬吉林文化精神，重视更充分发挥"以文塑旅"中和文旅融合中的文化作用，更深入系统地为"十四五"中后期、"十五五"时期，乃至更长期的吉林文化发展谋篇布局；深入推动文物及非物质文化遗产保护体系建构，系统推进文化资源挖掘与转化利用，在推动文旅深度融合发展的同时，注重从多层面多维度推动文化与其他各项产业的融合发展，持续推动文化数字化；优化文化产业空间布局，服务于"一主六双""三大板块"发展战略，充分发挥长春在文化产业发展中的核心优势，带动东西两侧发展，以及圈层式扩展，不断促进文化产业集聚发展和文化产业链延伸；进一步系统打造吉林省文化标识与文化品牌，提升吉林文化影响力，不断推动吉林文化繁荣发展。

关键词： 吉林省　文化遗产保护　公共文化服务　文化产业　文旅融合

Abstract

The report revolves around Xi Jinping's important speeches or instructions on cultural inheritance and development, the New Era Northeast Promoting the Comprehensive Revitalization Symposium and the conference on promoting ideological and cultural work, aiming to focus on the practical progress of cultural development in Jilin Province in recent years, systematically summarize its development experience and achievements, analyze its development difficulties, and further explore its development laws, trends and countermeasures.

The report is based on the core research team of researchers from the Jilin Academy of Social Sciences, in collaboration with Jilin Provincial Cultural Management departments, cultural institutions, etc, and close collaboration with experts and scholars from all walks of life to jointly carry out research and write the annual report. The report comprehensively utilizes literature research, historical research, empirical research, statistical analysis, and comparison research, case studies and other methods. At the macro level, it have focused on studying of Jilin Province in the cultural policy system and development planning, the continuous development of regional culture, the creation of cultural logos, deep integration of culture and tourism, cultural digitization, cultural industry layout, and cultural governance transformation and other themes. At the industry level, it mainly focus on the utilization and protection of cultural relics, the inheritance and protection of intangible cultural heritage, major themes of social science and artistic creation, innovative development of public cultural services, and the clustering of cultural and creative industries. The entire book consists of a general report, inheritance of historical context, integrated development of culture and tourism, continuation of red culture, public culture service, literary and artistic exploration and other sections.

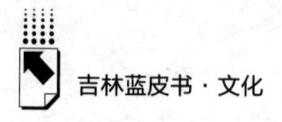

The report points out that Jilin culture has its unique resource endowment and historical value. Since the 14th Five Year Plan period, Jilin Province has been guided by strategies such as comprehensively promoting a strong cultural province and deep integration of culture and tourism, overcoming numerous difficulties in the epidemic, further strengthening the supply of high standard culture, actively cultivating high-quality cultural industries, and continuously promoting high-level integration of culture and tourism. In improving the policy system, exploring and promoting Jilin's cultural, promoting major theme art creation, developing new forms of culture and tourism, and improving the efficiency of public cultural services significant achievements have been made in promoting cultural digitization and creating Jilin cultural logos, while also facing many challenges. The report suggests adhering to the Party's innovate theory, Xi Jinping Thought on Cultural, the report fully implement the spirit of the 20th National Congress of the Communist Party of China, continue the cultural heritage of Jilin, promote the cultural spirit of Jilin, attach importance to fully exerting the cultural role of "shaping tourism with culture" in the integration of culture and tourism, and further deepen the systematic position in the mid to late period of the 14th Five Year Plan, the 15th Five Year Plan, and even the long-term planning and layout of Jilin's cultural development; deeply promote the construction of a cultural relics and intangible cultural protection system, systematically promote the excavation, transformation, and utilization of cultural resources; while promoting the deep integration of cultural and tourism development, pay attention to the integration and development of culture and other industries in multiple layers and dimensions, pay attention to the integration of culture and technology, and continue to promote cultural digitization; optimize the spatial layout of the cultural industry, based on the basic premise of the development strategy of "one main, six doubles" and "three major sectors", fully leverage Changchun's core advantages in the development of the cultural industry, drive the development of the east and west sides, and expand in a circle like manner, continuously promoting the agglomeration development of the cultural industry and the extension of the cultural industry chain; further systematically create Jilin cultural logos and brands, enhance the influence of Jilin culture, and continuously promote the prosperity and development of Jilin culture.

Keywords: Jilin Province; Cultural Heritage Protection; Public Cultural Services; Cultural Industry; Cultural Tourism Integration

目 录

Ⅰ 总报告

B.1 "十四五"以来吉林省文化发展报告 ············ 周笑梅 周 晶 / 001

Ⅱ 历史文脉传承

B.2 从"长白丛书"到"长白文库":吉林省地方大型历史丛书的
发展历程与前景规划 ·· 郑 毅 / 045

B.3 吉林省非物质文化遗产传承与保护的对策建议
·· 刘国伟 许冠华 / 056

B.4 吉林省国家级非遗代表性传承人现状调查及保护策略研究
·· 邵丽坤 魏志宇 / 069

B.5 吉林市历史文化遗产发掘现状与对策研究 ······ 王 姝 姜 军 / 086

B.6 关于吉林省夫余历史文化资源开发的建议 ················ 于 凌 / 099

B.7 满族说部的满语文传承现状及对策 ······················ 张晓晨 / 109

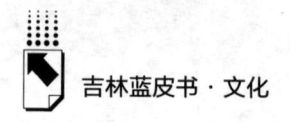

Ⅲ 文旅融合发展

B.8 吉林省"三地三摇篮"红色资源地理信息系统建设研究
　　　　　　　　　　　　　　　　　　　　　　　　李晓丹 / 120

B.9 吉林省民族文化旅游产业发展与品牌创新对策研究
　　——以吉林省查干湖景区为例……………………刘海洋 / 133

B.10 吉林省冰雪旅游目的地文化品牌形象建设研究………杨絮飞 / 148

B.11 吉林省民族民间民俗体育与文化旅游产业融合发展研究
　　　　　　　　　　　　　　　　　　　　　　　　次春雷 / 167

B.12 长春市"十四五"以来文化和旅游事业产业发展报告
　　　　　　　　　　　王靖然　吕佳蔚　崔　晗　肖　钒 / 181

B.13 通化市文旅融合发展方向及对策研究……………牟致桦 / 194

Ⅳ 红色文化赓续

B.14 吉林省东北抗联密营遗址一体化保护利用对策研究
　　　　　　　　　　　　　　　　　　　　　　　　仲海涛 / 207

B.15 吉林省东北抗联文化资源开发与利用研究
　　　　　　　　　　　　　　　　　　　谭忠艳　王丽君 / 221

B.16 吉林"三地三摇篮"红色标识的传播成效与优化对策
　　　　　　　　　　　　　　　　　　　吴永华　王宇飞 / 234

B.17 吉林省西部红色文化资源保护利用现状与提升对策
　　　　　　　　　　　　　　　　　　　　　　　　曲芳艾 / 246

Ⅴ 公共文化服务

B.18 吉林省公共文化新空间发展研究 …………………… 隋滨竹 / 259

B.19 吉林省公共图书馆传承吉林优秀传统文化实践路径与对策研究
　　…………………………………………………………… 郝菲菲 / 272

B.20 吉林省博物馆传承传统文化和地方特色文化的现状与对策
　　……………………………………………………………… 王　鹏 / 286

B.21 吉林省民族类文化馆及群众艺术馆文化影响力提升的
　　对策与建议 ……………………………………………… 李　博 / 302

Ⅵ 文学艺术探索

B.22 吉林省2021~2023年文学发展现状及未来发展路径探寻
　　……………………………………………………………… 李　克 / 314

B.23 吉林生态文学助力生态文明建设的思考与建议 ……… 杨春风 / 325

B.24 长影集团电影创作与电影产业发展现状与展望 ……… 杨　阳 / 337

B.25 文旅融合背景下长春市小剧场戏剧发展研究
　　………………………… 王　冠　付天杨　赵美娜　高一莹
　　　　　　　　　　　　　　张卓钰　张　帆　乔浩然 / 350

总 报 告

B.1
"十四五"以来吉林省文化发展报告

周笑梅 周 晶*

摘 要: 吉林文化有其独特的资源禀赋和历史价值。"十四五"以来,吉林省着眼于全面推进文化强省、冰雪旅游强省建设及文旅深度融合发展,进一步丰富高标准文化供给,积极培育高质量文化产业,不断探索高水平文旅融合,在完善政策体系、挖掘弘扬吉林文脉精神、推动重大主题艺术创作、发展文旅新业态、提升公共文化服务效能、助推文化数字化、打造吉林文化标识等方面取得了一系列显著的新进展新成绩,同时也面对着未来发展的诸多挑战。本文系统梳理了近年来,特别是"十四五"以来,吉林省文化发展所取得的重要成果,从文化资源利用转化、文化治理、文旅融合发展等方面系统探索其深层发展规律及发展趋势,并从弘扬吉林文化精神、强化整体布局、融合发展、数字赋能、推动

---

* 周笑梅,吉林省社会科学院哲学与文化研究所所长、三级研究员,主要研究方向为政府治理和文化治理;周晶,吉林省社会科学院哲学与文化研究所副研究员,主要研究方向为外国哲学和马克思主义中国化。

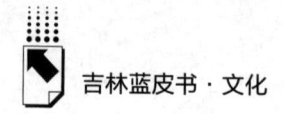

业态创新、改善文化产业空间格局、提升文化治理能力等方面提出了对策建议。

关键词： 吉林省　文化遗产保护　公共文化服务　文旅融合

独特的自然与人文历史决定了吉林文化有不可替代的特色与价值。吉林文化有自己紧密呼应中华文化整体而又与众不同的呼吸与生命力量，因而成为中华文明"满天星斗"①中独具光辉的一员。以历史为根，把握时代；以现实为基，展眺未来。吉林文化近年来的发展，呈现新场景新气象新成就，也面临新难点新问题新挑战。时至2023年，恰逢国家及地方"十四五"规划发展进程中期、贯彻党的二十大精神开局之年，本文试图在吉林经济社会发展的宏观背景下，梳理吉林文化近年来的发展成果与发展规律，探讨吉林文化的发展趋势与对策。

一　吉林省文化发展的宏观环境

（一）"1+N""N+1"，融合成为时代发展普遍范式

由全球化和科技浪潮所推动的现代化，展现出的图景繁复与耀眼，在人类历史上前所未有。自20世纪下半叶以来，融合渐成各领域的发展趋势，由学科融合，到产业融合、媒体融合，再到工业化与信息化融合、数字技术与实体经济融合、虚拟现实与行业应用融合……融合在全要素、全产业链、全价值链的每一个环节不断发生，又持续引发新一轮技术模式、业态形式、组织生态的根本变革。融合的复杂交错似乎可以归纳为，某一核心要素与其

---

① 苏秉琦：《中国文明起源新探》，生活·读书·新知三联书店，2019。苏秉琦提出中华文明之起源如"满天星斗"。自新石器时代至夏商，中华大地诸多文明交相辉映，共同塑造了"多元一体"的中华文明。

他要素融合,其他要素再反过来积极与核心要素融合。或可用"1+N""N+1"归纳大融合的往复轨迹和万维格局。由此,融合成为当代发展的普遍范式。"互联网+"时代,孕育了"+互联网"的发展格局。"文化+"时代,在"文化+产业""文化+旅游""文化+消费""文化+科技""文化+体育""文化+医药""文化+乡村振兴"的万花筒中,文化为"万物"赋能;同时,在"+文化"的大融合中,文化又不断被注入新内容、新能量,从而衍生新理念、新模态。

(二)数字化、智能化,人类加速进入数字文明时代

数字化、智能化对人类的深刻影响,在于其正在取代传统生产要素,成为生产力提升的主要驱动和发展引擎,成为科技革命和产业变革的先导力量,日益融入经济社会发展全领域全过程,深刻改变人类的生产方式、生活方式、交往方式,以及社会治理和国家治理方式。这标志着人类文明开始进入数字文明时代,而生成式 AI 在近两年的突破性发展,则加速了这一历史进程。2022 年 11 月,OpenAI 发布了 ChatGPT。2023 年,谷歌、微软的大语言模型加速升级,日本及欧洲一些国家的语言模型也取得显著进展。国内则初步形成了由百度文心一言、科大讯飞、阿里巴巴通义千问、腾讯混元等构成的大语言模型研究与应用的基本格局。由数字化、智能化到生成式 AI,对文化发展的影响同样深刻广泛,生成式 AI 对文化生产与消费的影响更是难以估量,文化新业态新模式的大量涌现,无疑将成为更为强劲的发展趋势,同时给传统的文化发展模式带来超乎以往的机遇和挑战。

(三)为人民、为人类,中国探索人类文明新形态

面对百年未有之大变局,中国共产党始终坚守对马克思主义人民属性的信仰。党的二十大报告将中国式现代化的目标与本质阐释为,为中国人民谋幸福、为中华民族谋复兴与为人类谋进步、为世界谋大同的双重使命。正是在这种意义上,中国特色社会主义道路的伟大实践,所追寻的是超越西方现代化内涵的人类文明新形态。这也成为新时代文化发展的灵魂与根基。也是

在这种意义上，习近平总书记在文化传承发展座谈会上指出，马克思主义与中华优秀传统文化的结合是"又一次的思想解放""在新的历史起点上继续推动文化繁荣、建设文化强国、建设中华民族现代文明""要坚定文化自信，坚持走自己的路"。[①] 传承发展中华优秀传统文化，实现其创造性转化与创新性发展，是新时代新征程中的文化使命，是文化人也是所有中华儿女的时代使命。

（四）优化政策、稳中有进，经济社会发展在震荡中企稳复苏

美国为主的西方国家的逆全球化战略、俄乌冲突等，共同加剧了国际国内的发展困境。面对复杂局面，党中央、国务院紧紧围绕高质量发展和构建新发展格局，坚持稳中求进工作总基调，科学精准实施宏观政策，如期打赢脱贫攻坚战，全面建成小康社会，实现第一个百年奋斗目标，开启向第二个百年奋斗目标进军新征程。在此过程中，国家产业链韧性得到提升，经济韧性和活力进一步增强，战略科技力量加快壮大，民生保障平稳推进，生态文明建设持续加强。国民经济得以进一步持续恢复，高质量发展扎实推进。2020年9月，国务院办公厅印发了《关于以新业态新模式引领新型消费加快发展的意见》；2022年8月中共中央办公厅、国务院办公厅印发了《"十四五"文化发展规划》；2023年7月，中共中央、国务院联合印发了《关于促进民营经济发展壮大的意见》；2023年9月，国务院办公厅印发了《关于释放旅游消费潜力推动旅游业高质量发展的若干措施》。这些都为文化产业、文化企业、文化新业态的发展创造了新的良好发展空间和发展环境。

（五）"一主六双""三大板块"，吉林锚定新时代全面振兴全方位振兴

党的十八大以来习近平总书记多次考察东北三省。2023年9月7日，

[①] 《坚定文化自信，矢志建设中华民族现代文明——习近平总书记在文化传承发展座谈会上的重要讲话引发热烈反响》，央广网，2023年6月3日，https://news.cnr.cn/native/gd/sz/20230605/t20230605_526276086.shtml。

在国家"振兴东北"战略实施约20年之际，习近平总书记主持召开新时代推动东北全面振兴座谈会并发表重要讲话，进一步为东北发展指明战略方位。近年来，吉林省持续深入贯彻党的十九大、二十大及习近平总书记考察东北三省重要讲话和重要指示精神。2021年，吉林省第十一届九次全会提出，吉林省要全面实施"一主六双"高质量发展战略，吉林省第十二次党代会进一步以"一主六双""三大板块"勾勒了吉林省当前和未来发展的空间格局和战略格局，深入系统部署"一主六双"高质量发展战略，推动中东西"三大板块"聚焦功能区定位，实现特色发展。突出发挥长春辐射主导的"一主"作用，聚力推进长春现代化都市圈建设，打造东北亚区域具有重要影响力的经济板块，以"双廊""双带""双线""双通道""双基地""双协同"架构起吉林现代产业体系发展整体格局。同时，吉林省努力做好"放"的文章，着力扩大对外贸易，畅通开放大通道，加强招商引资，推动创新创业，坚定推进高水平对外开放。特别是在深入贯彻习近平总书记在新时代推动东北全面振兴座谈会上的重要讲话精神中，确定了以高水平对外开放促进深层次改革高质量发展的重大方针。2023年初，吉林省抓住中俄两国元首签署联合声明、中俄两国开展"东北—远东"地区互利合作的重大机遇，进一步推动开放水平全面提升。2023年上半年，吉林省委省政府围绕防风险稳增长，打出政策"组合拳"，推动吉林经济加速发展，实现第一季度地区生产总值同比增长8.2%的首季"开门红"，①上半年地区生产总值同比增长7.7%。② 2023年中秋国庆假期，吉林省接待国内游客2538.86万人次，实现国内旅游收入192.15亿元，分别恢复到2019年同期的139.95%和143.03%，两项指标均创历史新高。③ 2023年1~8月吉林省

---

① 《吉林省一季度经济运行情况新闻发布会》，吉林省人民政府网，2023年4月20日，http：//www.jl.gov.cn/szfzt/xwfb/xwfbh/2023/jlsdzyjglbf_68971/index.html。
② 《2023年上半年吉林省地区生产总值统一核算结果》，吉林省统计局网，2023年7月24日，http：//tjj.jl.gov.cn/tjsj/qwfb/202307/t20230724_2450800.html。
③ 《努力打造世界级冰雪旅游和避暑胜地，吉林省旅游万亿级产业攻坚行动方案正式发布》，中国日报中文网，2023年10月7日，http：//ex.chinadaily.com.cn/exchange/partners/82/rss/channel/cn/columns/j3u3t6/stories/WS65215e85a310936092f24efb.html。

文化、体育和娱乐业营业收入同比增长32.6%；文旅市场强劲复苏，前三季度接待国内游客2.42亿人次，实现国内旅游收入4009亿元。① 10月，吉林省委省政府印发《吉林省旅游万亿级产业攻坚行动方案（2023—2025年）》②，强劲推动了文化旅游深度融合发展。2023年12月，第七届吉林冰雪产业国际博览会在长春开幕，八方宾客云集，活动类目新颖繁多，盛况空前。在此期间，"东方甄选"直播团队开启"吉林行"，与吉林省共同引爆了线上线下冲击顶流的吉林文化热度与产业热度，③ 吉林"冰雪+"文化建设进程迅速推进。

2023年，吉林文化发展在吉林发展的整体格局中获得了新的发展机遇和发展空间。同时，吉林优秀传统文化资源以及吉林文化新场景新业态新模式的探索，也为吉林产业体系的现代转型、产业发展的提质增效、开放格局的进一步完善，提供了文化动力与文化引擎。

二　吉林省文化发展的重要成就

"十四五"以来，吉林省着眼于全面推进文化强省、冰雪旅游强省建设，进一步丰富高标准文化供给，积极培育高质量文化产业，不断探索高水平文旅融合。

（一）强化理论武装，筑牢吉林文化发展根基

吉林省委省政府立足中心和大局，把牢建设文化强省的主攻方向，以

---

① 《前三季度，我省文旅市场亮点频频，复苏势头强劲——人气升腾"吸睛"又"吸金"》，吉林省文化与旅游厅门户网站，2023年10月30日，http://whhlyt.jl.gov.cn/stdt/202310/t20231030_8819762.html。

② 《省委省政府印发〈吉林省旅游万亿级产业攻坚行动方案（2023—2025年）〉》，吉林省文化与旅游厅门户网站，2023年10月9日，http://whhlyt.jl.gov.cn/stdt/202310/t20231009_8809394.html。

③ 《在冰天雪地燃起炙热发展动能——从"东方甄选"吉林行观察我省三大产业发展亮点》，吉林省文化与旅游厅门户网站，2023年12月14日，http://whhlyt.jl.gov.cn/stdt/202310/t20231009_8809394.html。

习近平新时代中国特色社会主义思想引领吉林文化软实力建设，着力壮大主流舆论、弘扬主流价值、发展先进文化，不断汇聚振兴发展正能量，增强人民精神力量。

1. 用党的创新理论凝心铸魂

一是深入学习贯彻党的创新理论。为深入学习贯彻和广泛传播习近平新时代中国特色社会主义思想和党的十九大及十九届历次全会精神、党的二十大精神，吉林省委打造立体化工作格局，发挥"关键少数"示范带动作用，探索建立"第一议题""七讲七进"等学习及宣讲制度。党代会基层代表等宣讲队伍，近年累计在全省开展各类宣传宣讲20余万场。二是筑牢主流舆论阵地。聚焦习近平新时代中国特色社会主义思想及习近平总书记视察东北的重要讲话和重要指示精神，特别是习近平总书记在新时代推动东北全面振兴座谈会上的重要讲话精神，党中央和省委省政府决策部署、脱贫攻坚等重大宣传任务、工作主题，吉林省委宣传部加强议题设置，统筹媒体资源和宣传力量，推动形成振兴发展的主流舆论强势，打造了"好好学习""总书记和人民心贴心""解放思想推动吉林高质量发展"等专题专栏品牌。三是推出建党百年重大展演。2021年，吉林省委宣传部组织主题展览，浓缩呈现吉林大地沧桑巨变，11家国家和地方博物馆协办，500余幅照片、121件珍贵文物首次展出，累计接待访客30余万人次。推出"信仰的力量——吉林省庆祝中国共产党成立100周年专场文艺演出"，以吉林百年党史为脉络，用新的艺术形式展现重要历史事件和人物，引发热烈反响。四是积极推动解放思想再深入。为推动吉林全面振兴全方位振兴，制定《"解放思想再深入、全面振兴新突破"教育实践活动推进方案》，组织推动各级党委（党组）理论学习中心组聚焦主题加强学习研讨，把解放思想作为工作主线贯穿始终。

2. 全方位提升社会文明程度

第一，深入推进爱国主义教育。2020年，举办中国人民抗日战争暨世界反法西斯战争胜利75周年、中国人民志愿军抗美援朝出国作战70周年系列纪念活动，召开杨靖宇精神与东北抗联研究高端论坛；确定长春中国光学科学技术馆等13家基地为第六批吉林省爱国主义教育基地，组织开展"传承红色基因、赓续红色血脉"——"五走进"红色教育活动，对四平战役纪念馆等4家爱国主义教育基地的陈列布展启动改造提升工程，长白山老黑河遗址和中车长客股份公司高速动车组制造中心入选全国爱国主义教育示范基地。第二，持续以典型人物引领文明风尚。吉林省广泛持续开展"吉林好人""最美人物""最美家庭"等系列评选活动，出台《吉林省道德模范评选表彰管理暂行办法》，开展"吉林好人·最美教师暨黄大年式好老师"评选发布活动。2020年，"永葆革命本色的抗美援朝老英雄"徐振明被中宣部授予"时代楷模"荣誉称号；2022年，张超凡、徐振明入选第八届全国道德模范，钟敬英等8人获提名奖。第三，实现新时代文明实践中心全覆盖。在全国率先实现新时代文明实践中心县乡村三级全覆盖，长春市九台区被确定为全国10个新时代文明实践中心试点工作先行试验区之一。第四，高质量做好文明城市创建工作。继长春市、梅河口市、敦化市获全国文明城市荣誉称号后，吉林市、延吉市、通化县、集安市入选全国文明城市。2021年，长春市九台区、舒兰市、延吉市、敦化市、靖宇县等5个地区，成为中央文明办首批"乡村复兴少年宫"试点。

3. 扎实推进马克思主义中国化时代化研究

吉林省哲学社会科学研究始终坚持以马克思主义为引领，坚持把马克思主义基本原理同中国具体实际相结合、同中华优秀传统文化相结合，不断提升研究质量，产出了一大批高水平前沿性学术成果。近年来，20余部著作入选国家哲学社会科学成果文库。代表性著作有孙正聿撰写的《马克思主义基础理论研究》《哲学：思想的前提批判》、张文显撰写的《知识经济与法律制度创新》、陈秉公撰写的《主体人类学原理："主体人类学"概念提出及知识体系建构》、宋冬林撰写的《资源枯竭型地区经济转型政策研究》、韩喜平撰写的《中国特色社会主义民生制度建设研究》等。孙正聿的著作《掌握"看家本领"》将马克思主义哲学这一共产党人的"看家本领"深入浅出地介绍出来，深受读者欢迎，并荣获第十六届精神文明建设"五个一工程"优秀作品奖。

2022年,吉林大学孙正聿获中宣部、教育部颁发的"全国教书育人楷模"称号①(全国仅12人)。2023年,东北师范大学史宁中教授获"全国教书育人楷模"称号。② 2020年,孙正聿带领的吉林大学马克思主义哲学教师团队入选"全国高校黄大年式教师团队"。2021年,孙正聿捐献"杰出教学奖"所获全部奖金100万元人民币,设立吉林大学教育教学改革奖励基金,专项用于奖励支持在教育教学改革研究和通识教育方面做出突出贡献的青年教师。③

(二)高位谋篇布局,吉林文化政策体系日臻完善

围绕建设旅游强省和文化强省"双轮驱动""两翼齐飞"的发展目标,吉林省委省政府、吉林省委宣传部、吉林省文旅厅以文化政策引领和保障文化发展,因时而动,探索文化政策创新突破,完善文化政策体系,制定出台了一系列影响重大的规划、法规及政策(见表1),以保障提升公共文化服务水平,促进文化产业转型升级,推动文化整体高质量发展。

表1 吉林省2020~2023年新颁布的主要文化规划及政策法规

内容	时间	发文机关	文件名称
整体规划	2021年10月	中共吉林省委、吉林省人民政府	《吉林省冰雪产业高质量发展规划(2021-2035年)》
	2021年11月	吉林省人民政府办公厅	《吉林省文化和旅游发展"十四五"规划》
	2022年2月	吉林省人民政府	《"一主六双"高质量发展战略专项规划》

---

① 《2022年"全国教书育人楷模"孙正聿:以哲启思,以文化人》,腾讯网,2022年9月8日, https://new.qq.com/rain/a/20220908A03VSE00。
② 《2023年全国教书育人楷模名单公布》,中华人民共和国教育部政府门户网站,2023年9月1日, http://www.moe.gov.cn/fbh/live/2023/55499/mtbd/202309/t20230901_1077698.html。
③ 《以哲启思,以文化人——记吉林大学教授孙正聿》,中华人民共和国教育部网站,2022年9月8日, http://www.moe.gov.cn/jyb_xwfb/xw_zt/moe_357/jjyzt_2022/2022_zt16/jjsyr/202209/t20220908_659528.html。

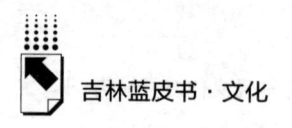

续表

内容	时间	发文机关	文件名称
整体规划	2022年7月	中共吉林省委办公厅、吉林省人民政府办公厅	《吉林省推进文化数字化战略的实施方案》
	2022年8月	中共吉林省委、吉林省人民政府	《吉林省"十四五"文化发展规划》
	2022年12月	中共吉林省委办公厅	《吉林省"十四五"时期哲学社会科学发展规划》
文化传承保护	2018年12月	中共吉林省委办公厅、吉林省人民政府办公厅	《关于吉林省革命文物保护利用工程(2018-2022年)的实施意见》
	2019年11月	吉林省文化和旅游厅	《吉林省省级文化生态保护区管理办法》
	2019年	吉林省文化和旅游厅	《关于加强文物保护利用改革的实施意见》
	2020年3月	吉林省文化和旅游厅	《吉林省省级非物质文化遗产代表性传承人认定与管理办法》
	2020年10月	吉林省文化和旅游厅	《吉林省革命文物保护利用规划纲要》
	2020年10月	吉林省文化和旅游厅	《吉林省东北抗联文物保护专项规划》
	2021年	中共吉林省委办公厅	《吉林省进一步传承发展红色文化实施方案》
	2022年1月	吉林省文化和旅游厅	《吉林省文物事业发展十四五规划》
公共文化服务	2020年11月	吉林省财政厅	《吉林省公共文化领域财政事权和支出责任划分改革方案》
	2021年	吉林省文化和旅游厅	《吉林省基本公共文化服务实施标准(2021年版)》
	2023年6月	吉林省文化和旅游厅	《推进全省公共文化新空间建设行动方案》
	2023年7月	吉林省人大常委会	《吉林省公共文化服务保障条例》
文化产业发展	2018年7月	中共吉林省委、吉林省人民政府	《关于推进避暑休闲产业创新发展的实施意见》
	2022年6月	中共吉林省委宣传部	《关于实施文化产业高质量发展十大行动的工作方案》
	2022年11月	吉林省文化和旅游厅	《关于促进和规范文化市场新业态发展的意见》
	2023年5月	吉林省文化和旅游厅	《推进"剧本娱乐+"等文旅市场新业态发展试点工作方案》

续表

内容	时间	发文机关	文件名称
文旅融合发展	2019年5月	吉林省文化和旅游厅	《关于推进"双线"规划实施的若干政策》
	2021年5月	吉林省文化和旅游厅	《关于活化红色资源推动红色旅游高质量发展的实施方案》
	2021年6月	吉林省人民政府	《吉林省人民政府关于推进乡村旅游高质量发展的实施意见》
	2021年8月	吉林省文化和旅游厅	《关于推动旅游业攻坚发展专项行动方案》
	2022年4月	吉林省文化和旅游厅	《长通白延吉长避暑休闲冰雪旅游大环线发展规划(修编)》
	2022年4月	吉林省文化和旅游厅	《长松大白通长河湖草原湿地旅游大环线发展规划(修编)》
	2023年10月	中共吉林省委、吉林省人民政府	《吉林省旅游万亿级产业攻坚行动方案(2023—2025年)》
文旅纾困	2020年2月	吉林省文化和旅游厅	《吉林文旅"春风计划"》
	2020年3月	吉林省文化和旅游厅、中国人民银行长春中心支行	《关于用好货币政策工具做好全省文旅企业金融支持工作的通知》
	2021年7月	吉林省地方金融监督管理局、吉林省文化和旅游厅等	《关于金融支持吉林省文化和旅游产业发展的若干措施》
	2022年5月	吉林省文化和旅游厅	《支持文旅企业复工复业促进文旅市场疫后复苏的若干政策措施》
	2022年10月	吉林省文化和旅游厅、吉林省财政厅	《吉林省扶持涉旅企业奖补细则》
优化营商环境	2023年2月	中共吉林省委台湾工作办公室、吉林省人民政府台湾事务办公室	《关于促进长台经济文化交流合作的实施办法》
	2023年6月	吉林省文化和旅游厅	《吉林省"引客入吉"和文旅项目招商政策》

资料来源：根据相关网络资料分析整理。

整体规划方面。为推动吉林文化和旅游高质量发展，吉林省委省政府高位谋划，整体布局，出台多项重大规划。在全面振兴全方位振兴的总体战略下，特别是在吉林省现代产业体系总体布局下，吉林围绕文化强省、旅游强省、冰雪经济强省目标，对"十四五"期间吉林省文化软实力、文化产业及文旅融合发展做出系统部署，确定了旅游强省及冰雪产业开拓发展的宏伟蓝图。① 整体上，相关规划将吉林文化发展置于与吉林省现代产业体系发展的密切关联下，整体上为文化产业的转型升级及其与其他产业的融合发展提供了宽广的探索与行动空间。

文化传承保护方面。为传承弘扬吉林优秀传统文化，加强非物质文化遗产区域性整体保护，培育吉林省文化生态环境，在吉林省原有文物保护及非遗传承保护政策基础上，制定系统规划，突出健全吉林特色文物保护利用体系、吉林特色革命文物保护利用格局、红色文化保护利用等系列红色文化工程、省级文化生态保护区建设②、省级非物质文化遗产代表性传承人认定管理等主要内容，出台了多项相关重要专项规划、实施意见及方案，有效推进了吉林省文化传承保护体系与基本格局的构建和提升。

公共文化服务方面。《吉林省公共文化服务保障条例》③、《吉林省基本公共文化服务实施标准（2021年版）》、吉林省公共文化领域财政事权和支出责任划分有关政策的出台，使公共文化服务体系建设、公民文化权益保护、公共文化服务财政保障，以及基层文化治理现代化，在地方立法层面得到更有力的法律保障；同时，制定了关于公共文化数字化、主题文化活动、示范区复核、古籍保护利用、志愿者工作等多个专题性实施方案，有效推动各专项工作顺利推进。同时，连续三年制定下发《全省乡村公共文化建设

---

① 《〈吉林省冰雪产业高质量发展规划（2021-2035年）〉发布》，吉林省人民政府网，2021年10月29日，http：//www.jl.gov.cn/zw/yw/zwlb/sz/202110/t20211029_8262280.html；《吉林省人民政府办公厅关于印发吉林省文化和旅游发展"十四五"规划的通知》，吉林省人民政府网，2021年11月11日，http：//xxgk.jl.gov.cn/szf/gkml/202111/t20211111_8281588.html。
② 《吉林省文化和旅游厅关于印发〈吉林省省级文化生态保护区管理办法〉的通知》，吉林省人民政府网，2020年11月3日，http：//xxgk.jl.gov.cn/zcbm/fgw_98067/xxgkmlqy/202011/t20201103_7690547.html。
③ 《吉林省公共文化服务保障条例（2023年7月27日吉林省第十四届人民代表大会 常务委员会第五次会议通过）》，吉林省人民代表大会常务委员会网，2023年7月31日，http：//jlrd.gov.cn/xwzx/dfxfg/202307/t20230731_8746857.html。

专项行动方案》，助力乡村振兴。

文化产业发展方面。2022年吉林省推出文化产业高质量发展十大行动，以切实的政策引导与扶持，着力推动现代文化产业体系和文化市场体系建设。同时，吉林省近两年的文化政策动向，突出了对影视、出版、文化创意、演出娱乐、文化数字产业等方面文旅市场新业态发展的引导、扶持与规范。

文旅融合发展方面。《关于推动旅游业攻坚发展专项行动方案》[1]从"全域旅游示范区"创建、特色旅游休闲街区打造、冰雪产品供给、乡村旅游质量提升、红色旅游产品深度挖掘、特色文创旅游产品开发等多方面系统部署了吉林省文化与旅游融合发展的目标与任务。同时，自2019年以来，围绕"双线"规划的实施方案与修编、红色旅游、乡村旅游、文化遗产旅游等重要内容，吉林省文化政策显著创新。

文旅纾困方面。2020~2022年，吉林省综合施策，出台系统涵盖奖补、金融、税收扶持等内容的多项政策，加大项目扶持力度，宣传领航、监管护航，创新文化供给，激发文化活力，提振文旅消费，全力引导和支持文旅企业共克时艰，再谋发展。

优化营商环境方面。在2021年出台的"促进吉台经济文化交流36条措施"基础上，吉林省委台办、省政府台办共同发布了《关于促进长台经济文化交流合作的实施办法》；首次出台《吉林省"引客入吉"和文旅项目招商政策》[2]，为优化文化发展的营商环境奠定政策基础。

（三）发掘保护吉林文脉，推动文化传承发展

1. 启动"吉林文脉"传承工程

2022年，为深入贯彻落实党的二十大精神，特别是贯彻文化传承发展座谈会和省委相关决策部署，着力推进优秀传统文化创造性转化、创新

---

[1]《吉林省文化和旅游厅关于印发〈关于推动旅游业攻坚发展专项行动方案〉的通知》，吉林省文化和旅游厅网，2021年8月20日，http://whhlyt.jl.gov.cn/zwgk/tzgg/202108/t20210820_8190975.html。

[2]《关于印发〈吉林省"引客入吉"和文旅项目招商政策〉的通知》，吉林省文化和旅游厅网，2023年7月3日，http://whhlyt.jl.gov.cn/zwgk/tzgg/202307/t20230703_8732630.html。

性发展，吉林省委宣传部启动了重大文化工程"吉林文脉"传承工程。第一，成立"吉林文脉"编撰工作领导小组，组织召开"吉林文脉"项目调度会，调阅吉林省已出版的与"吉林文脉"有关的书籍和档案资料，对"吉林文脉"编撰工作开展密集调研和工作督导。第二，召开文艺界政协委员主题座谈会、省内著名专家学者座谈会，征求省内相关单位和部门对编撰"吉林文脉"的意见建议。第三，研究制定《"吉林文脉"编辑出版工作方案》。第四，组织召开传世文献《昭明文选》影印出版工作专家论证会、相关工作调度会，以及举行项目签约仪式。目前，"吉林文脉"系列丛书已落实项目24项总计105册；"长白文库"已出版3辑43册，2023年拟出版1辑10册。"长白山学术文库"已出版1辑10册，2023年拟出版1辑14册。

吉林出版集团主动承接"吉林文脉"重大出版工程，自2022年起，已陆续推出"长白山学术文库""长白文库""长白遗珠系列丛书"等出版物，并积极推进《影印〈昭明文选〉（宋版）》《吉林访古》《吉林地区长白山周边考古资料汇编》等选题，力求讲好吉林文化前世今生。北华大学在（20世纪80年代以来）"长白丛书"116部编纂基础上，承担了"长白文库"的编纂工作，通过搜集近年新见吉林地域文献，精心编辑整理、精选底本、重新校勘、酌加注释，特别增加了近年新见文献、域外文献、散佚文献类目。

2.构建文物保护利用体系

吉林省文物资源丰富，以夫余、渤海遗存为标志，其代表着汉唐时期东北亚文明发展的顶峰，构成了吉林文物工作的边疆性、民族性和国际性特征。

编制完善整体规划。吉林省文旅厅编制完成《吉林省文物事业发展十四五规划》，制定了文物事业发展总方案，形成"五片""两线""一带""十八点"的文物保护总体格局、"一线、两地、三集群、七组团、十片区"的吉林特色革命文物保护利用格局，并将其列入《吉林省文化和旅游发展"十四五"规划》，形成了"1+3+N"规划体系。

考古成果累积丰硕。近年来，吉林省取得了丰富的考古成果（见表2），这些考古成果诠释了吉林文明起源和发展的历史脉络，展示了吉林文明的灿烂成就，彰显了吉林文明对中国统一多民族国家形成与发展做出的重大贡献。

表2 吉林省有关吉林文明探源重大考古成果

内容	影响
金代长白山神庙遗址、磨盘村山城、珲春古城村寺庙址考古发掘项目	先后入选"全国十大考古新发现"
高句丽王城王陵及贵族墓葬发掘项目	入选"百年百大考古发现"
距今100万年前郭县王府屯遗址的发现	延伸了历史轴线，将吉林省人类活动的历史上溯到旧石器时代早中期
长白山金代神庙遗址的发掘	增强了历史信度，找到了长白山地区历史归属的实物证据
集安高句丽王城、王陵及贵族墓葬的调查与发掘	丰富了历史内涵，充分展示了高句丽文明的璀璨绚丽
渤海中京显德府、敦化六顶山墓地等渤海遗址的发掘与保护	活化了历史场景，再现了"海东盛国"的历史风貌

资料来源：根据相关机构提供资料整理。

此外，首次对东北抗联创建地磐石红石砬子抗联遗址群进行考古调查和发掘，新发现遗址点3000余处，出土抗联文物600余件。考古成果宣传渠道进一步拓展。

重大工程持续推进。一是世界文化遗产保护利用项目有序推进。组织实施了丸都山城本体保护工程，五盔坟4号墓及三室墓防渗保护工程，高句丽王城、王陵及贵族墓葬保护展示工程（一期），世界文化遗产监测预警系统建设项目，以及壁画墓修缮与微环境微生物监测工程等项目，世界文化遗产保护展示利用水平显著提高。二是以大遗址为核心的文物保护工程全面实施。长白山神庙遗址保护利用项目高效推进，《长白山神庙遗址保护规划

（2020-2035）》经省政府批准实施。长白山神庙遗址保护与展示一期环境整治工程启动实施，该项目完成后将有效保护金代长白山神庙遗址本体及其历史环境，延续自古以来礼敬长白山的文化传承，切实保障国家文化安全，带动长白山文化旅游和经济发展。三是推动渤海中京城展示提升一期工程、龙头山古墓群基础设施建设项目、龙潭山城城墙及城门本体加固保护工程、苏密城城垣保护工程及环境整治项目、延边边墙平峰山段抢险加固工程、南台子古城保护性设施建设项目实施。

构建遗址公园体系。集安高句丽国家考古遗址公园、渤海中京国家考古遗址公园被正式列入国家考古遗址公园名录，现已建设成为集文化宣传、社会教育、旅游休闲等多功能于一体的文旅融合新地标。成功推动磨盘村山城、柳河罗通山城、金代长白山神庙遗址列入国家考古遗址公园立项名单；龙首山山城、二龙湖古城、苏密城址、城四家子城址、长白山神庙、舒兰完颜希尹家族墓地和通化自安山城被公布为省级考古遗址公园。

完善考古信息平台。实施了"吉林省西部地区古代城址航拍影像及三维数据采集项目"，完成45处古代城址航拍、三维数据采集及考古调查工作，为以宏观视角观察辽金时期城址状态及城址本体监测夯实了工作基础，进一步完善了区域城市考古研究信息平台。

3. 夯实非遗传承保护新格局根基

"十四五"以来，吉林省进一步突出非遗整体性、系统性保护，不断完善非遗工作体系和保护传承体系，非遗保护呈现良好成效，社会传承活力明显增强。

完善非遗名录体系建设。2021年吉林省共评定68个省级非遗代表性项目，2022年，认定63家单位为第五批省级非遗代表性项目保护单位并组织开展非遗项目保护单位检查和调整工作，全省374个项目保护单位中，267个检查合格并保留资格，75个调整保护单位，32个限期整改或取消资格。

开展代表性传承人评估。对国家级代表性传承人、274位健在的省级代表性传承人进行评估，评估采取传承人自评、文化和旅游部门实地评估和第三方评估相结合的方式开展。组织开展第六批国家级非遗代表性传承人申报和推荐工作。2022年通过各地申报、指导修改申报材料、专家评审、复核、社会公示等环节，向文旅部非遗司报送推荐27名国家级非遗代表性传承人相关文件。

强化非遗传承能力建设。2021年1~3月，文旅部非遗司举办国家级非遗代表性传承人记录线上培训，吉林省组织省文旅厅非遗处、省非遗保护中心工作人员以及记录工程执行团队共20名学员参加培训。为贯彻落实"中国非遗传承人群研培计划"，吉林省文旅厅联合高校多次举办传承人群研修班，深入实施中国非遗传承人群研培计划（见表3）。

表3　吉林省2020~2022年贯彻"中国非遗传承人群研培计划"主要情况

年份	举办方	承办方	研修班名称	培训内容
2020	吉林省文化和旅游厅	吉林艺术学院	东北大鼓研修班	东北大鼓传承人培训和实践活动
2020	吉林省文化和旅游厅	吉林艺术学院戏曲学院	东北二人转非遗传承人群研修班	学习把握二人转自身传承发展规律，提高传承实践能力
2021	吉林省文化和旅游厅	延边大学	伽倻琴艺术传承人群研修班	提升伽倻琴艺术传承能力，与传承人共同探讨研究传统音乐融入现代生活的途径
2021	吉林省文化和旅游厅	吉林艺术学院	蒙古族马头琴音乐非遗传承人群培训班	培养非遗传承人群的文化艺术素养、审美能力、表演能力
2022	吉林省文化和旅游厅	通化师范学院	吉林省传统工艺高质量传承发展研修班（满族刺绣与满族服饰制作技艺）	满族刺绣与满族服饰制作技艺传承保护与创新性融合发展

资料来源：根据相关工作部门资料及网络资料分析整理。

认定非遗特色村镇申报名录。按照国家和吉林省关于建设非遗特色村镇的有关要求，组织开展了省级非遗特色村镇调研摸底工作，通过各地申报，征集到23个村镇，建立了全省第一批非遗特色村镇申报名录。同时，结合开展乡村旅游重点村、精品村建设，全省认定了辽源市东辽县辽河源镇安北村、白山市长白朝鲜族自治县马鹿沟镇果园村、延边朝鲜族自治州敦化市大蒲柴河镇大蒲柴河村等3个省级试点培育非遗村落。

（四）加速文化治理转型，助推吉林重大主题创作

以坚决扛起文艺为人民的政治责任为目标，吉林省深入推动文化治理现代化，持续深入实施文艺作品质量提升工程。一是充分发挥文艺工作在大宣传工作格局中的作用，高标准谋划文艺精品创作和文艺人才培养。二是建立重大选题论证机制、剧本遴选和激励机制，从创作、资金和政策等方面给予大力支持。三是坚持组织化、项目化管理，多次在北京组织召开重点作品研讨会，成立重点项目推进专班。四是建立吉林省重点文艺创作项目库。五是统筹指导省市县、高校、地方以及民间等文艺创作资源和力量，积极发掘和吸引省外创作力量为吉林重点项目做贡献，汇聚各领域资源优势推进重点项目创作，大大提高文艺作品创作的质量和效率。

吉林省近年的重大主题创作，涉及庆祝建党百年、红色文化、新时代工业文化、脱贫攻坚、乡村振兴、民族文化等重大主题，这些作品是吉林文艺创作践行以人民为中心创作导向、发时代之声、为时代讴歌的代表作品，可谓硕果累累，为吉林全面振兴全方位振兴注入磅礴精神力量，使吉林渐成文艺资源集聚地、文艺精品创作策源地、文艺现象诞生地。

中宣部奖项与扶持。多项作品获"五个一工程"奖等中宣部奖项与扶持（见表4），为吉林文化发展赢得殊荣与更好的发展条件。

表4 2019~2022年吉林省重大主题创作获中宣部奖项与扶持

年份	作品	奖项与扶持类别
2019	电影《黄大年》、广播剧《大国工匠》、歌曲《时代号子》、长篇儿童小说《陈土豆的红灯笼》	中宣部第十五届精神文明建设"五个一工程"奖
2020	音像出版物《伟大的友谊 共同的信仰》	中宣部庆祝中国共产党成立100周年重点主题出版物
2021	图书出版物《民心向党》	中宣部2021年主题出版重点出版物

续表

年份	作品	奖项与扶持类别
2022	电影《狙击手》、电视剧《人世间》、广播剧《黑色沃土》、图书《掌握"看家本领"》	中宣部第十六届精神文明建设"五个一工程"奖
	图书《热血:东北抗联》《从民族独立到人类命运——中国共产党国际事务法理主张的历史演进》《纪录小康工程(吉林卷)》	中宣部2022年主题出版重点出版物

资料来源：根据相关工作部门资料及网络资料分析整理。

国家级最高奖项或扶持。2020年以来，吉林省多部作品连续获得国家级最高奖项或扶持（见表5），每一个获奖成果背后都凝聚了吉林省文化治理转型的有力推动、吉林省文化创作人员与团队的不懈创新与倾力奉献。

表5 2020~2022年吉林省重大主题创作获国家级最高奖项或扶持

年份	主创单位/人员	作品	奖项或扶持类别
2020	吉林市歌舞团文化传媒股份有限公司	大型原创民族舞剧《红旗》	第十二届中国舞蹈"荷花奖"舞剧奖
	吉林省梨树县地方戏曲剧团有限公司	二人转《双菊花》(创作并演出)	第十一届中国曲艺"牡丹奖"节目奖
	吉林省委宣传部策划指导、吉林省广电局和吉林广播电视台联合摄制	3集纪录片《海兰江畔稻花香》	第二十六届中国电视"星光奖"最佳纪录片奖
	吉林艺术学院动漫学院	动画短片《生生不息》	第十六届中国国际动漫节"金猴奖"最佳动画短片奖
	吉林出版集团股份有限公司	《千万个明天》(波兰文)	丝路书香工程
	吉林科学技术出版社	《绿水青山也是金山银山》(阿拉伯文)	丝路书香工程
	作者许连顺、译者朱霞	长篇小说《舞动的木偶》(朝鲜文)	作者、译者分获第十二届全国少数民族文学"骏马奖"长篇小说奖和翻译奖(朝鲜文译汉文)

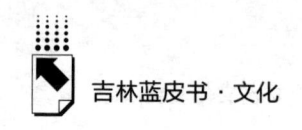

续表

年份	主创单位/人员	作品	奖项或扶持类别
2021	吉林省社会科学院主创、国家图书馆出版社出版 编者：邵汉明、王建朗、金以林、武向平	"近代日本对华调查档案资料丛刊"	全国历史学界年度重大成果
	吉林出版集团 作者：谢华良	长篇儿童小说《陈土豆的红灯笼》	第十一届全国优秀儿童文学奖
	吉林省杂技家协会、长春市杂技团	情景魔术作品《红》	2021年第十一届中国杂技"金菊奖"
	延边歌舞团	原创中国朝鲜族情景歌舞诗《海兰江畔稻花香》	第六届全国少数民族文艺会演优秀剧目奖
2022	吉林省戏曲剧院院长、著名京剧表演艺术家倪茂才	京剧《杨靖宇》	倪茂才获第十七届文华奖表演奖（全国仅9人）
	长春人文学院	东北秧歌舞蹈《姥姥的田》	中国舞蹈"荷花奖"民族民间舞奖，在43个入围作品中名列第二
	中央电视台、中共江苏省委宣传部、中共吉林省委宣传部、中国电视剧制作中心等	电视剧《人世间》	第三十一届中国电视金鹰奖优秀电视剧、最佳导演、最佳男主角、最佳女主角四项大奖
	延边大学出版社	长篇小说《芬芳大地》	入选中国作协影视转化重点书目（全国仅15部）
	时代文艺出版社	长篇小说《女子中队》	
	吉林出版集团股份有限公司	长篇小说《一半是天堂》	
	吉林教育出版社有限责任公司	《中国修辞史》	2022年经典中国国际出版工程立项项目
	吉林出版集团股份有限公司	《雕花匠》（阿拉伯文）	丝路书香工程

资料来源：根据相关工作部门资料及网络资料分析整理。

持续推出新一批热播电视剧。反映吉林省脱贫攻坚伟大历史成就的农村题材电视剧《鲜花盛开的山村》2021年先后登陆央视一套、央视八套，取得同时段收视率第一的好成绩。电视剧《冰雪之名》《鹿鸣春晓》《冰雪尖刀连》《父辈的荣耀》《铁骨忠魂》等近年来陆续在央视及多家卫视热播。

重大主题戏剧作品热演。2021年，以全国道德模范谷凤杰为原型的吉剧《幸福花开》在省内演出 50 余场次，"梨花飘香——吉林二人转专场演出"在北京举行。京剧《杨靖宇》、民族交响乐《高粱红了》、满族新城戏《洒下一米阳光》等吉林省优秀原创作品参加全国"庆祝中国共产党成立 100 周年优秀舞台艺术作品展演活动"，舞剧《红旗》在京演出。2022 年，松原市文旅局与长春伪满皇宫博物院达成战略合作，满族新城戏《铁血女真》在伪满皇宫剧场连演 2 场，深受广大游客欢迎，也开创了吉林省文旅融合的一个新范本。

持续推进新一轮创作。在吉林省相关文化管理部门支持推动下，吉剧《风雪长白山》、评剧《燕子来时》、大型文旅演艺项目"粉雪传奇"、纪录片《山水奇石》等创作积极有序展开。

（五）提升公共文化服务效能，塑造吉林公共文化新型空间

1. 完善公共文化基础设施网络

近年吉林省持续推进公共文化基础设施建设，不断提升和完善服务网络。2021 年，吉林省公共图书馆建筑面积 32.9 万平方米，阅览室面积 10.6 万平方米（见图 1），每万人拥有群众文化设施建筑面积 288.1 平方米（见图 2），相关条件呈逐年提升态势。

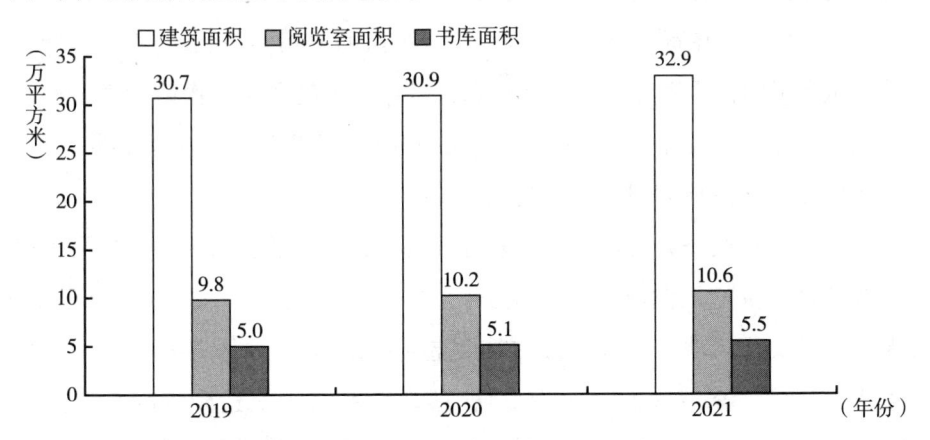

图 1　2019~2021 年吉林省公共图书馆建筑面积、阅览室面积及书库面积

资料来源：根据 2020~2022 年《中国文化和旅游统计年鉴》相关数据分析制作。

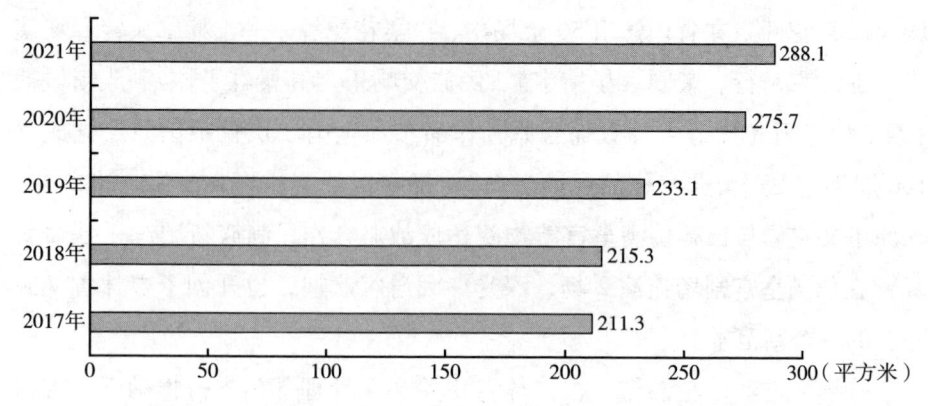

年份	面积（平方米）
2021年	288.1
2020年	275.7
2019年	233.1
2018年	215.3
2017年	211.3

图2 2017~2021年吉林省每万人拥有群众文化设施建筑面积

资料来源：根据2018~2022年《中国文化和旅游统计年鉴》相关数据分析制作。

目前已完成省美术馆、省近现代史展览馆、省文化活动中心相关选址、审批、设计方案评审等开工前期全部工作；辽源市文博图三馆、四平市文图两馆、梅河口文化中心、柳河县文化馆等一批市县两级公共文化重点设施相继建成并投入使用，进一步提升了全省设施建设达标率；在第六次全省公共图书馆、文化馆评估定级中，吉林省上等级馆数量较上次评估分别增长18.2%和10.8%，其中，一级馆分别增长3.5%和10.0%；推动完成80个乡镇综合文化站治理工作，实现了乡镇公共文化有阵地、有活动、有经费、有队伍的基本目标，周免费开放时长基本达到42小时；吉林省完成全省乡村博物馆建设试点工作，并将其作为一项常态化工作，规范乡村博物馆设立标准和管理制度，将乡村博物馆作为博物馆体系的有效补充逐步加以规范完善。

2. 2017~2021年公共文化产品供给

近年来，各级公益文化单位从多方面努力，以灵活有效的方式尽最大努力，为群众提供充足优质的文化服务。文旅部统计显示，自2020年以来，相关服务及文化活动活跃度呈逐步恢复趋势。2021年吉林省公共图书馆总流通人次达到510万人次（见图3）；参观博物馆人次达到580.5万人次（见图4），举办展览366次；群众文化机构组织群众活动9824次，举办训练班1.4万余次（见图5）。

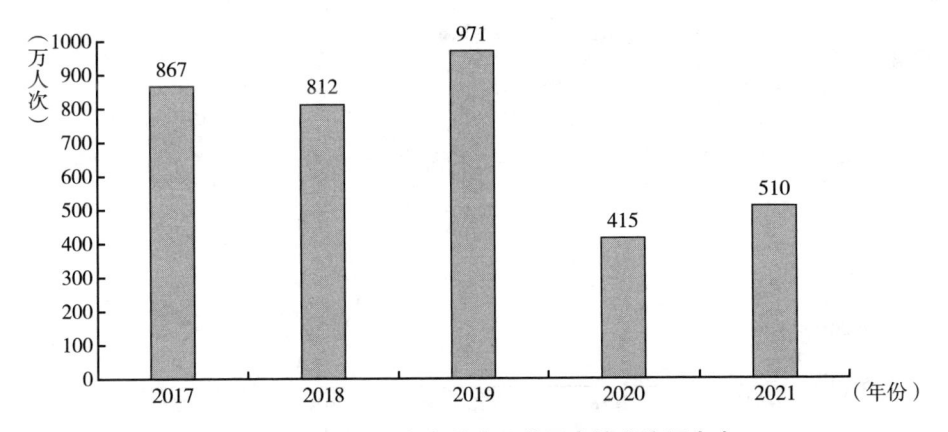

图3 2017~2021年吉林省公共图书馆总流通人次

数据：2017年867万人次；2018年812万人次；2019年971万人次；2020年415万人次；2021年510万人次。

资料来源：根据2018~2022年《中国文化和旅游统计年鉴》相关数据分析制作。

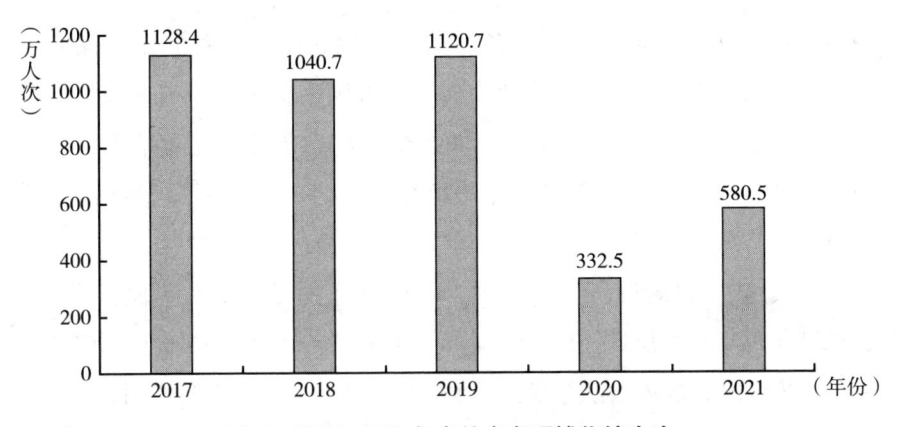

图4 2017~2021年吉林省参观博物馆人次

数据：2017年1128.4万人次；2018年1040.7万人次；2019年1120.7万人次；2020年332.5万人次；2021年580.5万人次。

资料来源：根据2018~2022年《中国文化和旅游统计年鉴》相关数据分析制作。

第一，"三馆"积极提供基本服务和惠民服务。吉林省文化站2021年开展各类文化活动2.57万次，直接惠民730余万人次，2022年为1.6万次，直接惠民466万人次；吉林省公共图书馆2021年举办讲座、展览等活动2600余次，直接惠民112万余人次，2022年为2100余次，直接惠民128万余人次，有效满足了群众文化需求。2022年，伪满皇宫博物院暨东北沦陷史陈列馆举办的"侵华日军第一〇〇部队细菌战罪证陈列"获国家展陈评

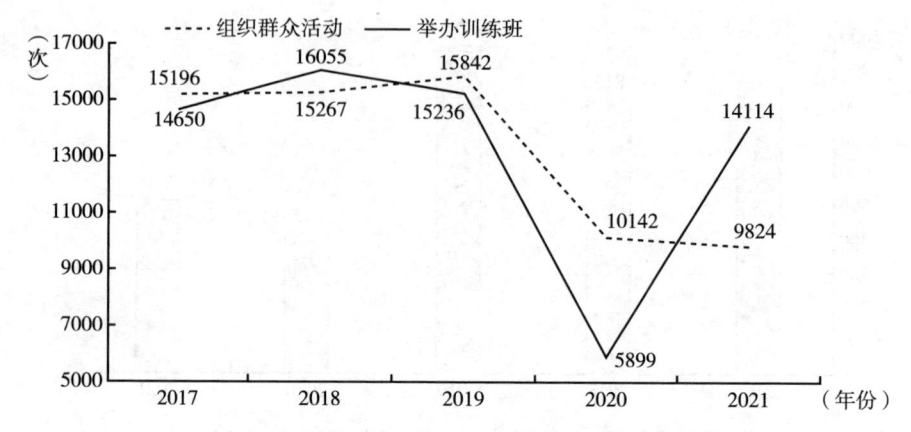

图5　2017～2021年吉林省群众文化机构组织群众活动及举办训练班数量

资料来源：根据2018～2022年《中国文化和旅游统计年鉴》相关数据分析制作。

选最高奖项、第二十届（2022年度）全国博物馆十大陈列展览精品荣誉称号。"东北沦陷史陈列馆基本陈列改陈"入选国家文物局、中央精神文明建设办公室、中央网信办2023年度"弘扬中华优秀传统文化、培育社会主义核心价值观"主题展览推介项目。2023年7月，吉林市陨石博物馆"手可摘星辰陨石文旅融合项目"入选全国文化遗产旅游百强案例。第二，惠民工程深入实施。吉林省近年深入开展"送演出下基层"文化惠民工程，2021年、2022年每年为基层送演出2400场，让广大群众在家门口欣赏到较高水平的专业文艺演出。落实国家送戏曲进乡村惠民任务，两年来为原国家级8个贫困县的96个乡镇开展送戏曲惠民演出576场，在满足群众文化需求的同时，进一步传承弘扬了优秀传统文化。第三，主题文化活动多姿多彩。"十四五"以来，依托各级公共文化馆站资源，在重要传统节日和重要历史时间节点积极策划并深入开展全省性主题群众文化活动，如每年举办全省广场舞、长白之声合唱节、精彩夜吉林·消夏演出季、吉林戏剧节、市民文化节、农民文化节等主题性群众文化活动。活动期间，吉林省举办各类大型文化活动千余场，参与人数达千余万人次。相关活动已成为吉林文化品牌，深受群众喜爱，特别是在2023年夏季，剧场、广场、小广场等空间的文化活动，场场爆满，点燃了整个城乡群众文化空间。

3. 探索打造公共文化新空间

近两年，各市县文旅部门在公共文化新空间建设方面进行了积极有益的探索，相继出现了一些接地气的新空间建设成功案例，如通化市实施的"公共文化悦空间"、长春市推动的"市民阅书房"、白城市开展的"城市阅读驿站"、龙井市实施的"城市书房"等系统性推进的新空间建设均取得良好效果。吉林省已建有城市书房、城乡文化驿站百余个，为周边群众提供个性化、高品质的文化服务提供了阵地支撑。

（六）探寻文旅融合创新，培育吉林文化产业新业态

1. 文化与旅游事业投入提升

2019~2021 年，吉林省人均文化与旅游事业投入分别为 96.68 元、86.37 元、84.89 元，在全国 31 个省份排名中分别是第 9 位、第 12 位、第 12 位（见图 6）；2019~2021 年，吉林省文化与旅游事业投入在财政支出中的占比分别是 0.66%、0.50%、0.55%，在全国 31 个省份排名中分别是第 5 位、第 15 位、第 12 位（见图 7）。"十四五"以来，在吉林省委宣传部、吉林省财政厅等相关部门共同努力下，累计安排文化发展专项资金 2.03 亿元、

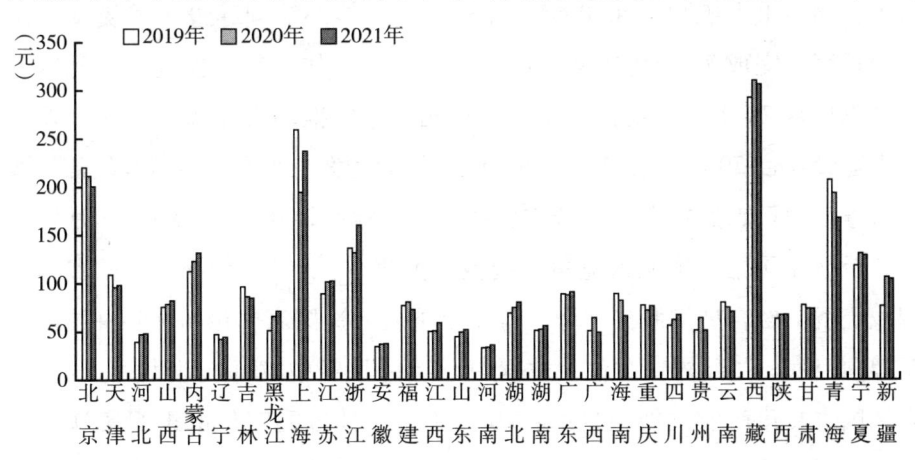

图 6　2019~2021 年吉林省与全国其他地区人均文化与旅游事业费支出比较

资料来源：根据《2022 年中国文化文物和旅游统计年鉴》相关数据分析制作。

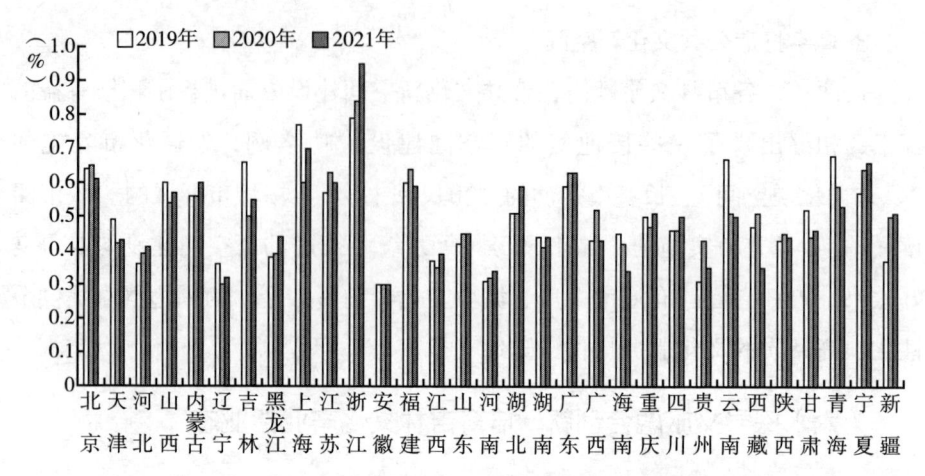

图7　2019~2021年吉林省与全国其他地区文化与旅游事业费占财政支出比重比较

资料来源：根据《2022年中国文化文物和旅游统计年鉴》相关数据分析制作。

省级电影事业发展专项资金0.4亿元、旅游发展专项资金5.46亿元，为文旅产业项目建设良好开展提供了有力支撑。

2. 文旅发展重大行动重大工程有序开展

为推动吉林文化与旅游产业高质量发展，吉林省先后布局开展了相关重大行动与重大工程。2020年，吉林省委宣传部筹划建设了省级文化产业项目库，完成78个优质文化产业项目入库工作，其中投资1亿元以上的重点项目20个，计划投资186.5亿元；近年推动文化和科技融合发展重点建设项目59项，投资44.7亿元。吉林大学"冰雪旅游场地装备与智能服务技术重点实验室"入选文旅部重点实验室，并于2023年12月发布了首个《中国滑雪度假区竞争力指数研究报告》；"云创视界——吉林品牌线上线下融合展演服务平台"等5个项目入选国家文化和旅游科技创新工程项目库。"吉林省文化大数据中心项目"经中宣部文改办评审通过，入选国家文化产业发展项目库；2022年，吉林省委宣传部组织实施了文化产业高质量发展"十大行动"，培育重点文化产业项目107个，总投资1322亿元，从红色文化赓续、优秀传统文化创新、城市文化提升、乡村文化振兴行动、数字文化升级、文化品牌打造、文化市场拓展、文化企业培育、文化园区创建、文化人才培养等方面，全方位推进了文化产业发展；2023年，吉林省全面组织推进以旅游"万亿级"产业提速工程、冰雪产业扩面提质工程、文艺繁荣振兴工程、公共文化服务工程、文化遗产保护工程、文化产业壮大工程、文旅深度融合工程、文化数字化发展工程、宣传营销推广工程、产业基础夯实工程为主要内容的文化旅游发展"十大工程"。

3. 文化产业效益提升

2022年，吉林省规模以上文化企业较上年净增24家，现有265家，实现营业收入172.3亿元，营业收入分别比2020年和2021年增长34.2%和6.3%，两年平均增长15.8%。2020～2022年，吉林省规模以上文化企业营业收入、营业利润都呈上升趋势（见图8）。文化新业态规模以上企业实现营业收入23.1亿元，同比增长47.2%。

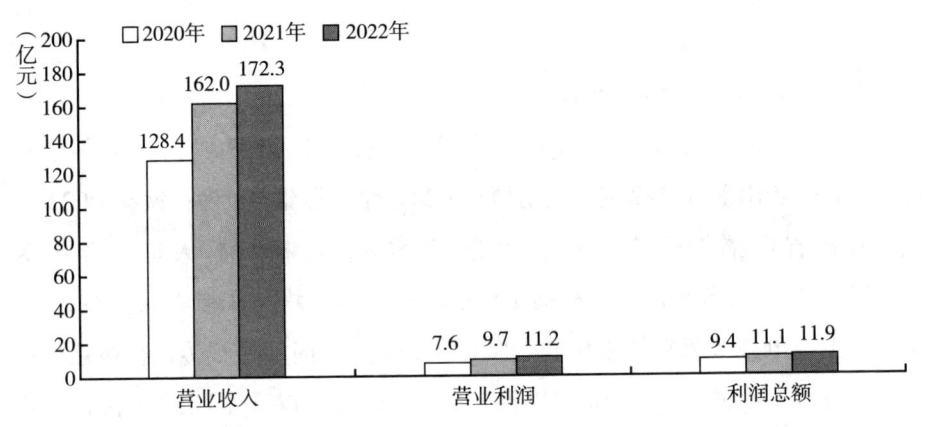

图8　2020～2022年吉林省规模以上文化企业营业收入及利润情况

资料来源：根据2021～2022年《中国文化及相关产业统计年鉴》、吉林省相关部门统计2022年吉林省规模以上文化及相关产业总体收入及利润情况综合分析整理。

从产业类型看，2022年吉林省文化制造业规模以上企业营业收入32亿元，占比18.59%，同比增长2.7%；文化批发和零售业限额以上企业营业收入47.4亿元，占比27.54%，同比增长10.5%；文化服务业规模以上企业营业收入92.7亿元，占比53.86%，同比增长5.5%（见图9）。

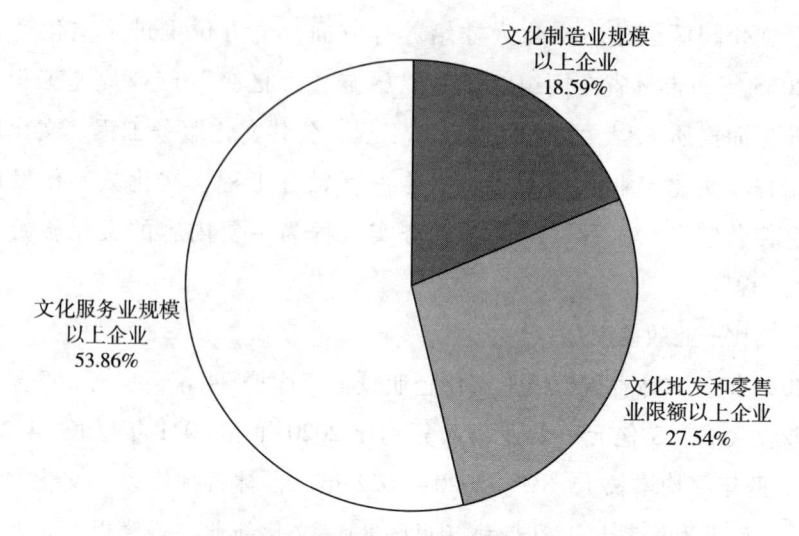

图9　2022年吉林省规模以上各类文化企业营业收入占比

资料来源：根据吉林省相关部门对2022年吉林省规模以上文化及相关产业统计资料分析制作。

4. 文化产业核心领域稳步发展

从新闻出版行业看，2021年吉林省出版图书27597种，比上年增长12%，其中新出版13147种，出版期刊241种，报纸46种；截至2022年底，吉林省广播综合人口覆盖率为99.56%，电视综合人口覆盖率为99.63%，吉林省各级广播电视播出机构广播节目年均制作能力保持在20万小时以上，电视节目年均制作能力保持在5万余小时；吉视传媒积极建立以视听服务为主线的多元化新媒体业务构架，打造了以2个网站（吉林广播网、吉视网）、3个移动客户端（吉林融媒、吉视通、沐耳FM）为主体的新媒体矩阵；吉林日报报业集团在近年发展中形成了以《吉林日报》为龙头品牌，以彩练新闻客户端为头部平台，以大吉网等自有平台为依托，以各类垂直细分平台为支撑，以"学习强国"吉林学习平台、省政府网站、新时代e支部等代运营平台为拓展方向的立体化、矩阵式、多层次、多屏共振的传播格局；吉网传媒近年建设了全新的中央厨房和5G智媒实验室等互联网平台，在数据承载、信息安全等方面实现了更高水准的硬件保障，不断完善以"吉林云媒"融媒体中央厨房系统为核心的立体传播体系，加强对吉网、中国彩虹网、"吉刻"App、双微社交媒体集群等省级重点网络平台的管理和运营，2022年主营业务收入同比增长38%。

从文化核心及相关领域看，2022年除文化娱乐休闲服务行业规上企业营业收入同比下降7.7%以外，新闻信息服务、内容创作生产、创意设计服务、文化传播渠道等行业规上企业营业收入同比分别增长18.6%、18.0%、10.2%、2.4%。新闻信息服务行业营业收入4.28亿元，内容创作生产行业营业收入33.08亿元，创意设计服务行业营业收入26.78亿元，文化传播渠道行业营业收入61.45亿元（见图10）。

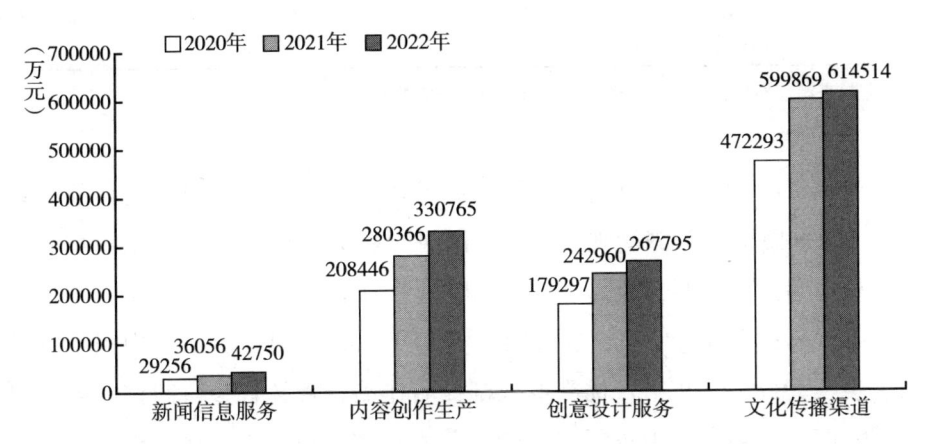

图10　2020~2022年吉林省文化核心领域主要行业营业收入

资料来源：根据2022年吉林省相关部门统计资料分析制作。

5. 内容创作成果丰富

吉林广电新闻宣传与舆论引导聚焦建党百年主题新闻宣传、党史学习教育、全面建成小康社会、脱贫攻坚、北京冬奥会、冬残奥会等重大主题，组织专题专栏、开设网络视听专区、适时排播专题纪录片，形成了《思想的田野——吉林篇》《走向我们的小康生活》《不负殷殷嘱托》《寻找吉林的幸福底色》《领航》等节目品牌。2020~2022年吉林广播电视台多项节目获得国家级奖项及扶持（见表6）。

表6　2020~2022年吉林省广播电视节目获国家级奖项及扶持

年份	奖项及扶持
2020~2021	广播节目《宝贝当家》《成长的烦恼》分别获评广电总局2020年度和2021年度优秀少儿节目
2021	广播节目《中医药文化》、电视节目《中华少年诗说（第二季）》获评2021年度"中华文化广播电视传播工程"重点项目
2021	大型电视理论节目《勇毅的力量》（原名《初起出发》）入选广电总局"创新理论传播工程"第一批电视理论节目扶持项目
2022	电视节目《勇毅的力量》、广播节目《千里边关党旗红》《红色少年　青春中国》入选2022年广播电视重点节目
2021~2022	广播节目《百年百歌》《长白佳话》《冬奥日记》《黑色沃土》、电视节目《冰雪之旅》《思想的田野（第四季）》入选2021年度、季度和2022年度、季度广电总局广播电视创新创优节目

资料来源：根据相关部门工作资料及网络资料分析整理。

吉林省网络视听节目制作近年发展迅速，打造了"二龙湖爱情故事系列""四平警事"等深受观众喜爱的网络影视IP。网络电影《铁血抗联之血战松山涧》《咱村好大雪》和网络微短剧《四平警事之英城惊雷》等播放量持续走高；吉林省出品的电视剧《黄大年》荣获第三十二届中国电视剧飞天奖（2017~2019年）优秀电视剧提名作品；吉林省参与制作的电视剧《人世间》，先后荣获中宣部"五个一工程"奖、第三十一届中国电视金鹰奖7项提名、4项大奖；吉林省出品的《鲜花盛开的山村》在2021年全国"两会"期间先后登陆央视八套、央视一套，连续11天保持全国同时段多点收视率排行第一；吉林省首次与法国媒体合作拍摄的大型纪录片《粉雪奇遇》在央视纪录频道与法国高山电视台圣诞黄金时间段播出。①

2020年，长影集团有限责任公司入选第十二届"全国文化企业30强"提名企业名单。② 2019~2023年长影集团多项影视作品斩获重大奖项（见表7）。

---

① 《感受冰雪之奇，为冬奥献礼　吉林省和法国合拍纪录片〈粉雪奇遇〉在长首映》，悠游吉林公众号，2021年12月1日。
② 《第十二届"全国文化企业30强"发布》，搜狐网，2020年11月19日，https：//www.sohu.com/a/432834592_206261。

表7 2019~2023年长影集团影视作品获重大奖项情况

作品	年份	奖项
电影《黄大年》	2019	中宣部第十五届精神文明建设"五个一工程"优秀作品奖
	2021	第十三届吉林省长白山文艺奖作品奖
	2023	第十九届中国电影华表奖优秀故事片奖
电影《春潮》	2019	第二十二届上海国际电影节最佳摄影奖
	2020	第十五届中国长春电影节金鹿奖评委会大奖、最佳导演奖及5项提名
	2020	第三十三届中国电影金鸡奖最佳故事片提名奖和最佳导演提名奖
电影《狙击手》	2022	中宣部第十六届精神文明建设"五个一工程"优秀作品奖
电视剧《人世间》	2022	第三十一届中国电视金鹰奖优秀电视剧奖、最佳电视剧导演奖等4项大奖及2项提名
	2022	中宣部第十六届精神文明建设"五个一工程"优秀作品奖
	2023	第二十八届白玉兰奖荣获10项提名,最终摘得最佳中国电视剧奖等5项大奖

资料来源：根据相关部门工作资料及网络资料分析整理。

此外,电影《青春作伴好还乡》《东北合伙人》《这个杀手不太冷静》《满江红》《流浪地球2》《茶啊二中》,电视剧《人世间》,网剧《钟馗捉妖记》《立功·东北妖山志异》等影视作品持续热播热映,一再斩获收视率、票房、口碑等多项丰收。

2023年吉林出版集团入选第十五届"全国文化企业30强"提名企业名单。[①] 近年来吉林出版集团27大类250多个项目荣获国家级奖项或入选国家重点项目,取得连续5届6种图书获中宣部"五个一工程"奖的佳绩,《山林笔记》获中国出版政府奖提名奖、中华优秀出版物奖和年度"中国好书",《热血：东北抗联》等入选国家主题出版重点出版物选题；围绕深挖吉林红色资源,策划《三地三摇篮》《红色吉林"铁马冰河入梦来"口述史》《东北抗联歌曲集》等精品作品,讲好"三下江南""四保临江""四

---

① 《吉林出版集团获评第十五届"全国文化企业30强"提名企业》,新华网,2023年6月13日, http://jl.news.cn/20230613/9dbb1372c1ac42ed8a3298ffce9f2963/c.html。

战四平"等吉林革命故事，打造吉林地域文化"名片"。吉林省一些以红色文化及新时代主题为主的出版物获动漫类创作扶持（见表8）。

表8　吉林省重大主题出版物获动漫类创作扶持

主创单位	作品	扶持类别
吉林出版集团股份有限公司	"抗联英雄系列""革命圣地系列"	2019年"原动力"中国原创动漫出版扶持计划
吉林动画学院	《我和我的祖国》	2019年"原动力"中国原创动漫出版扶持计划
吉林出版集团股份有限公司	《当代英雄》《人民公仆》《传承红色基因　榜样的力量》	2020年"原动力"中国原创动漫出版扶持计划
吉林省幽默与笑话杂志社有限责任公司	《中华优秀典故》	2020年"原动力"中国原创动漫出版扶持计划

资料来源：根据相关网络资料分析整理。

此外，吉林出版集团深入挖掘整理吉林优秀文化遗产，目前策划出版《吉林省少数民族古籍总目提要：蒙古族卷　回族卷　锡伯族卷》、《吉林省图书馆珍本古籍影印》、《吉林近代图志》、"满族文化丛书"、"清代吉林档案图录"系列、《满族口头遗产传统说部》等。

6. 文化创意产业加速发展

"十四五"以来，吉林省积极培育文创产业新业态新模式，以有效引领文化新业态发展。一是文化创意与冰雪旅游融合发展。文创设计与创作者从多方面挖掘和利用吉林传统文化资源与冰雪旅游、冰雪文化、冰雪制造的融合方式，冰雪题材的电影、动漫、舞台剧、产品平面设计等纷纷推出，不断激发吉林文旅融合新业态的创新与拓展；2022年北京冬奥会、冬残奥会期间，"吉林籍"冬残奥会吉祥物"雪容融"占据C位，跻身顶流，向全国乃至全世界彰显了吉林文化软实力。① 二是吉林省高校艺术设计专业力量大显身手。在以文创推动文旅发展方面，吉林艺术学院、东北师范大学美术学院

---

① 《从〈人世间〉和"雪容融"看到的吉林文化"软实力"异军突起》，吉林日报百家号，2022年5月25日，https://baijiahao.baidu.com/s?id=1733805527272874401&wfr=spider&for=pc。

等吉林省院校展示了良好的专业实力。"雪容融"设计团队出自吉林艺术学院；东北师大美术学院则承担了杨靖宇干部学院、东北沦陷史陈列馆的雕塑设计，参与了长春地铁站的整体文化策划与视觉设计；通化师范学院美术学院参与了对通化农创园"一村一视觉""一村一品牌"的独特打造，这些吉林文创的高品质成果有力地为吉林文化发展增辉赋能。三是文化创意依托文化产业园区蓬勃发展。以国家级省级文化产业园区的培育与发展为核心，吉林省深耕文化创意产业，积极打造吉林文化创意品牌，持续提升文化创意产业链集聚水平。近年所打造的长拖1958文创园、山丘影视文化产业园、中车文化产业园、筑石128文化产业园区、1+1文化产业创业园等园区地标，既展现了吉林省文化创意产业的发展进步，也呈现了值得期待的未来发展空间。

7. 文化产业集聚水平有所提升

吉林省共有省级以上文化产业园区（基地）74家，其中国家级文化产业示范园区2个（东北亚文化创意科技园、吉林省广告创意文化产业园——东三省仅此2个）、国家级文化产业示范基地11个、国家级广告产业园区1个（吉林省国家广告产业园区），在主板上市的文化企业1家（吉视传媒股份有限公司），经文化和旅游部、财政部、国家税务总局共同认定的动漫企业10家。截至2023年第一季度，吉林省文化及相关产业规模以上企业共计270家，实现营业收入38.9亿元，同比增长21.6%。多层面文化产业园区及文化旅游培育基地等的发展，提升了吉林省文化产业发展的集聚效应。吉林省2020~2023年新增了一些国家级文化产业园区，入选多项国家文化旅游融合发展类培育项目（见表9）。

表9　2020~2023年吉林省新增国家级文化产业园区及入选国家文旅融合发展类培育项目

年份	文化旅游产业园区或街区	类别	认定部门
2020	东北亚文化创意科技园	国家级文化产业示范园区	文化和旅游部
2023	吉林省广告创意文化产业园	国家级文化产业示范园区	
2020	吉林吉动文创动漫游戏产业园	全国版权示范园区	国家版权局
2021	桦甸市山妹子农民画发展有限公司 通榆墨宝园文化产业发展有限公司	全国版权示范单位	
2022	长春市三昧动漫设计有限公司	全国版权示范单位	

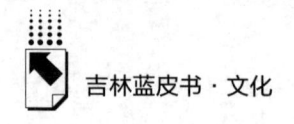

续表

年份	文化旅游产业园区或街区	类别	认定部门
2019	长白山保护开发区管委会池北区 延边朝鲜族自治州敦化市	第一批国家全域旅游示范区	文化和旅游部
2020	长白山管委会池南区 梅河口市 通化市集安市	第二批国家全域旅游示范区	
2022	吉林省长白山管委会白桦旅游休闲街区	第一批国家级旅游休闲街区	
2023	吉林省梅河口市东北不夜城旅游休闲街区	第二批国家级旅游休闲街区	

资料来源：根据相关网络资料分析整理。

2021 年以来，长春市红旗街·这有山、吉林市万科松花湖景区等商业综合体获评国家级夜间文化和旅游消费集聚区。[1] 从省级层面看，多年来吉林省持续培育了一批文化产业基地、园区，以及文化旅游主题公园、文化遗址公园、文化商业街区等。多层面的文化产业培育和积累了一定的文化产业优势和集聚效应，涌现了一批发展势头良好的文化市场主体，扩大了招商引资规模，促进了新业态的发展和规模效益的提升。

（七）推进文化数字化，拓展吉林文化发展空间

"十四五"以来吉林省深入贯彻党中央精神，全面加快推进文化数字化建设。2022 年吉林省在全国范围内率先制定《吉林省推进文化数字化战略的实施方案》，"吉林省文化大数据中心项目"入选国家文化产业发展项目库。

1. 推进公共文化云平台建设

2022 年，"吉林文旅云"公共文化一体化服务平台上线启动，并入驻

---

[1]《文化和旅游部关于第一批国家级夜间文化和旅游消费集聚区名单的公示》，中华人民共和国文化和旅游部网，2021 年 10 月 19 日，https://zwgk.mct.gov.cn/zfxxgkml/cyfz/202110/t20211019_928408.html。

"吉事办"移动端特色服务专区，吸纳用户近7万人，承载了吉林省优质文化资源9000余条、原始视频资源约3.2TB，总体实现了为公众提供线上公共文化资源的精准服务，海量线上文艺会演、文化资源，让公众与文化零接触，促进文化服务供给线上线下融合互动立体覆盖，同时推动了云演播、数字艺术展示等业态的发展。

2. 推进图书馆、文化馆、博物馆数字化建设

吉林省公共图书馆、文化馆全部实现数字化服务。2021年，吉林省线上文化服务图书馆访问人次达8153万人次，文化馆达1032万人次，2022年线上文化服务图书馆、文化馆访问人次分别为5533万人次、1236万人次。吉林省博物馆行业依托博物馆数智创新实验室，创新数智技术在文博领域的应用。伪满皇宫博物院成功创立全国首家智慧博物馆联合实验室，加快智能化升级转型。吉林省博物院"旗装雅韵"数字教育关卡制互动课程荣获第二届全国文博社教十佳案例，入选2022年全国文化遗产旅游百强案例。

3. 推进吉林文化资源数据库建设

吉林省公共图书馆积极推动古籍整理、修复和数字化保护工作，启动"古籍、地方文献数据库""古籍、地方文献宣传微视频"等项目，完成数字化古籍、旧志265种2248册，图像145899拍；完成了"吉林省红色历史文化多媒体资源库"等22个资源库建设，拍摄制作《百年手艺》《故事吉林》等专题片，包含海量文本类书稿、音频内容、大量拍摄视频数据，通过OCR、视频TAG化技术手段将数字文本、音频、视频数据智能实现细颗粒度标签标引，建设14万条细颗粒度结构化数据库。①

4. 推进智慧文旅建设

2022年，吉林省对旅游云服务平台进行了改版升级，主要针对产业监测平台、景区预约服务、景区视频监控平台、文旅在线教育平台进行了改版

---

① 《吉林省文化和旅游厅2022年度智慧图书馆建设公共文化云建设情况报告》，吉林省人民政府网，2023年5月26日，http://xxgk.jl.gov.cn/zcbm/fgw_98067/xxgkmlqy/202305/t20230526_8715224.html。

升级，同时以吉林省旅游云服务平台为依托，继续探索智慧旅游新技术、新模式、新应用创新发展模式。①

（八）打造吉林文化标识，推动文化传播交流

1. 塑造吉林文化品牌

吉林省近年从多角度多层面打造吉林文化标识。2021年建党百年之际，吉林省委凝练提出吉林红色标识"三地三摇篮"。其后，通过形式多样的持续宣传与推广，显著提升了吉林文化形象的传播效果；2018年以来，吉林省文化和旅游厅在深入推进文化与旅游融合发展过程中，持续探索吉林文旅品牌打造，形成了吉林文旅"吉"字系列品牌，"醉美吉乡""乡音至'吉'""吉刻乡见""吉刻出发""吉乡吉品""礼遇吉林""吉地过年""清爽吉林22℃的夏天""温暖相约·冬季到吉林来玩雪"等成为闪亮的吉林名片。

2. 推动吉林文化传播

新媒体传播在吉林文化传统媒体传播的坚实基础上，成为吉林文化传播的重要主体。建立于2018年的吉林省文旅厅公众号"悠游吉林"，目前已逐步打造了集微博、微信公众号、头条号、百家号、抖音号、快手号等的新媒体矩阵，成为公众获取文旅信息资讯及提供咨询建议的重要窗口。2022年，吉林省文旅厅积极同抖音平台对接合作，整合省文艺院团的官方账号资源，组建涵盖京剧、吉剧、交响乐、曲艺、歌舞、二人转等多种艺术形式的抖音平台吉林省演艺公会新媒体矩阵，启动了吉声吉韵"艺"起嗨——吉林省直文艺院团"云上舞台"抖音直播。②借助新媒体矩阵，"悠游吉林"与"吉林文旅云""吉刻"等吉林文旅信息客户端共同搭建了吉林文化传播的云上平台，不仅突破了文化活动空间限制，也推动了文化新业态的长远发展。根据

---

① 《吉林省文化和旅游厅关于2022年智慧旅游工作总结及2023年工作安排》，吉林省人民政府网，2022年12月19日，http://xxgk.jl.gov.cn/zcbm/fgw_98067/xxgkmlqy/202212/t20221219_8650049.html。

② 《吉声吉韵"艺"起嗨！吉林省直文艺院团11月开通抖音直播》，澎湃网，2022年11月1日，https://www.thepaper.cn/newsDetail_forward_20543198。

文旅产业指数实验室的最新两期报告，在省级同类比较中，吉林省文化和旅游新媒体综合传播力指数2023年6月排名第8，7月该指数排名第10，8月排第9；综合国际传播力指数6月排名第7，7月排名第9，8月排第10；6月微信公众号阅读总量排名第12，7月微博传播力指数排名第8。①

3. 推进吉林文化交流

在旅游市场全面复苏关键时刻，吉林省主动出击，寻求合作共赢。凭借"清爽吉林22℃的夏天"与"温暖相约·冬季到吉林来玩雪"等知名旅游品牌，2023年3月以来，吉林赴浙江、福建、四川、河北、北京、辽宁、香港、澳门等地开展文旅推介、项目对接、招商引资、调研学习等系列活动，集中发布文旅优惠政策，展示吉林文旅特色，引客入吉，推进文旅市场共同繁荣与发展。2023年7月，"好邻如亲·精彩吉林"旅游推介会在俄罗斯滨海边疆区符拉迪沃斯托克举办，"共建新通道 共谋新发展"经贸合作推介会在缅甸中华总商会举办。

三 吉林省文化发展展望与建议

（一）高举旗帜，把牢方向，强化创新理论引领

党的二十大报告和《"十四五"文化发展规划》都进一步强调和明确了宣传思想文化工作的根本方针和指导原则。2023年10月，习近平对宣传思想文化工作作出重要指示并强调，新时代新征程，宣传思想文化工作要坚持以习近平新时代中国特色社会主义思想为指导，全面贯彻党的二十大精神，

---

① 《2023年6月全国省级文化和旅游新媒体国际传播力指数报告发布》，中国旅游新闻网，2023年7月21日，http://www.ctnews.com.cn/m/2023-07/21/content_146534.html；《2023年6月全国省级文化和旅游新媒体传播力指数报告发布》，中国乡村旅游网，2023年7月7日，http://www.crttrip.com/showinfo-6-4388-0.html；《2023年7月全国省级文化和旅游新媒体传播力指数报告发布》，中国旅游新闻网，2023年8月12日，http://www.ctnews.com.cn/news/content/2023-08/12/content_147781.html；《2023年8月全国省级文旅新媒体国际传播力指数报告发布》，中国旅游新闻网，2023年9月15日，http://www.ctnews.com.cn/news/content/2023-09/15/content_149402.html。

聚焦用党的创新理论武装全党、教育人民这个首要政治任务，在新的历史起点上继续推动文化繁荣、建设文化强国、建设中华民族现代文明。① 当前吉林文化发展中更要突出贯彻好习近平总书记在文化传承发展座谈会、新时代推动东北全面振兴座谈会、宣传思想文化工作会议中的重要讲话精神，深入贯彻习近平文化思想，围绕新时代吉林全面振兴全方位振兴，围绕立足新发展阶段、贯彻新发展理念、构建新发展格局，聚焦举旗帜、聚民心、育新人、兴文化、展形象的使命任务，推动吉林优秀传统文化创造性转化创新性发展，深化文化领域供给侧结构性改革，进一步为吉林人民提供优质丰富的精神文化产品，全面推动吉林文化高质量发展，为国家文化软实力、中华民族凝聚力、中华文化影响力的不断提升，贡献吉林智慧和吉林力量。

（二）笃定自信，赓续文脉，弘扬吉林文化精神

吉林文化的珍贵在于其在中华文明发展中重要而独特的价值。曾经，余秋雨如此评价作为吉林文脉的长白山文化，"中国起步时，你是历史走廊；中国辉煌时，你是半个大唐；中国蒙难时，你是冰雪战场。完成了这一切，突然发现，你还是全世界最稀缺的生态天堂"。② 吉林文化精神的内核在于爱国、坚韧，亦在于开拓、创新，还在于大美天地创生了大爱情怀。作为北疆历史移民地和多民族融合地，吉林文化精神是开疆拓土的拓新精神与创造精神；作为东北义勇军与东北抗联创建地、东北解放战争发起地、抗美援朝后援地，吉林文化精神是忠贞不渝、英勇不屈的爱国精神与斗争精神；作为国家重工业基地、农业大省、电影事业与航空事业摇篮，吉林文化精神是攻坚克难的改革创新精神与舍身忘我的奉献精神；作为位于中国版图雄鸡之目的神山圣水，所养育的是摄人魂魄的天地大美，是人与自然浑然一体的和谐

---

① 《习近平对宣传思想文化工作作出重要指示》，中国政府网，2023年10月8日，https://www.gov.cn/yaowen/liebiao/202310/content_6907766.htm。
② 《长白山，中华文化的脊梁》，搜狐网，2017年1月25日，https://www.sohu.com/a/125123494_534798。

精神。这一切，塑造了吉林文化发展的坚实根基，也应成为吉林文化挖掘阐释、创新发展过程中，始终珍视与不断弘扬的精神文脉。心有繁星，必行久远。吉林文化深厚的底蕴，决定了吉林文化发展必定有远阔而多姿多彩的美好未来。

（三）深谋远计，整体布局，绘就吉林文化新篇

《吉林省文化和旅游发展"十四五"规划》提出："始终坚持文化和旅游深度融合、各自担当，遵循和把握文化事业和文旅产业发展规律，以文塑旅、以旅彰文，以打造'万亿级'支柱产业为目标，努力推动实现旅游强省、冰雪经济强省，为建设文化强省远景目标奠定基础。"为处理好吉林文化发展和旅游发展的关系，该规划提出了清晰的战略定位。在大力推动旅游强省发展的同时，文化有以文塑旅的使命，有融合发展的担当。挑战之艰巨，更凸显顶层设计堪比最宝贵资本的重大价值。"十四五"中后期，以至"十五五"时期，吉林文化发展需要进一步的谋篇布局，需要更稳健的文旅产业，需要更坚实的文化基座。如何使"文化"成为文化发展的内在主体而进一步释放文化的无穷力量，将成为未来地域间发展竞逐的一个重要核心所在。面对机遇与挑战，吉林需要进一步向文化理念、向文化顶层设计要效益，进一步精心规划文化资源的系统普查、文物保护利用体系的完善、非遗保护与转化利用格局的提升；系统谋划文旅融合发展的资源配置与整体布局，深细规划文旅融合的创新模态、"文化+产业""产业+文化"的全系图谱。进一步对红色文旅、非遗文旅、乡村农文旅、乡村博物馆、工业博物馆等特色文化发展整体谋篇布局；在吉林文化传播及文化形象打造取得良好成效的基础上，进一步整体规划对吉林文化标识体系的系统打造、吉林文化形象的整体传播、海外传播矩阵的打造；进一步全面谋划吉林文化产业与公共文化服务的发展蓝图，推动吉林文化产业扩展规模、提质增效，打造与吉林文创设计优势相匹配的产业链、价值链、创新链，推动公共文化服务标准建设的同时，推动形式多样的新型公共文化空间以零距离的模式走进大众生活。

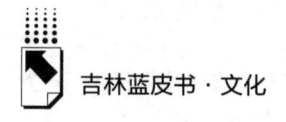

（四）融合发展，数字赋能，推动业态创新繁荣

在吉林省文化融合发展战略中，文化需要进一步做好"自我准备"。进一步系统深入地挖掘吉林传统文化资源优势，进一步塑造"人才回归""创新回归"的环境并建立保障机制，完善由文化艺术创作到知识产权保护、文化传播、文化生产、文化贸易的文化产业链条，进而更有效地在非遗文化资源、红色文化资源、工业文化资源、农业文化资源等方面，谋求全维度全领域的创造性创新性转化利用，以生产生活生态为导向，推动吉林文化存量资源转化为经济社会发展要素。

在吉林省文化融合发展战略中，文化需要在参与文旅融合的同时与其他产业广泛融合发展。吉林文化无疑需要进一步深度参与文旅融合发展，特别是吉林冰雪强省建设，打造丰富多样的文旅发展新模式新业态；同时，也需要高度关注文化与其他产业的融合发展，使吉林文化为吉林经济带来新的增长点，提高产业附加值和竞争力，进一步带动创新和创业，激发市场活力。因而需要高度关注文化发展在吉林省"一主六双"高质量发展战略、"六新产业"发展、"四新设施"建设、工业产业结构优化升级、农业现代化、现代服务业发展、新型城镇化建设、生态环境保护、清洁能源利用、"专精特新"中小企业培育等方面的独立价值和引擎作用，探索文化与产业产品创新及设计的密切融合，使吉林产业体系现代化及产业发展提质增效的过程获得更高程度的文化支撑，使文化因素成为产业创新发展和转型升级的核心因素，并形成更具吉林特色的产业品牌形象和品牌体系。

在吉林省文化融合发展战略中，需要推动文化与科技深度融合，通过各领域系统建构，实现吉林文化数字化的战略转向。一方面，加快吉林文化资源数字化采集与保护，推进吉林文化数字化基础设施和服务平台建设，积极打造贯通新闻、广电、出版通信、公共文化等各类文化机构的数据中心，推进吉林文化产业数字化布局，使吉林公共文化数字化建设进一步跃上新台阶，打造线上线下融合、全领域立体覆盖的文化产品与文化服务供给体系。另一方面，不断培育和提升吉林文化数字化的治理能力，为吉林高质量发展创造文化数字化生产力，为幸福吉林建设创造和提供层次更高、体验更多元、内容更丰富的数字文化精神生活。

（五）传导带动，均衡拉动，改善文化空间格局

从吉林省各地市（州）情况看，2022年长春市规模以上企业营业收入128.6亿元，同比增长2.7%，占全省比重75.3%；吉林市规模以上企业营业收入20.2亿元，同比增长17.4%，占比12.3%；延边州规模以上企业营业收入占比5.6%（见图11）。

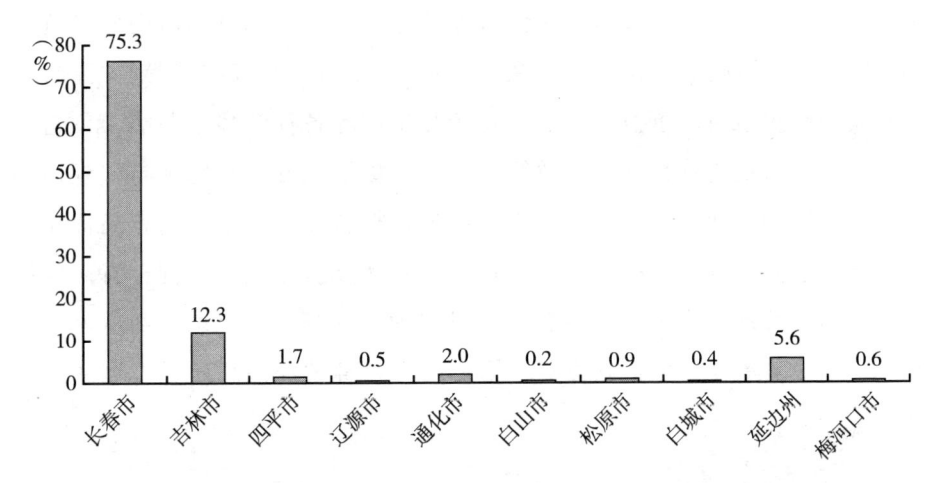

图11 2022年吉林省各地市（州）规模以上文化企业营业收入在全省占比

资料来源：根据吉林省相关部门对2022年吉林省规模以上文化及相关产业统计资料分析制作。

图11中，吉林省10个主要地市（州）相关数据在相当程度上显示了吉林省文化产业空间格局比较突出的非均衡性。占比第二的吉林市与长春市也有63个百分点的差距。一方面，长春市本身的文化产业集聚水平比较有限，虽然由于部分高校艺术院系在艺术创作及设计方面拥有良好优势，文化产业园区近年发展较好，但长春市整体文化产业规模及产业链条都存在相当局限性。另一方面，长春市以外的其他各地市（州）文化产业发展水平与长春市存在明显落差。除吉林省经济规模的整体限制因素外，

吉林省文化产业发展的基本空间格局，也成为吉林省文化产业未来进一步规模化发展的一个比较突出的限制因素。全球及国内发达省份的发展经验表明，文化产业带、文化产业集聚区都基于一定城市群在经济、文化方面的共同崛起。

吉林省确立了以长春现代都市圈为核心的"一主六双"以及东中西"三大板块"发展战略，吉林省文化产业发展空间布局应以这两大战略为基本前提和走向，充分以长春、吉林的中部核心力量，带动东西两侧板块；同时，以长春为核心圈层，向外传导，逐步带动整个省域文化产业发展。值得注意的是，吉林市、延边州、通化市等各地市（州）都有丰富而各具特色的传统文化资源底蕴，在吉林省文化产业空间布局中，需要特别关注其未来发展，在投融资、创意设计、文化产品生产等各环节多策并举，创造综合条件，形成更为均衡的文化政策拉动力，更好提升这些地区与长春市的资源整合度与文化产业关联度，进而促进吉林省文化产业空间布局优化以及文化产业规模的有效拓展。促使长春市的文化产业优势向吉林省东西两个板块适度移动和渗透，也将有力促进当地新能源、新生态、新旅游、新医药、新康养等产业的创新发展，形成支撑吉林省经济高质量发展的新型文化生产力。

（六）重塑治理，开放包容，激活社会多元协同

文化治理是文化发展的重要支撑，文化主体是文化发展的根本动力。在现有文化治理现代化转型的良好基础上，吉林省需要进一步打造政府主导、文化企业、文化机构、文化组织等多元参与、共建共享的文化发展新格局。作为老工业基地，特定文化传统所辐射的文化管理模式，在社会公益、社会凝聚力、社会动员等方面拥有自身特有的传统优势，但同时在一些领域也仍存在社会力量与社会创造力释放不足等欠缺。"十四五"中后期以及未来长远发展中，吉林省需要持续深入全面推进文化治理现代化，优化文化治理主体结构，完善文化政策体系；持续提升跨部门跨行业文化协同治理水平，整合跨地域跨领域文化资源；深入推进文化机构法人治理结构改

革，创造更有利于多元主体参与文化治理的社会环境；使文化治理融入城乡整体改革，与城乡治理现代化充分融合；持续推动文化市场化改革，壮大市场主体，以文化体制机制改革为文化企业，特别是民营文化企业、中小企文化企业等的发展创造更好的创业与发展环境；强化文创设计、文物保护、非遗保护、文化数字化、文旅融合等重点领域核心人才、高技能人才以及创新型、复合型、实践型文化人才培育与扶持；发挥Z世代群体、青年群体、银发群体等不同年龄段人群的不同优势，最大限度激活社会参与热情，整合文化创新创造力；不断激活全社会广泛参与的文化活力与创造力，不断拓展文化发展空间，扩大文化产业规模，丰富公共文化供给，广泛促进文化交流与文化传播，形成充满活力、运行协调有序的吉林省文化发展生态。

相对于其他领域的政府治理，文化治理具有较为突出的特殊性，这种特殊性一方面体现于要有对意识形态安全的高度要求和牢牢把握，另一方面则体现为在丰富的文化样态发展中，需要给予文化创造更多的自由空间、更大的活动空间。这种特性决定了文化治理需要更强的边界感和主体间的活动张力。这就需要政府在针对文化发展制定良好规制和规范的同时，重视和尊重文化创造专业主体的专业价值。吉林省文化未来发展中，需要政府更多创造与搭建合理有序的文化发展空间与发展平台，进而更多吸引和引入各领域专业主体，汇聚多方力量广泛深度参与，共同塑造吉林省文化发展的广阔前景。

（七）以小博大，夯实根基，撬动文化飞跃发展

广览各地文旅成功经验，"小而美"是一种文化潮流，也是一种文化经营成功的密码，对于承载压力与面对挑战的吉林文化，"以小博大"可以成为一种重要的文化发展战略与策略。"小而美"的美，在于量轻质精，在于内涵的厚重、形式的精致、用心用情的细致入微，在于高超的文化创新策源能力。近年全国各地的文化发展中，产生了诸多可资借鉴的相关实践案例。上海为传承历史文化，推出"建筑可阅读"活动，荣获文旅部"2022年度

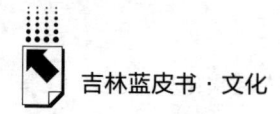

文化和旅游最佳创新成果";① 为促进非遗保护，上海秉持非遗保护"见人见物见生活"的原则，推动开展丰富的"非遗在社区"活动，推出 16 条"最上海"城市文脉微旅行线路，生动呈现"在地非遗";② 杭州启动"文艺星火赋美"工程，让文艺不囿于围墙和剧场，走进每一个城乡居民想不到却遇得到的角落，推动文化资源下沉，深度激发全社会文化活力，用点点"文艺星火"滋养城乡诗意生活。③

时代发展迅如激流，"精致"的地域文化才更可能在激流浩荡的时代大潮中胜出。用心、用情与用意的"精致"，应当成为吉林文化未来超越的一个重要的和基本的选择。以此原则对待我们的文化传承与保护、文化创造与创新、文化生产与传播、文化交流与合作，使其中的每一个点点滴滴，深深凝聚成吉林文化的智慧与温暖，我们才能再塑吉林文化根基，撬动吉林文化的新跨越与长足发展。

---

① 《最佳创新成果｜由"建筑可阅读"溯源沪上历史、探寻城市记忆》，文旅中国公众号，2022 年 12 月 12 日。
② 《这 16 条微旅行线路，见证"最上海"城市文脉》，澎湃公众号，2023 年 6 月 9 日。
③ 《"文艺星火赋美"工程在杭州启动　让文艺遍布你我想不到却遇得到的角落》，澎湃公众号，2022 年 9 月 30 日。

历史文脉传承

B.2
从"长白丛书"到"长白文库"：
吉林省地方大型历史丛书的发展历程与前景规划

郑 毅*

摘 要： 自20世纪80年代以来，北华大学东亚历史与文献研究中心（原吉林师范学院古籍研究所）以开发乡邦文献、弘扬地方文化为宗旨，出版大型文献丛书"长白丛书"，至今已出版116部5500余万字，以其宏大的规划、丰富的内涵，向世人展示了一方文化宝库。"长白文库"则是新时代在"长白丛书"积淀的基础上系统搜集吉林地域文献、精心编辑整理的大型地方文化丛书，全书进一步精选底本、重新校勘、酌加注释，特别增加了近年新发现文献、域外文献、散佚文献和非汉籍文献类目，广收博取，厚积薄发。现已出版42种千余万字，由吉林文史出版社出版发行。

---

* 郑毅，北华大学东亚历史与文献研究中心教授、博导，"长白丛书"主编、"长白文库"主编，主要研究方向为日本近代史、东北地方史。

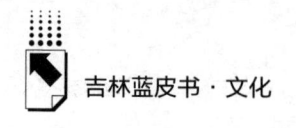

关键词： "长白丛书" "长白文库" 东北地方文献 优秀传统文化

中华优秀传统文化是中华民族的"根"和"魂"，习近平总书记高度重视中华优秀传统文化，创造性地提出"第二个结合"理论，将中华民族优秀传统文化作为治国理政的重要思想文化资源。"不忘本来才能开辟未来，善于继承才能更好创新。"① "优秀传统文化是一个国家、一个民族传承和发展的根本，如果丢掉了，就割断了精神命脉。"② 习近平总书记指出中华文明具有突出的连续性、创新性、统一性、包容性、和平性等特征，东北地域文化正是多元一体中华文化的重要组成部分。

我国有着数千年的历史文化，漫长的岁月为后人留下了数不清、读不完的古籍，这些都是弥足珍贵的文化遗产，将其保护好、传承好是对历史负责，对人民负责。

盛世修典，文献历来是文化兴盛的重要标志之一。地方文献典籍的出版，肩负着抢救、保护、整理地方文化，推进地方文化产业发展，弘扬民族精神的重要历史使命，是构建当代文化的前提，是文化自信的基础。在历史文献典籍中寻找探究出有价值、有意义的古代传统文化遗产，对深入挖掘地方文化资源、塑造地方文化特色品牌和加速区域文化产业发展具有重要的支撑和推动作用，是地方文化建设和社会经济发展的重要组成部分，也为地方文化研究和学术创新提供了有益的支撑。

一 吉林地方文献的宝库——"长白丛书"

吉林地处东北地域的中心区域，是中华民族世代生存融合的重要地

---

① 习近平：《把培育和弘扬社会主义核心价值观作为凝魂聚气强基固本的基础工程》，《人民日报》2014年2月26日。
② 习近平：《在纪念孔子诞辰2565周年国际学术研讨会暨国际儒学联合会第五届会员大会开幕会上的讲话》，《人民日报》2014年9月25日。

从"长白丛书"到"长白文库":吉林省地方大型历史丛书的发展历程与前景规划

域,素有"白山松水"之地的美誉,肃慎人、夫余人、东胡人、契丹族、蒙古族、满族、汉族等诸多族群自古繁衍生息于此,创造出多种极具地域特征的绚烂多姿的地方文化。为了"弘扬地方文化,开发乡邦文献",20世纪80年代,原吉林师范学院李澍田先生积极响应陈云同志倡导古籍整理的号召,应东北地区方志编修之急,顺应东北地方史研究的热潮,遍访国内百余家图书馆寻书求籍,审慎筛选具有代表性的著述文典300余种,编撰校订出版以"长白丛书"为名的大型东北地方文献丛书,迄今已近40载。历经李澍田先生、刁书仁和郑毅两位教授三任"长白丛书"主编,数十位古籍研究所前辈和同人青灯黄卷、兀兀穷年,诸多省内外专家学者热心参与、鼎力支持,"长白丛书"迄今共计整理出版了116部5500余万字。"长白丛书"以"长白"为名,"在清代中叶以来,吉林省疆域迭有变迁,而长白山钟灵毓秀,蔚然耸立,为吉林名山。从历史上看,不咸山于《山海经·大荒北经》中也有明确记录,把长白山当做吉林的象征,这是合情合理的"。[①]

1983年吉林师范学院古籍研究室(后改建为古籍研究所)成立,作为吉林省古籍整理与研究协作组常设机构和丛书的编务机构,澍田先生出任所长。全国高校古籍整理工作委员会、吉林省教委和省财政厅给予了一定的经费支持。李先生是"长白丛书"的创始人,他的学术生涯就是"长白丛书"的创业史。"长白丛书"能够在国内外学界有很大的影响力,与澍田先生的敬业精神和艰辛努力是分不开的。"长白丛书"创办之始,澍田先生"邀集吉、长各地的中青年同志,乃至吉林的一些老同志,群策群力,分工合作",[②] 寻访底本,夙兴夜寐逐字校勘,联络印刷单位、寻找合作方,因经常有生僻古字不得不亲自到车间与排版工人拼字铸模;吉林文史出版社于永玉先生作为"长白丛书"的第一任责编,殚思极虑付出了很多努力,为"长白丛书"的创立做出了突出贡献;原古籍研究所衣兴国等诸位前辈同人

---

① 李澍田主编"长白丛书"初集,吉林文史出版社,1986,陈连庆序。
② 李澍田主编"长白丛书"初集,吉林文史出版社,1986,陈连庆序。

在辅助澍田先生编印"长白丛书"的过程中，尽职尽责解决了诸多问题和困难，鼎盛时期古籍研究所有超过30人的专业编校队伍，这些前辈和同人是"长白丛书"草创时期的重要参与者。

1994年，澍田先生年逾甲子，荣休退出工作岗位，著名清史专家刁书仁教授继任"长白丛书"主编。书仁教授"萧规曹随"延续了"长白丛书"的发展模式，在经费拮据、古籍整理热潮消退、社会关注度降低的情况下，多方呼吁，破解困局，使得"长白丛书"事业得以维系，文化品牌得以保存，功不可没。1999年吉林师范学院、吉林医学院、吉林林学院和吉林电气化高等专科学校合并组建为北华大学，首任校长于庚蒲教授力主保留古籍研究所作为北华大学处级建制科研单位，使得"长白丛书"事业在新组建的综合性大学中占有一席之地并得以延续。依托古籍研究所发展形成的历史学二级学科专门史被学校确定为四个重点建设学科之一，在东北边疆史地研究、东北民族史研究方面形成了北华大学的史学研究特色与优势。

2002年，书仁教授调任扬州大学工作，北华大学图书馆馆长郑毅教授受北华大学党委委托兼任古籍研究所所长、"长白丛书"主编。在北华大学党委的鼎力支持之下，为了适应新时期形势的发展，出于拓展古籍研究所研究领域、繁荣特色史学研究、对外开展学术交流以及人才培养工作的实际需要，古籍研究所更名为东亚历史与文献研究中心，更名的初衷是在保持古籍整理与研究的学术专长的同时，将学术研究的视野和交流渠道拓展至东亚地域范围，以便扩展"长白丛书"的文献来源，使"长白丛书"在新时代更具学术活力与文献价值。同时，努力保持"长白丛书"的出版质量，以出文献精品、重学术研究成果为工作方针，确保"长白丛书"传承延续。

在全方位、深层次挖掘和研究地域文献的基础上，历经近40年发展的"长白丛书"整理与研究成果斐然。"长白丛书"分为文献整理与东亚文化研究两大系列，内容包括史料、方志、档案、人物、诗词、满学、农学、边疆、民俗、金石、地理、专题论集等12个子系列。"长白丛书"问世后得到学术界和出版界的好评，"长白丛书"初集中的《吉林通志》于1987年荣获全国古籍出版奖，三集中的《东三省政略》于1992年获国家新闻出版

从"长白丛书"到"长白文库":吉林省地方大型历史丛书的发展历程与前景规划

总署全国古籍整理图书奖,是全国地方文献中唯一获奖的图书。同年,在吉林省第二届社会科学成果评奖中,全套"长白丛书"获优秀成果二等奖,并被国家新闻出版总署列为八五计划重点图书。1995年李澍田与薛虹两位先生共同主持编写的《中国东北通史》获吉林省第三届社会科学优秀成果二等奖。2005年,《同文汇考中朝史料》获得北方十五省(区、市)哲学社会科学优秀图书奖。

"长白丛书"问世后在全国古籍整理领域引起很大反响,与当时广东出现的以岭南文献为主的"岭南丛书"并称国内两大地方文献丛书,学界有"北有'长白',南有'岭南'"之誉。吉林大学古籍研究所金景芳先生认为"编辑'长白丛书'的贡献很大,从'辽海丛书'到'长白丛书'都证明东北并非没有文化"。著名明史专家、东北师范大学李洵教授认为,"'长白丛书'把现在已经很难得到的东西整理出来,说明东北文化有很高的水准,所以'长白丛书'的意义不只在于出了几本书,更在于开发了东北的文化,这是很有意义的,现在不能再说东北没有文化了"。美国东亚史学者杜赞奇认为"以往有关东北方面的研究,利用日文资料很多。而现在中文的'长白丛书'则很有利于提高中国东北史的研究水平"。[①] 原中国社科院中国边疆史地研究中心主任厉声研究员认为:"'长白丛书'已经成为一个品牌,与西北研究同列全国之首。"[②] 目前,"长白丛书"已流布并被收藏于日本、俄罗斯、美国、德国、英国、加拿大、澳大利亚、韩国以及东南亚各国多所学府和研究机构,并深受海内外史学研究者的关注。

二 新时代重新编撰"长白文库"缘起

"长白丛书"自20世纪80年代创立刊行以来,经历了铅字排版印刷、激光照排印刷、数字化出版等多个时期,"长白丛书"本身也称得上是改革

---

① 以上均为各位专家于"长白丛书"创始十周年纪念会上的发言。
② 1999年12月厉声研究员在"长白丛书"工作规划会议上的发言。

开放以来中国印刷史的历史见证。由于"长白丛书"发展的各个历史时期，投入的人力、财力受当时的条件所限，每一种图书的质量都不同程度留有遗憾，且印数多则千册，少则数百册，经历数十年的流布与交换，有些图书可谓一册难求。

为了更好地传承和弘扬优秀地域文化，再现"长白丛书"在"面向吉林，服务桑梓"方面的传统与特色，2010年前后，北华大学东亚历史与文献研究中心郑毅主任与吉林文史出版社徐潜社长曾多次动议启动出版《长白丛书精品集》，并做了相应的前期准备工作，然而后来因出版资助经费落实有困难而一再拖延。2020年，以十年前的动议与前期工作为基础，在吉林省文化产业扶植基金的资助下，北华大学东亚历史与文献研究中心和吉林文史出版社共同议定以"长白丛书"为文献基础，从"长白丛书"已出版的图书中优选具有代表性的文献图书和研究著述合编为"长白文库"第一辑30册重新校勘排版出版。

长白山作为吉林省域自然风貌和东北地域文化的标志性象征符号，是东北地域民族溯源的集合地，是东北文化的象征，一直是中华优秀传统文化的重要组成部分，其丰富而独特的内涵孕育出宏富的地域文化。吉林省根植于白山松水之域，具有鲜明的区域特征，地方文化凝结成的乡邦文献无论是内容还是形式，都带有鲜明的地域色彩。东北大地自古以来便是众多民族活跃的舞台，地域文献具有浓厚的民族特色。随着封禁区域土地的开发，大量关内移民实边拓荒，使中原文化与地域文化结合，农耕采猎、民族风俗、诗词曲赋等融合特色非常突出。又因东北地处东陲，属边防要地，因而兼具浓郁的边疆风貌。吉林省不仅东邻俄、朝，而且隔海与日、韩相望，可谓五国总绾、中外通衢，因而该地文化又具有内外交融的特点。"长白文库"系列图书即为深入贯彻党的十九大、党的二十大精神，深刻阐释习近平新时代中国特色社会主义思想，增强文化自信，弘扬中华优秀传统文化的硕果。"长白文库"特色鲜明、内容宏富，集长白文化研究之大成，犹如长白文化的窗口，从中可以充分体现吉林文化的主要特色，折射出长白文化的独特风貌。

"长白丛书"和"长白文库"均由吉林文史出版社出版发行。吉林文史

从"长白丛书"到"长白文库":吉林省地方大型历史丛书的发展历程与前景规划

出版社是吉林省专业古籍图书出版社,也是吉林省唯一的全国古籍工作委员会成员单位。自1985年成立以来即以弘扬传统文化、开发乡邦文献、积极推动地方古籍出版为己任,承担诸多国家级出版项目,编辑出版了一系列有重要价值、有重大影响力的双效俱佳图书。"长白丛书"系列图书即吉林文史出版社创建初期策划出版的重要图书,作为代表东北地方历史文化的大型工具书,在社会各界引起了极大反响。近年来,吉林文史出版社有多部图书入选中宣部主题出版重点出版物选题,国家级、省级"五年"规划项目等,并连年获得多种全国优秀古籍图书奖和各级各类奖项。在此基础上培养了一批专职编辑人员,他们肯下功夫"坐冷板凳",敢于"打硬仗""打苦仗"。这些编辑资源又带动并结交、积累了大批优质作者资源,他们都是来自高校和科研院所的专家、学者,具有多年从事地域文化研究的经验。这些编辑和作者为本套丛书的出版奠定了坚实的作者队伍基础,在社会各界的呼吁下,吉林文史出版社适时推出"长白文库"作为"长白丛书"的"2.0版",必将进一步推进东北文化研究和普及。

"长白文库"主编郑毅教授现任北华大学校学术委员会主任、东北师范大学兼职博士研究生导师,是国家社科基金重大项目首席专家,也是国内外享有盛誉的东北史、中日关系史和日本史领域知名学者,长期致力于东北地方文献的挖掘整理工作。"长白丛书"作为北华大学东亚中心的集体成果,为进一步发挥编辑和作者"双优"的优势特色,由郑毅教授领衔,邀集国内外相关领域知名专家组建新一届编辑委员会,将编辑"长白丛书"的原班人马投入"长白文库"的编撰工作,成为出版"长白文库"的坚强人力资源保障。

"长白文库"作为吉林古籍文献的集大成者,包含吉林文化、东北文化的精华,对长白山文化做深度挖掘、科学阐释,并赋予时代精神内涵,绘就出一幅大型的东北乡邦文献全景画卷,也是吉林省在历史文献的整理和研究方面唯一能够与其他省比肩的重大文化成果,是吉林省文化建设史上的一大盛事。"所收著作以清人作品为主,辑录范围自正史、方志、游记、金史、档案、家谱、稗官所记,又有名家别集、总集之属。网罗散佚,在宋、辽、金以迄明代的著作之外,特以文献征存、史志辑佚、金石碑传、域外文献以补其不足，取精用宏，包罗万象。整理方式包括标点、校勘、考订、注释、辑佚、翻译等。"① 目前规划的"长白文库"拟出版300部6000万字，图表2000余幅，缎面精装16开本。

三 "长白文库"出版的时代意义

"长白文库"项目肩负着繁荣和推进吉林省文化产业发展、弘扬民族精神的重要历史使命，受到省委的高度重视并拨专项文化资金给予扶持。2022年，吉林文史出版社乘势而上，又出版了12部，截至2023年初已面世"长白文库"42种（见表1），形成了持续出版的良好态势。

表1 "长白文库"已出版图书目录

序号	著作名称	出版时间	字数（千字）	获奖情况
1	《满洲实录校注》	2020年11月1日	200	
2	《钦定满洲源流考校注》	2020年11月1日	300	
3	《吉林外纪》	2020年11月1日	200	
4	《吉林分巡道造送会典馆清册》	2020年11月1日	100	
5	《鸡塞集》	2020年11月1日	200	
6	《松江修暇集》	2020年11月1日	100	
7	《吉林乡土志》	2020年11月1日	200	
8	《吉林志略》	2020年11月1日	260	
9	《吉林纪事诗》	2020年11月1日	100	
10	《金碑汇释》	2020年11月1日	166	
11	《吉林三贤集》	2020年11月1日	200	
12	《满族说部神话、史诗研究》	2020年11月1日	330	
13	《满族萨满神辞口语用语研究》（全两册）	2020年12月1日	700	
14	《韩边外》	2021年1月1日	230	
15	《戊午客吉林诗·鸡林杂咏》	2021年1月1日	60	
16	《吉林地志·鸡林旧闻录》	2021年1月1日	90	
17	《长白山江岗志略》	2021年1月1日	150	

---

① 《〈长白文库〉推出12部新书》，人民融媒体百家号，2022年11月22日，https://baijiahao.baidu.com/s?id=1750125305187883223&wfr=spider&for=pc。

续表

序号	著作名称	出版时间	字数(千字)	获奖情况
18	《长白汇征录》	2021年1月1日	190	
19	《东疆史略》	2021年1月1日	350	
20	《吉林纪略一·柳边纪略 宁古塔纪略 绝域纪略 吉林舆地说略 吉林地略 吉林形势》	2021年1月1日	160	
21	《吉林纪略二·吉林汇徵》	2021年1月1日	110	
22	《吉林纪略三·大中华吉林省地理志》	2021年1月1日	230	
23	《吉林纪略四·吉林地理纪要、查办吉林事件案》	2021年1月1日	110	
24	《东北史地考略》	2021年1月1日	260	
25	《东北史地考略续集》	2021年1月1日	270	
26	《雷溪草堂诗集》	2021年1月1日	180	
27	《东北旗地研究》	2021年1月1日	310	
28	《东三省政略校注》	2021年1月1日	2900	全国古籍出版社百佳图书(2021年)二等奖
29	《吉林志书》	2021年11月1日	200	
30	《成多禄集》	2022年1月1日	—	
31	《海西女真史料》	2022年1月1日	—	全国古籍出版社百佳图书(2022年)一等奖
32	《吉林农业经济档案》	2022年1月1日	—	
33	《东夏史料》	2022年1月1日	—	
34	《清代吉林盐政》	2022年1月1日	—	
35	《珲春副都统衙门档案选编》(上中下)	2022年1月1日	—	
36	《延吉边务报告 延吉厅领土问题之解决》	2022年1月1日	—	
37	《顾太清诗词》	2022年1月1日	—	
38	《打牲乌拉志典全书 打牲乌拉地方乡土志》	2022年1月1日	—	
39	《松漠纪闻 扈从东巡日录》	2022年1月1日	—	
40	《启东录 皇华纪程 边疆叛迹》	2022年1月1日	—	
41	《双城堡屯田纪略 东北屯垦史料》	2022年1月1日	—	
42	《蒙荒案卷》	2022年1月1日	—	

资料来源:笔者根据资料自行整理。

"长白文库"作为"吉林文脉工程"的重要组成部分,是吉林省深入贯彻落实党的二十大精神,立足新时代建设文化强省的重大文化工程。据了解,"吉林文脉"系列丛书首批拟推出吉林历史文化类、吉林人文故事类、吉林人文地理类、吉林冰雪文化类、吉林非物质文化类、吉林人文精神类、吉林文学艺术类、古籍及资料整理类八个大类别,编撰"吉林文脉"系列丛书是深刻把握和领会"马克思主义基本原理同中国具体实际相结合、同中华优秀传统文化相结合"基本原则的生动实践,是新时代传承吉林深厚文化根脉、展现吉林历史文化记忆、构建吉林精神谱系、加强吉林学术戍边的必由之路,必将为实现吉林全面振兴全方位振兴提供强大精神力量。

"长白文库"的出版必将会为海内外学界研究东北历史与现实问题提供丰富、系统的珍贵资料,促进社会科学的繁荣发展;为地方旅游业乃至东北文化建设和经济、社会发展提供十分珍贵的文献支撑和佐证。在文化强省、高教强省的时代,"长白文库"为人们了解东北、了解吉林提供了一个文化载体,是中国气派的传统文化的重要组成部分,是吉林气派的特色文化的代表,对于挖掘、保存和传承民族优秀文化具有重大贡献,特别在吉林省的旅游发展、经济建设和社会发展等方面必将起到重要的推动作用。

吉林省地处东北亚腹心之地,东邻俄罗斯、朝鲜,隔海与日本、韩国相望,与美欧等国有人文、贸易往来的基础和传统,上述国家也将这一地区视为重要的战略区域。因长白山在历史文化上颇受相邻国家的关注,在东亚历史文化系统中占有举足轻重的地位,其文化溯源与开发也一直受到国际社会的高度关注。"长白文库"的出版将客观阐述中朝(中韩)、中日、中俄关系友好发展主流,同时不回避争端,对促进东北亚区域研究具有重要意义,为研究和确立吉林省在东北地区乃至在整个东北亚的战略地位提供了历史依据,为长白山文化、东北文化以至国家文化的战略发展都将提供原动力。读者可以把它作为了解吉林、了解东北历史文化的钥匙;专家、学者可以将其作为研究东北历史文化、长白山文化的重要基础性文献;领导层可以将其作为制定对外政策的历史依据。

"长白文库"的出版为海内外学界研究东北历史与现实问题提供了丰

富、系统的珍贵资料,促进了社会科学的发展;为地方旅游业乃至东北文化建设和经济、社会发展提供了十分珍贵的支撑和佐证。出版后获得良好反响,"长白文库"中收录的《海西女真史料》荣获全国古籍出版社百佳图书(2022年)一等奖;《东三省政略校注》荣获全国古籍出版社百佳图书(2021年)二等奖。

习近平总书记指出,"唯有精神上达到一定的高度,这个民族才能在历史的洪流中屹立不倒、奋勇向前"。[①] 东北文化作为多姿多彩中华文化的重要组成部分,解读好以长白山为象征的东北文化是涵养社会主义核心价值观的重要源泉,更为我国在世界文化大潮中站稳脚跟提供坚实文化根基。"长白文库"作为展现东北文化的一座宝库,通过整理尘封的地方文献,以实际行动践行总书记的殷殷嘱托,为繁荣吉林省域地方文化做出自己的贡献。

---

① 习近平:《党的伟大精神永远是党和国家的宝贵精神财富》,《求是》2021年9月1日。

B.3
吉林省非物质文化遗产传承与保护的对策建议

刘国伟 许冠华*

摘　要： 本文从吉林省非物质文化遗产存续现状出发，紧密结合全国非物质文化遗产事业发展情况，通过数据分析、比较研究，总结出吉林省非物质文化遗产在传承与保护中存在的普查不够全面、传承存在断层、资料梳理不足、工作缺乏协同、保护较为孤立、产业基础薄弱等突出问题，并以吉林省现有文化资源为基础，围绕建构培育体系、改革培养模式、健全保护机制、推动产业发展等方面，提出了具体的对策建议。

关键词： 吉林省　非物质文化遗产　非遗传承保护体系

2022年底，"中国制茶技艺及其相关习俗"列入联合国教科文组织人类非物质文化遗产（简称"非遗"）代表作名录，习近平总书记就非遗再次发表重要指示，"要扎实做好非物质文化遗产的系统性保护，更好满足人民日益增长的精神文化需求，推进文化自信自强。要推动中华优秀传统文化创造性转化、创新性发展，不断增强中华民族凝聚力和中华文化影响力，深化文明交流互鉴，讲好中华优秀传统文化故事，推动中华文化更好走向世界"。①

---

* 刘国伟，吉林艺术学院东北民间艺术研究中心教授，主要研究方向为东北地域文化传播；许冠华，东北师范大学历史文化学院2023级博士研究生，主要研究方向为东北历史与文化。
① 《扎实做好非物质文化遗产的系统性保护　推动中华文化更好走向世界》，文旅中国百家号，2022年12月13日，https：//baijiahao.baidu.com/s？id=1752098782180115941&wfr=spider&for=pc。

为深入学习贯彻习近平总书记重要讲话精神，扎实做好非遗的系统性保护工作，现针对吉林省非遗传承、保护及发展的状况展开研究，分析其存在的问题，并基于研究提出相应对策建议。

一　基本情况

吉林省是边疆多民族省份。在历史长河中，各民族交往交流交融，共同创造了丰富多彩的灿烂文化。吉林省非遗作为地域文化的结晶，承载了厚重的历史，彰显了独特的民俗。截至2022年末，吉林省共有2项项目列入联合国教科文组织人类非遗代表作名录名册，国家级非遗项目55项，国家级非遗代表性传承人21名（其中18名在世）。另外，吉林省还拥有省级非遗项目433项（447个子项），市级非遗项目1089项，县级非遗项目1050项；省级非遗代表性传承人330名，市级非遗代表性传承人809名，县级非遗代表性传承人927名（见表1）。

表1　吉林省非遗基本情况

类别	联合国教科文组织人类非遗代表作名录名册	国家级非遗	省级非遗	市级非遗	县级非遗
项目数量(项)	2	55	433（447个子项）	1089	1050
传承人数量(名)		21	330	809	927

资料来源：吉林省文化和旅游厅非物质文化遗产处。

近年来，吉林省文化和旅游厅高度重视吉林省非遗传承创新高质量发展相关工作，以吉林省非遗传承为切入点，在保护和发展吉林省非遗方面持续发力，并取得了一定的成效。当前，吉林省共设有国家级非遗生产性保护示范基地1个，省级文化生态保护区2个，省级非遗村落（培育试点）3个，省级非遗传承基地55个、传习所62个，非遗就业工坊5个。吉林省文化和旅游厅非物质文化遗产处以"文化和自然遗产日"为基础，不断策划吉林非遗购物节、吉林消费节，产生良好影响。2022年，为多元化宣传推广吉林省非遗，吉林省邀请中央广播电视总台文艺节目中心《艺览吾"遗"》栏目组制作2期节目，收获全网热搜18个，阅读量超5.4亿次。央视一套《正大综艺》栏目组在吉林拍摄1期节目；三沙卫视《中国海岸行》栏目组对吉林非遗进行拍摄。同时，策划"查干湖冬捕""朝鲜族百种节"等，以此打造关东优秀民俗文化品牌。2023年6月，吉林省文化和旅游厅举办了"打造关东优秀民俗文化品牌骨干传承人非遗培训班"，进一步促进吉林省非遗的创造性转化与创新性发展。

与此同时，吉林省社会各界关注非遗、热爱非遗的人士也在当前非遗保护工作的基础上，充分发挥主观能动性，建言献策、积极实践，推动吉林省非遗的传承与发展。一方面，他们以跨界融合和创新发展为出发点，进一步优化生产性传承；另一方面，对非遗项目的呈现方式、传播方式进行创新，通过释放非遗的文化价值，进一步提升非遗的知名度、影响力与市场价值等。在实践路径上，他们以非遗项目为基础，融合当代元素，着眼商业化运营与产业化开发，积极尝试策划开展各项活动。如吉林艺术学院以"九台满族秋祭习俗"为基础策划了"吉林满族农民丰收节"活动；通化师范学院以"长白山满族剪纸"为核心策划了"长白山非遗与当代艺术对话展"；白城"姜氏布贴画"多次走进高校、美术馆并被全方位展示；成立东丰县农民画馆展览"东丰农民画"，将非遗不断融入乡村旅游中；前郭县鼎润文化民族事业发展有限公司聚集非遗项目及传承人，不断研发非遗文创产品，以及开设以鱼皮制作技艺为代表的非遗精品研学课程，不仅创造了良好的经济效益，还有效带动了当地群众的就业；吉林省爱未来文创集团有限公司创造性引进和转化非遗项目，形成"长春礼物"品牌，社会反响良好。

二 存在的问题

随着社会生产力的不断发展，城镇化速度的不断加快，人们的生活方式发生转变，非遗的存续与发展也面临诸多挑战。吉林省非遗虽在创造性转化与创新性发展方面取得了一定成绩，但是在挖掘、传承、保护和发展方面仍存在一些问题，我们通过长期调研，将当前吉林省非遗所面临的突出问题进行归纳总结。

（一）文化普查不够全面，非遗挖掘有待加强

吉林省非遗类别齐全，特色鲜明，但是体量略显不足。从当前非遗存续的基本情况来看，吉林省作为多民族边疆省份非遗项目数量、传承人数量都相对较少。吉林省拥有国家级非遗项目55项，在全国31个省、自治区、直辖市中排在第26位，国家级非遗代表性传承人21名，在全国排在第30位，位次明显落后。西南地区的广西壮族自治区现有国家级非遗项目70项，国家级非遗代表性传承人49名，区级非遗项目914项，区级非遗代表性传承人936名。之所以产生这种现象，除了独特的历史因素外，还因为吉林省的文化普查工作不充分、不全面、不深入。此外，吉林省在非遗项目申报方面也稍显落后，当前吉林省共组织申报省级非遗项目6批，广西壮族自治区现已组织申报区级非遗项目8批。这说明吉林省在非遗项目挖掘培育方面仍有待加强。

（二）传承群体出现断层，培养模式相对落后

当前，吉林省非遗传承人群年龄普遍偏大，传承出现明显断层。以吉林省国家级非遗代表性传承人为例，现在世传承人18名，其中50岁（不含）以下的仅有1名，15位传承人年龄在60岁及以上（见表2）。通过调研与分析，我们发现这一现象与非遗的传承学习模式有着密切关系。传统的非遗传承，对于年轻群体而言漫长枯燥，致使年青一代缺乏学习动力。例如，国家级非遗项目"盘索里"，其主要传承方式为师傅对徒弟口传心授，学习时间长、见效慢、付出多、收益小，导致"盘索里"年轻传承群体严重不足；国家级非遗项目"伽倻琴"传承多采用"一对一"的传统模式，学生长期处于被动状态，反复的练习使不少年轻学生失去兴趣。传承的断层使吉林省非遗项目陷入了"人走艺绝"的危机，严重影响了非遗传承的可持续性。

表2　吉林省国家级非遗代表性传承人年龄情况

单位：名，%

	年龄<50岁	50岁≤年龄<60岁	60岁≤年龄<70岁	70岁≤年龄<80岁	年龄≥80岁
传承人数量	1	2	6	3	6
人数占比	5.6	11.1	33.3	16.7	33.3

资料来源：吉林省文化和旅游厅非物质文化遗产处。

（三）非遗资料梳理不足，档案建设不够系统

在进行非遗资料检索时，我们发现，吉林省非遗的相关资料较为碎片化，需要从吉林省人民政府的政府信息公开基础平台有关非遗的通知公告中搜集整理数据；此外"非遗吉林"微信公众号等其他平台均存在数据更新缓慢、内容不丰富、呈现不生动等问题。与之相比，西南地区在这方面的工作就更加系统完善，如广西、云南都已经在当地文化和旅游厅的指导下建设了非遗保护网站，在网站中全面系统地梳理统计了非遗名录项目、代表性传承人、保护载体等内容，一目了然，紧跟时代发展，及时更新各种非遗资讯，便于查询检索。通过对比发现，吉林省在非遗资料梳理与建档方面的工作还不充分，这对非遗的存续传承、科学研究、保护发展等工作的开展都造成负面影响，需要重视。

（四）各方工作缺乏协同，保护机制仍需完善

总的来看，吉林省非遗保护主体尚未形成合力。非遗的保护主体主要有政府职能部门、学界、商界、新闻媒体等，当前，吉林省的非遗保护工作在政府职能部门的主导下，已取得了一定的成绩。但是整体工作还缺乏统筹协调，保护主体还在"各自为战"，没有形成政府主导、部门负责、院校研究、企业助力、旅游带动的良性循环局面。与此同时，在保护工作开展过程中发现，保护政策落实程度有待提高，资金支持有待加强；保护机制有待完善，尤其是关于非遗存续动态管理、跟踪分析、价值评估的机制，另外统筹协调各方资源以形成非遗保护合力的机制仍需持续建设。

（五）区域保护较为孤立，地域特色不够鲜明

吉林省现有省级文化生态保护区2个，相较于广西、云南，不仅数量较少、发展程度较低，而且内容不丰富，地域特色不够突出。例如查干湖文化生态保护区，位于吉林省松原市前郭尔罗斯蒙古族自治县，是以国家级非遗项目"查干淖尔冬捕习俗"为主要内容建设的文化生态保护区，其虽包括蒙古族多元文化要素和多种艺术形式，但仍以单一非遗项目为主导，民族文化资源尚未聚合，也没有与非遗保护区域联动，辐射范围不够广泛，地域民族特色不够突出。相比之下，广西现已围绕壮族、苗族、侗族、瑶族建立了4个文化生态保护区，非遗资源聚合度较高，区域特色和民族特色鲜明，其经验值得吉林省学习。

（六）文化产业基础薄弱，创新发展能力不强

吉林省文化产业相较于南方省份起步较晚，基础薄弱，这使得吉林省非遗项目的创造性转化和创新性发展水平仍较低。整体而言，吉林省不少非遗产业依旧局限于传统发展机制，自主创新力不足，品牌传播力较弱。如省级非遗项目"韩氏草编"，其工艺极其精湛，但由于一味地追求原生态保护，忽视了创新发展，致使其停留在生产性传承的阶段，其产品也面临形式单一、样式传统、特色化不足等问题。此外，吉林省非遗的创新发展仍以政府主导，文化消费发展缓慢，市场调节作用不足，如前郭县鼎润文化民族事业发展有限公司，其非遗产品种类丰富，在形式和内容上也有所创新，但其发展仍受制于吉林省内有限的市场需求。

三　对策建议

非遗作为中华优秀传统文化的重要组成部分，其挖掘、传承、保护和发展对于延续历史文脉、促进乡风文明、全面推进乡村振兴具有重要意义。因此，我们结合上述问题，从四个方面为吉林省非遗提出相应的对策建议。

（一）组织系统田野调查，建构非遗培育体系

吉林省在非遗发掘培育方面尚有较大的提升空间，目前来看，工作的重点主要在两个方面。

一是要"摸清家底"。建议在全省范围内组织开展专业的、细致的、全面的文化资源调查。建议政府职能部门与高校、科研院所展开合作，通过专家研讨，制定符合吉林省省情的调研方案，组建专业的文化调查团队，深入各地田野，对地域文化、民族文化展开系统的、深入的调查挖掘。对于具有历史价值、地域特色、发展潜力的文化内容应当重点调查、持续关注；对于现已入选非遗代表性项目名录的项目，应尽可能搜集整理项目的原始申报材料，并对其存续历史、文化内涵、传承现状等方面进行深度调查研究。在完成文化资源调查后，应当效仿云南、广西等地的做法，及时整理成吉林省文化资源普查报告，并将搜集的资料整理存档。

二是构建非遗培育体系。建议以高校、科研院所为主体，以文化资源调查成果为基础，在政府职能部门的指导下，开展非遗项目的培育工作。对于具有历史文化价值，且保持活态传承的文化内容应当深入研究，按照非遗申报的标准重点培育；对于既有的非遗项目，要强化对传承人的培训，提升传承人文化素养，激发其传承发展的内生动力。此外，政府职能部门也要主动跟进，及时了解非遗培育的情况，积极组织推动省、市、县级非遗代表性项目及传承人的申报工作，增加省内各级非遗代表性项目和传承人的数量。同时，加强对非遗代表性项目存续状况的关注，建立动态评估机制。通过遴选优秀项目和杰出传承人，积极推荐申报国家级非遗代表性项目，加大政策扶持力度，增加国家级非遗代表性项目和传承人数量。

（二）改革人才培养模式，助力非遗持续传承

传承群体断层与传承方式陈旧化是吉林非遗传承的一大难点问题，因此需要保护主体与传承主体共同努力，改革人才培养模式，助力非遗持续传承。

一是搭建专业的、全面的、开放的非遗传承人培训平台。建议由政府牵头，以高校、科研院所为主要阵地，与非遗传承人协作，制定非遗传承人培养方案，培养既具有过硬技艺，又具有文化内涵，还具有创新思维的新时代非遗传承人。通过定期举办非遗传承人培训班，面向社会以及高校内相关专业的师生招生，进一步扩大非遗项目的影响力。同时，加强传承人群体数字化理念，适应互联网短视频快速发展的时代，拥抱新媒体，通过新形式、新技术进行传承发展，提升传承能力。此外，非遗传承人可将课程进行录制上传到网上，通过提升课程内容的趣味性及创新性，吸引年轻群体对非遗项目的关注，从多种渠道进行创新融合，让传承活动紧跟时代，让非遗走进更多人的生活当中。

二是完善人才评价体系，鼓励和扶持优秀的非遗传承人。各级各类非遗传承人培训班应当设置考评制度，重点考查对非遗技艺的掌握情况和相关历史文化的了解程度，对于优秀学员，应推荐其申报所在地域的非遗代表性传承人。同时，还应对现有的各级非遗传承人进行定期考核，考核内容主要围绕传承工作、宣传工作等方面展开。应当授予优秀传承人"优秀非遗传承人"称号，并给予一定的奖励。要加强对非遗传承人重要性的宣传，提升社会对非遗传承人的认知度和认可度，从而吸引更多人才，不断壮大传承队伍，激活非遗传承和发展的内生动力，有效改变断层现象。

（三）统筹全省各方资源，健全非遗保护机制

针对吉林省非遗保护工作尚未形成合力的问题，应当提高对非遗保护工作的整体性认知，统筹全省资源，建立健全更具效力、地域特色的非遗保护体系与机制。

1. 建设非遗数字档案

一是要在文化资源调查的基础上，将吉林省非遗传承技艺进行数字化留存，把完整的非遗项目制成视频影像、图片文本等数字资料进行保存，建立面向大众的吉林省非遗资源库。可以参考各地非遗数字化存档的优秀案例，

如云南、广西等地的非遗网站。进一步建立吉林省的非遗门户网站，将考察资料进行系统梳理并录入网站，完善组织机构、保护名录、传承人名录、新闻资讯、政策法规等各方面内容，以便随时查阅，了解吉林省非遗的整体情况和实时新闻。

二是要有针对性地建立吉林省非遗保护工作数据库，将非遗项目申报书、评估报告以及论文、专著等权威资料进行整合并建档。这是一项科学规范的、具有一定规模的系统性工程，可以为吉林省未来的非遗保护工作提供参照和启示。

三是要利用好微信公众号等新媒体平台，及时更新非遗资讯，加强对外宣传，打造良好的非遗品牌，在向大众普及非遗知识的同时，让其深切地感受到非遗魅力，领略非遗风采，进而拓展非遗市场，助力非遗传承延续。

2. 落实政策完善机制

一是政府职能部门非遗保护工作人员要对现行的非遗政策法规进行充分理解、学习，进而在开展保护工作的过程中，能够更好地保护主体，确保相关政策的贯彻落实。同时，要在此基础上深入基层、走进乡镇，开展非遗相关政策及法律法规的宣讲活动，提升传承主体、非遗产业从业者等各界人士对非遗相关政策的认知水平，使各界人士重视非遗保护工作。

二是健全吉林省现行的非遗保护条例。当前吉林省非遗保护工作尚需进一步完善，仅凭政府职能部门一己之力显然无法满足未来非遗保护工作发展的需要。高校是公益二类事业单位，其不仅肩负着人才培养的使命，更承担着文化传承的使命。因此，应在《吉林省非物质文化遗产保护条例》条款中确定高校的非遗保护主体地位，从政策层面推动高校参与，进一步为非遗保护工作提供智力支持。

三是完善机制，激发社会各界参与非遗保护积极性。进一步完善非遗传承保护转化的体制机制，引导商界、媒体等社会各界共同介入，为非遗保护工作提供相关建议，寻找适合介入的方向与方法，以此促进吉林省国家级非遗代表性项目的持续传承与良好发展。

3. 强化区域保护联动

一是联动周边地域，优化现有的两个文化生态保护区。西部的查干湖文化生态保护区，应立足松原，辐射吉林省西北部，全力打造查干湖西部湿地草原生态文明示范长廊。进一步在现有的"查干淖尔冬捕习俗"项目基础上，融入"乌力格尔""陶克陶胡"等其他蒙古族非遗项目，形成具有蒙古族特色的非遗保护区，使其成为东北地区蒙古族非遗品牌。东部地区的朝鲜族文化生态保护区，非遗聚合度相对较高，下一步也应以相同的理念进行区域联动，立足延边州，辐射长白山，促进吉林省东西"双线"非遗发展并驾齐驱，打造独具一格的文化生态名片。

二是整合地域文化资源，创建更多具有地域特色的文化生态保护区。当前还应关注吉林省中部地区文化生态保护区的创建，长春市九台区被誉为"中国萨满文化之乡""中国满族剪纸艺术之乡""中国鹰猎文化之乡"，具备建立文化生态保护区的基础。下一步可以围绕九台区展开论证，建立立足九台、辐射松花江上游沿线的"满族文化生态保护区"。

三是尝试打破区域边界，进一步拓展非遗的传承发展空间。未来，吉林省可以在省内的文化生态保护区的基础上，借助区位优势，融汇汉族、满族、蒙古族、朝鲜族、达斡尔族、赫哲族等多个民族的非遗资源，尝试构建跨越黑吉两省的"松花江流域非遗生态保护区"，让各民族的非遗成为中华民族共享的文化，推动民族文化的交往交流交融，呈现"多元一体""美美与共"的良性态势。

（四）推动非遗产业发展，激发创造创新活力

当前，吉林省对非遗创造性转化与创新性发展的品牌认知不足，市场化程度不理想，为推动非遗产业发展，激发创造创新活力，现提出三点具体对策建议。

1. 培育非遗品牌意识

一是明确品牌定位，讲好品牌故事。加强对历史、文脉、民俗、老字号故事等品牌元素的挖掘，例如大安老窖酒酿造技艺、鼎丰真糕点制作技艺、

平氏浸膏制作技艺等。通过深挖非遗产品的文化底蕴,将非遗的文化资源优势充分转化为品牌发展的势能。

二是借鉴成功的非遗产业化案例,先模仿再实现创造创新。从吉林省内看,可以重点研究米村拌饭等实现产业化发展;从全国看,可以借鉴江西景德镇以及贵州黔东南州西江千户苗寨等地先进经验,进一步聚合非遗资源,打造地域文化品牌,推动文化产业发展。

三是选择吉林省内适合产业化发展的非遗项目进行重点培育,例如长白山满族剪纸、朝鲜族乐器制作、镇赉柳编等传统技艺,或是长白山伐木开山、朝鲜族百种节、蒙古族祭敖包等民俗。围绕这些非遗项目策划相关活动,在宣传推广非遗项目的同时,进一步为非遗创造性转化和创新性发展营造良好氛围,促进非遗在商业综合体中的发展。

2. 推动产业融合发展

一是"非遗+旅游"融合发展。借助吉林省乡村振兴契机,支持非遗资源融入乡村旅游等业态,充分利用民族风情旅游线路,建立集传承、体验、教育、培训、旅游等功能于一体的传承体验设施体系,增强社会对非遗的参与感、获得感、认同感。着力推出一批具有鲜明非遗特色的主题旅游线路、研学旅游产品和演艺作品。

二是"非遗+校园"融合发展。支持非遗进校园。在大中小学开设非遗特色课程,加强高校非遗学科体系和专业建设,在职业学校开设非遗保护相关专业和课程。加大非遗师资队伍培养力度,支持代表性传承人参与学校授课和教学科研。引导社会力量参与非遗开发和教育培训,广泛开展社会实践和研学活动。

三是"非遗+社区"融合发展。推动非遗传统技艺融入人民生活,让大众喜闻乐见,既各美其美又美美与共。通过文化活动的交往交流,让各族群众同唱一首歌、同演一台戏,结成文化共同体,构建文化互嵌式社区。

四是"非遗+基地"融合发展。利用文化馆(站)、图书馆、博物馆、美术馆等公共文化设施开展非遗相关培训、展览、讲座、学术交流等活动。

五是"非遗+网络"融合发展。利用新媒体平台,加大"互联网+非遗"传播力度,提升社会认知度,鼓励新闻媒体设立非遗专题、专栏等,支持相关优秀纪录片和短视频的创作,办好非遗线上讲堂,鼓励各类新媒体平台做好相关传播工作。通过新技术新产业的融合,进一步满足大众的文化消费需求,扩大市场,推动非遗产业发展。

3. 加强创新人才培养

一是定期开展非遗创新意识培训。应当制订相应计划,邀请行业专家,针对非遗保护工作人员、相关从业者定期开展创新能力专题培训,在学习巩固非遗相关法律法规、保护原则、方法等内容的基础上,通过分析非遗产业化发展优秀案例,深入研讨非遗活动策划、品牌构建、活动传播等内容,激发工作人员创新思维,提高相关从业者的活动策划、品牌构建以及新媒体传播能力,促使吉林省非遗创造性转化与创新性发展工作形成双向良性促进局面。

二是建立合理的非遗创造性转化与创新型发展人才培养体系。该体系是指以高校、科研院所以及行业企业等为创新主体,以非遗创造转化创新发展和非遗人才培养为目标,通过"非遗创新性发展进校园""非遗创造性转化进企业""校企合作"等资源互助的形式,形成具有前沿性、专业性、开放性、稳定性的平台,从而为后续各民族原生态展演活动的评价与建议提供有力支持,同时也为非遗创造性转化与创新性发展提供源源不断的人才。

参考文献

宋俊华:《可持续发展理念与非物质文化遗产系统性保护》,《文化遗产》2023年第3期。

王丹:《非物质文化遗产铸牢中华民族共同体意识的实践路向》,《文化遗产》2023年第3期。

苑利、顾军:《非物质文化遗产学学科建设需要回答的几个问题》,《中国非物质文化遗产》2022年第1期。

苑利、顾军:《传统仪式类遗产保护研究》,《中央民族大学学报》(哲学社会科学

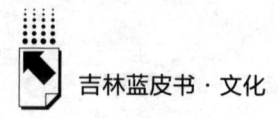

版）2022年第5期。

周茜茜、萧放：《遗产与资本：非物质文化遗产作为文化资本的当代实践》，《文化遗产》2023年第1期。

陈平：《中国非物质文化遗产发展报告（2015）》，社会科学文献出版社，2015。

冯骥才总主编《中国非物质文化遗产百科全书·代表性项目卷》（上、下），中国文联出版社，2015。

李荣启：《非物质文化遗产保护研究文集》，文化艺术出版社，2016。

刘锡诚：《非物质文化遗产保护的中国道路》，文化艺术出版社，2016。

满珂：《非物质文化遗产：变迁·传承·发展》，科学出版社，2022。

宋俊华、王开桃：《非物质文化遗产保护研究》，中山大学出版社，2013。

汪欣：《传统村落与非物质文化遗产保护研究》，知识产权出版社，2014。

汪欣：《中国非物质文化遗产保护十年（2003~2013年）》，知识产权出版社，2015。

王文章：《非物质文化遗产概论》，教育科学出版社，2013。

乌丙安：《非物质文化遗产保护理论与方法》，文化艺术出版社，2016。

杨红：《非物质文化遗产：从传承到传播》，清华大学出版社，2019。

杨红：《非物质文化遗产数字化研究》，社会科学文献出版社，2014。

苑利、顾军：《非物质文化遗产学》，高等教育出版社，2009。

张志颖：《非遗成果转化与合理利用》，文化艺术出版社，2022。

郑土有：《非物质文化遗产保护沉思录》，上海远东出版社，2021。

B.4
吉林省国家级非遗代表性传承人现状调查及保护策略研究

邵丽坤 魏志宇*

摘　要： 非物质文化遗产传承人是非遗保护与传承的关键。笔者通过长期的调查走访以及问卷调查等方式，以吉林省国家级传承人为研究对象，全方位、多角度地分析传承人的现状，并剖析在保护与发展非遗过程中传承人面临的问题与困境。在此基础上提出如下保护策略：完善传承人认定机制；依托兴趣，加大认知力度；利用媒介，进行多元传承；加大政策和资金上的支持力度；通过多种渠道培养传承人；加强非遗资源数据库的建设。以此推动非遗传承人的传承与保护工作，促进非遗工作顺利开展。

关键词： 吉林省　国家级非遗传承人　非物质文化遗产

非物质文化遗产是中华优秀传统文化的重要组成部分，随着我国对非遗保护工作的逐步推进，对其保护与传承的主体也有了更深入、明晰的认识，大家逐渐意识到传承人是非遗保护的传承主体。正如冯骥才先生所言："传承人是非物质文化遗产之本，我们看到传承人就看到了非物质文化遗产的本质，就看到了非物质文化遗产本身，我们保护非物质文化遗产主要就是保护

---

* 邵丽坤，吉林省社会科学院民族研究所研究员，主要研究方向为民族非遗与口传文化研究；魏志宇，吉林艺术学院东北民间艺术研究中心2021级硕士研究生，主要研究方向为东北地域文化传播研究。

传承人。"① 目前，我国在坚持"分级管理，分类施策"的策略下，已经建立了国家、省、市、县四级非遗代表性传承人名录制度。同时，按照国家及地方传承人的管理办法，建立了一整套完整的保护体系。为此，本文以具体地区即吉林省国家级非物质文化遗产代表性传承人（简称"国家级非遗传承人"）为个案，加强对传承人的研究，并对其传承策略提出可资借鉴的方法，意义重大。

一 吉林省国家级非遗传承人现状

截至 2023 年 7 月，依据吉林省非物质文化遗产数字平台提供的数据，吉林省共有国家级非物质文化遗产代表性传承人 21 人，其中王忠堂、富育光、金季凤已故。按照非遗项目评选的分类标准，国家级非遗传承人也依此标准进行分类，具体情况见表 1。

表 1 吉林省国家级非物质文化遗产传承人

序号	项目名称	类别	传承人	地区	年龄（岁）	民族
1	东北二人转	曲艺	董孝芳	省直	83	汉族
2	东北二人转	曲艺	王忠堂	省直	88（已故）	汉族
3	东北二人转	曲艺	韩子平	省直	74	汉族
4	黄龙戏	传统戏剧	赵贵君	长春	68	汉族
5	东北大鼓	曲艺	王连科	长春	75	汉族
6	满族说部	民间文学	赵东升	省直	89	满族
7	陶克陶胡	民间文学	包广林	松原	83	蒙古族
8	鼓舞（乌拉陈汉军旗单鼓舞）	传统舞蹈	张洪年	吉林	47	满族
9	朝鲜族农乐舞（象帽舞）	传统舞蹈	金明春	延边	65	朝鲜族
10	乌力格尔	传统音乐	包朝格柱	松原	54	蒙古族
11	盘索里	传统音乐	姜信子（女）	延边	82	朝鲜族
12	伽倻琴艺术	传统音乐	金星三	延边	68	朝鲜族

---

① 周润健：《冯骥才谈文化遗产保护》，《河南日报》2008 年 6 月 13 日。

续表

序号	项目名称	类别	传承人	地区	年龄(岁)	民族
13	森林号子（长白山森林号子）	传统音乐	王守用	白山	67	汉族
14	朝鲜族服饰	民俗	俞玉兰(女)	延边	68	朝鲜族
15	民族乐器制作技艺（朝鲜族乐器制作技艺）	传统技艺	赵基德	延边	83	朝鲜族
16	摔跤(朝鲜族摔跤)	传统体育、游艺与杂技	李勇	延边	61	朝鲜族
17	长白山采参习俗	民俗	赵炳林	白山	63	汉族
18	剪纸(长白山满族剪纸)	传统美术	倪友芝(女)	通化	84	满族
19	中药炮制技艺（人参炮制技艺）	传统医药	王俊良	通化	54	满族
20	满族说部	民间文学	富育光	省直	87(已故)	满族
21	民族乐器制作技艺（朝鲜族乐器制作技艺）	传统技艺	金季凤	延边	79(已故)	朝鲜族

注：王忠堂于2022年10月15日去世，关于其的各项数据及其开展的活动截至2022年。富育光（满族）和金季凤（朝鲜族）去世的时间分别为2020年和2016年，时间相对较早。地区中"省直"是根据吉林省非遗项目与传承人申报的实际所确定的由省级单位直接负责，吉林省文化和旅游厅直接管理。

资料来源：根据吉林省非物质文化遗产数字平台相关数据整理。

从表1可以看出吉林省国家级非物质文化遗产传承人的基本情况。

（一）吉林省国家级非遗传承人类别分布情况

截至2023年7月，已经公布的吉林省国家级非遗传承人共21人（含已故3人），所涉及的非遗项目涵盖曲艺，民间文学，传统舞蹈，传统音乐，传统技艺，传统医药，传统美术，传统戏剧，传统体育、游艺与杂技以及民俗等十大类。以十大类非遗类别为参照，吉林省国家级非遗传承人涉及的项目相对齐全。其中，曲艺类与传统音乐类传承人，占总数比例最高，这两类都为4人，各占吉林省国家级传承人总数的19.05%；民间文学类传承人为3人，占比14.29%；传统技艺类、传统舞蹈类以及民俗类各为2人，占比同为9.52%；传统体育、游艺与杂技类，传统美术类，传统医药类，传统戏剧类传承人都是1人，占比最低（见图1）。从上述数据中可见，尽管吉林省国家级非遗传承人涉及的类别相对齐全，但由于吉林省国家级非遗传承人总数不多，各类别的传承人数不均衡。曲艺类与传统音乐类传承人占比较高，民间文学类传承人次之，传统美术等四类传承人占比较低。

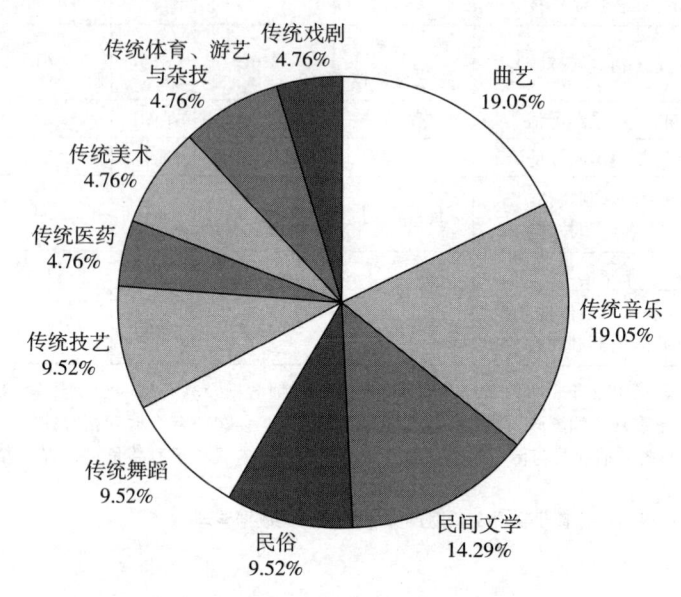

图1 吉林省国家级非遗传承人分类占比

资料来源：根据吉林省非物质文化遗产数字平台相关数据整理。

（二）吉林省国家级非遗传承人的地区分布情况

吉林省国家级非遗传承人共21人，其中延边朝鲜族自治州国家级非遗传承人7人，占比约为33.33%；省直5人，占比约为23.81%；长春、通化、白山、松原人数相同，都为2人，占比同为9.52%；吉林市仅有1名国家级非遗传承人（见图2）。可见，吉林省国家级非遗传承人也存在地区分布不均衡的现象，延边朝鲜族自治州国家级非遗传承人数最多，四平、辽源、白城、梅河口并没有国家级非遗传承人。

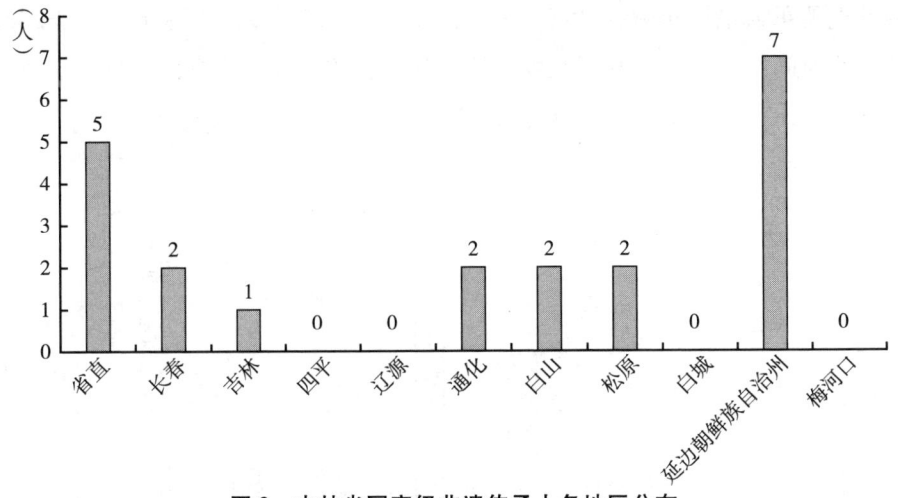

图 2　吉林省国家级非遗传承人各地区分布

资料来源：根据吉林省非物质文化遗产数字平台相关数据整理。

（三）吉林省国家级非遗传承人的民族分布情况

从传承人所属的民族类别来看，吉林省国家级非遗传承人多数是少数民族，在总数 21 人中，14 人为少数民族，7 人为汉族，吉林省少数民族国家级非遗传承人数量占国家级非遗传承人总数的 66.67%。所以，传承人传承本民族的非遗项目占比较高，这与吉林省特殊的民族构成有一定关系。吉林省是多民族边疆省份，56 个民族都有，少数民族人口为 208.76 万人，占总人口的 8.67%。① 吉林省有 4 个民族自治地，即延边朝鲜族自治州和前郭尔罗斯蒙古族自治县、长白朝鲜族自治县、伊通满族自治县，这些地区非遗项目丰富。

（四）吉林省国家级非遗传承人年龄情况

通过吉林省国家级非遗传承人一览表进一步分析得出，由于吉林省国家

---

① 数据由吉林省民委提供。

级非遗传承人最小年龄在 45 岁及以上，最大年龄在 90 岁及以下，以 2022 年末为时间统计节点，并以 5 岁为分类间距，整合数据分析得出吉林省国家级非遗传承人年龄构成偏大（见图 3）。

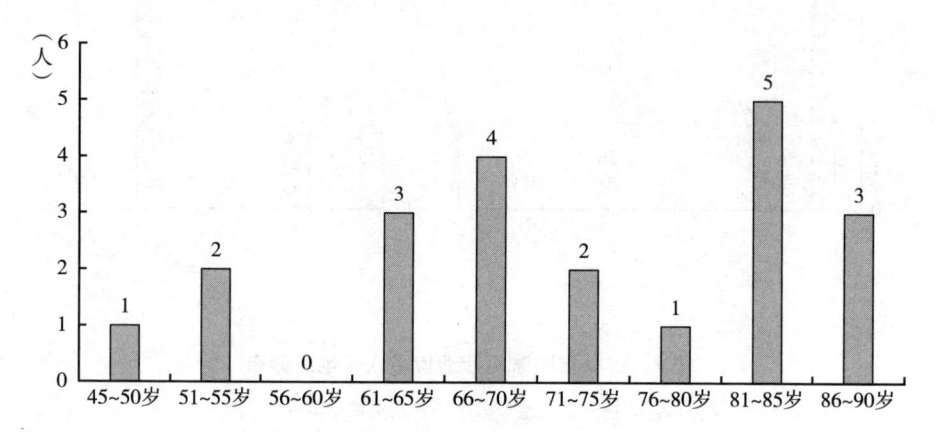

图 3　吉林省国家级非遗传承人年龄分布

资料来源：根据吉林省非物质文化遗产数字平台相关数据整理。

在 21 位国家级非遗传承人中，80 岁以上的传承人为 8 人（含已故传承人），占比 38.00%；71~80 岁的为 3 人，占比 14.29%；61~70 岁的传承人共有 7 人，占比 33.33%；51~60 岁的传承人有 2 人；45~50 岁的传承人有 1 人（见图 4）。总体而言，吉林省国家级传承人年龄偏高，65 岁以上的传承人共计 15 人，占比约为 71.43%，老龄化问题相当突出。

（五）吉林省国家级非遗传承人性别结构情况

在 21 位国家级非遗传承人中，只有 3 名女性传承人，占比为 14.29%，比例较小。女性传承人传承的非遗项目集中在剪纸、音乐和服饰制作类中。其余项目类别中目前没有女性传承人，这说明女性传承人占比远远低于男性传承人。

（六）吉林省国家级非遗传承人受教育的情况

吉林省国家级非遗传承人比较特殊，21 位传承人中，有多位是具有高

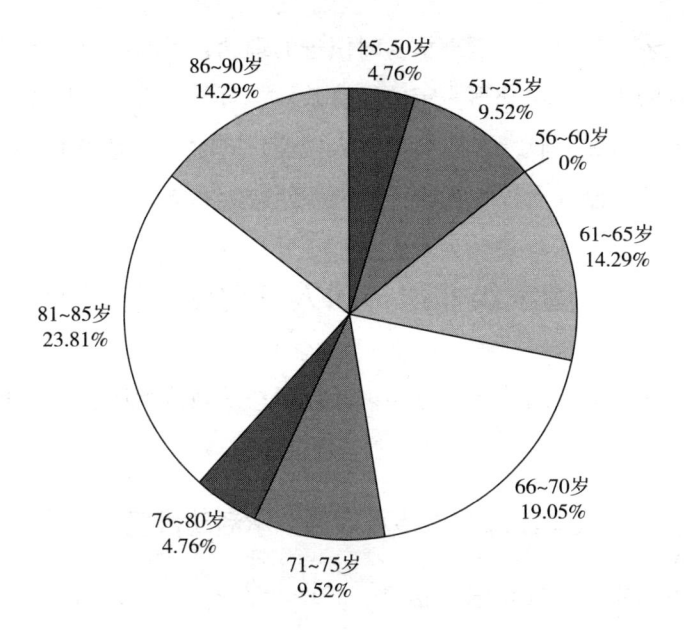

图4 吉林省国家级非遗传承人年龄分布占比

资料来源：根据吉林省非物质文化遗产数字平台相关数据整理。

级别职称的传承人。例如民间文学类传承人已故的富育光先生，他既是一位优秀的传承人，也是在相关领域享有盛誉的知名学者；赵东升先生出生在中医世家，具有大学学历，在省内多所高校为特聘教授。此外，王忠堂生前在大学任教，获得了副教授的职称。包朝格柱除了传承、整理乌力格尔外，也从事相关的研究工作。

（七）国家级非遗传承人的经济收入情况

通过实地调研发现，各类别国家级非遗传承人的经济收入差距很大。收入较高的为传统医药类和传统技艺类传承人，而传统音乐，传统舞蹈，传统体育、游艺与杂技，民间文学，民俗类的非遗传承人收入较低。传统医药类传承人即"人参炮制技艺"传承人王俊良，依据复杂的人参炮制技艺，通过多道工艺，制作出既可以提供免疫力又能抗疲劳的人参片，并将其进行产业化，成立了三家公司，经济收入可观。"朝鲜族服饰"传承人俞玉兰，在传承传统技艺的同时，一直秉承与时俱进的理念，不断结合市场的需求来满足不同人群的需要，也获得一定的经济效益。可见，符合市场需求的非遗项目的传承人收入相对较高，反之，收入较低。同时，非遗传承人的收入也受季节和空间等限制，所以呈现收入高低差距较大态势。

二 吉林省国家级非遗传承人开展传承活动基本情况

吉林省国家级非遗传承人近年来开展了一系列传承活动，以类别划分具体如下。

（一）曲艺类国家级非遗传承人的传承活动情况

曲艺类国家级非遗传承人最多，其中"东北二人转"传承人3人，其传承方式有共同点，如董孝芳、韩子平面向广大观众，坚持送戏下乡和剧场的演出；同时利用新媒体平台，在线上演出经典二人转片段；还通过抖音、快手平台进行自媒体运营，点击率很高，反响热烈。王忠堂先生作为资深的传承人，去世前一直坚持传统二人转的传承，注意搜集与二人转相关的服装等道具。由于国家级非遗项目"东北二人转"具有较强的地域性，在长期的社会发展中具有一定的影响，三位国家级非遗传承人均特别注重徒弟的培养情况。"东北大鼓"传承人王连科主要在校园开展传承活动。此外，他还成立了东北打鼓传承基地，全年保证授课30余次。

（二）传统技艺类国家级非遗传承人的传承活动情况

"民族乐器制作技艺（朝鲜族乐器制作技艺）"传承人赵基德在立足传统传承的同时，积极通过多种途径将技法改良，以乐器为载体，巧妙地融入了朝鲜族的文化，取得较好的社会效果。当下，通过订单制度，所制作的乐器畅销海内外，依托朝鲜族乐器制作厂的生产工人，促进非遗从原始的保护，走向生产性传承的道路，同时也不断带动当地的农民、工人等参与非遗传承，既增加了当地居民的收入，也促进了非遗传承的社会化发展。

（三）传统音乐类国家级非遗传承人的传承活动情况

"乌力格尔"传承人包朝格柱传承非遗做出的最大的变化就是将前郭县草原文化馆微信公众平台改版为网络非遗传承中心，进行网络展示和远程传承工作，累计参加观摩的人数超过20万人次。"盘索里"传承人姜信子除了利用网络平台外，还通过举办音乐会的形式传播盘索里。"伽倻琴艺术"传承人金星三通过长时间的思考与总结，在授徒传艺的过程中，撰写了《伽倻琴教程》一书，将伽倻琴的演奏技法等写成书，应用在延边大学艺术学院的实际教学中。"森林号子（长白山森林号子）"传承人王守用在宝马林场、东方红林场、二道白河林场进行森林号子的传承展示活动；尤其是在进行展示活动的时候，不单单展示森林号子，还详细地介绍木帮文化，即森林号子产生的时代背景及木帮精神，让观众对森林号子有了进一步的了解。

（四）民间文学类国家级非遗传承人的传承活动情况

"满族说部"传承人赵东升除了坚持家族传承、培养传承人外，也逐渐采取其他方式扩大"满族说部"的传播范围：在东北师范大学民俗博物馆开展展演活动，并为东北师范大学学生开展"满族说部"专题讲座；带领培养的传承人不断赴各地考察，参与节目的录制等。由于传承人年事已高，该非遗项目的传播利用新媒介的方式较少。"陶克陶胡"传承人包广林不仅长期坚持图书创作，还在"陶克陶胡"故事的发生地吉林省松原市前郭尔罗斯蒙古族自治县开展进校园活动，将民间文学与爱国主义教育相结合，取得良好的效果。

（五）传统舞蹈类国家级非遗传承人的传承活动情况

"朝鲜族农乐舞（象帽舞）"传承人金明春通过对象帽舞相关资料的梳理与分析，加上自身的实践经验，总结出象帽舞的核心技艺；通过上电视节目、参加展演以及进校园、进社区、进企业等活动扩大此项非遗的影响力。张洪年作为"鼓舞（乌拉陈汉军旗单鼓舞）"传承人，定期举办培训班，基本为一周左右，通过详细的讲解与实践，让学员了解单鼓舞的技艺特点；同时，积极参加非遗进校园以及公益活动，扩大该非遗项目的影响力。

（六）传统美术类国家级非遗传承人的传承活动情况

"剪纸（长白山满族剪纸）"传承人倪友芝教授学徒满族剪纸的内容、剪纸技艺，还通过线上网络传授剪纸技艺，累计培养学生1800余人。传承人还多次接受各级电视台的采访，多次接受高校研究者、非遗从业者以及剪纸爱好者的来访。项目保护单位录制的"满族民间剪纸"网络课程在中国东西部高校课程共享联盟上线，并被评为省级精品课。

（七）民俗类国家级非遗传承人的传承活动情况

"长白山采参习俗"传承人赵炳林开展长白山采参习俗的相关活动。通过"赵炳林非遗传习馆""国家级野山参护育基地"完整地展示人参产业、人参应用以及放参的整个过程等，极大地提高了对采参文化的普及度和宣传度。多年来，赵炳林作为国家级非遗传承人，还收集、整理、维护各种与采参习俗相关的民俗老物件以及珍贵文物等，同时，积极参与长白山老把头节和长白山野山参开秤节等民俗活动，为项目的保护与传承做出了贡献。"朝鲜族服饰"传承人俞玉兰正在全力发展朝鲜族服饰文化，第四代、第五代传承人定期举办多种形式的培训班，还对朝鲜族的传统服饰依据现代需要进行改良。2021年成立了服饰文化发展中心，为热爱朝鲜族服饰文化的群众提供传承渠道，同时为研究朝鲜族服饰的专家学者提供考察基地。

（八）传统体育、游艺与杂技类国家级非遗传承人的传承活动情况

"摔跤（朝鲜族摔跤）"传承人李勇积极参加朝鲜族自治州举办的各种赛事及节庆活动，还在中小学生举办的夏令营、冬令营等活动中传播朝鲜族摔跤。

（九）传统医药类国家级非遗传承人的传承活动情况

"中药炮制技艺（人参炮制技艺）"传承人王俊良积极搜集、整理文献资料，并依据传统方法与现代工艺相结合的方式，优化了人参的保存工艺。2021年11月，野山参展览活动中参展人数共100余人，在活动中普及了与野山参相关的各种知识，有故事、传说、歌谣和谚语，已经形成了一整套完整的人参炮制文化体系。此外，传承人还成立了三家公司，这也是生产性保护的有效方式。

（十）传统戏剧类国家级非遗传承人的传承活动情况

"黄龙戏"传承人赵贵君，长期以来以剧团为基础，进行黄龙戏的创新，但在实际过程中，创新剧目数量不多，由于赵贵君年龄较高，真正传承黄龙戏的人又较少，非遗项目"黄龙戏"可能面临后继无人的情况。

三　吉林省国家级非遗传承人在传承与保护过程中面临的问题与困境

吉林省国家级非遗传承人自认定之日起，就重视非遗的保护与传承工作。吉林省文旅厅为激励、促进和规范国家级非遗传承人传承活动开展的情况，推动非物质文化遗产的传承发展，依据《中华人民共和国非物质文化遗产法》《关于进一步加强非物质文化遗产保护工作的意见》等有关规定，定期开展国家级非遗传承人的传承评估活动。评估活动的内容包括妥善保存相关实物与资料的情况，开展传承活动、培育后继传承人的情况，还包括配合相关部门进行非遗普查的工作以及参与公益宣传等情况。相关的评估工作为国家级非遗传承人的传承工作提供了监督机制，但是在保护与传承过程中，依旧存在一些问题，面临一些困境。

（一）传承人认定制度有待完善

传承人的认定是非遗传承人被认可的前提和基础，只有通过认定制度的选拔，才能选出优秀的、具有代表性的传承人。我国对传承人的认定采用的是各级政府认定的方式，出台的《国家级非物质文化遗产项目代表性传承人认定与管理暂行办法》《中华人民共和国非物质文化遗产法》对传承人认定的条件和程序做了简单的规定，但是基本是通过申报表和报送视频资料等方式进行认定，最后由评委会来决定。国家级非遗传承人最终的评选和认定方式相对单一，缺乏对申报项目具体、深入的调研以及详细了解该项目的相关情况，更没有听取相关社区成员的声音，难免选出的最高级别的代表性传承人没有公信力，导致其他传承人的积极性不高。为此，必须完善传承人的认定制度。

（二）老龄化严重，传承人断层

随着时代的发展和社会的进步，全球化的趋势无法避免，这就使得依靠口传心授等方法传承的非物质文化遗产在不断消失。许多传统技艺濒临消亡，大量有历史价值的珍贵文物和资料面临被毁弃的命运。所以非遗传承人有责任将珍贵的非遗技艺传承下去。但是，经过长期的实地考察，我们发现，即使是国家级非遗项目，依旧存在后继乏人的情况。以朝鲜族歌舞盘索里为例，盘索里教授的时间较长，需要学习者慢慢训练、体悟，见效慢，培养一个出色的盘索里传承人需要大量的时间和精力，年轻人对盘索里的态度多为一时的兴趣，目前学习此项目的年轻人缺乏持久力和专注力。此外，吉林省国家级曲艺类非遗项目依旧面临后继无人的情况。

（三）传承方式单一，缺乏多元化的传承方式

在实际的调查中发现，由于国家级非遗传承人年龄偏大，所以传承方式较为单一，不能充分利用新媒介等方式进行多元传承。在目前吉林省现有的九大类（国家级非遗共有十个类别，吉林省国家级非遗一共有九大类）国家级非遗项目中，鲜有利用新媒体进行多元化传承的项目，大多数没有通过网络平台进行宣传。以央视拍摄的纪录片《艺览吾"遗"》为例，最初节目组选定的非遗项目，基本是通过网络搜索，选择大众关注度高、点击率较高的项目来进行录

制，可是实际情况并非如此，由于传承人年龄偏大，不会利用新媒体等方式进行传播，不能让更广泛的人群了解非遗项目，这种情况亟须改变。

（四）资金和政策上的支持力度不够

国家级非遗传承人每年有2万元的补贴，用于传承人的传承活动。但在实际的传承过程以及活动开展中，还会出现传承人自己补贴活动费用等情况。有些非遗技艺耗时长、程序繁复，在授徒传艺的过程中，为了让徒弟完全掌握技艺的内容，教授的内容必须完整，所以需要投入较多的精力和财力。显而易见，这个过程需要资金的支持。即使被认定为国家级非遗传承人，传承人履行职责的时候，态度与责任心也不尽相同。应对尽职尽责并在该领域做出突出贡献的传承人进行奖励和适当的补贴，这样才能更加调动传承人的积极性。

（五）吉林省国家级非遗传承人受教育程度普遍偏低

在传统的生产生活方式下，受教育的程度也许并不影响传承人对某一项技艺的传承，但是随着社会的发展进步，传统的、一成不变的传承模式，无法适应新形势，传承人除具备精湛的技艺外，还要具有开阔的视野和眼界，突破局限。受教育程度偏低，在一定程度上限制了传承人对该项目的传承与保护，也缺乏利用多元化的方式和手段传承该非遗项目。

（六）吉林省国家级非遗传承人相关资源数据库建设不足

传承人资源数据库的建设，既是对传承人全面信息收录的平台，也是面向社会让大众熟知的平台，同时还是研究者比对的平台。从目前的实际情况来看，吉林省现有"吉林省非遗"微信小程序，作为覆盖吉林省、面向全国的服务云平台，主要包括政策法规、非遗项目、传承人、数字非遗与宣传报道五个方面。传承人分为国家级传承人和省级传承人两个板块，其是对传承人基本信息和非遗项目的简单介绍，缺乏非遗具体内容、传统技艺，以及对资料和使用工具等的展示。

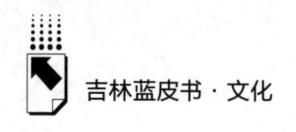

四 对策建议

(一)完善传承人认定机制

打破单一地填写申报表以及报送视频资料等形式,在评审国家级代表性传承人前,组织相关人员深入实地进行翔实的调研和考察,听取多方的声音,掌握传承人真实的情况,力争做到评选出的传承人真正代表行业内的最高水平。另外,要建立国家级传承人的候补制度。依据相关的统计数字,目前,从全国范围来看,存在国家级代表性传承人老龄化严重的问题,随着年长传承人的离世,需要候补中青年传承人,以此来弥补传承人的空缺。当然,候补的传承人也要经过行业认可,在年龄上以及文化结构上,要形成梯队结构。

(二)依托兴趣,加大认知力度

针对传承人老龄化严重以致后继无人的情况,建议对传承人进行可持续化培养。首先做好对吉林省国家级项目进行调研、梳理、存档等基础性工作,了解每个项目的特点及其最根本的核心要素。这样,对其感兴趣的青年人才能根据时代的发展需求做出调整和改变,不能一味地墨守成规。让非遗活起来,并走入当代的生活,让其活在当下,是非遗保护与传承的一个主旨。传承人通过对时代敏锐的感知力,对非遗项目进行创造性转化和创新性发展,必定能在传承的基础上进行革新。当然,其前提是对非遗项目有基本的认知,培养传承人的兴趣是根本。

(三)充分利用媒介,进行多元传承

在对吉林省国家级代表性传承人的跟踪调研中发现,传承人也在积极利用新媒体等渠道对非遗项目进行宣传推广及传承。但是年龄大的传承人在通过新媒介进行非遗传播的过程中,会受到一些阻碍,从而影响了传播

的效果。以朝鲜族的伽倻琴传承为例，基本都是传统的教学传承方式，即老师教学生学，大量枯燥的练习与学习让学生失去了好奇心和热情，后续学生的主动性严重不足。如果适当地选择新媒体的方式，将课程进行录制，提高内容的变化性以及丰富性，在特定的非遗平台上进行播放，从而让非遗的传播变得多元化，这样的创新方式能让更多的人参与其中，热爱非遗。"伽倻琴艺术"国家级非遗传承人金星三就充分利用互联网的优势，在线上开展培训和相关的展演活动。例如在2021年6月12日，利用互联网开展了中国朝鲜族艺术展演活动，通过网络开展活动可以打破地域的局限，无论是参加表演的人数还是观众的人数都比较多，这在一定意义上扩大了传播范围。

（四）加大政策和资金上的支持力度

《中华人民共和国非物质文化遗产法》第三十条指出：县级以上人民政府文化主管部门根据需要，提供必要的传承场所；提供必要的经费资助传承人开展授徒、传艺、交流等活动。以国家级非遗项目"乌力格尔"为例，其艺人多数来自农村的牧区，生活困难，尽管他们十分热爱这门艺术，但是其无法维持生计，热爱该项目的人数逐渐减少。再比如"盘索里"的演出，受语言等条件的限制，在稳固一部分固有人群的同时，阻碍其向更大的舞台发展。基于以上的实际情况，传承人在传承此类项目时，如果能得到政策和资金的一些支持，会让更多的人热爱这门技艺，从而形成良性的发展。

（五）通过多种渠道培养传承人

在对传承人进行跟踪调查的过程中发现，文化程度偏低是较为普遍的问题，这会导致传承模式固化、思维僵化，妨碍非遗项目的创造性转化和创新性发展。必须加强传承人通过多种途径学习的能力。

1. 举办非遗项目培训班

例如在"伽倻琴艺术"的传承方面，就设立了传承人研修班，面向全体成员进行27天的培训活动。此外利用国家拨付的传承活动经费，又开展了60人规模的传承培训活动,因为传承人较多,还分成了初级、中级和高级班,同时还成立了短期班。

2. 国家相关机构对传承人定期组织培训

近年来,文旅部开启了"中国非遗传承人群研修研习培训计划",即组织特定的传承人群在大学集中学习相关的专业知识,进行广泛的交流,并展开探讨。传承人通过此种方式,拓宽了眼界和视野,增强了文化自信。这样的培训计划也是加强传承人继续教育的有效途径。当然,如果培训计划能形成常态化,需要相关部门的密切配合,例如培训场地、师资队伍以及多方的协调沟通等,这是一个有效地提高传承人整体水平的机会,在培训中,传承人的文化素养得到提升,同时改变了传承人传统的传承模式,提高传承效果。

3. 高校开设非遗课程,培养非遗所需的专业性人才

非遗传承人存在学历偏低、年龄梯队不合理等问题,因此亟须加强对专业型人才的培养。尽可能在高校的课程设置中设立非遗的相关课程,让非遗与美育教育、德育教育甚至体育教育相融合,激发学生对非遗的热爱,让更多的非遗从业者加入非遗的保护与传承的事业中来。目前,我国急需专业型的人才,以此推动非遗的传承与保护。为此,教育部要求非遗进校园成为常态化形式,甚至在幼儿园及小学阶段,就建议采取不同的方式让非遗走进校园,培养孩子从小对非遗感兴趣,让孩子从小树立参与非遗的意识,做好培根铸魂的工作。

(六)加强非遗资源数据库的建设

非遗资源数据库可以记录非物质文化遗产的各个方面,包括传承人详细的信息、技艺过程及特点以及相关的历史等信息,以防止非遗技艺的遗失。另外,建立一个统一的非遗资源数据库,包括一个易于查询和管理的平台,以便人们可以方便地获得非遗资源的信息。将收集到的非遗资源信息录入数据库中,包括文字、图片、视频等多媒体形式。对录入的数据进行分类整理和标注,以便用户可以按地理位置、技艺类型等检索和获取相关信息。资源数据库基本建立完毕后需要利用多种方式，如线上线下活动、社交媒体等，宣传和推广非遗资源数据库，让更多人了解和使用非遗资源数据库。更为重要的是定期更新数据库中的信息，包括新增的非遗技艺、传承人的变动等，以保证数据库的准确性和及时性。

参考文献

黄永林：《非遗传承人传承动机及保护政策研究》，《贵州师范大学学报》（社会科学版）2023年第3期。

林继富、杨文：《制度引擎：非遗传承人能力建设研究》，《贵州师范大学学报》（社会科学版）2023年第3期。

黄永林、李媛媛：《新世纪以来中国非遗保护政策发展逻辑及未来取向》，《民俗研究》2023年第1期。

温雯、赵梦笛：《中国非物质文化遗产的数字化场景与构建路径》，《理论月刊》2022年第10期。

张彬：《区域文化视野下吉林省音乐类非物质文化遗产的保护与传承》，《东北师大学报》（哲学社会科学版）2017年第3期。

黄永林、肖远平主编《非物质文化遗产学教程》，华中师范大学出版社，2021。

王文章：《非物质文化遗产概论》，教育科学出版社，2008。

苑利、顾君：《非物质文化遗产保护前沿话题》，文化艺术出版社，2017。

B.5
吉林市历史文化遗产发掘现状与对策研究

王姝 姜军*

摘 要： 吉林市全国重点文物保护单位数量列全省第一位，文化遗产年代沿革证实了吉林中华文明探源工程。目前存在以下问题：文化遗产开发利用对历史文化的核心价值诠释不充分；文献研究与现实应用不能有效衔接；城市历史文化宣传不足，缺少凝练的宣传标识。由此建议，整合历史文化资源，进一步挖掘遗址背后的历史内核，将历史文化与文化产业、旅游产业相结合，拓展精品文旅产业，深入打造"一江秀水，两大奇观，三叠碧湖，四座神山"城市文化名片。

关键词： 吉林市 历史文化遗产 历史文化名城 文旅产业

吉林市位于吉林省中东部，地处长白山脉向松嫩平原过渡地带的松花江畔。吉林市是我国唯一省、市同名城市。1994年，国务院批准吉林市为第三批国家历史文化名城。2008年，吉林市龙潭区乌拉街镇被评选为第四批中国历史文化名镇。

习近平总书记曾指出，历史文化遗产是不可再生、不可替代的宝贵资源，要始终把保护放在第一位。2022年，《人民日报》曾刊发《在保护中发

---

* 王姝，吉林省社会科学院历史所副研究员，历史学博士后，主要研究方向为东北地方史、北方民族妇女史；姜军，吉林省社会科学院历史所助理研究员，历史学博士，主要研究方向为先秦史、东北史。

展、在发展中保护——让更多历史文化遗产活起来》一文。吉林省政府历来重视历史文化遗产的保护与开发。鉴于此，本文对吉林市历史文化遗产发掘现状进行深入研究并提出发展对策，以期对吉林省、吉林市历史文化遗产利用与文旅开发有所助益。

一 吉林市历史文化源流

吉林市距今已有约2200年的建城历史，是一座拥有厚重历史与深厚文化资源的北方名城。这片沃土曾孕育靺鞨、鲜卑、契丹、女真、朝鲜等多个民族，更是夫余、渤海、辽、金、清等政权兴起和发展的重要核心区域。

根据考古发现，23万年前至16万年前，吉林地区就有人类栖息。8万年前，今吉林地区就有了人类活动。蛟河拉法新乡砖厂遗址将吉林地区人类遗迹上溯至旧石器时代中期。这些人类活动考古遗迹的发掘，说明旧石器时代吉林地区具有适宜古人类采集、狩猎生活的得天独厚自然环境，以及悠久的古文化遗迹历史。吉林市丰满区阿什村虎头砬子遗址、永吉县岔路河镇张家沟遗址、吉林市昌邑区七家子西山遗址，展现了6000多年前，新石器时代氏族公社阶段吉林地区人类聚族而居的文化遗存。

以西团山遗址命名的西团山文化，开启了吉林地区青铜时代文明。吉林市西南的西团山遗址，包括周边地区的猴石山遗址、唐家崴子遗址、大海猛遗址等青铜时代文化遗存，是吉林地区的文化代表。西团山文化上迄西周下至西汉，考古出土了大量石制工具、农作物遗存、农具、猪骨、陶制品、纺织品残片、渔猎工具、青铜器等。这反映了在西团山文化的1000余年中，吉林地区古代先民近江而居，绵延生息，农业生产、畜牧、渔猎生产、手工业等多种经济生产方式互为补充。

继西团山文化后，吉林地区出现了东北第一个地方政权——夫余国。夫余前期都城所在地，即今吉林市龙潭山和东团山一带。夫余在700余年中，对吉林地区乃至东北地区的政治、经济、文化发展都起到过非常重要的作用。夫余政权与中原王朝关系密切，接受中原汉王朝管辖，行政区划上先属玄菟郡，后属辽东郡。夫余"善养牲"，畜牧、狩猎在该地占有重要的经济地位。随着与中原王朝不断交流交往，夫余"土宜五谷"，农业经济逐步超越畜牧与狩猎生产，冶铁、制陶等手工业也进一步发展。魏晋南北朝分裂时期，夫余逐渐衰落，代之而起的是周边的鲜卑、勿吉等政权。最终，夫余被勿吉所灭，吉林地区被勿吉、靺鞨族系管辖。唐代，粟末靺鞨建立渤海国，吉林地区为渤海独奏州涑州所管辖。辽代，吉林地区隶属东京道涑州。金代，吉林隶属金咸平路。元代，吉林先后属开元路、辽东宣慰司。明代，吉林先后隶属奴儿干都司、海西女真乌拉国、建州女真。明朝前期，辽东都指挥使刘清奉命三次至松花江造船，"船厂"一称至此流传。

清军入关后，清政府为保护"龙兴重地"实施封禁政策。顺治十三年（1656），宁古塔昂邦章京沙尔虎达奉命在吉林开设造船厂，后来水师营驻扎在吉林市船营街附近。翌年，吉林乌拉街设立打牲乌拉总管衙门，专为清朝皇室采捕东珠、人参、鲟鳇鱼、海东青、蜂蜜、貂皮等百种特产，供祭祀陵庙与朝贡皇室之用。康熙年间，增设吉林副都统并修建城池。康熙十二年（1673），吉林建城。后宁古塔将军迁移至此，吉林城成为清朝省级行政机构治所。康熙帝、乾隆帝曾两次东巡至吉林乌拉，并作《松花江放船歌》《入乌拉城》《松花江捕鱼》等诗篇。乾隆元年（1736）兴建东北首座文庙。伴随着直隶、山东、山西、河南等地流民的大量涌入，农业、手工业、制造业、商业在吉林迅速发展，进一步促进了社会生产关系变革。吉林成为东北重要的粮食产区、水陆交通枢纽、贡品集散地，成为集政治、经济、军事、宗教、文化、教育于一体的东北重镇。

近代以来，为抵御沙俄不断入侵，光绪七年（1881）筹建吉林机器局，这是我国东北第一座近代兵工厂。经过不断改制，至清朝末年东三省设奉天、吉林、黑龙江行省，吉林城仍为吉林省治。民国时期，改吉林巡抚为吉林都督。1931年，日军占领吉林市。吉林人民在抗击日本侵略者、国民党的斗争中，书写了波澜壮阔的红色文化历史。吉林市成为东北抗日联军的重要革命根据地。吉林市毓文中学成为传播马克思主义的前沿阵地。在中国共产党的领导下，吉林人民最终取得了反帝反封建的新民主主义革命胜利。1948年3月9日，吉林市解放。

二 吉林市历史文化遗产分布与利用

吉林市总面积27120平方公里，行政区划辖4区5县（市）。包括昌邑区、船营区、龙潭区、丰满区4个城区；永吉县1个县；舒兰市、磐石市、蛟河市、桦甸市4个县级市。全市有64个街道、23个乡和54个镇，311个社区和1397个行政村。

（一）吉林市历史文化遗产分布

吉林市现存古代历史遗存、近代史迹、现代革命遗存、寺庙名胜等极为丰富的历史文化遗产。目前，吉林市省级以上文物保护单位48处，总量列吉林省第二位。根据统计，这些历史文化遗存中有66%集中分布在吉林市4区，剩余部分分布于舒兰市、桦甸市、蛟河市、磐石市和永吉县，具体统计情况如下。吉林市省级以上文物保护单位有32处，分别为西团山遗址、龙潭山城、长蛇山遗址、猴石山遗址、乌拉古城、东团山遗址、狼头山遗址、玄天岭炮台、二道岭子遗址、二道水库马项遗址、学古东山遗址、大海猛遗址、泡子沿前山遗址、富尔哈城遗址、小白山望祭殿遗址、帽儿山墓地、骚达沟墓群、吉林文庙、北山寺庙群、乌拉街建筑群、观音古刹、龙潭山寺庙群、阿什哈达摩崖、丰满万人坑遗址、东北电力学院石头楼、吉林天主教堂、王百川居宅旧址、毓文中学旧址、张作相官邸、伪满吉林铁路局、吉林机器局旧址、吉海铁路总站旧址。舒兰市省级以上文物保护单位有4处，分别为嘎呀河城址、鲤鱼圈遗址、完颜希尹家族墓地、黄鱼圈遗址。桦甸市省级以上文物保护单位有5处，分别为寿山仙人洞遗址、西荒山遗址、魏拯民墓、头道溜河会议遗址、苏密沟古城。蛟河市省级以上文物保护单位有2处，分别为前进古城、新乡砖厂遗址。磐石市省级以上文物保护单位有4

处，分别为余富遗址、小西山石棺墓群、磐石天主教堂、红石砬子抗日根据地遗址。永吉县省级以上文物保护单位有1处，为星星哨遗址。

根据吉林省文化和旅游厅公布的数据，吉林市考古遗址、墓葬遗址、古建筑、石窟石刻、近现代重要史迹等文物保护单位中，有24处被列为全国重点文物保护单位，具体统计情况见表1。

表1 吉林市全国重点文物保护单位名录

序号	保护单位名称	公布批次	类别	年代	地点
1	帽儿山墓地	第四批	古墓葬	汉	吉林市丰满区
2	西团山遗址	第五批	古遗址	青铜时代	吉林市船营区
3	完颜希尹家族墓地	第五批	古墓葬	金	吉林市舒兰市
4	龙潭山城	第六批	古遗址	晋	吉林市龙潭区
5	苏密沟古城	第六批	古遗址	唐	吉林市桦甸市
6	吉林文庙	第六批	古建筑	清	吉林市昌邑区
7	阿什哈达摩崖	第六批	石窟寺及石刻	明	吉林市丰满区
8	乌拉街沿江古城址	第七批	古遗址	金、明、清	吉林市龙潭区
9	乌拉部故城	第七批	古遗址	明至清	吉林市龙潭区
10	前进古城址	第七批	古遗址	金	吉林市蛟河市
11	寿山仙人洞遗址	第七批	古遗址	旧石器时代	吉林市桦甸市
12	嘎呀河城址	第七批	古遗址	辽、金	吉林市舒兰市
13	余富遗址	第七批	古遗址	周至汉	吉林市磐石市
14	小西山石棺墓群	第七批	古墓葬	商至周	吉林市磐石市
15	乌拉街清代建筑群	第七批	古建筑	清	吉林市龙潭区
16	吉海铁路总站旧址	第七批	近现代重要史迹及代表性建筑	1929年	吉林市船营区
17	吉林大学教学楼旧址	第七批	近现代重要史迹及代表性建筑	1929年	吉林市船营区
18	吉林天主教堂	第七批	近现代重要史迹及代表性建筑	1926年	吉林市船营区
19	大海猛遗址	第八批	古遗址	周至唐	吉林市龙潭区
20	东团山遗址	第八批	古遗址	汉	吉林市丰满区
21	红石砬子抗日根据地遗址	第八批	近现代重要史迹及代表性建筑	1932~1933年	吉林市磐石市

续表

序号	保护单位名称	公布批次	类别	年代	地点
22	老黑沟惨案地遗址	第八批	近现代重要史迹及代表性建筑	1935年	吉林市舒兰市
23	丰满万人坑遗址	第八批	近现代重要史迹及代表性建筑	1937~1943年	吉林市丰满区
24	吉林机器局旧址	第八批	近现代重要史迹及代表性建筑	1881年	吉林市昌邑区

注：数据截至2023年2月，按照公布批次顺序排列。
资料来源：根据吉林省文化和旅游厅网站相关资料分析整理。

目前，国务院公布了8个批次共95处吉林省全国重点文物保护单位。吉林市的全国重点文物保护单位共24处，数量列全省第一位，占据全省总量的1/4。从表1中可以清晰看到，吉林市24处全国重点文物保护单位中有15处集中分布在吉林市4区，其余9处分布在舒兰市、桦甸市、蛟河市、磐石市。其中乌拉街沿江古城址，包含了富尔哈城、大常古城、三家子古城遗址。

目前，吉林市已发掘的历史文化遗产，年代上迄旧石器时代、青铜时代、商、周、汉、晋、唐、辽、金，下至明、清及近现代。这从考古学的角度再次证实了中华文明探源工程，印证了吉林地区中华文明"两百万年人类史，一万年文化史，五千年文明史"。

（二）吉林市历史文化遗产利用概况

目前，吉林市现存的历史文化遗产大致可划分为五类，分别为古墓葬、古遗址、古建筑、石窟寺及石刻、近现代重要史迹及代表性建筑。现每类选取代表性历史文化遗产，综合分析吉林市历史文化遗产利用概况。

吉林市古墓葬群中，完颜希尹家族墓地极具代表性。1961年，该古墓葬被列为吉林省重点文物保护单位。2001年，入选第五批全国重点文物保护单位。该古墓葬位于吉林市舒兰市小城镇东北的马路村，总面积约13万平方米。该墓葬于清光绪年间被发现，目前清理发掘出金朝完颜希尹及其家族共 5 个墓区 14 座墓葬。经过多年的抢救性修缮工程建设，现已建成完颜希尹家族墓地遗址公园。全园分为完颜希尹陈列馆，第二、三、四、五墓区。该园注重生态保护和文物保护相统一的科学规划，同时深入挖掘古墓葬背后的历史内涵，将历史文化与文旅产业相结合。目前，该遗址公园已成为吉林省文物保护利用的先进典范。

吉林市古遗址中，龙潭山城具有重要的历史地位。2006 年，入选第六批全国重点文物保护单位。龙潭山城位于吉林市东南，是高句丽古城遗址，山城内主要有"水牢"和"旱牢"建筑。"水牢"又名龙潭，位于山城西北，为解决战时兵马用水修筑，推测实为大型贮水池。"旱牢"位于山城西南，推测为贮存军事物资的地窖。龙潭山城现遗存城墙最高处有 10 米，最矮处仅 1 米，城垣上宽 1~2 米，下宽 10 米左右，周长 2396 米。民间还广为流传关于龙潭由来的传说。龙潭山上还有清乾隆时期修建的观音堂、龙王庙、关帝庙等建筑。2016 年，吉林市人民政府重点推进了龙潭山遗址文物保护旅游示范区建设。目前建有龙潭山遗址公园，是吉林市区规模最大的风景名胜与遗址公园。

吉林市古建筑中，具有代表性的是乌拉街清代建筑群。2013 年，入选第七批全国重点文物保护单位。乌拉街清代建筑群位于今吉林市龙潭区乌拉街满族镇，主要由"三府一寺"构成，即魁府、后府、萨府以及清真寺。魁府始建于光绪二十五年（1899），距今有 120 余年；后府距今有 140 余年，清朝康熙帝和乾隆帝东巡时曾宿于此宅；萨府始建于乾隆二十年（1755），距今已有 260 余年；清真寺距今已有 330 余年。乌拉街清代建筑群是清代吉林打牲历史的重要遗存。目前，这些建筑群保护程度颇为堪忧。魁府保存相对较好，但也有破败趋势。后府内院荒芜，夏季杂草有一人多高。虽几经保护性修缮，但仍存在部分砖石脱落现象。此外，乌拉街沿街还有几十所清代修筑的民房，因累年被主路填埋，现大多地势低洼，破败空置。目前，乌拉街清代建筑群仍以保护为主，尚未对外开放，处于未开发利用阶段。

阿什哈达摩崖是目前发现的吉林省内唯一的石窟寺及石刻，珍贵且极具代表性。1967年，入选吉林省重点文物保护单位。2006年，入选全国重点文物保护单位。阿什哈达摩崖位于吉林市丰满区江南乡阿什村，该摩崖共有两处刻石，一处刻于绝壁较为突出的长方形青灰色花岗岩上，另一处与之相距约40米，刻于山脚平整的黄褐色花岗岩上。两处刻石记载了明朝骠骑将军刘清奉命领兵在松花江先后三次造船的历史，是明朝经略东北边疆地区时在政治、经济、军事、碑刻文化方面的重要历史遗迹。现已建成"摩崖阁"和"阿什亭"，在摩崖石刻附近建立了吉林明清船厂历史陈列馆，主要展示吉林市由古船厂至今的城市发展历史。陈列馆常年开放，因规模极为有限，且内置陈列物极少，参观游客较少。

吉林市近现代重要史迹及代表性建筑中，吉林机器局旧址具有鲜明的代表性。机器局旧址位于今吉林市昌邑区东局子街，是我国东北第一座近代兵工厂。19世纪70年代，为了抵御沙俄对东北边境的入侵，机器局应时而生，为战时提供军需物资。机器局原有汽炉房、制造所、储料库房、火药库等各类房屋227间，厂区20余万平方米。八国联军侵华战争中，俄军将兵工厂子母炮毁弃，运走设备，轰毁机器局内两间火药库。1905年，机器局改称"吉林造币局"。1909年，改称"吉林军械专局"。日本侵华战争中，日军拆除、捣毁局内重建后的所有机器设备，并改称"吉林军械支厂"。吉林解放后，改称"国营江北机械厂第五车间"。2001年在旧址立碑，2019年入选第八批全国重点文物保护单位。吉林机器局始建于清朝末年，至今已有140余年的历史。虽然现在该旧址已仅剩残垣断壁，但是它却见证了吉林市近代化的沧桑变迁史。它不仅是重要的文化遗产，而且是城市的历史伤疤、警醒后人的墓志铭。

三 吉林市历史文化遗产开发和利用中存在的突出问题

长期以来吉林市历史文化遗产都得到了有效的保护，开发和利用工作也有序开展，但目前仍旧面临诸多问题，这些问题归纳起来主要体现在三个方面。

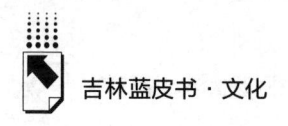

（一）文化遗产开发利用对历史文化的核心价值诠释不充分

吉林市是较早一批入选国家历史文化名城的城市，也是吉林省首批入选的城市。厚重的历史文化内涵、丰富的历史文化资源，在文化遗产开发与利用中却未能获得充分的诠释。目前已开发和利用的文化遗产主要是古遗址，大多以自然景观为基础，直接打造为遗址公园。而这些遗址公园，更多的是休闲文旅，少了对历史的深入介绍。展馆、展板、景观介绍牌、景区解说牌，对历史介绍都较为简略。缺少对历史文化核心价值的深入解读与转化性普及。吉林市文化旅游产业缺乏"讲故事"，缺乏将吉林市厚重而丰富的历史文化，以妙趣横生且通俗易懂的方式讲述给人民群众。

（二）历史文献研究与现实应用不能有效衔接

目前，关于吉林市历史文化研究的学术成果颇为丰富，但这些成果尚未能深入衔接遗产开发与转化。《吉林通志》《吉林市市区文物志》等吉林市以及舒兰市、磐石市、蛟河市、桦甸市、永吉县各市县的城市志、文物志、文史资料，对地方历史有较为详细的记载。《东北通史》《吉林省历史》《中国东北通史》《中国历史文化名城——吉林市》《岁月江城》等著作，从宏观上对吉林历史有较全面的整理，另有若干细致考论的学术论文。这些研究成果从宏观、微观选取不同角度，利用历史文献对吉林市的政治、经济、军事、文化、教育等历史沿革有丰富的研究。但因研究成果主要面向高校及科研群体，所以写作方式学术化，语言相对缺少一定趣味性。历史文献研究尚未能有效衔接遗产开发利用，或者转化为群众读物。

（三）城市历史文化推广力度与宣传力度还不够，缺少鲜明凝练宣传标识

城市文旅作为消费品，离不开品牌推广与宣传。现在提及吉林市旅游，大众首先想到的就是冰雪主题的雾凇奇景与滑雪休闲，对于其他方面却知之

甚少或者不清晰。一方面是城市文化宣传力度不足。权威媒体宣传较少，很难产生辐射效应。多角度网络营销也不够，不能及时跟进快节奏推广。另一方面是缺少凝练的宣传标识以让大众迅速记住。以往宣传片大多以展示城市历史文化与自然景观为主，缺少口号式宣传标识。

四 吉林市历史文化遗产发掘对策研究

（一）整合历史文化资源，加强对吉林市历史文化遗产的开发利用。通过保护传承促进开发利用，进而促进推广工作

吉林市历史文化遗产的发掘与利用，应充分借鉴龙潭山遗址公园、完颜希尹家族墓地、吉林文庙等文化遗产开发利用的成功经验。进一步拓展对吉林市省级重点文物保护单位，尤其是对吉林市全国重点文物保护单位的开发与利用。

首先，着力打造在全国历史文化遗产中影响力较大，也是吉林市最早一批入选全国重点文物保护单位的西团山遗址、帽儿山墓地，突出吉林市地域文化特色。

其次，重点加强红石砬子等抗日根据地遗址建设。作为国内规模最大、保存最好的东北抗日联军遗址，应将承载着红色记忆的红色遗迹打造为新时代爱国主义教育基地。此外，还可以重点建设老黑沟惨案地遗址、丰满万人坑遗址、蒿子湖密营遗址、高兴湖柳树河子战迹地、水曲柳沟密营地遗址、红石砬子战迹地、鸭绿沟战迹地、东北抗日联军小柳树河子战迹地、大砬子战迹地等近现代重要史迹。

再次，在目前已开发的基础上，进一步完善对阿什哈达摩崖的开发，尤其是对陈列馆进行改造与扩展，对内部陈列布展更新和补充。仍有较大开发潜力的乌拉街沿江古城址、乌拉街清代建筑群等历史遗产，应与周边古城遗址联合规划后，再进一步打造综合性片状旅游路线。

最后，对于小西山石棺墓群、苏密沟古城、乌拉部故城、前进古城址、

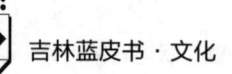

寿山仙人洞遗址、嘎呀河城址、余富遗址、大海猛遗址等现阶段仍应以加强保护为主。

应力图将发掘、整理、保护、开发、利用有机结合，通过多种多样的途径与方式，将历史文化遗产利用起来。深入挖掘吉林市历史文化遗产的历史价值、经济价值和社会应用价值。

（二）进一步促进城市历史文化的推广工作，挖掘遗址历史内核，拓展精品文旅产业

通过深化历史文化推广工作，展示吉林市历史文化遗产的丰富内涵与地域特色。将以往学术性过强且相对晦涩难懂的学术研究，转化为强调故事性与趣味性的群众语言书籍。面对不同的群体，组织编写不同种类的历史读物，丰富群众精神文化生活，可编写历史知识科普读物、趣味探索历史读物、历史神话传说绘本、幼儿历史画册等。此外，可通过中小学"研学""游学"等活动，面向全国青少年展示吉林历史发展历程；通过纪录片、短视频等大众喜闻乐见的形式，进一步展现生动的吉林历史，使吉林省百姓能更为深入地了解家乡历史，热爱家乡历史，让人人知吉林历史、讲吉林历史、爱吉林历史。

整合吉林市历史文化资源，加强对独具特色历史文化的拓展性开发，注重对精品文旅产业的打造与推广。强调以历史文化为根本内核，以历史文献记载为蓝本。同时，充分结合民间文学、传统美术、传统音乐、民族舞蹈、民间戏曲、传统体育与杂技、传统戏剧、传统手工技艺、传统民俗、传统医药、民间信仰等吉林市非物质文化遗产，从而深度开发吉林市船厂文化、打牲乌拉文化、贡品经济文化、移民文化、民俗文化、饮食文化、宗教文化、戏曲文化、商业文化、饮食文化等等，以历史文化资源促吉林文旅发展。

加强吉林市与国内其他地区，乃至东北亚地区其他国家的文化交流与交往合作。不断提高吉林市历史文化的影响力，推动吉林市历史文化资源在文化产业、旅游产业中的传承性发展。

（三）深入打造吉林市"一江秀水，两大奇观，三叠碧湖，四座神山"城市文化名片

一江秀水，即松花江。松花江源自长白山天池，清康熙皇帝东巡吉林曾作"连樯接舰屯江城"（《松花江放船歌》）等诗句。吉林市四面青山三面水，松花江呈倒"S"形经城而过，是吉林市独具特色的城市标识。

两大奇观，即吉林陨石、吉林雾凇。目前，吉林市博物馆收藏展出世界上单颗最大的石陨石——吉林陨石一号。该陨石重达1775公斤，是国家一级藏品。吉林雾凇更是与桂林山水、长江三峡、云南石林并称为中国四大自然奇观。每年12月下旬至翌年2月底，松花江边苍松林立，杨柳抚江，雾凇奇观"忽如一夜春风来，千树万树梨花开"。

三叠碧湖，即松花湖、红石湖、白山湖。松花湖位于吉林市丰满区南郊，是因丰满水电站拦截松花江水而形成的巨大人工湖。沿岸有骆驼峰、凤舞池、五虎岛、卧龙潭、石龙壁、摩天岭、额赫岛等，尤以五虎岛最为著名。红石湖位于桦甸市红石砬子镇，其附近有鸡冠砬子峰、骆驼砬子峰、影壁峰、龙女峰、荞麦女峰、棺材砬子峰、独蛟龙峰等自然景观。白山湖位于松花江上游，是东北地区最大的人工湖，素有"北方漓江"美誉。此湖因白山水电站而形成，是靖宇火山矿泉群国家地质公园的主景区。

四座神山，即龙潭山、小白山、朱雀山、玄天岭。龙潭山已开发龙潭山遗址公园。小白山位于吉林市丰满区白山乡。它的全称是小长白山，又名白虎山。它属于长白山余脉，东老爷岭支脉。清康熙二十一年（1682），康熙帝巡幸吉林，因祭祀长白神山交通不便，便选址在小白山望祭。雍正十一年（1733），在小白山北峰之巅建望祭殿，同时还修筑祭器楼、牌楼、鹿圈。乾隆十九年（1754），乾隆帝巡幸吉林并亲临小白山望祭殿祭祀长白山神。朱雀山位于吉林市东南，紧邻吉林至丰满公路，海拔817米。因山上一块十余米高似猪形的巨石及传说，该山曾又名"老母猪砬子"。此山以奇山、奇石、奇景而闻名。阿什哈达摩崖石刻便位于朱雀山脚悬崖之上，山内还有菩提寺，现已开发为朱雀山公园。玄天岭位于吉林市北极街东南，此山又名炮

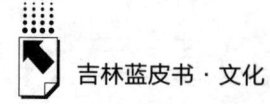

台山。19世纪末为抵御沙俄入侵，北峰修建炮台，现遗存有故垒墙体。清乾隆年间，山上曾修建玄帝观和蟠桃宫，是吉林道教名山，现已开发玄天岭公园。

将"一江秀水，两大奇观，三叠碧湖，四座神山"这样简洁明了的宣传标识作为城市名片，大众可以快速了解吉林市。将城市历史文化资源内涵融入自然景观开发，进一步促进吉林市历史遗产与文化产业、旅游产业深度融合。

参考文献

《1-8批吉林省全国重点文物保护单位名录（保护范围和控制地带）》，吉林省文化和旅游厅网，2023年2月13日，http：//whhlyt.jl.gov.cn/ggfw/whcg/whgj/202302/t20230213_8668316.html。

邵汉明主编《吉林省历史文化资源名录》，吉林人民出版社，2011。

郑毅主编《吉林市城市发展史资料辑录》，吉林人民出版社，2013。

吉林省文物志编委会编《吉林市市区文物志》，内部资料，1983。

吉林省文物志编委会编《永吉县文物志》，内部资料，1983。

吉林省文物志编委会编《舒兰县文物志》，内部资料，1985。

吉林省文物志编委会编《桦甸县文物志》，内部资料，1986。

吉林省文物志编委会编《蛟河县文物志》，内部资料，1986。

吉林省文物志编委会编《磐石县文物志》，内部资料，1987。

吉林省文物志编委会编《吉林市郊区文物志》，内部资料，1984。

刘振华：《永吉杨屯遗址试掘简报》，《文物》1973年第8期。

吉林市博物馆：《吉林永吉县学古东山遗址试掘简报》，《考古》1981年第6期。

吉林市博物馆：《吉林市泡子沿前山遗址和墓葬》，《考古》1985年第6期。

吉林市博物馆：《吉林永吉杨屯大海猛遗址》，《考古学集刊》第5集，中国社会科学出版社，1987。

吉林省文物考古研究所：《吉林市猴石山遗址第二次发掘》，《考古学报》1993年第3期。

陈永祥：《蛟河新乡砖厂遗址调查》，《博物馆研究》1998年第3期。

邵蔚风：《吉林市东团山遗址局部调查简报》，《博物馆研究》2001年第1期。

陈全家等：《吉林桦甸仙人洞旧石器遗址1993年发掘报告》，《人类学学报》2007年第3期。

B.6 关于吉林省夫余历史文化资源开发的建议

于 凌*

摘　要： 夫余历史文化是吉林省独有的资源优势，可以成为吉林省历史文化的新名片。吉林夫余历史文化资源长期以保护为主，资源的开发和利用比较有限，但是在考古发掘、文博展示、人文社会科学研究方面都有长足的发展。目前存在的主要问题集中在：一是夫余历史文化资源的辨识度和认知度较低；二是夫余历史文化资源的开发和利用尚未形成核心竞争力。由此提出五点可行性建议：针对吉林省夫余历史文化辨识度和认知度不高的问题，建议在政策允许的范围内，积极推动夫余国历史文化的宣传普及工作；针对吉林省夫余历史文化产业培育的问题，建议优先以光影动画的形式推广夫余历史文化，借助吉林省相对成熟的动画创作队伍，创新驱动文化产业发展；在兴起的旅游热的有利条件下，积极打造以吉林、长春两地为核心区域的夫余历史文化旅游产品；充分发掘吉林省夫余历史文化的亮点，尤其是民俗文化，开发艺术精品；夫余历史文化资源的保护、开发和利用是一项系统工程，需要配套的科研队伍提供智力支持。此外，这一资源的开发和利用，对于夫余历史文化遗产的保护乃至申报世界文化遗产具有积极意义。

---

* 于凌，吉林省社会科学院《社会科学战线》杂志社编辑、研究员，主要研究方向为秦汉制度史、东北历史与文化。

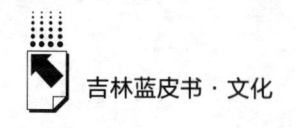

关键词： 吉林省 夫余 历史文化 资源开发 文化产业

夫余国是吉林省域最早出现的地方民族政权，长期隶属中原王朝，其史事见诸正史记载，备受中原王朝关注，书写了东北地区融入中原王朝的重要篇章。经过人文社会科学领域几代学者的整理研究，夫余历史文化遗迹内涵丰富，地域特色、民族特色鲜明，极具资源开发优势，可以成为吉林省历史文化的新名片，也可为维护国家统一、边疆治理贡献力量。

随着吉林省历史文化资源开发的不断深入，夫余历史文化资源开发面临"辨识度不高""认知能力有限""人文需求相对弱化"等突出问题。党的二十大报告提出了"新时代新征程"中"繁荣发展文化事业和文化产业""增强中华文明传播力影响力"等使命任务。发掘夫余历史文化资源恰逢其时，既有重要的学术价值，又可促进中国故事的讲述、推进中国话语体系的构建，还为文化产业发展创造新的亮点以及可持续的经济效益。

一 夫余历史文化及其特色

夫余国"以族名国"，[①] 自汉代兴起至孝文帝太和十八年（494）亡国，历史长达600余年。就隶属关系而言，夫余隶属统一的中原王朝，与中原地区往来密切。[②] 就族属而言，东北地区有东胡、秽貊、肃慎、汉人四大族系，夫余属秽貊族系，又与东胡、肃慎、汉人长期交往交流交融。就疆域而言，《三国志·东夷传》记载"夫余在长城之北，去玄菟千里，南与高句丽，东与挹娄，西与鲜卑接，北有弱水"，大致勾勒出夫余人的活动区域，学界推论松辽平原是汉代夫余人集中活动区域。就物产而言，《东夷传》又载其"多山陵、广泽，于东夷之域最平敞。土地宜五谷，不生五果……其

[①] 刘信君主编《夫余历史研究文献汇编》，黑龙江人民出版社，2015。
[②] 参见李健才《东北的文明古国——夫余》，《文史知识》1994年第6期。

国善养牲,出名马、赤玉、貂狖、美珠。珠大者如酸枣",表明夫余国物产丰富,农业经济占主导地位,又有畜产资源,出产珠玉,副业发达。就民俗而言,以《三国志·东夷传》所载较为详尽,即礼仪典制有所发展,有君、有官、有豪民、有奴仆,祭天、大会、断狱各有其时,服色、刑罚皆有等级,军礼、征战之法齐备,丧葬礼制颇具特色。在吉林省内,夫余历史文化的特色大致有如下几点。

1. 地域分布特色鲜明

根据史书记载,夫余地处长城之北,"北有弱水""多山陵、广泽","方可二千里"且"于东夷之域最平敞"(《三国志·东夷传》)。夫余地理环境既区别于中原王朝腹地,又在东北地区独具特点。根据考古发现,西团山文化为夫余国先世文化,东团山南城子遗址、帽儿山墓葬遗址等表明夫余建都于今吉林市,东汉夫余文化遗存以榆树市老河深墓地为代表。此外,林沄先生论证了夫余之北为松花江西流一段,[1] 考古发掘所获夫余四至所及南、东、西三面的考古文化对应史书所述之民族文化特色,从而廓清了夫余地域分布,并且也印证了其地域分布的时代特色。结合文献记载与考古发现,学术界大致判定夫余国分布在松嫩平原,其中心区域在今吉林与长春一带。[2] 夫余国历史绵长,地处长城以北,与中原王朝、周边民族交往频繁,多有战事,疆域前后出现多次变化,又曾迁都,几次几乎亡国,其民迁徙并融入中原、周边诸族。夫余疆域的变迁与遗民的分散,也使其地域分布呈现独特的样貌。而吉林省作为夫余人活动的核心区域,也是主要区域,其历史文化资源的价值不容小觑。

2. 民族特色鲜明

《三国志·东夷传》记载,夫余国"户八万,其民土著"。由此可见,汉魏时期,夫余人已经被视为一个民族,有别于中原王朝的汉人。然而从历史上看,夫余人是民族融合后形成的民族,其主体最终也融入中华民族。

---

[1] 林沄:《夫余史地再探讨》,《北方文物》1999年第4期,第58页。
[2] 邵蔚风:《夫余问题初探》,《东北史地》2004年第5期,第48页。

《后汉书·东夷列传》追述夫余国的早期建国历史,指出北夷索离国王子南下建立夫余国,并成为国王。由于夫余地方"本濊地也",建国之初,就实现了一次民族间的兼容。根据考古发掘,西团山文化代表了夫余先世文化,而老河深文化是夫余鼎盛时期的代表,在这两个文化之中皆有汉文化因素。与此同时,吉林省境内同一时代还生活了鲜卑、挹娄等多个民族,以这些民族为主体的考古学文化遗存也与夫余文化遗存犬牙交错,相互间不断交往交流交融,书写了吉林省域丰富多彩的民族区域文化篇章。由此可见,夫余文化,既是土著先民所创造的,也是夫余人兼容汉文化,与周边民族交往交流交融的地域文化。

3. 人文特色鲜明

夫余国鲜明的民族特色,造就了鲜明的人文特色。关于夫余国的文化,学术界研究成果颇多。仅就《三国志·东夷传》所载,人文特色主要有:(1)人口,夫余户有8万,"其民土著";(2)政体,"国有君王",行政建制,"有宫室、仓库、牢狱","皆以六畜名官,有马加、牛加、猪加、狗加、大使、大使者、使者";(3)社会组织结构,"邑落有豪民,名下户皆为奴仆","诸加别主四出,道大者主数千家,小者数百家";(4)饮食,"皆用俎豆,会同、拜爵、洗爵,揖让升降";(5)礼仪,"以殷正月祭天,国中大会,连日饮食歌舞,名曰迎鼓,于是时断刑狱,解囚徒";(6)服色,"尚白,白布大袂,袍、裤、履革鞜","出国则尚缯绣锦罽,大人加狐狸、狖白、黑貂之裘,以金银饰帽";(7)物产,"善养牲,出名马、赤玉、貂狖、美珠。珠大者如酸枣";(8)建筑,"作城栅皆员,有似牢狱";(9)军事,"祭天,杀牛观蹄以占吉凶,蹄解者为凶,合者为吉","有敌,诸加自战,下户俱担粮食饮食之";(10)丧葬,"其死,夏月皆用冰。杀人殉葬,多者百数。厚葬,有椁无棺";等等。另据《后汉书·东夷列传》记载,"其王葬用玉匣,汉朝常豫以玉匣付玄菟郡,王死则迎取以葬焉"。《三国志·东夷传》又载,"旧夫余俗,水旱不调,五谷不熟,辄归咎于王,或言当易,或言当杀"。以上诸多风俗,皆为夫余独有的人文特色。

4. 历史脉络清晰

尽管学术研究者对夫余国的认识仍有诸多分歧，诸如疆域、都城、文化渊源与走向等，但是结合正史记载与考古发现，夫余国历史面貌基本上清晰可辨，具有较高的辨识度。在夫余国的发展进程中，其与中原王朝也是明确的臣属关系，尤其在汉代，由于东汉王朝大力扶持，其疆域达到鼎盛。同时，夫余与周边民族间的交往交流交融也是基本明确的，四至清晰，民族间的关系也在正史中有记载。就军政而言，夫余国的行政建制明确，关键性的战争史料齐备，线索明确。夫余人在吉林省域的历史发展脉络清晰明了，在中华民族形成过程中的作用也是肯定性的。

二　吉林省夫余历史文化开发的有利条件

首先，吉林省夫余历史文化资源开发的政治和人文环境优势明显。

以习近平同志为核心的党中央高度关注历史学科、高度关注文化建设，提倡坚定文化自信，重视发掘优秀传统文化的价值。东北地域文化是中华文明的重要组成部分。夫余国历史悠久，夫余文化不仅是东北地域文化的重要组成部分，而且在中华优秀传统文化中占有一席之地。可以说，吉林省开发和利用夫余历史文化资源，既是历史机遇，也是政治需要，在繁荣历史文化方面是一项积极有益的事业。

吉林是夫余早期王朝所在地，国家高度重视渤海研究及其历史资源的开发利用，这就为吉林省夫余历史文化资源的开发提供了有利的人文环境。

其次，吉林省夫余历史文化资源开发的历史和文化资源优势显著。

夫余历史文化是东北地区最早建立的民族政权长期形成的重要历史文化资源。吉林市是夫余国早期都城所在地，吉林、长春两市历史上是夫余国政治、经济、文化中心。在历史资源上，传世的正史及东北史资料对夫余国的历史记载较为清晰，更为重要的是在吉林省域的考古发现包括夫余的生活遗存、墓葬遗址以及城市遗迹，资源优势得天独厚。与此同时，夫余国与中原

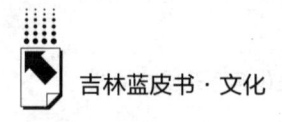

王朝交往密切，接受中原王朝的统治，为统一多民族国家的形成做出了积极贡献。

在文化资源上，夫余建立了地方民族政权，延续600余年，夫余的政治制度文化、农耕文化、渔猎文化、民族文化、城市文化、军事文化、祭祀文化、婚俗文化、饮食文化、丧葬文化等丰富多彩。

这些历史资源与文化资源相辅相成，形成非常明显的地域资源开发优势。

再次，吉林省夫余历史文化研究的基础科研优势突出。

20世纪30年代以来，夫余历史文化是中外学术界的热点研究领域。经过学术界经年累月的精耕细作，夫余历史文化研究已然硕果斐然，这就为历史文化的资源开发和利用提供了坚实的基础。吉林省考古所在乌拉街及乌拉古城的考古发掘中又取得新的进展，其早期城市遗存与夫余历史文化关系密切，为夫余历史文化资源开发增添了新的内容。2015年出版的《夫余历史研究文献汇编》，共计6册，主要参与整理的人员皆出自吉林省社会科学院，全书收录了"研究文献总论""民族起源""濊（秽）貊研究""疆域与王城""政治与对外关系""夫余文化研究""综合""考古资料有关考古学文化综述""西团山文化""庆华文化""东团山文化""中国典籍文献"等12个领域的研究成果和文献资料，整理成300万字的资料汇编，全面展示了夫余历史文化的面貌。吉林省夫余历史文化资源的科研优势既有学术传承，又有考古发现提供新的研究热点，还有全面的科研梳理和资料汇编，不仅学术成果丰富，而且学术前景可观，已经成为吉林省夫余历史文化资源不可或缺的组成部分。

最后，吉林省夫余历史文化资源开发具有吉长中心区域优势。

吉林、长春两市都是"中国历史文化名城"，夫余历史文化是城市历史文化的重要组成部分，夫余历史文化遗迹的考古发现，进一步印证了吉长两市是夫余历史文化的中心区域。吉长两市的城市总体规划中，都高度"重视历史文化和风貌特色保护"，夫余历史文化资源在省市领导和相关部门的重视下得到了有效的保护，夫余历史文化资源开发和利用获得了重要助力和保障。此外，夫余历史文化资源有别于一般的东北历史文化资源，其中重要的一点在于夫余文化为吉林省所特有，而东北地区较受关注的多为共性的历史文化资源，如冰雪文化、渔猎文化、闯关东文化、满族文化等等。夫余国在吉林省有长期的发展，历史画卷波澜起伏，文化特色鲜明，随着考古发现与研究，人文特色被充分揭示，还具有一定的可持续性，对于吉林省的文化建设不可或缺，在经济效益方面的预期更是不可估量。

三　吉林省夫余历史文化资源开发存在的问题

吉林夫余历史文化资源长期以保护为主，资源的开发和利用比较有限。具体状况可以概括为以下三点。

一是考古发掘的夫余遗址、遗存都得到了科学的保护，随着主动性考古发掘工作的推进，考古发掘和研究有序进行。

二是结合文献记载与考古发现，吉林省、市博物馆对夫余历史文化设有展览和介绍，图文并茂地展示了吉林夫余历史文化。

三是吉林省社会科学院充分调动各方科研力量，积极推动夫余历史文化资源的发掘与整理，基础研究与对策研究成效显著。

尽管如此，吉林省夫余历史文化资源开发存在的问题仍然十分突出。

1. 夫余历史文化资源的辨识度和认知度较低

尽管夫余历史文化在东北边疆历史上煊赫一时，但是历史文化传承随着魏晋时期夫余国的灭亡而逐渐中断，关于夫余人的记载仅能延续到渤海国建国之初。由于历史久远，且文化早已融入中华民族的血脉，后世的历史记忆随着夫余遗民的散佚而中断，夫余历史文化传承因而难以长期延续。随着新的东北民族的兴起，中原王朝迭起，夫余历史文化印记日渐模糊。尽管学术界从学术戍边和边疆开发治理出发，致力于夫余历史文化资源的整理与研究，但是吉林省夫余历史文化资源的影响力仍局限于学术研究，其社会普及化程度远远不及后起的历史文化，如满族文化、蒙古族文化、朝鲜族文化等因为吉林省境内相应的民族聚居而富有鲜活的生命力，冰雪文化、长白山文化等因为地域资源而传播度较高，渔猎文化因为冬捕习俗文化效益和经济效益共赢。这样的状况显然与夫余历史文化在中国传统历史文化中所占的重要地位极其不匹配。

2. 夫余历史文化资源的开发和利用，尚未形成核心竞争力

学术研究和考古研究为资源的开发和利用提供了丰富的科研基础，但是将夫余历史文化资源转化为文化产业精品，仍然是一项系统工程。由于文化辨识度、认知度较低，目前培育文化产业的群众基础相对薄弱，开发文化资源的经费缺口较大，资源开发与文物保护之间存在一定的矛盾，这就直接导致产业发展和推广的前景不明朗，产业开发的亮点不突出，不利于形成具有核心竞争力的文化产业优势。

四 可行性建议

针对目前吉林省夫余历史文化资源开发中存在的问题，主要提出以下可行性建议。

其一，针对吉林省夫余历史文化辨识度和认知度不高的问题，建议在政策允许的范围内，积极推动夫余国历史文化的宣传普及工作。吉林省各级相关部门应把握历史机遇，更加积极主动地宣传夫余历史文化，推动其成为吉林省的文化新名片，这也将极大地坚定吉林文化自信。通过社区、文教、娱乐平台，调动群众的积极性与自发性，不仅使他们关注夫余历史文化，而且为他们了解夫余历史文化提供助力。另外，宣传夫余历史文化时，应拓展文化宣传的模式，全方位地宣传夫余历史文化，使其迅速成为耳熟能详的文化名片。

其二，针对吉林夫余历史文化产业培育的问题，建议优先以光影动画的形式推广夫余历史文化，借助吉林省相对成熟的动画创作队伍，创新驱动文化产业发展。吉林大学新近成立的考古学院拥有全国领先的考古复原技术，尤其是对古人头骨应用三维模型技术复原相貌，在全国尚属首创；吉林省的动画人才优势在全国较为突出，长影集团、吉林广播电视台以及动画学院等企事业机构一应俱全，具备人物和场景等三维动画题材从设计到制作的技术优势；吉林省、市博物馆为全国知名文博单位，尤其是吉林市的陨石展览，结合光影背景和动画场景重现，带给参观者前所未有的视觉震撼和身临其境的体验。这些技术优势强强联合，可以创建全国首个地域文化光影展览厅，以光影动画的形式展示夫余历史文化，使其成为博物馆的镇馆之宝。这样，既可弥补考古文化不可复制和文物不可移动的遗憾，也可形成文化产业精品。在此基础上，借鉴国内各大博物馆的经验，适时推出文化产业系列产品，包括图书、纪念品以及影视动画作品等，形成夫余历史文化产业链，推进吉林省市的文化旅游业发展。

其三，在兴起的旅游热的有利条件下，积极打造以吉长两地为核心区域的夫余历史文化旅游产品。吉林省夫余历史文化资源开发，可以借助优秀的文旅策划优势，打造以吉长两地为核心区域的夫余历史文化旅游产品，如以文博之旅、五谷饮食之旅、龙潭山城之旅等为特色的配套项目，由夫余历史文化的文脉衍生出旅游资源的新亮点。

其四，充分发掘吉林省夫余历史文化的亮点，尤其是民俗文化，开发艺术精品。夫余民俗文化亮点突出，皆为特有，与众不同。其中，祭祀礼乐、邑落布局、丧葬习俗，皆有复制的可能。在情景展示、舞乐表演方面都有开发的优势。除了情景展示，这些文化因素也可用艺术语言进行诠释，打造新的艺术精品，代表吉林文化的水平。更为重要的是，这些文化习俗，不乏优秀的中华民族传统文化的要素，其既是地域的，也是中国的，更是世界的。

其五，夫余历史文化资源的保护、开发和利用是一项系统工程，需要配套的科研队伍提供智力支持。在资源开发启动之前，建议搭建科研平台，组织吉林省及国内外专家评议，并且聘请相关专家担任顾问参与资源开发工作，以此最大限度地调动省内的科研力量，集思广益，集中攻关，确保吉林省夫余历史文化资源的开发和利用更具科学性和可行性。在考古研究方面，有必要进行夫余历史文化资源的再梳理，为历史文化资源开发提供新的智力支持。与此同时，通过科研交流，还可以提升夫余历史文化的学术地位，以此扩大学术影响力，进而推动国家层面、社会层面对夫余历史文化资源的关注与投资。

此外，夫余历史文化资源是中华优秀传统文化的重要组成部分。这一资源的开发和利用，对夫余历史文化遗产的保护乃至申报世界文化遗产具有积极意义。夫余历史文化的开发与利用，并不局限于为地方经济发展增添助益，更重要的是为诠释中华优秀传统文化贡献力量，同时更为有效地保护历史文化遗产。夫余国600余年的历史，对其进行有益的保护是时代赋予今人的历史使命。在开发和保护夫余历史文化方面，仍然任重道远。曾经作为夫余历史文化重要遗迹的星星哨石棺遗址，至今仍在水库的群山之中静默，而当地人也不甚清楚其来龙去脉。这样的遗憾，至少应该尽早终结。而当夫余文化的遗存，以整体面貌展示在世人面前之时，其文化内涵也将更加清晰，对其进行保护也是今人义不容辞的责任。民族的就是世界的，加之夫余历史文化不仅在吉林省域具有独一无二的价值，而且在汉晋东北亚历史上同样尤为重要，其兴衰更是见证了东北亚各族早期发展的历史，其申报世界文化遗产的前景必然是光明的。

在吉林省夫余历史文化资源开发的可行性研究中，我们迫切地认识到抓住时代机遇、发掘地方历史文化资源特色的重要性。吉林省是人才大省，在吉林夫余历史文化资源的开发和利用中，通过创造性地整合和优化人文资源，既能满足吉林人民精神文化追求，又能为地方发展带来巨大的经济效益。尤其是作为吉林地方历史文化的研究者，广大科研工作者更是有义务讲好吉林故事，传承和传播吉林优秀历史文化，为吉林文化产业发展尽心献策。

B.7
满族说部的满语文传承现状及对策

张晓晨*

摘　要： 满族说部是满族民间长篇叙事文，多以历史文化故事为题材。说部文学艺术初以口耳相传，其语境是传承人们用满语气韵勾勒的，具有广阔的以家国为主体的内在视域，其文化活化与传承语言息息相关，亦对其活态传承有深远影响。田野调查结果显示，当前满语文存续状态处于灭绝前夕即极度濒危状，满族说部的活态传承几乎断绝。基于此现状，本文从文化传承的角度针对提供传承语言的多样性选择、提升传承人满语文能力的可行性等问题提供对策建议。

关键词： 满族说部　满语文　濒危　活态传承

一

当前满族说部的基本概念已有较系统研究，如什么是满族说部（简称"说部"）、说部学术价值等问题[1]、称谓与性质议题[2]。说部文本研究亦较细致，例如探寻说部的文化叙事与内涵[3]及其所反映的深刻文化意象[4]，揭

---

* 张晓晨，中国民族语言（满族语言文化研究方向）博士，吉林省社会科学院民族所助理研究员（中级），主要研究方向为满族语言文化。

[1] 高荷红：《满族"窝车库乌勒本"辨析》，《民族文学研究》2009年第1期。
[2] 王卓：《满族说部的称谓与性质》，《社会科学战线》2012年第5期。
[3] 隋丽：《满族文化源头的性别叙事——以满族说部〈天宫大战〉、〈东海窝集传〉为例》，《满族研究》2010年第3期。
[4] 谷颖：《满族说部〈恩切布库〉与〈乌布西奔妈妈〉比较研究》，《古籍整理研究学刊》2009年第6期。

示满族说部怎样由历史素材转化为艺术叙事，以及说部的语境如何彰显出多元化的文化史意义①。除此之外，作为国家级非物质文化遗产，说部的传承与保护议题始终是探讨的热点，从其原始的传承方式②到当代传承拓展③，更有专著针对说部传承问题进行了全景式的研究④。

　　文化可以理解为一种共识，直接或间接地满足人类的需要。⑤ 说部源于满族及其先民的民间口传故事，一般称其为"乌勒本"，也有"说古""满洲书""英雄传"等称谓。20 世纪 30 年代后，黑龙江瑷珲等满族聚居地使用"说部"称谓，后得以沿用。

　　口述史是历史研究的一方面，满族人的口述历史多由民间的"故事家们"累积完成，旨在保存其氏族悠久的文化记忆，深受满族先民喜爱。他们十分崇拜英雄，创造了反映人与自然的关系、通过氏族兴衰展现家族历史、以家国天下为文化内核的说部，说部所构建的语境和其对文化的形塑恰恰构建了完整庞大的内在视域，可以说说部故事源于满族文化。⑥ 讲述者多由族中有识之士担任，这种由少数文化人掌握的状态是自然的选择。说部的素材来源比较丰富，有本氏族流传的故事，如说部《萨大人传》《木兰围场传奇》等，前者是 20 世纪 20 年代瑷珲一带的富察氏宗族长富察德连所传承的遗珍，考其故事之源已有约 280 年的传承史，后者是清康熙末年由木兰围场都统韦茂成创制的，乾隆时期经由关氏家族传承；有从相邻部落那里听到的，如《雪妃娘娘和包鲁嘎汗》是康熙二十一年

---

① 江帆：《满族说部对历史本文的激活与重释——以〈雪妃娘娘和包鲁嘎汗〉为例》，《社会科学战线》2012 年第 5 期。
② 富育光：《满族说部的传承与保护》，《社会科学战线》2007 年第 5 期；周惠泉、孙黎：《满族说部的历史渊源与传承保护》，《古典文学知识》2008 年第 5 期。
③ 高荷红：《满族说部历史上的传承圈研究》，《社会科学战线》2008 年第 7 期；高荷红：《关于当代满族说部传承人的调查》，《黑龙江民族丛刊》2010 年第 2 期；邵丽坤：《传统满族说部的传承特征及其传承谱系》，《通化师范学院学报》2015 年第 7 期。
④ 高荷红：《满族说部传承研究》，中国社会科学出版社，2011；王卓、邵丽坤：《满族说部概论》，长春出版社，2014；邵丽坤：《满族说部的当代传承研究》，中国社会科学出版社，2019。
⑤ 〔英〕马林诺夫斯基：《文化论》，费孝通等译，中国民间文艺出版社，1987。
⑥ 周惠泉、孙黎：《满族说部的历史渊源与传承保护》，《古典文学知识》2008 年第 5 期。

(1682）富察氏家族从其长辈口中获悉的简略传说,《雪妃娘娘和包鲁嘎汗》甚至在黑龙江中下游地区费雅喀人、索伦人、赫哲人生活区也广泛传播。① 可以说,说部向人们展示了满族与汉、鄂伦春、鄂温克、蒙古、达斡尔、赫哲、锡伯、朝鲜等民族间血脉相连、荣辱与共的互动关系,② 它对于研究北方诸民族学、社会学、民俗学等都是难得的珍贵线索,亦有人称之为"北方诸民族古俗百科全书"③。这是中华民族共同体交流交往交融的体现,更加有力地证明了各民族在物质和精神层面上的密切交往、共生共存。④

清代以降,说部以手抄本形式流传,当时各氏族用满文记叙提纲并串集成册,以便讲唱有凭。至清末满语文衰微,出现满汉夹叙或汉文标音满文⑤,如《尼山萨满(音姜萨满)》《乌布西奔妈妈》的部分章节。满语是说部得以保护与传承的基础之一,其历史悠远,从女真人算起,经历过从汉文、契丹文到蒙文的艰苦创制历程,产生过女真文大字和女真文小字,后来又根据蒙文创造出无圈点老满文和有圈点新满文,清时被定为国语。满语在历史长河中留下丰富的历史和文化资源,这门语言已陷入濒临灭绝的境地,从民族、历史角度看,保护满语有利于了解满族的历史文化,以说部为例,在收集说部文本过程中我们仍能发现大量的满文音译词语,在出版的文本中,几乎所有说部的引子里,都有大量遗留的满语词语。如亲属称谓类词,"翁姑玛法"(远世祖)、"玛法"(爷爷)、"妈妈"(奶奶)、"额莫"(母亲)、"畏根"(丈夫)、"福晋"(夫人);常见的食物,"阿

---

① 高荷红:《从记忆到文本:满族说部的形成、发展和定型》,《西北民族研究》2016年第4期。
② 王宏刚:《田野调查视野中的满族说部》,《社会科学战线》2007年第5期。
③ 富育光:《满族传统说部艺术——"乌勒本"研考》,《民族文学研究》1999年第3期。
④ 崔颖:《构建中华民族共有精神家园视阈下的少数民族文化典籍研究——基于文献计量学方法的满族说部研究》,《大连民族大学学报》2021年第4期。
⑤ 到清代,氏族中文化人增多,说部的老本子逐渐用满文、汉文或汉文标音满文来简写提纲和萨满祭祀时赞颂祖先业绩的"神本子"。讲述人凭着提纲和记忆,发挥讲唱天赋,形成洋洋巨篇。详见高荷红《从记忆到文本:满族说部的形成、发展和定型》,《西北民族研究》2016年第4期。

不达额芬"（苏叶饽饽）、"占出浑奴勒"（甜米酒）、"黑克啷"（阉后的黑毛猪）；生活用品，"爱辛托里"（金镜）、"尼玛琴"（萨满手鼓）、"泥泥如"（柳条大筐）、"竹什必廷"（围裙）；也有一些地名，"松阿里乌拉"（松阿里即松花江，乌拉即江或河）、"卧德尔喀阿林"（望乡台）、"括文库阿林"（阴山）、"呼兰哈达"（烟筒山）；等等，篇幅有限，不一一列举。

当前，口传的民间文学类非遗项目的生存环境十分严峻，有些消失在历史长河中，有些逐渐失去"活性"，濒危程度相当严重。① 说部亦如此，在汉文化的强大氛围中，满语式微，清廷不得不推行"国语骑射"②，然而收效甚微，清中叶，吉林省的日常语言已经是汉语，③ 黑龙江地区也少有说满语的了，"满洲人能通清文者，不过百分之一，能操清语者，则千人中一二人而已"。④ 至18世纪末东北"未尽汉化"的乡间也开始衰微，"清语即如乡谈，原应不学而能，乃竟有不晓清语之人，想东三省似此者尚复不少"，⑤仅部分地区还在日常使用满语。⑥ 辛亥革命后，在宁古塔地区（清初吉林将军衙门所在地，迁移吉林后在此处设宁古塔副都统衙门，这里是清朝管理松花江下游、黑龙江下游民族的中心，也是有清一代文化交流的中心）满族人们（民）几乎无人会满语了，⑦ 时至今日满语只剩只言片语了，除少数满族民族村落的个别耄老说满语外，在东北已无以满语为日常生活语言的地区了。清时，大家族或部族为保"乌勒本"传习之古俗，常以满文记叙，随着满语文衰微而今大多数以满文记录的说部文本已消失在人们的视野里，大量的传统说部故事散佚，或因耄老的离世，经典传奇不再为人知，遗留下的

---

① 周惠泉、孙黎：《满族说部的历史渊源与传承保护》，《古典文学知识》2008年第5期。
② 《清高宗纯皇帝实录》卷428，中华书局，1986。
③ 刘爽：《吉林新志》，吉林文史出版社，1991。
④ （清）黄维翰修《宣统呼兰府志》，成文出版社有限公司，1974。
⑤ 王树楠、吴廷燮、金毓黻：《奉天通志》卷36，沈阳古旧书店，1983。
⑥ （清）萨英额：《吉林外纪》卷8，吉林文史出版社，1986。
⑦ 〔俄〕S.M. 史禄国：《满族的社会组织——满族氏族组织研究》，高丙中译，商务印书馆，1997。

一部分也只留存于满族后人的记忆中。① 民族地区民间口传文学的语言选择展现了文化发展与文化传承的脉络，专注于民族语言的语境还原和传承人培养，既能丰富根植于满族说部中的满族文化内涵，② 用满语的韵脚重新审视说部文本，加强满语文传承是一个突破口，③ 现在看来，又能为口传类非物质文化遗产的研究提供新的研究范式。

二

2022年全国规模以上文化及相关产业企业营业收入情况表公布，东北地区下降1.0%。④ 虽然用相关产业企业营业收入情况来评价文化是不具有直接的逻辑上的说服力的，但反映的文化对游客的吸引力不足的问题是真实存在的，笔者认为东北文化"活性"不足是重要的诱因之一。过去30多年，说部初以静态保护为主，至2009年4月先后分两批出版发行了"满族口头遗产传统说部丛书"28部，计1200多万字，但并没有激发其文化活性，因为传承人缺乏民族语言能力，无法再现说部的意象，也就无从谈艺术再加工。

满族说部的挖掘、抢救与保护，有其历史与现实的特殊性。当前满语成为"死去的语言"，被大多数满族人遗忘，其满文本子和汉字注音满文的读译已临消失的境地，也正是传承语言选择的问题，原有语境很难重构，说部在传承中真实性与史料性受到挑战，在整理出版过程中也引起了广泛辩论，说部到底是作为口述文化传承还是作为文学艺术传承，前者意义在于学术研

---

① 高荷红：《从记忆到文本：满族说部的形成、发展和定型》，《西北民族研究》2016年第4期。
② 高荷红：《满族说部的文本化》，《满族研究》2009年第2期。
③ 富育光：《满族说部的传承与保护》，《社会科学战线》2007年第5期。
④ 数据显示，东部地区实现营业收入91714亿元，比上年增长0.1%；中部地区18269亿元，增长5.8%；西部地区10793亿元，增长0.5%；东北地区1029亿元，下降1.0%。参见《2022年全国规模以上文化及相关产业企业营业收入增长0.9%》，2023年1月30日，中国政府网，https://www.gov.cn/xinwen/2023-01/30/content_5739155.htm。

究，后者意义在于弘扬文化，当然各有各的道理，关键在于服务于谁。① 部分专家出于学术研究的考虑，提议要保持说部语言的原汁原味，并建议做"两个文本"。从说部计划出版至今，可以得见已出版之说部很多不属于"用于研究目的之资料"，因为很多资料不具备严格的学术规范，甚至是主观臆断并加工。现况如此，以保护史料为前提，但其落实贯彻则是因人而异的。② 因此，无论从哪个角度讲，恢复满族说部的满语讲述是个迫切的问题，可是现在基本上没有恢复满语文讲述的环境了。

联合国教科文组织公布的"世界濒危语言地图"中，满语属于"极度濒危"级别，③ 基于求学经历，笔者曾对东北地区满语言存在状态进行了调查。调查发现，吉林、辽宁境内满族母语人口几近消亡，满语言已基本失去交流的功能。黑河市爱辉镇、大五家子满族乡、四嘉子满族乡、孙吴县沿江乡西屯和四季屯等地曾是黑龙江省乃至全国满语留存使用较好的地区之一，目前满语文环境已处于消失状态。除了个别村屯中的少数老人说满语，满语已不再应用于日常生活，仅有富裕县三家子和孙吴县四季屯有10余位年长者能较流利地说一些日常用的满语，但基本不会书写，满语已经退出了社会生活领域。孙吴县四季屯何世环是黑龙江省满语言非物质文化遗产传承人，现年90多岁，是目前唯一能用满语流利地讲述满族故事、说唱满族民歌和萨满小调的人，其家人和同屯亲族多已不识。目前，四季屯能说出5句以上生活用的满语的人士有22人，汉语已是唯一的交际语言，满语文已成历史文化遗存。大五家子等地仅有吴振群等4人能讲少量满语。另外，黑龙江的满族乡村缺乏满族文化元素，仅体现在一些地名和街道名称中，如牡丹江宁安依兰岗村、黑河市四嘉子、蓝旗沟等。在调查中还发现，对于"活化石"级别的满语传承人的资助和保护处于粗放式管理阶段。如四季屯何世环老人，单眼失明，家境贫苦，冬季取暖是问题，食物药品较匮乏，身体状况堪

---

① 〔德〕傅玛瑞：《中国民间文学及其记录整理的若干问题》，《北京师范大学学报》（社会科学版）2005年第5期。
② 高荷红：《满族说部的文本化》，《满族研究》2009年第2期。
③ 濒危程度分为已灭绝、极度濒危、严重濒危、明显濒危、有危险——笔者注。

忧。何世环老人是在世的唯一能说纯正的民国时期满语的人，出于身体原因已不可能一次录太多的音。

另外，锡伯语与满语有着密切的联系，也应该进入学界的视野。锡伯族源于乾隆二十九年（1764），从辽沈地区抽调移驻新疆伊犁地区的锡伯族官兵及其眷属。现代锡伯语形成于1947年，由锡伯族知识分子对满文进行改进创制。改进后的锡伯文在文字结构、书写形体和正字规则等方面，仍保留了满文的主要特征，锡伯语的书面语中，有80%以上的古近代词语与满语同源，如灯（满语 dengjan，锡伯语 dengjen）、长辈（满语 ungga，锡伯语 unggan）、低（满语 fangkala，锡伯语 fangkalan）等，锡伯文的绝大部分固定词语同满语同源，如 alin（山）、niyalma（人）、bithe（书）、mahala（帽）等，构成锡伯文主体的词语基本上和满文的词语相同。因此，学术界多数学者认为锡伯语文是满语文的继续和发展。锡伯族也有自己的传统说唱艺术，即朱伦念，它是以一定的曲调讲诵长篇故事或传说。如锡伯族李德老人，仍能结合自己的个人经历，讲述锡伯族节庆习俗、婚俗、丧俗，以及锡伯族的民间疗法和当地萨满的一些情况；尤其擅长用锡伯语和汉语讲述民间故事，如"狗与芨芨草""从天上借的猫""秃头儿子的故事"等。总之，从全国范围来看，除黑龙江个别村屯中的少数老人会说满语，满语已不再应用于日常生活，然而在新疆的察布查尔锡伯自治县，锡伯语却仍较好地延续与使用，这为满语研究提供了珍稀的语言环境和资源。

口述文学与民族传统记忆不可避免地紧密联系在一起，① 民族文化的这种习得性，天然要求民族文化只有可持续地传承，② 人类社会才能持续发展。③ 培育文化传承人是新时期满族说部传承与发展研究的主要问题，尤其是培育满语文传承人。就目前的资料统计，当前还活跃的满族说部传承人，

---

① 〔英〕安东尼·吉登斯：《现代性与自我认同：晚期现代中的自我与社会》，夏璐译，中国人民大学出版社，2016。
② 乌丙安：《民俗学原理》，辽宁教育出版社，2001。
③ 〔美〕克利福德·格尔茨：《文化的解释》，韩莉译，译林出版社，1999。

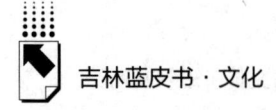

仍是最初那批开拓者,他们多是 70 岁及以上的老人,其文化学习源于历史的见证,这是他们得天独厚的条件,故对这类传承人的保护应有一定的针对性,消除其后顾之忧,可选一些热爱传统文化的青年进行培养传承,① 杰出的传承人会组成一个传承群体或称作传承圈。② 老一辈会满语的传承人的消失,说部活态的传承也面临挑战,以至于一些满族老人们不得不建议:"别挑剔,讲起来就好。"③

三

文化发掘与艺术再加工遇到困难,说部活态传承面临挑战,在于语言环境的缺失,在于传承圈语言选择的单一,培养能看懂满文的说部传承人,原汁原味地解读说部艺术,值得关注。

乌丙安先生曾说:在人类生存的历史上,满语的失传是人类的一个悲剧,这样一个重要的民族,这样一个丰富的语种,突然失传了,这是我们人类生存史上的悲哀,当然有它自身的原因,是种复杂的结果,因此今天能使用满语来讲述说部将具有极其珍贵的价值。④ 有人认为,满语是满族说部的根,培养传承人时,应该让他们在具有了初步的语言功底的基础上,结合满族说部的文本进行专题讲授。⑤

笔者认为这是具有可行性的,首先,具有基础满语文功底的人员力量充足。新中国成立后,满语作为民族文化遗产受到国家的重视,清史研究中对数百万份满文档案与其他资料的翻译和利用提到了日程上来,周总理亲自指示中央民族学院开办满文班,培养满文人才。改革开放后,全国多所大学把学习满语文列入研究生和本科生的教学计划之中,大量的满文人

---

① 邵丽坤:《论满族说部传承的危机及其在当代的建构》,《满族研究》2014 年第 3 期。
② 高荷红:《满族说部历史上的传承圈研究》,《社会科学战线》2008 年第 7 期。
③ 富育光:《满族说部的传承与保护》,《社会科学战线》2007 年第 5 期。
④ 周维杰主编《抢救满族说部纪实》,吉林人民出版社,2009。
⑤ 邵丽坤:《论满族说部传承的危机及其在当代的建构》,《满族研究》2014 年第 3 期。

才不断被培养出来，由于教学之需多部词典也相继面世。其次，有良好的群众基础。近十年来，社会上涌现了一批热爱传统文化的青年，既有满族人也有汉族人，既有爱好者也有相关从业者，有的是满语言文化方向的博士研究生和硕士研究生，有的是对满族文化向往的退休老人。现如今，已经有越来越多的人爱好和喜爱满语。在黑吉辽，满语在民间得到良好的保护与传承，对于传承满族说部来说，这是件有益的事情。最后，恢复满语讲述有一定的材料基础。当前传统说部的资料库已经初步建立，以《尼山萨满》为例，已经完成了数字化影像化处理。另外，满语文辞书的存续情况也非常利于满语文的学习。历史文本十分丰富，有清一代满语文文本文献十分宏富，现存国家图书馆的著作有千余部，弥足珍贵，如《御制清文鉴》《御制增订清文鉴》《大清全书》《清文备考》《无圈点字书》《三合便览》《五体清文鉴》《钦定蒙文汇书》《唐古特文鉴》《清文汇书》《清文补汇》《清文总汇》《翻清阅目便览》等。今年辞书出版越发繁荣，有十分便于初学者查阅的《简明满汉辞典》，该书成于20世纪80年代，是刘厚生教授携同关克笑、沈微等原中央民族学院满文班的老同学，试用现代语言学的手段编辑出版的，清史泰斗王钟翰先生为此书写了序言。此外，还有便于进一步研究所使用的《满汉大辞典》《新满汉大词典》《满汉辞典》等。

  当前，由于满族说部的传统传承方式有所改变，现代的满族氏族已不具备传统功能，完全家族内部遴选传承似乎已不符合实际需要。其讲述方式也可以是多样的，可以是纯满语，也可以是满汉合璧。① 基于当前的说部传承实际，应把一部分资源导向社会，选拔出文化爱好者，作为未来说部文化的培养对象。笔者在黑龙江、吉林等地考察采访时发现，这种方式的受众面和传播面更为广泛，更利于读者理解其语境，例如黑龙江的何世环老人，她在讲述一些故事的时候就会夹杂一些汉语，这些汉语多为便于理解

---

① 邵丽坤：《论满族说部传承的危机及其在当代的建构》，《满族研究》2014年第3期。

的一些解释。① 其中，大量曲词是由满语的汉字注音和纯汉语记录的，如"雅鲁顺"和《英雄调》，在学习满文发音的条件下，更能表达出其原有的韵味。因此，笔者认为首先需加强基础教研体系建设，构建层次化、一体化的人才培养模式。其次要重视与教育实践的整合。设置综合课程，加强学科之间的相互渗透，增设实践活动，以兴趣引导研究人员和传承人的交流学习。具体措施如下。

建议由相关部门批准设立正规的启蒙型的满语文教学培训机构。这些机构可以由有培训资质的相关单位承办。在组织培训方面，可由政府部门组织，对既有的满语教师及希望从事满语文传承研究工作的人员进行专业化、规范化的培训。在培训课程设置方面，除了满文知识课程外，还应有马克思主义理论、民族理论、民族文化、民族文字、简单的满语教学法等课程，使满语教学能够体系化。培训结束后，有关部门应为学员提供具有权威机构认证的满语水平证书，以促进提高满语教研的规范性。

组织专家编制基础的有针对性的满语文课程标准、教材及满语文词典等工具书，建立满语文音像资料库，为满语文教师提供丰富准确的满语文教学资料。以当前吉林省满语启蒙教学情况为例，吉林省大中小学校使用的启蒙满语教材不一，且有的教材专业对口性并非完全准确。建议统一组织，选编统一的具有针对性的满语教材，并邀请相关满语专家进行审核，确保教材在知识、观点上无差错。此外，在教材配套材料方面还应加大建设力度。教师可对教学内容和教学方法进行调整，加强对传承人的口语训练，制作一批经专家鉴定且确保发音准确性的多媒体课件以吸引学生学习的兴趣。在课下教师还可以借助互联网进行满语教学，每周定时录制满语单词或语句的音频，并辅以汉语注释，这样学生的口语水平会得到进一步的提升。另外，教师应考虑到民族传承人的特殊学习基础，做好教学规划。

设立满语文抢救、保护、教学、培训专项资金，用以提高满语相关从业人员的待遇，应站在拯救满语言和传承满族文化的战略高度出发，统筹设立

---

① 邵丽坤：《满族说部的传承模式及其历史演变》，《社会科学战线》2016 年第 6 期。

若干适于满语满文专业人才的专业岗位，同时加大对基层满语文教师的扶持力度，让他们能够有的放矢、有力可使。相关事业单位可以与开设满语课程的高校展开合作，实行联合培养方案。针对满语文培训人才不足的情况，及时翻译、整理满语文材料，同时帮助解决满语文专业学生的就业问题。

实行初、中、高级传承人满语文教育一体化，结合本地实际情况开设满语文课程，使初、中级满语文知识接轨。各级传承人评比时可以给予满语水平较高的考生适当的政策倾斜，同时适当在大中学校非遗相关课程内开设满语课程、增加满语文相关专业，让更多的大学生接触到满语文，成为满族文化的传承者。从课程环节上来说，学校和机构应根据现有的教学情况，制定更为完善合理的教学大纲。各高校也应不断调整教学方式方法，在课程安排前，应针对全校学生对满语学习做一次调查，根据学生的实际情况，结合学校师资力量等各方面的因素，制定切实可行的教学目标、教学内容，尽可能做到因材施教，可采取学生自主选课、教师指导选课、试学一月测试等各种方式，最后层层选拔一定数额的学生，从而保证满语学习取得的效果，达到为吉林省的满语教师队伍注入新鲜血液、为国家储备民族教育与历史文化研究人才的目的。

政府充分利用地域优势，大力弘扬满族文化，加大满族文化建设力度。利用区域地理优势推动区域性满族文化产业建设，发展满族服饰、餐饮、旅游等第三产业。此外，还应将满族的民俗、节日等向社会推广介绍，让广大人民群众了解满族的文化，提升满语言的知名度。这不仅可使文化效益转化为经济效益，使满族文化成为经济发展的重要推动力，从而为振兴东北三省经济贡献力量，而且可以间接提升满语文的知名度。

文旅融合发展

B.8
吉林省"三地三摇篮"红色资源地理信息系统建设研究[*]

李晓丹[**]

摘　要： 吉林省红色资源文化底蕴厚重，分布区域广泛，地方特色明显。在传承保护、开发利用红色资源过程中，吉林省凝练出"三地三摇篮"六个红色标识，这是对吉林大地历史底蕴与文化内涵的概括性表达。学界有关"三地三摇篮"的研究成果日益丰富，且具有较强现实意义；业界针对"三地三摇篮"红色资源的开发也日见成效，并取得良好的经济及社会效益。但取得上述成绩的同时，依然存在一些问题。目前学界多采用"分而治之"的方法研究"三地三摇篮"课题，局部研究一"地"或一"摇篮"。与之类似，"三地三摇篮"红色资源开发也难以形成跨域的集群效应。

---

[*] 本文为吉林省社会科学基金项目"吉林省'三地三摇篮'红色资源地理信息系统建设研究"（2023B145）阶段性成果。
[**] 李晓丹，北华大学东亚历史与文献研究中心副教授，主要研究方向为东北地方史、东北亚国际关系史。

吉林省"三地三摇篮"红色资源地理信息系统建设研究

本文借助地理信息系统，对"三地三摇篮"这一课题开展整体研究，在时空双向维度上构建其分布体系，挖掘展示"三地三摇篮"之间的历史关联，从更为宏观的视角考察吉林的红色资源，丰富现有的红色资源开发与应用的理论方法体系。

关键词： "三地三摇篮"　红色资源　地理信息系统

习近平总书记指出，红色资源是我们党艰辛而辉煌奋斗历程的见证，是最宝贵的精神财富。我们要赓续红色血脉，把革命先烈流血牺牲打下的红色江山守护好、建设好，努力创造不负革命先辈期望、无愧于历史和人民的新业绩。① 习近平总书记在党的二十大报告中再次强调："用好红色资源，深入开展社会主义核心价值观宣传教育，深化爱国主义、集体主义、社会主义教育，着力培养担当民族复兴大任的时代新人。"②

习近平总书记在吉林省视察时指出，要把红色资源作为坚定理想信念、加强党性修养的生动教材，教育引导广大党员干部永葆初心、永担使命。③ 在红色资源传承保护以及开发利用过程中，吉林省凝练出"三地三摇篮"红色标识，即东北抗日联军创建地、东北解放战争发起地、抗美援朝后援地，新中国汽车工业的摇篮、新中国电影事业的摇篮、中国人民航空事业的摇篮。④ 深掘"三地三摇篮"红色资源的新时代精神内涵，在科学系统规划基础上开展保护利用，不仅能有效繁荣区域文化旅游事业，还可以为吉林省全面振兴提供强有力的精神驱动。

---

① 习近平：《用好红色资源　赓续红色血脉　努力创造无愧于历史和人民的新业绩》，《求是》2021年第19期。
② 习近平：《高举中国特色社会主义伟大旗帜　为全面建设社会主义现代化国家而团结奋斗——在中国共产党第二十次全国代表大会上的报告》，人民出版社，2022。
③ 宋钦炜：《充分挖掘红色教育资源　筑牢党员干部思想根基》，《党建研究》2021年第11期。
④ 《用好红色资源　赓续红色血脉》，《吉林日报》2021年9月17日。

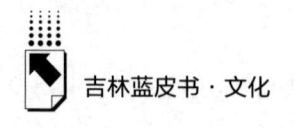

一 "三地三摇篮"历史内涵

东北抗日联军创建地。东北抗联艰苦卓绝的斗争过程可划分为反日游击队、东北人民革命军、东北抗日联军三个阶段，吉林省的历史作用在每个阶段都有体现。中国共产党在东北地区最早的反日游击队和军级建制抗日武装均成立于吉林磐石，分别是磐石赤色游击队、东北人民革命军第一军独立师。由杨靖宇将军指挥的东北抗日联军第一路军，是中国共产党在东北地区最早建立的路军。

东北解放战争发起地。1946年东北国民党军大举进攻南满根据地，中共中央东北局南满分局和军区召开"七道江会议"，确定"坚持南满、保卫临江"的战略方针，实行"南打北拉，北打南拉"战术。东北民主联军有效组织并取得"四保临江""三下江南"战役胜利，东北地区的解放战争拉开序幕。随后，人民军队在党的领导下，发起夏、秋、冬三季攻势，"四战四平"、长春围困战等战役的胜利，为辽沈决战奠定了基础。

抗美援朝后援地。抗美援朝战争期间，吉林人民在中共吉林省委的领导下，按照党中央指示，成立军服加工委员会、军粮加工委员会等后勤保障机构，积极支援朝鲜前线。大批伤病员先送达通化，实施抢救治疗后，再转至后方做进一步处理。吉林省因其特殊地理位置成为抗美援朝重要的后援保障地。

新中国汽车工业的摇篮。第一汽车制造厂于1953年在长春奠基兴建，三年后建成投产，新中国汽车工业就此起步。同年，"解放"牌卡车成功下线，标志着新中国不能制造汽车的状况就此结束。第一汽车制造厂一方面为新中国建设提供大量汽车装备，另一方面还为新中国汽车工业积累经验、输送人才，是名副其实的新中国汽车工业的摇篮。

新中国电影事业的摇篮。根据中共中央东北局指示，东北电影制片厂于1946年成立，后更名为长春电影制片厂。根据党中央指示，东北电影制片厂派员参与敌伪电影机构接收工作，先后成立北平电影制片厂、中央新闻纪录电影制片厂、上海电影制片厂、上海美术电影制片厂。20世纪50年代中期开始，长影又分批支援黑龙江、辽宁、内蒙古、山西、广西、西安等地电影制片厂以及峨眉电影制片厂、珠江电影制片厂等的建设。① 长影累计支援全国各地2000多名电影专业人才。

中国人民航空事业的摇篮。1946年3月1日，东北民主联军航空学校（习惯称"东北老航校"）在通化成立，共培养飞行员126名，领航员24名，机务人员322名，场站、气象、通信、仪表、参谋人员88名。② 根据中央军委"先办航校、再建空军"的指示，东北老航校积极支援其他各航校及有关单位的建设，成为"人民空军的摇篮"。长春空军航空大学的前身就是东北老航校，其被誉为"飞行员的摇篮""航天员的摇篮"。因此东北老航校被称为中国人民航空事业的摇篮。

二 "三地三摇篮"研究现状

围绕"三地三摇篮"这一课题，目前学界多采用"分而治之"的方法，局部研究一"地"或一"摇篮"。因此，相关研究的学术史梳理及研究动态分成如下六个部分。

（一）东北抗日联军创建地相关研究

改革开放后，与东北抗联相关的大型史料汇编成果日渐丰硕，如《东北抗日运动概况（1938—1942）》③ 等。20世纪90年代，上述状况表现得更为突出，以《东北地区革命历史文件汇集》④ 等为代表的史料汇编成果相继问世，中国共产党对东北14年抗战的领导成为研究焦点⑤。进入21

---

① 《"三地三摇篮"——吉林的红色标识》，《吉林农村报》2021年10月21日。
② 《"三地三摇篮"——吉林的红色标识》，《吉林农村报》2021年10月21日。
③ 吉林省档案馆编译《东北抗日运动概况（1938—1942）》，吉林文史出版社，1986。
④ 中央档案馆等编《东北地区革命历史文件汇集》，1988。
⑤ 孙凤云：《东北抗日联军斗争史》，黑龙江人民出版社，1991；高树桥：《东北抗日联军后期斗争史》，白山出版社，1993。

世纪，这种快速发展态势趋缓，出版了《东北抗日联军》① 等。近年来，我党与东北抗日联军的关系研究日益深入，东北抗联精神成为新的研究热点。②

（二）东北解放战争发起地相关研究

改革开放后，出版大量回忆录和资料汇编，如《长春起义纪实》③ 等。之后的东北解放战争相关研究基本从三个方面开展：东北解放战争的历程研究，全面论述了东北解放战争的历史；④ 美苏对国共两党争夺东北的影响研究；⑤ 中共中央和东北局主要领导人对东北解放战争的贡献研究。⑥ 苏联、美国等国学者多从苏联因素解读中国东北的解放，⑦ 日本学者则关注东北接收交涉⑧。

（三）抗美援朝后援地相关研究

国内学界有关朝鲜战争的研究成果多涉及战争的起因、经过及结果，吉林省的后勤工作所涉较少。《中国朝鲜族百年实录》节选部分朝鲜族指战员

---

① 孔令波：《东北抗日联军》，吉林人民出版社，2005。
② 尚金州：《毛泽东与东北抗日联军》，《党的文献》2010年第1期；刘信君、曾梦晴：《中国共产党与东北抗日义勇军关系研究》，《社会科学战线》2023年第8期；张洪玮、王慧姝：《东北抗联精神赓续传承的价值意蕴》，《社会科学战线》2022年第2期。
③ 王振乾等：《长春起义纪实》，吉林文史出版社，1987。
④ 朱建华：《东北解放战争史》，黑龙江人民出版社，1987；刘统：《东北解放战争纪实》，人民出版社，2004。
⑤ 资中筠：《美国对华政策的缘起和发展（1945-1950）》，重庆出版社，1987；薛衔天、刘成元：《苏联与东北革命根据地》，《中共党史研究》2005年第1期。
⑥ 余建亭：《陈云与东北的解放》，中央文献出版社，1998；刘信君：《毛泽东与东北解放战争》，《社会科学战线》1993年第6期；王文丽：《东北解放战争时期陈云经济思想研究》，硕士学位论文，浙江师范大学，2021。
⑦ 〔苏〕鲍里索夫等：《苏中关系》，生活·读书·新知三联书店，1982；Steven I. Levine, *Anvil of Victory: The Communist Revolution in Manchuria, 1945-1948*, New York: Columbia University Press, 1987。
⑧ 〔日〕伊原泽周编注《战后东北接收交涉纪实——以张嘉傲日记为中心》，中国人民大学出版社，2012。

的回忆录,内容涉及后勤支前。①《抗美援朝战争回忆》讲述后方勤务司令部的成立过程及重要性。②类似回忆录性质的著述较多,如张明远《我的回忆》③等。另有一些成果论及后勤战线的重要性,论文方面亦有回忆性成果,还有不少成果从军事化角度进行分析与阐释。国外学者成果中少量涉及关于吉林省作为抗美援朝后援地的研究,但其视角和所持立场值得商榷。

(四)新中国汽车工业的摇篮相关研究

目前,学界对新中国汽车工业的研究不少,但多以行业志书呈现,鲜从历史学角度深入展开。除官修行业史志外,一些学者也对新中国汽车工业展开研究,多数成果为经济学理论研究,且多关注于改革开放后尤其是最近十年内的汽车工业,对1949~1978年的产业发展着墨不多,其中较为突出的成果是张柏春所著《苏联技术向中国的转移(1949-1966)》,考察苏联对一汽进行的汽车技术转移。④海外学者对中国汽车工业的研究主要针对其发展状况,具有代表性的成果便是埃里克·哈维特(Eric Harwit)所著《中国汽车工业:政策问题与展望》书中谈及1949~1993年中国汽车工业的历史和政策发展。⑤

(五)新中国电影事业的摇篮相关研究

长春电影制片厂相关研究成果较为丰富,多是对其历史以及未来发展进行探讨研究,特别是对东北电影公司、东北电影制片厂发展阶段的回顾,⑥

---

① 政协延边朝鲜族自治州委员会:《中国朝鲜族百年实录》,中国文史出版社,2016。
② 洪学智:《抗美援朝战争回忆》,解放军文艺出版社,1991。
③ 张明远:《我的回忆》,中共党史出版社,2004。
④ 张柏春:《苏联技术向中国的转移(1949-1966)》,山东教育出版社,2004。
⑤ Eric Harwit, *China's Automobile Industry: Policies, Problems, and Prospects*, Armonk: M. E. Sharpe, 1995.
⑥ 朱安平:《"新中国电影摇篮"东北电影制片厂》,《党史博览》2021年第6期;知秋、孙立峰:《新中国电影的摇篮——东北电影制片厂》,《百年潮》2019年第5期。

还有部分研究者以长影为切入点研究东北电影。①从东北地域文化抑或美学角度着手，研究长春电影制片厂的重要性、意义及其发展历程也是一种新的研究范式。②另有相关成果通过横向对比东北电影制片厂与上海电影工业的差异，阐明长春电影制片厂及其前身在新中国电影工业发展历程中的作用。③

（六）中国人民航空事业的摇篮相关研究

围绕新中国人民航空事业这一课题，学界已有丰厚成果，记述中国航空事业不同历史时期的兴衰与演变，探究其发展规律。④论文成果多聚焦于新中国航空事业的初创之始，即20世纪30年代至新中国成立初期中国共产党人对航空事业的探索过程。相关成果诸如张开帙与王麦林《新中国航空事业的先驱——常乾坤》、潘银良《抗战前后中共航空事业述略》、冯华超《从红军到民航机长——新中国民航第一个飞行副局长张海如》、刘莉和王勇《周恩来与中国民航的创立和发展》、郑冬晓和孔扬《从历史到未来：中国空军建军思想的宏观演进》⑤。

综上所述，当前学界的相关研究成果已较为丰硕，但同时，这一课题仍有深掘空间，诸如在中国共产党的领导下，"三地三摇篮"六个不同历史场

---

① 汤天甜、周经伦、温曼露：《他者"凝视"的投射逻辑与意义交互——以长春电影制片厂电影海报为例（1949—1999）》，《电影文学》2023年第12期。
② 毕鹤丹：《长春电影制片厂研究（1949-1966）》，硕士学位论文，河北大学，2010；肖尹宪：《长影厂与中国电影百年——论"工农兵电影流派"和"大众电影美学"》，《电影艺术》2005年第6期。
③ 陈犀禾、陆佳佳：《新中国电影范式的历史转折点——论东北电影制片厂的工业和美学》，《电影艺术》2019年第5期。
④ 刘亚洲、姚峻：《中国航空史》，湖南科学技术出版社，2007；李军编《中国民航年谱（1949-2010）》，中国民航出版社，2012。
⑤ 张开帙、王麦林：《新中国航空事业的先驱——常乾坤》，《中国科技史料》1989年第2期；潘银良：《抗战前后中共航空事业述略》，《军事历史研究》1995年第4期；冯华超：《从红军到民航机长——新中国民航第一个飞行副局长张海如》，《航空史研究》1997年第1期；刘莉、王勇：《周恩来与中国民航的创立和发展》，《中国民用航空》2006年第1期；郑冬晓、孔扬：《从历史到未来：中国空军建军思想的宏观演进》，《新西部（下半月）》2010年第3期。

域如何发生横向关联,以及如何激活"三地三摇篮"红色资源的整体规模效应等内容。目前,学界为数不多的红色资源数据库也仅仅是图像、文字、视频等信息的集成,未在大的宏观历史框架下设定数据模型,构建更为丰富的数据单元,而仅以整段史料进行存储,从而"就事论事",不能做到"因史及史"。本文在这方面予以深入研究,利用计算机语义分析技术提取更为丰富的历史信息,且可量化、可对比,从而更便于挖掘"三地三摇篮"之间的历史关联。

三 "三地三摇篮"地理信息系统建设意义及路径

利用地理信息系统开展"三地三摇篮"的整体研究,同时在时间和空间维度上构建"三地三摇篮"的分布体系。通过包含多维信息的地图图像,立体展示"三地三摇篮"之间的历史关联,从而以更广阔的视角考察吉林的红色资源,丰富现有的红色资源开发与应用的理论方法体系。

首先,"三地三摇篮"的红色历程是中国共产党百年奋斗史的重要组成部分,对其进行数字化挖掘有助于丰富党史研究。从抗日战争到解放战争,再到抗美援朝战争,从汽车工业到电影事业,再到航空事业,吉林省在百年党史中写下浓墨重彩的篇章,同时也留下众多宝贵的红色资源。[①] 无论是磐石赤色游击队,还是东北抗日联军,都是党在东北地区建立的抗日武装。人民军队在党的领导下,取得"四保临江""三下江南"的胜利,"四战四平"、长春围困战等战役的胜利,为辽沈决战奠定了基础。抗美援朝战争期间,吉林人民在中共吉林省委的领导下,先后成立军服加工委员会、军粮加工委员会等机构,有效完成后勤保障任务。第一汽车制造厂1953年在长春奠基兴建,并于1956年建成投产,党领导下的新中国汽车工业就此起步。作为新中国第一家制片厂,长春电影制片厂按照党中央指示,支援各地电影建设。东北民主联军航空学校是中国共产党领导的人民军队

---

① 《"三地三摇篮"——吉林的红色标识》,《吉林农村报》2021年10月21日,第2版。

创办的第一所航空学校。"三地三摇篮"红色标识高度凝练吉林省红色历史，宏观概括吉林省人民革命、建设和奋斗的历程，结合地理信息系统，从更高维度、多侧面、多角度直接、深入挖掘吉林省红色历史，对于丰富党史研究具有重要意义。

其次，把握"三地三摇篮"六位一体，丰富东北抗日联军、东北解放战争、抗美援朝战争、新中国汽车工业、新中国电影事业、中国人民航空事业相关研究。东北抗联斗争所经历的反日游击队、东北人民革命军、东北抗日联军等关键节点均发端于吉林省。"四保临江""三下江南"战役标志着东北解放战争就此展开。吉林全省上下积极支援朝鲜前线，成为抗美援朝重要的后援保障地。第一汽车制造厂建成投产后，积极支援新中国建设，特别是汽车工业。长春电影制片厂及其前身接收敌伪电影机构并组建新的电影制片厂，又分批支援各地电影制片厂建设，输送大批专业电影人才。根据中央军委指示，东北老航校的骨干力量被陆续输送到各个航校和其他有关单位，其成为中国人民航空事业的摇篮。通过大数据挖掘，借助地理信息系统，厘清"三地三摇篮"各自历史脉络之间的横向关联，根据六位一体范式进行综合探索，有助于丰富相关研究。

再次，通过地理信息系统挖掘"三地三摇篮"不同历史维度、不同表现形式的拼搏精神，为中华民族伟大复兴注入新的精神动能。"三地三摇篮"所蕴含的斗志体现了中国共产党百年奋斗精神，深刻体现在党领导吉林人民进行革命、建设和改革发展的伟大实践之中。东北抗联精神是伟大建党精神在特定历史发展阶段的具体表现之一，它在实践中进一步丰富和发展了伟大建党精神。[1] 东北解放战争时期，党领导下的人民军队不畏困难、敢于斗争的革命精神，对于当下继承和发扬敢于斗争精神，化解百年未有之大变局带来的复杂难题具有重要意义。[2] 祖国和人民利益高于一切、为

---

[1] 车霁虹：《伟大建党精神谱系中的东北抗联精神》，《黑龙江社会科学》2023年第1期，第171页。

[2] 冯嘉琳、齐仁庆：《不畏困难，树立敢于斗争精神——重温东北解放战争时期"四战四平"战役》，《长春理工大学学报》（社会科学版）2021年第4期，第1页。

了祖国和民族的尊严而奋不顾身的爱国主义精神，是伟大抗美援朝精神的重要组成部分。① 长影艺术家推重关心他人、公而忘私的奉献精神，② 以"忠于使命，敢为人先"的奋斗精神，讲好中国故事。为党分忧、为国担责、为民服务成为一汽的最高使命，③ 其坚持发扬自强不息的创新精神。东北老航校精神是中国共产党领导的人民军队革命精神的重要组成部分，包含团结奋斗、艰苦创业、勇于献身、开拓新路四个方面。④ "三地三摇篮"高度浓缩了吉林人民的奋斗史，蕴含其中的红色文化具有强大的精神凝聚力，在助力中华民族伟大复兴方面将发挥巨大作用。

最后，"三地三摇篮"是吉林省的六个红色标识，对其进行大数据地理信息建设研究有助于吉林省红色资源的信息化转型，推进红色旅游集群区域开发。2021年红色旅游资源专项调查结果显示，吉林省现有红色旅游资源1556处，⑤ 按照革命遗址、遗迹（战斗遗址、根据地、密营、殉难地、指挥部、会议旧址等），革命纪念地（烈士陵园、纪念碑和纪念塔、纪念馆、相关建筑物等），革命文物（名人遗物、档案文件、武器、文艺作品、票据等）分类共有858处，⑥ 能够充分直观展示党领导下的吉林人民的奋斗史，涵盖抗日战争、解放战争、抗美援朝、社会主义建设等时期。"三地三摇篮"成为贯穿红色旅游资源的历史线索，从而可以借助地理信息系统，以更高维度融合展示东北抗日联军可歌可泣的斗争历程，"四战四平""四保临江"等所承载的东北解放战争记忆，长春第一汽车制造厂、长春电影制片厂等遗产所承载的历史功绩，等等。充分挖掘"三地三摇篮"红色文化

---

① 徐隽：《跨越时空 历久弥新》，《人民日报》2023年7月27日，第4版。
② 朱晶：《论长影的艺术精神——纪念长影建厂50年》，《电影文学》1996年第8期，第25页。
③ 中国第一汽车集团有限公司党委：《赓续红色精神血脉 做强民族汽车工业》，《思想政治工作研究》2021年第11期，第56页。
④ 王玉琦、白刚：《吉林省是中国人民航空事业的摇篮》，《吉林日报》2021年10月18日，第1版。
⑤ 吉林省社科院调研组：《以"三地三摇篮"推动吉林省红色旅游高质量发展对策研究》，《新长征》（党建版）2023年第2期，第27页。
⑥ 丁晓燕主编《吉林文旅绿皮书：吉林省文化和旅游发展报告（2021）》，社会科学文献出版社，2021，第49~50页。

旅游潜力，拓展吉林省文化旅游市场，提升吉林省文化旅游品牌影响力，推动吉林省文化产业高质量发展，形成多方合力效应，促进吉林省新时代大发展。

吉林省"三地三摇篮"红色资源地理信息系统的建设，需紧紧抓住中国共产党领导这一核心问题，并以此为历史线索统领"三地三摇篮"总体研究框架和地理信息系统建构。拟定的研究路径大致如下。

第一，分析"三地三摇篮"信息化建设的时代背景与现实需求，结合当前地理信息系统在历史领域的应用现状，确定该信息系统的总体研究思路、方法和关键技术。当前中国史学界，勃发以大数据、数字人文以及历史地理信息系统为侧重的史学研究技术路线，这在很大程度上反映了学界长期以来对史料的追求与应用。地理信息系统通过处理地理空间数据，对相关空间问题进行可视化表达。"三地三摇篮"地理信息系统拟对相关历史地理数据进行采集、存储、管理、运算、分析等模块化处理，着力整合目前研究者目力所不及而未形成有效历史线索关联的"碎片化"史料，通过将复杂的空间分析技术应用到历史问题研究之中，促进中国史学研究范式的革新与领域的扩展，从而更有效地推动中国史学研究话语体系的建设。

第二，整理并数据化"三地三摇篮"相关历史文献。通过资料搜集和实地调研，确定所涉及的历史文献的总体规模和类型，从宏观上确定"三地三摇篮"历史文献的数据标准，并据此进行数据化处理。"三地三摇篮"地理信息系统建设拟在更为宏观的层面统筹吉林省现有的红色文化资源，着力挖掘六个组成单元之间的相关联系，从而全图景展示我党领导吉林人民不同时期的奋斗史。通过深入挖掘"三地三摇篮"相关史料，构建反映历史人物或事件等要素的元数据，以此来揭示"三地三摇篮"其中的多维度关联，形成具有内在关系网络特征的信息系统，并将散见于各地方的各种历史载体，在空间、时间、人物与事件关系等维度上缀合成相对完整的信息链路，为进一步直观呈现"三地三摇篮"红色资源之间的历史脉络及发展关联，以及用户的深度利用做好标准化历史数据的准备。

第三，结合"三地三摇篮"红色资源信息平台的现实需求研究建构数据仿真模型，为实现"三地三摇篮"历史文献的可视化提供模型支撑。地理信息系统通过地图形式直观展示相关空间数据的分布特征及相互关系，构建"三地三摇篮"相关历史数据的仿真模型是完成数据地图可视化的必要步骤。"三地三摇篮"地理信息系统充分发挥地图在可视化历史地理数据方面的优势，并结合相关需求有针对性地将数据表、图像、视频、超链接、漫游导航等信息形式融入其中，使整个系统不仅能够满足用户根据关键字词检索到匹配的红色文化资源，并可视化直观展示，还可以根据"三地三摇篮"元数据在历史层面的关联性，智能深度扩展并推送关联信息。

第四，基于地理信息系统实现"三地三摇篮"红色资源的重构。综合利用上述经过数据化处理的"三地三摇篮"相关历史文献、数据仿真模型，以及相关历史地图、遥感数据，完成本课题所涉信息平台的建设。"三地三摇篮"地理信息系统主要包括历史信息、地理信息、卫星地图三个图层。历史信息图层负责承载元数据化的"三地三摇篮"红色资源及相关关系。地理信息图层的数据来源于在前期相关史料中获取的地理信息。卫星地图图层以业界常用地图平台的共享数据为底图，并结合已有的历史地图等信息加以历史场景的校正。通过应用分析，从历史学角度检视"三地三摇篮"红色资源在地理信息系统中围绕中国共产党领导这一核心线索所产生的数据关联，在理论上验证数字人文研究范式在历史学领域的应用。

余 论

地理信息系统建设首先遇到的问题，就是如何将记载历史的文字材料加以信息化、量化等处理，从而对历史事件的时空范围、影响轻重等做出基本判断。如何信息化、量化"三地三摇篮"所涉历史文献是该信息系统需突破的重点。同时，所构建的地理信息系统不仅是历史信息的累积与展示，还包括挖掘"三地三摇篮"之间分属不同历史场域的关联线索，譬如以特定历史人物为引。这就需要在尽可能占有更多史料基础上建立数据模型。由于所参考的史料系出多门，记录格式并不统一，需编制一套行之有效的信息编

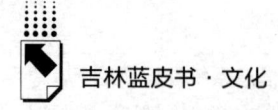

码规则，从而按照既定的研究目标抽取历史数据。总之，本文利用大数据技术，借助地理信息系统，数据化"三地三摇篮"相关历史文献，可视化直观展示吉林省六种红色标识资源，深度挖掘"三地三摇篮"之间的历史关联，具象化其所蕴含的精神实质，从而有利于挖掘蕴含于红色资源之中的精神力量，助力吉林省全面振兴以及中华民族伟大复兴。

B.9 吉林省民族文化旅游产业发展与品牌创新对策研究

——以吉林省查干湖景区为例

刘海洋*

摘　要： 旅游的核心是文化，"以文塑旅、以旅彰文"是新时期促进文旅深度融合的必由之路，也是民族地区旅游产业持续健康发展的必然选择。查干湖景区位于吉林省松原市前郭尔罗斯蒙古族自治县内，是吉林省最具蒙古民族特色的文化旅游场所。随着旅游产业的高速发展，查干湖景区在旅游公共服务设施供给、旅游产业高素质人才储备、开发与保护之间的理念冲突等方面的问题逐渐显现，制约了民族文化旅游景区的高质量发展。这些问题对于吉林省其他地区的相关实践，也具有很强的普遍意义。本文提出了不断强化查干湖蒙古族民族文化特色，同时深耕查干湖渔业品牌、申报国家级文化生态保护区、建设湖泊湿地生态文化度假旅游区等可行性建议。

关键词： 吉林省　民族文化　旅游产品　查干湖景区

党的二十大报告指出，要坚持以文塑旅、以旅彰文，推进文化和旅游深度融合发展。这既是对我国旅游产业高速发展的深刻总结，也是对

---

* 刘海洋，博士，海南大学教授、博士生导师，主要研究方向为历史地理与旅游文化。

未来不断提升我国旅游产品质量的明确要求。中华民族是56个民族形成的联合体，丰富多彩的民族风情以及独特的区域民俗，使我国形成了一道道亮丽的文化景观线。国内经济的持续增长，闲暇时间的不断增加，以及旅游意识的不断强化，这些因素催生出强烈的旅游动机。目前，民族风俗游、自然风光游、历史文化游并列成为我国旅游的三大支柱。但在现实的旅游产业发展实践中民族文化旅游更多的是以"观光产品"出现，而没有将其作为"文化产业"进行开发，相关的研究成果也比较少。如何利用旅游文化产业的理念对民族风景区进行开发和定位，是本文着力解决的问题。

吉林省地处东北亚地区的中心，地貌形态差异明显，由东南向西北倾斜呈现东南高西北低的特征，东部长白山主峰是东亚最高峰，然后由东向西依次经过山地和丘陵，中部大黑山之后进入东北平原的核心地带，逐步过渡到西部的湿地、草原和荒漠。在漫长的历史时期呈现东部渔猎、中部农耕、西部游牧的基本特征，东北地区世居的肃慎、秽貊、东胡、华夏四大族系在吉林大地上不断交融，成为推动中华民族形成的重要力量。这为吉林省留下了很多宝贵的民族旅游文化产品，也为吉林省旅游产业高质量发展提供了地理空间与历史条件。

吉林省民族文化旅游开发始于20世纪80年代，当时主要是对一些民族的文化事项进行参观，经济收益微乎其微。进入21世纪，人们的旅游需求日益多样化，各级地方政府、旅游部门争相对旅游地进行分析，充分挖掘民族文化，开发特色民族旅游产品，民族旅游出现了前所未有的繁荣。"十四五"期间，吉林省将全面实施"一主六双"高质量发展战略，逐步实现旅游产业"万亿级"的发展目标。在这一过程中，加强旅游产品建设是发展的重中之重。蒙古族、满族和朝鲜族是吉林省主要民族，民族旅游项目也主要是在这三个民族聚居区展开。本文探讨的查干湖景区就位于松原市前郭尔罗斯蒙古族自治县（简称"前郭县"），前郭县被誉为"中国马头琴之乡"，是吉林省蒙古族同胞的主要聚居区。

一 查干湖景区旅游文化产业构成要素

（一）查干湖的地理位置与自然环境

查干湖，蒙古语为"查干淖尔"，意为白色圣洁的湖，位于吉林省西北部的前郭尔罗斯蒙古族自治县境内，南北长37公里，东西平均宽17公里，水域总面积420平方公里，年均蓄水量7亿立方米。① 查干湖于1986年被吉林省人民政府批准为省级自然保护区，区内野生动植物种类很多，物产丰富，并呈现物种多样性、珍稀性及典型性等重要特征。在保护区栖息繁衍及过往停歇的鸟类就有230多种，这个数字占吉林省鸟类总数的73%。不仅是鸟类繁多，野生动物、两栖动物、鱼类、昆虫、植物等也很多，其中具有药用价值的就有149种。这为查干湖旅游产业的发展提供了宝贵的动植物资源。

（二）查干湖独特的民族文化

查干湖所属地区是东北平原向内蒙古草原的过渡地带，古老而文明的蒙古族人民长期生活于此。经过几百年的民族交融，在满族文化和汉族文化不断影响下，当地居民仍然保持着很多蒙古族的文化传统。在建筑、服饰、饮食、娱乐等方面具有鲜明的蒙古文化特色。当地居民性情直爽，不管是常客还是陌生人，都是满腔热忱。他们喜欢敬茶、敬酒、敬神、待客、唱歌。家中有客来，必定斟茶、斟酒。而斟酒敬客，则是蒙古族待客的传统方式，通常是将美酒斟在银碗、金杯或牛角杯中，托在长长的哈达之上，唱起动人的蒙古族传统的敬酒歌。蒙古民族的礼宴上还有敬神的习俗，这种习俗可以追溯到古老的萨满教。待客、唱歌更能体现出他们情真意切、重情好客的传统

---

① 关于查干湖湖面面积和蓄水量多有争论，本文主要数据来源为吉林省前郭尔罗斯蒙古族自治县政务网，http://www.qianguo.gov.cn。

美德。夜晚时，人们通常会生起篝火围坐一圈载歌载舞，也是别有一番滋味。还有蒙古族人民的那达慕节日等，都是值得游客去流连忘返的独特的民族文化。特有的民族文化为前郭县留下了很多非物质文化遗产，前郭县非遗项目十分丰富，其中国家级10项，省级59项，市级96项；现已认定各级各类代表性传承人230名，其中国家级2名、省级5名、市级30名；设立省级传承基地9家、省级传习所8家、市级传承基地1家、县级传承基地37家、县级传习所3家。

（三）查干湖的食品特色

吃穿住行，是人们生活中不可或缺的四样。吃排在第一位，可见其重要性。每个地方的食品都有在每个地方所长期形成的特色，查干湖由于地势和地形所衍生出来的食品举不胜举，令人垂涎欲滴。在查干湖这个自然风光无限好的旅游区可以吃到传统的蒙古族特色食品，如手抓羊肉、大炸羊、烤羊腿、奶豆腐、蒙古包子、蒙古馅饼等，还可以饮用奶茶、奶酒这种特色饮品。当然最有名气的美食非全鱼宴莫属，草鱼、鲫鱼、鲇鱼、胖头鱼等多种鱼类有不同的烹饪方法，加上名为"天下第一饭的"鱼汤泡饭，一直让四方食客流连忘返。查干湖"全鱼宴"就是从举国闻名的"冬捕"活动中衍生出来的查干湖景区特色宴席。特色食品除了满足旅游者餐饮方面的需求外，现代化的除菌真空包装使其成为特色旅游纪念品，满足旅游者的购物需要，成为馈赠亲友的伴手礼。蒙古特色的牛肉干、奶制品和查干湖出产的鲜鱼、鱼干，已经成为前郭县最重要的旅游纪念品。

（四）查干湖的历史文化资源

除了优美的自然风光外，前郭县还拥有很多历史文化景观。前郭县现有文物保护单位共18处，其中，国家级重点文物保护单位2处，为塔虎城遗址和清追封和硕忠亲王碑；省级文物保护单位4处，为大老爷府，七大爷府、祥大爷府，浩特芒哈遗址，五道营子遗址；市级文物保护单位6处，为那拉街窑址、青山头遗址、前郭县烈士陵园、羊营子西遗址和羊营子北遗址、西那拉街抽水站旧址、莫日格其（村）遗址；县级文物保护单位6处，为大土城子古城、大榆树遗址、哈崩店古城、偏脸子古城、小城子古城、小城子遗址。其中很多文化景观就位于查干湖景区内，如查干湖畔的王爷府，它是郭尔罗斯前旗末代旗王齐默特色木丕勒的府邸，是一座大型仿晚清古建筑群，建筑布局严谨、气势恢宏，以四合院为单元，六进六出，呈现博大精深、豪华壮丽的塞北名府的特色，是蒙地少有的宫殿式的府宅。很多游客对这一蒙古建筑群印象深刻，其是查干湖自然风光的有益补充，彰显了此地的历史文化特色。满蒙文碑也是查干湖景区内重要的历史印记。满蒙文碑俗称库里碑，碑文为满蒙两种文字。满蒙文碑不仅是当时实行满蒙联姻政策的重要历史见证，也因为它的碑体雄伟、造型奇特，雕刻精美、巧夺天工，是蒙地罕存的清代艺术珍品，具有极高的艺术价值与展示作用。此外，查干湖景区内的普通建筑也多受蒙古帐篷影响，呈"白色蓝边圆顶"的外部特征。

二 查干湖旅游文化产业发展现状与瓶颈

（一）查干湖旅游文化产业发展现状

查干湖景区是国家 AAAA 级景区、国家级自然保护区和国家级水利风景名胜区，是吉林省最具蒙古族民族文化特色的生态旅游区。前郭县委、县政府和查干湖旅游经济开发区先后举办了"中国·吉林查干湖蒙古族民俗旅游节"、"中国·吉林查干湖冰雪渔猎文化旅游节"和"中国·查干湖莲花文化旅游节"，集中展示前郭县自然风光、民俗风情、冰雪捕鱼场景和夏季避暑的莲花湖景。2006年"查干湖蒙古族民俗旅游节"和"查干湖冰雪捕鱼旅游节"分别被评为"中国十大民俗类节庆"和"中国十大自然生态类节庆"。前郭县凭借优美的自然风光、浓郁的草原风情和淳朴的蒙古族风俗先后被评为"中国最佳生态旅游县""中国最佳休闲旅游县""中国最佳民族风情旅游名县"。2009年"查干冬渔"被评为"吉林八景"之一，该地游客接待量、旅游综合收入、旅游产业投资额、旅游就业数量等旅游产业核心指标大幅提升。2018年前郭县启动全域旅游创建工作，2022年10月其被认定为"吉林省全域旅游示范区"，旅游产业综合实力不断提升，已经成为吉林省西部重要的旅游目的地。查干湖渔场先后被评为全国有机农业（淡水鱼）示范基地、全国最美渔村、全国最具影响力水产品企业，查干湖冬捕节被评为全国最具影响力文化节庆，前郭县被评为国家级渔业健康养殖示范县。① 目前，查干湖景区又在积极探索旅游与体育相结合的发展路径，2023年9月成功举办"查干湖环湖马拉松邀请赛"，"旅游+"的发展潜力进一步得到释放。巨大的旅游收入促进了经济的整体发展，调整了前郭县的产业结构，活跃了人们的文化生活，使前郭县的城市发展也迈上了一个新的台阶。但仍需注意的是，虽然目前查干湖的旅游业发展取得了较大的进步，但在旅游开发中还存在一些问题。

（二）查干湖景区高质量发展的主要瓶颈

第一，旅游公共服务设施供给有待加强。景区服务设施供给是旅游服务质量的重要保障，其不仅保证着旅游活动顺利开展，对于提高旅游景区的游客满意度也有重要的意义。旅游产业高质量发展的本质，就是不断提高旅游服务质量、满足不同旅游者的消费需求、提高广大游客和本地居民的幸福感归属感。旅游景区中需要大量的公共服务设施，包括各旅游吸引物之间的交通廊道、专人值守的旅游停车场、布局合理的旅游休憩区、功能齐全的游客服务中心、适应不同季节的旅游厕所、具有地区特色的旅游标识牌、餐饮住宿企业提供的公共空间等。从经济层面上看，这些旅游公共服务设施本身并不是旅游产品，无法直接产生旅游消费行为，缺少明显的经济收益，因此旅游企业投资建设意愿不足。从气候层面上看，查干湖景区地处东北，冬季捕

---

① 《农业农村部关于公布国家级渔业健康养殖示范县（第六批）名单的通知》，中国政府网，2021年1月6日，https://www.gov.cn/zhengce/zhengceku/2021-01/06/content_5577496.htm。

鱼和夏季避暑是其旅游业的两大核心特色，冬夏温差较大，这对旅游公共服务设施的建设和维护造成了很大的困难。如旅游景区常用的冲水厕所，在冬季就无法正常使用；冬夏巨大温差造成地面热胀冷缩，水泥地面的停车场养护也成为一大难题。从查干湖旅游特色来看，冬季和夏季是查干湖旅游的两大旺季，春秋两季接待人数较少，旅游淡旺季十分明显；旺季大量游客对查干湖旅游公共服务设施造成了很大的接待压力，这就出现了"旺季供给不足，淡季设施闲置"的现象。从设计层面上看，旅游公共服务设施需要具备鲜明的地域文化特色。查干湖景区的旅游公共服务设施，一方面需要具有蒙古族的民族文化特征，另一方面又要突出东北地域渔猎文化特色，这要求旅游公共服务设施在设计方面需要更多的文化底蕴和设计技巧，通过视觉符号和使用功能两方面向旅游者传递文化形象。综合来看，查干湖景区旅游公共服务设施的供给面临很大的难度，这将成为制约其高质量发展的一个主要问题。

　　第二，旅游产业发展缺少高素质人才。市场竞争的核心是对专业人才的争夺。旅游产业竞争的核心便是对从业人员的个人素质与能力的竞争，这是由旅游产业"劳动密集型"的特点决定的。其中较为关键的是，要处理好借助"外脑"与培养自身人才的关系。在查干湖旅游企业中，现有中高级经营管理队伍的非职业化和非专业化倾向明显。查干湖景区距离松原市核心区域超过40公里，教育、医疗、商业文化活动等缺少核心城市人口的支撑，因此对于高层次人才缺少必要的吸引力。许多旅游专业高校毕业生由于专业设置、教育体制等，大多不能快速胜任行业中的管理工作；另一些能力较强的有丰富管理经验的旅游企业管理人员又不愿意到远离城市的景区工作。这就导致查干湖景区运营团队很难招聘到高素质的管理人才。查干湖景区的基础服务人员也多是从当地农民、渔民中招录的，文化素质参差不齐。虽然都经过严格的岗前培训，但旅游服务标准化流程仍然得不到严格的贯彻和落实，从另一层面加大了景区管理的难度。这直接导致景区里很多管理岗位找不到合适的人选，而不得不降低标准来提拔本地员工，进而管理水平得不到提高，优秀的人才更不愿意来此工作，形成一种恶性的循环。在缺少高素质人员的条件下，管理队伍和服务队伍无法相互引领、相互补充，表现为整个查干湖景区从业人员的学历层次较低、缺少职业晋升路径。最终导致各类旅游规划、旅游质量提升政策、旅游创新设计等无法高质量落实，严重制约查干湖景区的高质量发展。

第三，始终面临"开发与保护"之间的矛盾选择。面临游客接待量的迅速膨胀，查干湖旅游资源承受着巨大压力，然而重复建设和盲目粗放式开发更加剧了资源供需的失衡。为了解决这种失衡，只能进一步开放，这样一来旅游生态保护与开发就成为难解的矛盾。"蓝天白云碧水间，鸿鹄翩翩鸟流连，蒲苇轻拂鱼戏浪，野莲荷花绽笑颜"，形容的就是查干湖四季自然的迷人景色，可是游客的不断增加使查干湖的环境问题日益突出，现已达到了一种饱和状态。垃圾的处理、水资源的浪费、自然植被的破坏，给景点和居民都造成了困扰。一些素质较低的游客随手将垃圾扔到景点、在文化建筑上留有痕迹、湖水植被被恶意破坏、食宿地点的垃圾得不到及时的处理等，均给环境带来了污染。这样一来，旅游业的发展与环境便产生了根本性的矛盾。除自然生态外，文化生态保护形势依然严峻。由于受到经济浪潮冲击、多元文化冲击和城镇化建设推进等影响，查干湖地区的民族文化生态也面临着侵蚀。在经济利益驱使下，民族文化传统正在逐渐消失，严重威胁着文化的文脉与肌理。同时，传统文化缺乏创新，传统的生产、生活方式缺少传承，造成了文化资源的流失。非物质文化遗产传承人缺乏，并且随着工业化和城市化进程的加快，很多非物质文化遗产不再为生活所需要，非遗的存续环境发生了重大变化。加上不少传承人因为文化水平、思维视野等方面的局限，很难适应新环境，导致非遗传承后劲不足。查干湖景区是带有民族文化特色的旅游区，游客的不断增加、不仅破坏了本地居民的生活环境，还提高了物价，增加了当地的生活成本。如果当地居民不能通过旅游产业发展获利，他们对游客就会产生反感和厌恶。旅游开发与生态环境和人文环境保护之间一直存在冲突，这是推进查干湖景区高质量发展不得不面对的问题。

三 查干湖民族文化旅游产业发展策略

（一）加强旅游公共服务设施建设

景区的旅游设施不完善会直接影响旅游的发展，也间接地影响到了旅游者的观光热情，破坏了景区的特色，堵塞了潜在的客源，严重制约着查干湖旅游发展的速度和质量。引导查干湖旅游高质量发展、提供更多高质量的旅游服务基础设施，要注意"引智"，即让具有全新知识结构、充满创新精神和创造力的优秀设计团队参与旅游设施建设。信息时代的到来引爆了新的旅游消费热潮，增强旅游基础设施的设计感是丰富旅游基础设施供给最重要的努力方向。

查干湖景区的旅游公共服务设施需要做到三个方面的结合。第一是与科技的结合。如何建设高寒地区的旅游景区厕所，是东北地区各大景区面临的一大难题。随着科技的发展，这一问题已经得到了解决。查干湖景区需要不断吸取其他景区在这方面取得的实践经验，提高旅游厕所供给水平。此外，如何解决景区内硬化路面的季节性热胀冷缩、提升景区木栈道的抗氧化水平、景区旺季旅游门票预订和高峰预警等方面都需要科技的加持。第二是与文化的结合。查干湖景区的旅游公共服务设施不能照搬其他景区的样式和形象，必须凸显前郭县的蒙古族文化和东北地域的渔猎文化。在强调公共服务设施供给标准化的同时，不能忽视地域文化特色。通过视觉听觉触觉等方面的传达设计，将查干湖的旅游文化传递给广大旅游者。第三是与市场的结合。旅游公共服务设施的供给不能只依靠政府投资，应该尽可能地拓宽旅游公共服务设施的投资渠道，吸引更多的市场主体参与旅游公共服务设施的建设。增强市场在旅游公共服务设施供给方面的基础性调配作用，一方面提升旅游公共服务设施的利用效率，另一方面提高旅游公共服务设施自我建设、自我维护的发展能力。

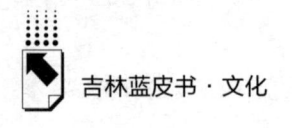

（二）提高服务质量与培养专项人才

从旅游产业的核心供给资源角度看，旅游产业属于劳动密集型产业。吃住行游购娱等六大旅游核心要素的基础是旅游服务。较好的文化修养会使人养成良好的风度，风度所引起的变化并不是人们眼睛里所能看到的，它会延伸到众多旅游者的心里。优秀的旅游从业人员，需要具备三个方面的条件：首先是为游客提供服务的意愿，也可以理解为是对旅游工作的热爱；其次是具备从事旅游服务工作的专业知识和专业技能；最后还需要具备不断适应新的旅游业态、新的旅游产品、新的旅游标准的学习能力。这需要从事旅游产业的工作人员，不仅具有较高的专业素质和专业能力，还需要具有很强的对客沟通能力。

要想更好地发展查干湖民族文化旅游，还要注意培养专业的管理人才，旅游业是综合性产业，旅游产业的内部运转十分复杂，不仅包括满足旅游者吃住行游购娱等各种旅游需求的行业供给部门，还需要同工商、税务、城管、公安、医疗、金融、通信、环保、宣传等部门进行很多业务层面的沟通。这使得旅游产业的管理人才需要具备很强的综合管理能力和横向沟通能力。因此优秀旅游管理人才的培养是十分困难的，不仅需要初期严格的选拔，更需要在长时间的景区运营实践中不断成长。针对查干湖景区目前的运营情况，一方面需要大量地招收旅游及相关专业大学毕业生，补充到景区管理队伍当中；另一方面可以引入专业的旅游景区管理团队，快速提高景区的管理水平。除管理人员外，景区运营也需要表演人才、研究人员和服务人员。许多蒙古族传统的非物质文化遗产项目即将面临失传，着实让人惋惜。针对这样的现状，可以与文保部门紧密结合，成立专门的机构，对即将失传的民间文化项目进行搜集整理，在培养文化传承人的过程中，也可以增加特色文化旅游产品的供给。充分借助吉林省各项人才政策，多方努力、内培外引，为查干湖景区高质量发展提供优质的人才储备。

（三）坚持可持续发展思想

可持续发展包括经济可持续、环境可持续、文化可持续。它所表达的就是今天的发展不能以牺牲未来发展的机会为代价。在发展查干湖旅游的同时，也要遵循以下几点原则："生态优先、最小干预、修旧如旧、注重文化、以人为本、可持续发展。"简而言之，就是要坚持"创新、协调、绿色、开放、共享"的发展理念，引领旅游产业健康发展。在自然保护区管理方面，要对稀有动植物、自然资源更加珍惜；在民族文化传承方面，要对当地蒙古族民风民俗、生活习惯加强理解和保护；在对鱼类的捕捞上，要适可而止，不破坏渔业发展平衡；在景区建设过程中，要对遗留下来的文化遗址与自然景观加强保护、修旧如旧。对查干湖的湿地，进行科学的恢复与发展，以此来提升查干湖的生态环境质量和旅游的知名度。在对从业人员的招聘与培训上，要尽可能地做到人尽其用，充分发挥优秀人才在推进产业发展中的积极性和主动性。在景区新建项目的管理上，也要以"安全"为主，保证游客的人身安全是一切旅游活动的前提。科学地规划旅游业，制定好完备的开发策略，不以眼前短暂的利益封闭发展，制定长尺度发展战略，实现真正意义上的旅游业可持续发展。

在文化生态保护方面，应强化对非物质文化遗产资源及代表性项目的保护。做好非物质文化遗产记录、保护及研究工作，建立非物质文化遗产资源数据库，推进非物质文化遗产数字化保护，使珍贵、濒危的非物质文化遗产得到妥善的保护和利用。完善非物质文化遗产保护工作机制，有效保护好各级非物质文化遗产代表性项目和重要非物质文化遗产资源。有效保护非物质文化遗产代表性传承人，加强对非物质文化遗产代表性传承人的认定。建设一批传承场所，组织代表性传承人开展传承实践活动。加强传承技能培训，不断培养新的传承人群，壮大非物质文化遗产传承人队伍。落实非物质文化遗产传承人传承补助制度，资助传承人的传承活动。

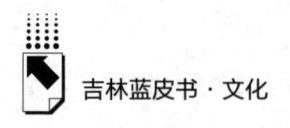

四 查干湖民族文化旅游产业品牌创新

作为蒙古族聚居区的重要景点,查干湖旅游风景区已经成为吉林省最具蒙古族特色的民族景区,但是,仅将蒙古族民族特色作为景区的定位很难达到预期的经济效果。原因有以下几点。首先,蒙古族并不是吉林省特有的民族。作为北方重要的民族,蒙古族广泛分布于我国北方各省,东北三省都有蒙古族自治县,除前郭县外,还有黑龙江杜尔伯特蒙古族自治县和辽宁阜新蒙古族自治县。各自治县都在积极挖掘传统的蒙古族民族文化,来促进本地民族旅游产业的发展,查干湖景区在蒙古族特色方面并没有特别的优势。其次,国内大众旅游市场正在由传统的观光旅游向体验旅游、休闲旅游等新兴旅游形式转移,单纯地依靠蒙古族民族旅游特色这样的定位,很难在大众旅游习惯深刻变革的大潮中获得进一步的发展。最后,查干湖渔业资源丰富、自然环境良好,又是省级自然保护区,在整个景区创新定位方面有更多的可能性。所以,本文认为除了"蒙古族民族文化特色景区"这个传统定位外,还可以有如下三种旅游创新定位。

(一)深耕查干湖渔业品牌

在市场经济条件下,商品价格是供求关系的重要表现。查干湖的鱼价现在已经涨到了每千克100多元,并且供不应求,销售市场由原来的吉林省内扩大到东北、京津等更广大地区。查干湖胖头鱼在获得AA级绿色、有机食品双认证后,2006年获"中国名牌农产品"的称号,2010年成功申报国家地理标志性产品保护。2008年,查干湖冬捕又被国务院批准确定为国家级非物质文化遗产,查干湖旅游区也被文化部确定为国家级非物质文化园区。查干湖冬捕于2006年和2009年以单网出鱼10.45万千克和16.8万千克两创吉尼斯世界纪录,2021年12月28日查干湖冬捕头鱼又以2999999元的天价成功拍出,创下历年头鱼竞拍价格的最高纪录。这些都已显示出,查干湖渔业已经成为前郭县和松原市的名片、吉林省的名牌、全国的名品。

基于这样的发展潜力，开发区应该不断大力实施大水面开发战略、科技兴渔战略和可持续发展战略，以保持渔业持续健康发展的良好势头。自2008年4月27日查干湖渔猎文化博览苑项目建设以来，其逐渐成为反映东北地区渔业历史的博物馆，也是游人了解查干湖的重要窗口，这对于查干湖旅游区的长远发展和全市旅游产业的升级都将产生积极的影响。坚持走产业化之路，切实做好鱼产品精包装和深加工，渔业产业链条不断延伸，提高了产品附加值。长此以往，查干湖的旅游公共服务设施将会得到不断完善，旅游接待能力也将不断提升。以"捕鱼、吃鱼、卖鱼"等一系列渔业链条所形成的独特品牌，将会在旅游市场上产生更大的品牌引领效应，促进旅游产业的整体升级。

（二）打造东北西部草原文化生态保护区

为了更好地传承保护非物质文化遗产、发挥非遗的社会价值，文化部于2007年设立我国首个国家级文化生态保护实验区——闽南文化生态保护实验区。2018年12月，文化和旅游部出台了《国家级文化生态保护区管理办法》，进一步规范了我国"文化生态保护区"的建设管理工作，并对其概念做了清晰的界定："以保护非物质文化遗产为核心，对历史文化积淀丰厚、存续状态良好，具有重要价值和鲜明特色的文化形态进行整体性保护，并经文化和旅游部同意设立的特定区域。"[①] 截至2023年8月，我国共设立国家级文化生态保护区16个，国家级文化生态保护实验区7个，涉及17个省份。为加强对非物质文化遗产区域性整体保护，培育和保护文化生态环境，传承弘扬中华优秀传统文化，吉林省文化和旅游厅于2019年11月印发《吉林省省级文化生态保护区管理办法》[②]。郭尔罗斯文化生态保护区是吉林省

[①] 《国家级文化生态保护区管理办法》，中国政府网，2018年12月25日，https：//www.gov.cn/xinwen/2018-12/25/content_ 5352070.htm。

[②] 《吉林省文化和旅游厅关于印发〈吉林省省级文化生态保护区管理办法〉的通知》，http：//xxgk.jl.gov.cn/PDFfile/202011/7690547.pdf。

第一家省级文化生态保护区，2019年批准设立，规划范围为吉林省松原市前郭尔罗斯蒙古族自治县行政辖区。查干湖景区正处于文化生态保护区的核心区内。

基于"以文塑旅、以旅彰文"的文旅融合发展思路，一方面积极推进郭尔罗斯文化生态保护区作为"东北西部草原文化生态"的代表，申报国家级文化生态保护区；另一方面将特色民族文化逐渐转化为旅游产品，为旅游产业服务的同时，提高民族文化的吸引力。从2020年6月开始，前郭县就组织马头琴音乐、四胡演奏、郭尔罗斯蒙古族民歌、郭尔罗斯婚俗等活动，在查干湖景区郭尔罗斯王府大舞台驻场演出，每周演出三场，实现文旅有机融合。在此基础上，还要继续推进非遗与旅游融合，在查干湖景区内设置展示展演平台，邀请非遗传承人进行展演活动，提高旅游活动的互动性和文化性。

（三）打造湖泊湿地生态文化度假旅游区

从国内与国际局势上看，我国正经历百年未有之大变局，区域经济结构、产业发展水平、大众消费习惯、社会文明程度都在发生深刻的变化。在中国式现代化的伟大历史实践中，旅游产业将发挥更大的作用。观光旅游所占比重将越来越小，以休闲度假为主要形式的体验型旅游将成为旅游市场的主导产品。结合自身的旅游资源特点，根据消费者需求的变化，打造具有自然和文化双重品质的度假区，是众多旅游目的地需要思考的重要问题。查干湖是全国第七大淡水湖，也是吉林省最大的内陆湖泊和自然保护区。查干湖总面积420平方公里，这一带江河泡沼星罗棋布、水草丰美，是吉林省著名的渔业生产基地和天然的旅游胜地。同时，这里的历史文化资源和民族文化资源又十分具有地域特色，可以让旅游者在优美的自然生态环境中，体验独特的草原民族文化。

查干湖素以"北国大湖，塞外明珠"而著称，因而有"南有太湖，北有查干""黄山归来不看山，要看大湖到'查干'，'查干'归来不看水，要看前郭草原美"这样的美谈。而现如今的查干湖旅游文化产业区，是以生态旅游为中心，以大湖湿地、草原风光及蒙古族风情为特色，集观光、娱乐、休闲、度假、餐饮、购物、会展等功能于一体的综合文化旅游产业区。在向生态文化度假旅游区转化的过程中，查干湖有很强的产业基础和品牌效应。打造湖泊湿地生态文化度假旅游区一方面可以延长旅游者的停留时间，缩小查干湖景区的淡旺季差异；另一方面也可以提高旅游综合收入，为生态环保、文化传承等事业提供更多的资金支持，促进查干湖旅游品质的进一步提升。

参考文献

王迅：《郭尔罗斯考略》，辽宁民族出版社，2002。

刘加绪：《前郭尔罗斯简史》，辽宁民族出版社，2005。

前郭尔罗斯蒙古族自治县地方志编纂委员会编《前郭尔罗斯蒙古族自治县志》，辽宁民族出版社，1993。

刘海洋：《民族旅游对民族文化变迁的影响研究》，硕士学位论文，东北师范大学，2010。

高婕、田敏：《民族旅游的困惑与选择——中国民族旅游与少数民族传统文化保护能否双赢的思考》，《西南民族大学学报》（人文社科版）2009年第6期。

卢元昕：《民族文化资源嵌入旅游产业发展路径探索——以黑龙江省为例》，《黑龙江民族丛刊》2022年第2期。

王伟、吕萍、多海：《民族文化资源与旅游资源整合开发研究——基于吉林省"双线"规划及其实践》，《延边大学学报》（社会科学版）2023年第1期。

B.10 吉林省冰雪旅游目的地文化品牌形象建设研究

杨絮飞*

摘　要： 本文通过文献综述和实地调研，阐述了吉林省冰雪旅游目的地文化品牌形象的建设现状，探讨了吉林省冰雪旅游目的地文化品牌形象的影响因素，分析了吉林省冰雪旅游目的地文化品牌形象建设中存在的问题，并提出了相应的解决方案。研究结果显示，吉林省冰雪旅游目的地文化品牌形象建设面临品牌定位不清晰、冰雪旅游产品同质化严重、品牌宣传力度不足、整体服务质量待提升等问题。为解决这些问题，本文提出挖掘吉林省独特的冰雪文化、健全基础设施、加大宣传推广力度、提升服务质量、塑造数字化旅游形象和培养专业化人才的发展路径。本文为吉林省冰雪旅游目的地文化品牌形象建设提供了一定的理论参考和实践指导，为促进吉林省冰雪旅游目的地的可持续发展提供了有益的借鉴。

关键词： 吉林省　冰雪旅游目的地　文化品牌形象

引　言

振奋人心的2022年冬季奥运会过后，我国人民对冰雪旅游的热情达到

---

* 杨絮飞，长春大学旅游学院旅游文化学院教授，长春冰雪产业研究院副院长，主要研究方向为旅游经济、冰雪旅游、文化旅游。

巅峰，冰雪旅游产业的发展迎来了最好的时机。随着冰雪旅游的兴起，吉林省作为中国重要的冰雪旅游目的地之一，其文化品牌形象建设日益受到关注。文化品牌形象建设是指通过塑造独特的文化符号和形象，将吉林省作为冰雪旅游目的地的文化特色与品牌传播相结合，从而提升吉林省在冰雪旅游市场中的知名度和竞争力。本文旨在探讨吉林省冰雪旅游目的地文化品牌形象建设的现状与问题，梳理吉林省冰雪旅游目的地的品牌形象建设实践，并提出一些具体的策略和建议，以促进吉林省冰雪旅游目的地文化品牌形象的发展。

一 冰雪旅游目的地文化品牌形象的概念及建设意义

（一）冰雪旅游目的地文化品牌形象的相关概念

旅游目的地是供旅游者前往开展一系列旅游活动的吸引物和有关的旅游休闲设施分布地。冰雪旅游是指利用丰富的冰雪资源吸引游客前来开展各种形式的游览、观光、探险、猎奇等冬季旅游活动，主要包括冰雪娱乐、冰雪运动、冰雪饮食、冰雪艺术等活动。文化品牌的实质是文化产业品牌化的结果，是文化精神价值与经济价值的双重凝聚，是一种根植于民族文化与受众紧密相连的多样化的特殊产品。文化品牌是旅游产业可持续发展的内在动力，是旅游企业创新发展的核心驱动力。

旅游目的地形象的研究始于20世纪70年代，之后逐步得到了世界各国的广泛关注。国外界定旅游目的地形象往往根据"image"的定义。image是一个宽泛使用而意义不是很清楚的概念，其中一种说法认为，旅游目的地形象是用来表达个体意见与态度的概念，它代表个人对旅游目的地的认识、感情和态度。另一种说法认为旅游目的地形象随着旅游者的看法转变而不同，其他研究没有深刻地去分析形象的概念，但是大都认为个体对目的地的看法就是旅游目的地形象的概念。国内对旅游目的地形象的说法各种各样。有的认为旅游目的地形象是个体在旅游目的地游玩过后对目的地各方面的系统评价；另一种说法认为旅游目的地形象是旅游者在旅游地进行游玩后通过其他渠道对旅游目的地的总体看法。

冰雪旅游目的地的文化品牌形象是一个综合性的概念，它包括了旅游景区的自然景观、人文历史、民俗风情、当地特色美食、旅游服务等多个方面。旅游目的地文化品牌形象可看作旅游者在旅游目的地进行游玩后对目的地所蕴含的文化内涵的整体感知。一个成功的冰雪旅游目的地文化品牌形象应该是独特的、鲜明的、富有创意的，能够吸引游客前来体验和传播。旅游者对旅游地一系列要素以及所蕴含的文化内涵的评价和看法，有利于提高景区自身的水平，会合理促进冰雪旅游目的地的发展。

（二）冰雪旅游目的地文化品牌形象建设的意义

1. 有利于游客对目的地品牌形象感知的形成

旅游目的地文化品牌能提高旅游的附加价值，增强旅游者对旅游目的地形象的认同感。文化是经过历史积淀形成的，难以被复制和模仿，冰雪旅游目的地文化品牌形象的建设是一个地区旅游核心竞争力的重要来源，其区别于其他冰雪旅游目的地，在游客心中形成深刻印象。文化具有地域性和垄断性，它带给旅游者的印象也是深刻和持久的，能够再次激发旅游动机。旅游目的地文化品牌形象的塑造具有磁场效应，文化品牌知名度高、形象好，有利于刺激新游客对目的地感兴趣，开发新市场，同时游客在景区内体验感良好，之后便会口口相传，从而提高旅游目的地复游率，对旅游目的地的长远发展有着重要意义。

2. 有利于冰雪旅游目的地文化品牌的传播

冰雪旅游目的地文化品牌具有持久的扩散效应，能够促进文化的传播。文化品牌形象的塑造核心在于文化内涵，这也是吸引游客、刺激其消费的原动力。游客前往冰雪旅游目的地进行旅游，不仅仅是进行自然景观的观赏，实现娱乐和放松身心的目的，同时也是一种文化的传播与交流，冰雪旅游目的地的文化特色会深深镌刻在游客心中，历久弥新。

3. 有利于吸引投资、管理人才和吸收先进的管理经验

冰雪旅游目的地文化品牌形象的建设可以产生一定的集聚效应。品牌形象佳，知名度高，社会资本、资源、相应人才都会倾向于该冰雪旅游目的地，有利于冰雪旅游目的地吸引投资，进行基础设施建设和提升服务质量，在获得资金支持后，冰雪旅游目的地能吸纳优秀管理人才，开发多样化冰雪旅游文化产品，进一步发展冰雪旅游目的地。

4. 有利于增强社区居民主人翁意识和提高其文化素质

冰雪旅游目的地文化品牌形象的建设具有一定的凝聚效应。良好的文化品牌形象可以提升当地居民的文化认同感与自豪感，增强其主人翁意识，使他们自发支持、维护甚至参与文化品牌形象的建设。居民在品牌效应下，可以依托冰雪旅游目的地客流量更好地实现自我发展，其利益与冰雪旅游目的地相关联，能直接地享受到由品牌形象建设带来的生活品质的改善。

二 冰雪旅游目的地文化品牌形象建设的影响因素

文化是品牌的灵魂所在，冰雪旅游目的地文化品牌建设的核心在于文化内涵的挖掘。但是游客对冰雪旅游目的地的文化品牌的形象感知也离不开冰雪旅游目的地自身硬件设施的建设和服务体系的完善。2022年10~12月，针对吉林省冰雪旅游消费者进行了问卷调查，对吉林省冰雪旅游目的地文化品牌的塑造进行了分析，本次问卷发放主要采用线上收集的方式，共发放203份问卷，剔除无效问卷10份，共收回193份问卷。问卷调查显示，调查对象38%为男性，62%为女性，其中处于18~30岁年龄段的人数最多，占62%，冰雪旅游在年轻人群体中很受欢迎。有54%的人曾多次到吉林省进行冰雪旅游，诸如冰雪观光、冰雪运动体验等，而多次到吉林省进行冰雪旅游的人中，有86%表示会向家人或朋友推荐吉林省的冰雪旅游目的地。游客对冰雪旅游目的地的价格是最为关心的，其次是冰雪旅游目的地的风景和环境，对交通、安全程度和公共服务等设施也同样重视（见图1）。游客

对冰雪旅游目的地形象的感知是受多因素共同影响的，包括品牌定位宣传、基础设施建设、服务质量等（见图2）。

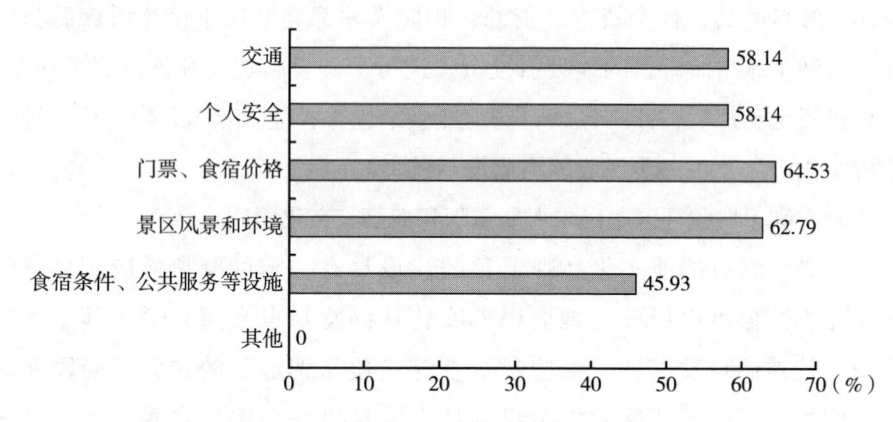

交通 58.14
个人安全 58.14
门票、食宿价格 64.53
景区风景和环境 62.79
食宿条件、公共服务等设施 45.93
其他 0

图1 游客对冰雪旅游目的地关注的要素

资料来源：本数据通过笔者自行设计的问卷调查获取。

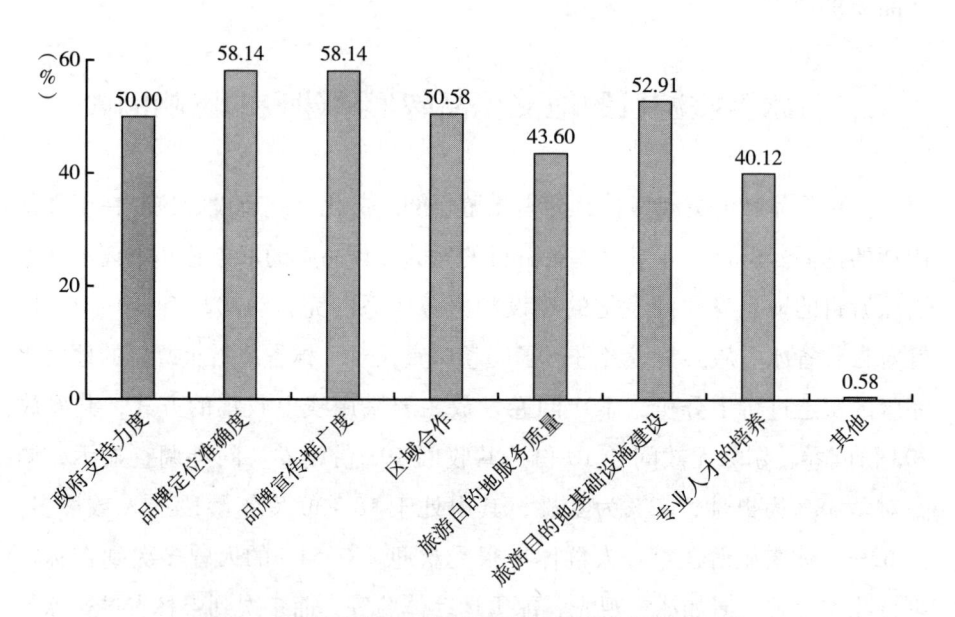

政府支持力度 50.00
品牌定位准确度 58.14
品牌宣传推广度 58.14
区域合作 50.58
旅游目的地服务质量 43.60
旅游目的地基础设施建设 52.91
专业人才的培养 40.12
其他 0.58

图2 冰雪旅游目的地文化品牌形象建设的核心要素

资料来源：本数据通过笔者自行设计的问卷调查获取。

（一）公共服务设施建设

冰雪旅游目的地想要进行文化品牌建设，必须有相配套的基础设施建设，也要有良好的服务体系，提升游客满足感，才能算得上是一个优秀的冰雪旅游目的地。现在的市场竞争不再是普通的争资源、争景点，而是看哪个冰雪旅游目的地的配套设施完善，是对优秀的文化品牌的综合竞争。旅游公共服务不是为了赢利，而是为了旅游者在旅游过程中能有更好的体验感，为了补充冰雪旅游目的地的不足之处，而且这种服务是为全社会服务的，例如交通线路、景区环境、旅游安全等方面，旅游公共服务在整个旅游过程中尤为重要。

一个冰雪旅游目的地，最重要的就是接待能力。接待能力包括旅游目的地可以给游客的体验是什么样的，以及能承载多少游客。这关乎冰雪旅游目的地的复游率，关乎冰雪旅游目的地的生命力。接待能力与水平对任何冰雪旅游目的地来说都是至关重要的，可以提高游客的体验感，提高自身的旅游形象。

（二）服务化水平

冰雪旅游目的地服务化水平的高低直接影响到游客在目的地旅行过程中的体验感。服务化水平高的冰雪旅游目的地带给游客的是心情的愉悦和出行的便捷。冰雪旅游目的地的法律法规完善程度关系着游客的切身利益，当游客在冰雪旅游目的地内发生财产损失或面临人身安全威胁时，服务人员的回应速度与处理问题的能力是尤为重要的，而这离不开冰雪旅游目的地自身法律法规的完善程度，需要冰雪旅游目的地加强对服务人员的规范化管理和目的性培训。同时，冰雪旅游目的地自身医疗服务化水平也是极为重要的。滑雪、滑冰等冰雪体育运动强度高、易受伤，目的地高水平的医疗服务能为游客带来最及时的医治，避免伤情的恶化。

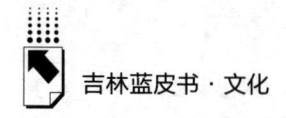

（三）互联网技术应用程度

冰雪旅游目的地线上预约、云讲解、云展览等都依托互联网技术的运用。冰雪旅游目的地线上预约、购票通道的建设、维护和运行都离不开互联网技术。应用互联网技术的项目少，会导致冰雪旅游目的地办事效率低，不能做到信息第一时间共享，导致消息延迟，影响游客的体验感和冰雪旅游目的地的效益。而互联网技术应用程度高的旅游目的地如乌镇，实现了景区内无线网络的全面覆盖，大大提升了游客旅游体验感，让游客在景区内获得沉浸式的文化体验。

三 吉林省冰雪旅游目的地文化品牌形象建设现状

（一）吉林省冰雪旅游目的地的资源和市场概况

1. 特色优势的资源孕育了丰富多彩的冰雪旅游产品

吉林省有着西低东高的地势条件，以大黑山为界线，可分为东部高山、丘陵与西部平原，吉林省处在东三省中部、东北亚中心，山区、丘陵海拔100~300米，山区冰雪资源丰厚，质量优良，其中以长白山的冰雪资源质量为最佳，冰雪期长，冰雪硬度适中，而且吉林省如果在适当情况下加入人工降雪，将会大大延长雪期，提高游客的体验度。吉林省处于东三省中部，气候适宜，对惧怕寒冷的南方游客十分友好。

依托冰雪资源优势，吉林省的冰雪旅游产品种类丰富多样。吉林省不仅有着与云南石林、桂林山水、长江三峡并称中国四大自然景观的雾凇自然景观，亦有着人工建造的诸如冰灯、雪雕等观光类冰雪旅游产品。吉林市雾凇冰雪节全国著名，冰雪节集中了经济贸易合作、跨文化交流、联络友谊、观赏游玩等项目，各方参会者交换意见和进行商务交流，也能一起欣赏冰灯、冰雕、雪雕等一系列艺术作品，与此同时还能观赏具有很高欣赏价值的由多国参与的冰上龙舟赛等。雾凇冰雪节已经形成全方面、多角度的冰雪旅游文化节。长春瓦萨国际滑雪节不仅继承了瓦萨文化，同时也增添了"冰雪天使评选""瓦萨国际交流大会"等活动，评选出的"冰雪天使"会远赴欧洲瑞典参加瑞典瓦萨滑雪节。冰雪天使身着中国旗袍，手拉民族乐器，东方文化与西方文化在冰天雪地之间碰撞出激烈的火花。

2. 底蕴深厚的历史塑造了极具特色的冰雪旅游文化

吉林省境内共有 48 个少数民族，其中，满族、朝鲜族、蒙古族以及回族的人数最多，分布也最为广泛。吉林省吉林市正是满族的起源地之一。远在 5000 年以前的新石器时代，满族人的祖先肃慎人就居住在现吉林市的乌拉街满族镇。乌拉街在明代是海西女真扈伦四部之一乌拉部的都城所在地，在清代则是全国最大的贡品管理机构打牲乌拉总管衙门所在地。清代 12 位皇帝，有 5 位在这里留下过战迹、足迹、墨迹，乌拉街满族镇也被清王朝封为"本朝发祥之地"。乌拉街满族镇蕴含着满族人民最古老、最深邃的历史文化，在这里可以体验到古老文明的冲击。满族人民爱好歌舞，在这里可以体验到有当地特色的跳马、跳骆驼、滑冰等文娱活动。在这里还可以穿上满族旗袍，去老街观赏满族特色民居，亦可以体验当地的特色民俗，品尝当地的特色美食，例如酸汤子、乌拉火锅、白肉血肠、沙琪玛等。

吉林省延边朝鲜族自治州是朝鲜族最大的聚居地，在这里，游客可以吃到米肠、辣牛肉汤、泡菜等当地特色美食。游客还可以体验当地特色活动，例如朝鲜族舞蹈、朝鲜族歌唱、学习朝鲜族语言等。游客还可以去著名的网红打卡地延边大学，喝咖啡、吃韩餐。同时当地也有很多民俗村，集住宿、饮食、拍照、特色活动、特色建筑于一体，满足游客各种各样的需求和好奇心。

吉林省白城市和松原市聚居着大量蒙古族人，以前郭尔罗斯蒙古族自治县为最多。蒙古族拥有着自己的语言与文字，且能歌善舞。前郭尔罗斯蒙古族自治县亦有"中国马头琴之乡"的称号。蒙古族崇拜自然，素有祭天、祭山、祭水之俗。查干湖的祭湖仪式始于成吉思汗时期，后逐渐固化为当地渔民冬捕前"祭湖醒网"的仪式。通过"祭湖醒网"仪式，游客可以观赏到"萨满舞""查玛舞""祭湖词""醒酒词"等独具特色的查干湖文化。一年一度的冰雪渔猎文化旅游节以充满原始而野性之美的冬捕习俗吸引了大批游客前来观赏。

3. 优越的自然条件造就了规模巨大的冰雪旅游市场

吉林省地处东北腹地，处在高纬度地区，冬季温度低，雪量大，雪期长，并且多山体，适宜滑雪运动的发展，是世界著名的滑雪胜地，号称"冬日里的滑雪天堂"。吉林省如今的滑雪场规模十分庞大，据《中国滑雪产业白皮书（2022-2023）》统计，吉林省正在运营的滑雪场数量有41家，居全国第六位，其中拥有架空索道的滑雪场数量为18家，共计49条架空索道，架空索道数量居全国第二位，相比2022年增设了3条架空索道。桥山北大湖滑雪场的脱挂索道数量高居榜首，在全国脱挂索道数量前十的滑雪场中，吉林省占据四席。

据《中国冰雪旅游消费大数据报告》，2019~2022年东北地区一直是人们进行冰雪旅游的首选地域，吉林省在2021~2022年冰雪季冰雪旅游热门省份中高居榜二。据《中国滑雪产业白皮书（2022-2023）》统计，吉林省近五个雪季财年（每年的5月1日至次年4月30日为一个雪季财年）接待滑雪人次一直居于全国第二位，占全国滑雪人次比例一直稳定处于10%左右（见图3）。图4和图5分别是2021~2023年吉林省春节假期期间接待国内游客人次和实现的旅游收入柱形图，折线表示同比增长率。可以看出，2021~2023年，吉林省春节假期接待国内游客人次和实现的旅游收入一直在攀升。《中国冰雪旅游消费大数据报告》显示，在2021~2022年冰雪季东北地区十大最受欢迎温泉滑雪目的地之中，吉林省占据四席，分别是万达长白山国际度假区、松花湖滑雪场、北大湖滑雪度假区、鲁能胜地滑雪场。

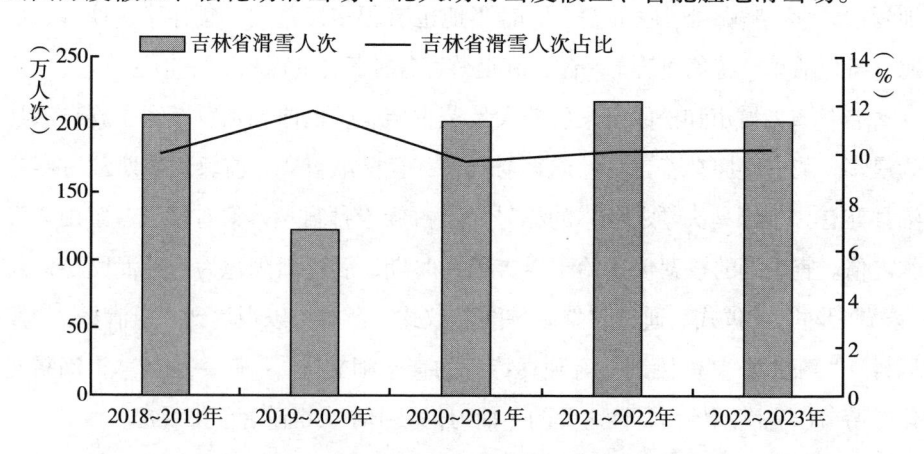

图3 2018~2023年（雪季财年）吉林省滑雪人次及其占全国滑雪人次比例

资料来源：《中国滑雪产业白皮书（2022-2023）》。

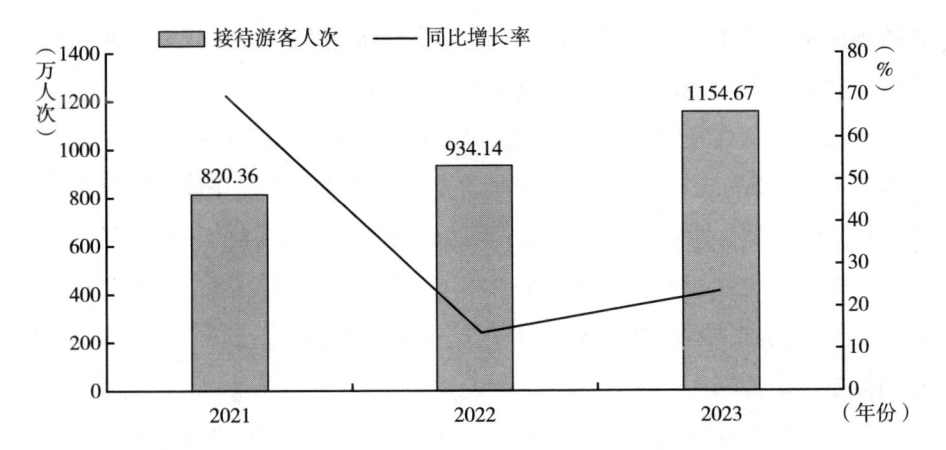

图 4　2021~2023 年吉林省春节假期期间接待游客人次及同比增长率

资料来源：《春节假期我省旅游人气旺》，《吉林日报》2023 年 1 月 28 日；《开门红！春节假期吉林共接待游客 934.14 万人次》，《中国日报网》2022 年 2 月 7 日；吉林省文化和旅游厅网站，http：//whhlyt.jl.gov.cn/zwgk/tjsj/202102/t20210225_ 7949958.html。

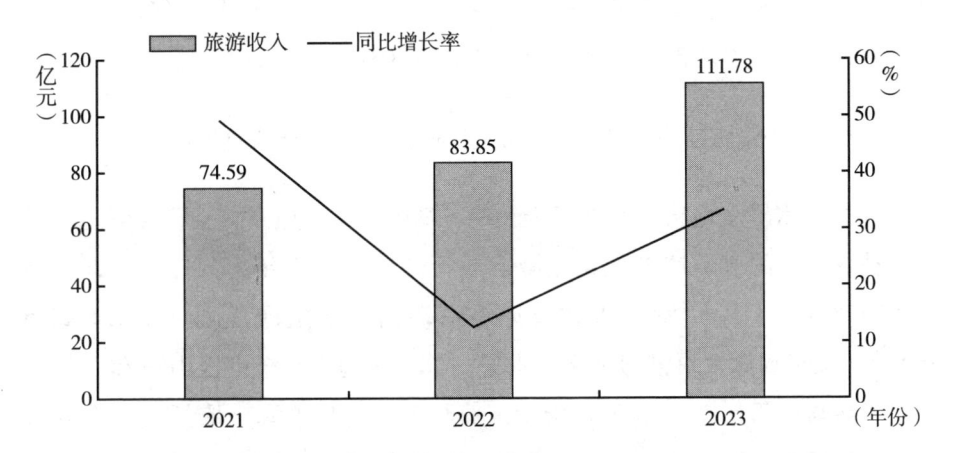

图 5　2021~2023 年吉林省春节假期期间旅游收入及同比增长率

资料来源：《春节假期我省旅游人气旺》，《吉林日报》2023 年 1 月 28 日；《开门红！春节假期吉林共接待游客 934.14 万人次》，《中国日报网》2022 年 2 月 7 日；吉林省文化和旅游厅网站，http：//whhlyt.jl.gov.cn/zwgk/tjsj/202102/t20210225_ 7949958.html。

（二）吉林省冰雪旅游目的地的特征

冰雪旅游目的地有着综合性、标志性、稳定性、可塑性四大特征，它既把冰雪旅游的基本内容包括在内，也有着其他旅游目的地替代不了的独特魅力，同时旅游目的地的多样性也给了景区无限的可能。

首先是综合性特征，吉林省冰雪旅游目的地集食住行游购娱于一体，不仅有着雾凇奇观，还可以进行滑雪运动，形式多种多样，并且民族众多，民族风情十分浓厚，旅游者在吉林省便可以体验到各式各样的旅游项目。

其次是标志性特征，吉林省是中国冰雪旅游资源数一数二的冰雪旅游大省，人们提到吉林省，便会和"雪"这个字联想到一起，所以冰雪对吉林省的标志性是独一无二的。

再次是稳定性特征，吉林省是最早开始试验旅游景区的省份之一，旅游资源和旅游设施开发早，人员素质高，交通发达，便于旅游业开展，资源雄厚使吉林省具有稳定性的特征。

最后是可塑性特征，吉林省是温带大陆性气候，四季分明，每个季节都有独一无二的景色，春天可以踏青，夏天可以避暑，秋天可以采摘，冬天可以滑雪，丰富多彩的景色组合使吉林省的景区有着无限的可塑性。

（三）吉林省冰雪旅游目的地文化品牌形象的发展现状

吉林省冰雪文化旅游发展起步较晚，基础薄弱，但吉林省已探索走出了一条精彩纷呈的寒地冰雪文化旅游发展新途径。2021年12月30日，吉林省人民政府办公厅印发《吉林省冰雪运动高质量发展规划（2021—2035年）》。该规划深入贯彻习近平总书记"冰天雪地也是金山银山"和"带动三亿人参与冰雪运动"等重要指示，勇赶冬奥时代浪潮，依托文化资源打造冰雪旅游产品，提升冰雪旅游品位，切实做到以文塑旅、以旅彰文。预计2025年，吉林全省冰雪产业总规模将达到2500亿元，滑雪场数量将达到100个，打造世界知名冰雪旅游胜地，成为"带动三亿人参与冰雪运动"重要承载区。

吉林省冰雪旅游目的地文化品牌形象建设取得了显著的成绩，吉林省注重挖掘和展示本地的冰雪文化特色，推广传统的冰雪运动和手工艺技巧，丰富了旅游目的地的文化内涵。同时，与当地民俗、乡土文化相结合，吉林省已经成功打造了独具特色的冰雪旅游体验项目，塑造了多个知名的冰雪旅游目的地文化品牌，例如长白山、松花湖等。这些目的地以其丰富的冰雪资源、美丽的自然风光和独特的文化魅力吸引着众多游客。吉林省还积极开展各种形式的冰雪旅游品牌推广活动，包括举办冰雪节庆典、举办国际冰雪运动赛事、开展旅游宣传推广等。通过这些活动，吉林省成功提升了冰雪旅游目的地的知名度和美誉度。未来，吉林省将继续致力于品牌形象的提升和推广，进一步打造精品冰雪旅游目的地，促进旅游业的可持续发展。

吉林省冰雪民俗文化是由长期生活在冰雪环境中的各民族形成、发展的，主要经历了三个阶段，首先以实用为目的，如冬捕、爬犁等；逐步演变为冰雪娱乐竞技活动，如滑雪比赛等；后升华为冰雪艺术文化，如冰灯、冰雕、冰雪摄影、冰雪绘画等。现如今冰雪民俗文化已成为重要的经济因素，文化已然成为吸引游客的特色法宝，也是促进地区经济增长的重要形式。吉林省拥有多个民族，民俗文化深厚且丰富。依托冬捕民俗文化，吉林省在查干湖已经举办了 20 多年的查干湖冰雪渔猎文化旅游节。查干湖冰雪渔猎文化旅游节还曾获得"2016 最美中国榜——首批最具影响力特色节庆"殊荣。第 19 届查干湖冰雪渔猎文化旅游节，接待游客高达 29.2 万人次，实现旅游综合收入 2.6 亿元。[①]

吉林省冰雪旅游目的地建有集冰雪美景、特色饮食、民俗风情于一体的民俗村，将冰雪与民俗文化融为一体，既带动了当地居民的收入增长，又让游客们沉浸式体验到了民俗特色。如吉林市雾凇岛旁的韩屯村、曾通村，北大湖南沟村，锦江木屋村，金达莱朝鲜民俗村，等等。其中韩屯村农家乐已由 2013 年的 13 家发展到 2019 年的 86 家，床位近万张，年旅游收入达到3000 多万元，全部农户均受益于旅游发展，人均年增收 2 万元。[②]

依托天然的地理位置和丰富的冰雪资源，吉林省迄今已连续多年举办数个

[①] 《冬奥运动在北京　冰雪体验在松原》，《吉林日报》2022 年 2 月 11 日，第 7 版。
[②] 《吉林市乌拉街：与雾凇"结缘"的满族小镇》，新华网，2020 年 1 月 23 日，http://m.xinhuanet.com/jl/2020-01/23/c_1125493467.htm。

大型节庆活动，如长春瓦萨国际滑雪节、长白山冰雪节、吉林国际雾凇冰雪节等。这些节庆活动集经贸合作、文化交流、联络友谊、冰雪娱乐等于一体，是国际文化传播与交流的重要平台，亦是地区间经济合作的重要窗口。长春瓦萨国际滑雪节于2003年跨越千里来到长春，为长春的冬日经济带来了巨大的发展红利，真正地将白雪变为白银。截至2022年，长春净月潭瓦萨国际滑雪节经贸洽谈会已成功举办了16届，累计签约项目260个，158个项目在长春净月高新区开花结果，投资规模达千亿元，已经成为长春招商引资的一个重要平台。①

吉林省的冰雪艺术文化产业亦正在稳步发展。"净月雪世界"始建于2012年，其雪雕主题丰富多样，如以华夏文化为主题的熊猫雪雕、天坛雪雕等，亦有以西方文化为主题的雪雕展览。景区内的雪雕大赛也如火如荼地举办着，来自全国各个地区的雪雕爱好者齐聚此地，进行雪雕技艺与文化创意的交流。"长春世界雕塑公园"有着国际冰雪体验中心的称号，主题雪雕园已经达到世界级的面貌，经过多年的发展已经非常成熟。这两个项目都是吉林省的地标式冰雪建筑，也是多年来积累成熟的硕果。在冰雪演艺方面，吉林省也是硕果颇丰。中法合拍纪录片《粉雪奇遇》、影视作品《冰雪之名》《人世间》和2022年北京冬残奥会吉祥物"雪容融"等冰雪文艺创作产品的推出展演向民众展现了吉林省冰雪文化的独特风貌。吉林延边歌舞团创作的大型朝鲜族原创舞剧《阿里郎花》曾获得全国少数民族文艺会演金奖，《春韵春光》《查干湖》《梦回乌拉》等文艺创作亦广受赞誉。

四　吉林省冰雪旅游目的地文化品牌形象建设存在的问题

（一）国际化不够突出，品牌定位不明晰

国际化是旅游目的地形象塑造中一个很重要的点，一个旅游目的地想要

---

① 《长春瓦萨荣耀二十载，助力冰雪经济高质量发展》，搜狐网，2022年1月13日，https://www.sohu.com/a/516423508_406982。

成功，必须与国际接轨，要有接纳各国游客的准备，并且相对应的配套措施也要落实，而吉林省目前的旅游目的地形象塑造就存在国际化能力低的问题，没有接办世界级大赛的能力，并且旅游目的地在国际上缺少知名度。

吉林省冰雪旅游目的地虽然有一些知名的品牌，例如吉林雾凇、查干湖冬捕、长白山温泉等，但整体上缺乏统一的品牌形象和标识，缺乏独特性和差异化，缺乏一个集中的宣传推广平台，导致目的地之间的差异化不够明显，难以形成整体的品牌效应，这就使得吉林省在国际市场上的竞争优势很小。问卷调查显示，约62%的人认为吉林省虽然具有自己的特色冰雪文化，但文化资源挖掘不够深入，冰雪旅游产品如冰雕、雪雕同质化严重，在吸引游客方面缺乏竞争力（见图6）。所以吉林省要充分挖掘和展示独特的冰雪文化、历史和自然资源，开发独特的冰雪旅游文化品牌，发展特色冰雪节庆活动，与其他目的地形成差异化竞争优势，让民俗文化成为真正的吸引物，打造国际化滑雪胜地。

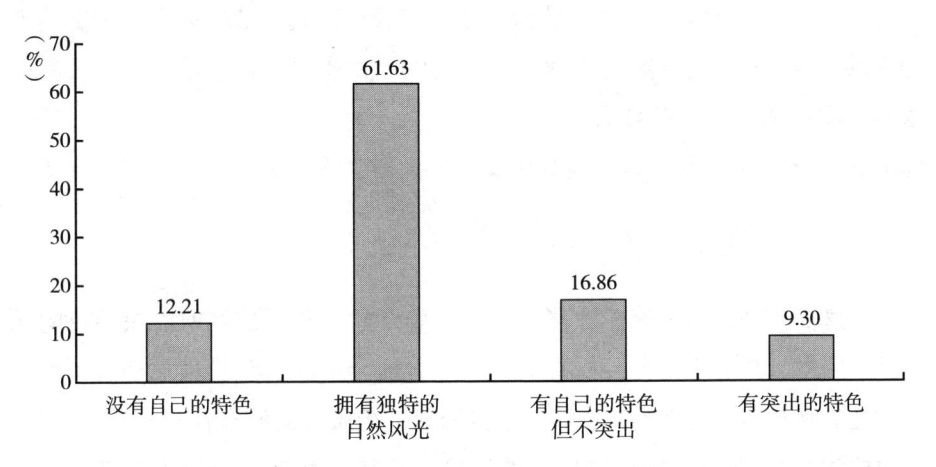

图6 吉林省冰雪旅游目的地文化品牌特色情况占比

资料来源：本数据通过笔者自行设计的问卷调查获取。

（二）冰雪旅游产品同质化严重

随着冰雪旅游市场的不断扩大，各地纷纷推出各种冰雪旅游产品，但由于缺乏创新和差异化,很多产品同质化严重。这种同质化现象不仅降低了游客的旅游体验感,还导致各地区之间的竞争加剧,影响了吉林省冰雪旅游目的地品牌的形成和发展。首先,景点选择方面同质化严重。许多冰雪旅游目的地都以滑雪场、冰雪娱乐项目为主要卖点,导致景点之间的差异化不明显,缺乏特色和个性。其次,旅游活动安排同质化问题突出。大部分冰雪旅游线路都着重于滑雪和观赏雪景,缺乏创新性和差异化的活动设计,游客往往得到相似的体验,难以满足有不同需求的游客。

(三)冰雪旅游设施和服务质量参差不齐

吉林省冰雪旅游目的地在硬件设施方面取得了一定的成绩,但在基础设施建设和服务水平方面还存在一定的欠缺,一些冰雪旅游目的地在滑雪场、雪道、设备租赁等方面投入较少,导致设施老化、保养不佳,交通便利性、酒店住宿条件、滑雪设施等方面仍有改进空间。一些冰雪旅游目的地存在服务态度不佳、导游素质不高、旅游设施不完善等问题,这些问题严重影响了游客的旅游体验,也制约了吉林省冰雪旅游目的地品牌的发展。此外,服务水平同质化现象也比较普遍。许多冰雪旅游企业在产品设计、服务水平等方面缺乏差异化,导致整体的服务体验相对类似,难以形成独特的竞争优势。

(四)冰雪旅游文化品牌宣传力度不足

品牌需要通过宣传来扩大影响力,品牌形象是吸引游客前往旅游目的地的重要因素。知名度高的品牌在吸引游客方面会形成一种良性循环。游客因目的地品牌知名度高而前往,而前往目的地进行旅游的游客在离开目的地后,会对旅游目的地再次进行宣传,进而提高品牌知名度。问卷调查显示,约56.98%和55.81%的人认为吉林省的冰雪旅游目的地文化品牌的宣传力度不够和宣传渠道单一(见图7)。现阶段吉林省冰雪旅游目的地文化品牌传播存在传播渠道单一、宣传内容及形式难以引起游客兴趣等问题。另外,吉林省现有的冰雪旅游传播平台,缺少与游客的互动,大多是单向宣传,缺少反馈平台。

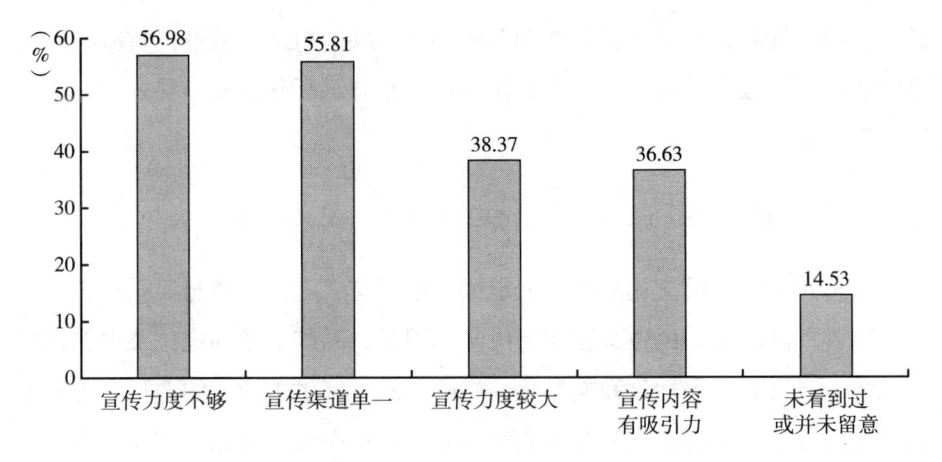

```
(%) 60 ┤ 56.98
      │  ┌──┐   55.81
   50 ┤  │  │   ┌──┐
      │  │  │   │  │
   40 ┤  │  │   │  │   38.37
      │  │  │   │  │   ┌──┐   36.63
   30 ┤  │  │   │  │   │  │   ┌──┐
      │  │  │   │  │   │  │   │  │
   20 ┤  │  │   │  │   │  │   │  │
      │  │  │   │  │   │  │   │  │   14.53
   10 ┤  │  │   │  │   │  │   │  │   ┌──┐
      │  │  │   │  │   │  │   │  │   │  │
    0 └──┴──┴───┴──┴───┴──┴───┴──┴───┴──┴──
       宣传力度不够 宣传渠道单一 宣传力度较大 宣传内容  未看到过
                                  有吸引力  或并未留意
```

图 7　吉林省冰雪旅游目的地文化品牌宣传情况

资料来源：本数据通过笔者自行设计的问卷调查获取。

综上所述，吉林省冰雪旅游目的地文化品牌形象塑造面临一些问题和挑战。为了进一步提升品牌形象和竞争力，需要加强品牌统一性，加大宣传推广力度，提升服务质量，并寻求独特性和差异化的发展路径。

五　吉林省冰雪旅游目的地文化品牌形象建设策略

（一）加大政府扶持力度

文化是旅游目的地竞争力的重要来源。文化品牌的建设既需要完善的社会制度、法律法规体系，又需要合理有序的市场环境。政府应在法律体系完善、制度建设、文化品牌推广等方面起到推动作用，加强对吉林省冰雪旅游目的地法律法规的修订和完善，加大法制宣传力度，设立咨询台发放法律宣传具体资料，加强法制管理，维护游客的基本利益。政府应加大对冰雪旅游目的地文化品牌建设的财政支持，如设立专项资金、提供贷款和补贴等，向相关企业和景区提供资金支持，为冰雪旅游目的地基础设施建设、文化品牌形象塑造提供强有力支撑。政府还应加强区域合作，和周边省市共同打造精

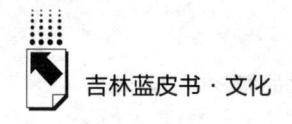

品冰雪旅游线路，实现优势互补和资源共享，共同打造区域性冰雪旅游文化品牌，还要积极推动国际化交流合作，促进品牌国际化传播，提升国际知名度与影响力。

（二）深挖文化内涵，打造特色冰雪旅游文化品牌

吉林省冰雪旅游文化品牌形象定位一定要有自己的特色与原则，吉林省自身冰雪资源丰富，民俗文化和历史文化深厚，品牌形象的定位要根据自身的优势，开发具有个性化和差异化的旅游产品，提供多样化的选择。吉林省在建设自身冰雪旅游文化品牌形象时，应充分挖掘民俗文化，创新冰雪旅游文化产品。例如可以依托长白山自身资源与品牌优势，将长白山狩猎文化和特色民俗文化作为主要抓手，强力建设长白山这一特色冰雪旅游文化品牌。

（三）健全基础设施建设，提高服务水平

冰雪旅游目的地的基础设施关系着冰雪旅游目的地整体形象的塑造，关乎着人们对冰雪旅游目的地的整体印象，为促使旅游者对旅游目的地形成良好的印象，必须完善吉林省冰雪旅游目的地的基础设施，大力加强道路建设、提高服务水平、提高接待能力，不仅要吸引省内游客，还要吸引全国乃至全世界的游客。

冰雪旅游目的地交通设施是冰雪旅游目的地的命脉，关乎着整个冰雪旅游目的地能否完善运营，要提高冰雪旅游目的地交通的便捷率，使交通运输量在一定程度上大于需求量。吉林省要完善自己的公共交通体系，第一，要完善城市道路网架，分离城市交通和旅游交通，实现各景区间的快捷交通。第二，完善空中和水上交通航线。第三，完善景区内的公交体系，加强景区内自助交通的建设。第四，加强旅游集散中心的建设。

冰雪旅游目的地的接待能力是衡量冰雪旅游目的地形象塑造的重要标准，吉林省想要提高自己的接待能力就必须健全配套设施，加强环境卫生管理，引入先进的技术和理念改善自身管理方式，设置合理的门票价格，让游客获得良好的体验，提高游客满意度。

(四)扩大宣传,提高品牌知名度

吉林省要扩大宣传渠道,创新宣传形式和内容,提高品牌的知名度。不仅要借助传统媒体对吉林省冰雪旅游文化品牌进行宣传,更要借助网络平台的力量进行宣传。入驻各大网络平台如微博、抖音、小红书等,全方位对冰雪旅游文化品牌进行营销。与网络红人联动,邀请网络红人来吉林省进行冰雪旅游打卡和体验,助推吉林省品牌宣传。同时也要创新宣传形式和内容,借助影视作品、文创产品、节庆活动等,对吉林省的冰雪旅游文化品牌进行宣传,提升品牌知名度。与在线云旅游平台如携程、同程等建立友好合作关系,共同打造推广精品旅游线路。

(五)充分利用互联网络,塑造数字化旅游形象

顺应时代发展趋势,吉林省要积极利用互联网技术,进行冰雪相关产业数字化转型,塑造数字化冰雪旅游形象。以大数据、人工智能、互联网等技术为支撑点,实现冰雪旅游数字化平台建设,为游客提供便捷的出行、订票和旅游体验。第一,在各大网站发布自己的宣传视频,提高自身曝光率。第二,建立自身的网站,集导览、购票等信息于一体。第三,建立一个用户之间可以交流旅游经验的群组,而开发者也可以根据相关信息改进自身平台设计。

(六)培养专业化人才,提高服务化水平

吉林省冰雪旅游目的地可以与相关高等院校、职业培训机构合作,开设冰雪旅游专业课程和培训项目,加强对冰雪旅游服务人才、管理人才的培养和引进,优化管理模式,逐步培养出专业化的人才队伍,包括滑雪教练、导游、酒店管理等方面的专业人才,也可以组织冰雪旅游实践活动、交流讲座和行业研讨会,邀请国内外冰雪旅游专家分享经验,并与其他冰雪旅游目的地进行交流合作,促进人才的学习和成长。同时,建立激励机制,如奖励制度、晋升机会和培养计划,激发人才的积极性和专业发展,提升游客旅游体

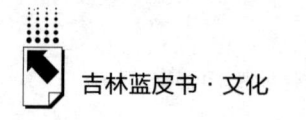

验感与满足感，提高服务水平和竞争力，推动吉林省冰雪旅游产业的可持续发展。

参考文献

《行稳致远　打造世界级冰雪旅游目的地》，《吉林日报》2022年2月17日。

张亮竹：《净月潭瓦萨滑雪节对长春冰雪旅游产业影响的研究》，《长春师范学院学报》2012年第6期。

郑媛媛：《吉林省冰雪旅游文化产业发展问题及推动对策》，《现代营销（下旬刊）》2019年第12期。

刘润萍：《黑龙江省冰雪旅游目的地品牌形象影响机制研究》，硕士学位论文，哈尔滨商业大学，2022。

李茜燕：《旅游文化品牌建设研究——以吉林省为例》，《企业经济》2014年第12期。

郭文尧、刘维刚：《构建吉林省冰雪全产业链发展策略》，《白城师范学院学报》2023年第3期。

B.11
吉林省民族民间民俗体育与文化旅游产业融合发展研究

次春雷*

摘　要： 进入新发展阶段，全国各地文体旅融合呈蓬勃发展之势，产业融合发展势在必行。近年来，吉林省体育产业、文化旅游产业发展均取得了新的成绩，但在文体旅深度融合发展方面仍然处于探索阶段，尚存在融合发展机制不健全、产业区域分布不均衡、融合性产品单一、产业链延伸不足等问题。本文聚焦吉林省民族民间民俗体育与文化旅游产业融合发展，并从相关发展路径、发展策略等方面提出了对策建议。

关键词： 吉林省　民族民间民俗体育　文体旅深度融合　体育产业　文化旅游

一　我国文体旅产业融合发展的时代背景

国务院2014年颁布的《关于加快发展体育产业促进体育消费的若干意见》（国发〔2014〕46号）指出："丰富体育产业内容，推动体育与养老服务、文化创意和设计服务、教育培训等融合，促进体育旅游、体育传媒、体

---

* 次春雷，吉林体育学院武术与民族传统体育学院教授，主要研究方向为民族传统体育学、世界体育史。

育会展、体育广告、体育影视等相关业态的发展。"① 文件明确了体育产业与其他产业融合发展,将成为体育经济发展新的增长点,体育产业与相关产业融合成为未来重要的发展方向。在《国务院办公厅关于进一步促进旅游投资和消费的若干意见》(国办发〔2015〕62号)中有多项举措与体育产业高度交集。2016年5月15日在济南召开的中国旅游产业投融资促进大会上,国家体育总局、国家旅游局签订了《关于推进体育旅游融合发展的合作协议》,以促进体育旅游互动融合,助力经济转型升级。随后国家又相继出台了《体育产业发展"十三五"规划》②、《关于加快发展健身休闲产业的指导意见》③(国办发〔2016〕77号)、《关于进一步扩大旅游文化体育健康养老教育培训等领域消费的意见》④(国办发〔2016〕85号)、《关于大力发展体育旅游的指导意见》⑤(旅发〔2016〕172号)等文件,这些文件的出台对促进体育与文化旅游产业融合发展起到了重要的推动和促进作用。

在党的十九大会议以后,中共中央经济小组在有关会议上指出,"未来我国产业需要完成结构性改革,以供给侧结构性改革为目标,……推动相关产业融合发展。体育产业与文旅产业融合发展不仅会促进体育产业结构优化、推进旅游产业转型升级、建成文化产业生态圈,更能形成一批有经济新功能的业态,进而对推动中国经济持续健康发展发挥重要作用"。随着全球产业的快速融合与发展,产业结构与形态正在重塑,文体旅融合

---

① 《国务院关于加快发展体育产业促进体育消费的若干意见》,中国政府网,2014年10月20日,https://www.gov.cn/zhengce/content/2014-10/20/content_ 9152.htm。
② 《体育产业发展"十三五"规划》,国家体育总局网,2016年7月13日,https://www.sport.gov.cn/n10503/c733612/content.html。
③ 《国务院办公厅关于加快发展健身休闲产业的指导意见》,中国政府网,2016年10月28日,http://www.gov.cn/zhengce/content/2016-10/28/content_ 5125475.htm。
④ 《国务院办公厅印发〈关于进一步扩大旅游文化体育健康养老教育培训等领域消费的意见〉》,中国政府网,2016年11月28日,http://www.gov.cn/xinwen/2016-11/28/content_ 5138955.htm。
⑤ 《〈关于大力发展体育旅游的指导意见〉印发》,中国政府网,2016年12月23日,http://www.gov.cn/xinwen/2016-12/23/content_ 5152135.htm。

发展既是大势所趋，也是产业演进的必然。随着《国务院办公厅关于印发体育强国建设纲要的通知》①（国办发〔2019〕40号）、《国务院办公厅关于促进全民健身和体育消费推动体育产业高质量发展的意见》②（国办发〔2019〕43号）文件的出台，文体旅融合发展受到了全国各地地方政府的广泛关注，各地开始积极推进国家文化旅游产业协调发展、体育旅游产业融合发展的战略部署。为进一步凸显体育产业在促进国家和地方经济社会发展上的重要作用，吉林省体育局2020年6月出台了《关于加快建设体育强省的实施意见》，其中指出，"推动竞赛表演、健身休闲、场馆服务、中介服务、体育用品制造与销售等体育产业各门类协同发展，体育与旅游、文化、教育、医疗、康养、传媒等相关行业深度融合，生产方式、服务方式和商业模式不断创新，体育制造业转型升级与体育服务业转型增效"，同时强调"推进中华传统体育项目文化挖掘整理，推广优秀民族、民俗体育项目，开展体育类非物质文化遗产展示展演"。③产业融合发展一时成为各地方建设"体育强省"战略、推动产业发展的新热点，各地市也随之掀起一场文体旅融合发展的热潮，以寻求新的产业发展模式。

党的二十大报告强调："繁荣发展文化事业和文化产业。……坚持以文塑旅、以旅彰文，推进文化和旅游深度融合发展。广泛开展全民健身活动，加强青少年体育工作，促进群众体育和竞技体育全面发展，加快建设体育强国。"吉林省在贯彻落实党的二十大精神，全面实施"一主六双"高质量发展战略，在做精"长通白延吉长避暑休闲冰雪旅游大环线"和"长松大白通长河湖草原湿地旅游大环线"规划发展中，文体旅融合必将

---

① 《国务院办公厅关于印发体育强国建设纲要的通知》，中国政府网，2019年9月2日，http：//www.gov.cn/zhengce/content/2019-09/02/content_5426485.htm。
② 《国务院办公厅关于促进全民健身和体育消费推动体育产业高质量发展的意见》，中国政府网，2019年9月17日，https：//www.gov.cn/zhengce/content/2019-09/17/content_5430555.htm。
③ 《加快建设体育强省 省委办公厅、省政府办公厅印发〈实施意见〉》，吉林省人民政府网，2020年6月3日，http：//www.jl.gov.cn/zw/yw/zwlb/sz/202006/t20200603_7251912.html。

成为新的经济增长点。《吉林省体育事业"十四五"规划》指出："鼓励各地打造具有吉林山水与资源、民族特色、区域优势及行业特色的全民健身品牌活动。扶持推广民族、民间、民俗传统体育项目，形成群众体育赛事多元化办赛主体，建立全国'三亿人参与冰雪运动'引领带动示范机制。"①《吉林省文化和旅游发展"十四五"规划》中也提出："加快文旅产业和体育产业融合，支持有条件的地区举办（承办）各类体育赛事，大力普及群众性体育活动，着力打造一批特色体育精品赛事活动，培育一批体育旅游精品线路、基地和品牌。"② 本文立足于民族民间民俗体育领域，聚焦于吉林省文化旅游资源与产业融合发展，从理论和实践两个研究层面出发，结合省域发展现状，探索制约吉林省文体旅融合发展的因素，提出融合发展相应策略，以期为促进吉林省经济社会高质量发展贡献智慧和力量。

二 吉林省文体旅产业融合发展的基础

近年来，针对文体旅融合发展领域的相关研究不断涌现，各地对文体旅资源的开发与利用呈现蓬勃之势。吉林省也不例外，吉林省委省政府以及省体育局、省文化和旅游厅相继出台了《一主六双高质量发展战略专项规划》《关于加快建设体育强省的实施意见》《吉林省冰雪运动高质量发展规划（2021—2035年）》《吉林省体育事业"十四五"规划》《吉林省文化和旅游发展"十四五"规划》等文件，为吉林省文体旅融合发展提供了良好的政策保障，并形成了一定的发展模式。

---

① 《吉林省体育局关于印发吉林省体育事业"十四五"规划的通知》，吉林省人民政府网，2021年10月26日，http：//xxgk.jl.gov.cn/zsjg/tyj/xxgkmlqy/202110/t20211026_8259338.html。
② 《吉林省人民政府办公厅关于印发吉林省文化和旅游发展"十四五"规划的通知》，吉林省人民政府网，2021年11月11日，http：//xxgk.jl.gov.cn/szf/gkml/202111/t20211111_8281588.html。

(一)政府引导模式

体育与文化旅游产业之间的融合发展离不开政府的支持和参与。吉林省《关于加快建设体育强省的实施意见》指出:"因时因地,持续提升长春国际马拉松、吉林国际马拉松、长春净月瓦萨国际滑雪节、吉林国际冬季龙舟赛、查干湖雪地马拉松赛等品牌赛事的影响力,打造一批广大群众喜闻乐见、具有鲜明特色的'爽动盛夏'夏季系列和'乐动冰雪'冬季系列全民健身品牌赛事活动。扶持推广民族、民间、民俗传统体育项目,开展'一市一品'全民健身活动。形成群众体育赛事多元化办赛主体,建立全国'三亿人参与冰雪运动'引领带动示范机制。"① 《吉林省体育事业"十四五"规划》提出:"围绕我省旅游'双线'空间布局,将冰雪旅游景区建设同生态文明建设结合起来,大力开发智慧冰雪景区、冰雪娱乐项目与冰雪演艺产品。加快建设一批冰雪特色小镇,培育一批冰雪体育文化旅游度假区,丰富完善松白冰雪休闲渔猎文化、延边民族冰雪文化旅游两个冰雪特色组团,打造滑雪运动、温泉养生、雾凇观光、冬捕渔猎等独具'吉林符号'的冰雪特色产品,加快建设吉林冰雪体育文化旅游带。"② 近年来,吉林省文化和旅游部门始终将建设"旅游强省、冰雪经济强省和文化强省"作为重点工作,围绕"一主六双"高质量发展产业布局,着力打造四季、全域旅游发展新格局。"始终坚持文化和旅游深度融合、各自担当,遵循和把握文化事业和文旅产业发展规律,以文塑旅、以旅彰文,以打造'万亿级'支柱产业为目标",③ 这些政策都为吉林省文体旅融合发展创造了良好机遇和环境,能够将当前体育与文化和旅游产业的新需求转化成为其发展的根本

---

① 《加快建设体育强省 省委办公厅、省政府办公厅印发〈实施意见〉》,吉林省人民政府网,2020年6月3日,http://www.jl.gov.cn/zw/yw/zwlb/sz/202006/t20200603_7251912.html。
② 《吉林省体育局关于印发吉林省体育事业"十四五"规划的通知》,吉林省人民政府网,2021年10月26日,http://xxgk.jl.gov.cn/zsjg/tyj/xxgkmlqy/202110/t20211026_8259338.html。
③ 《吉林省人民政府办公厅关于印发吉林省文化和旅游发展"十四五"规划的通知》,吉林省人民政府网,2021年11月11日,http://xxgk.jl.gov.cn/szf/gkml/202111/t20211111_8281588.html。

性动力。对于吉林省体育与文化和旅游产业的发展而言，新时代背景下的逻辑体现在，加大政府财政扶持力度，逐步向各企业核心竞争力的提升和产业结构的优化方面转型，满足人们日益丰富的多样化需求，以实现文体旅三业的长足发展。适应市场需求拉动文体旅产业发展，关键就是要确保市场在资源配置中的决定性作用，而政府则主要负责做好有关产业融合发展的科学规划部署、建立一整套完备的管理体系等，最终在政府的科学指引下，实现文体旅产业的大融合、大发展。

（二）体育驱动模式

《关于加快建设体育强省的实施意见》指出："促进体育文化繁荣发展。1.传承优秀体育文化。推进中华传统体育项目文化挖掘整理，推广优秀民族、民俗体育项目，开展体育类非物质文化遗产展示展演和进校园、进社区活动。……2.丰富体育文化产品。创作具有时代特征、体育内涵、吉林特色的体育文化产品。"[1] 从中可以看出，体育部门始终在积极大力倡导弘扬中华优秀传统体育文化，以推动和促进体育文化产业发展。在新时期对地方民族民间民俗体育实现创造性转化和创新性发展必将为吉林省体育事业发展提供新的动能。在体育与文化和旅游产业融合方面，"十三五"期间"基本形成了冰雪特色鲜明、健身休闲、体育装备制造和体育服务等业态协同发展的体育产业格局，形成了多个原创自主品牌赛事和金牌赛事。建成国家体育旅游示范基地1个、国家体育产业示范项目1个、中华体育文化优秀项目1个、全国体育消费试点城市2个（长春市、吉林市）、国家体育产业示范单位4个、中国体育旅游精品项目10个。'体育+旅游'融合发展呈现规模效应、集聚效应，'吉林旅游体育消费年'活动成效显著"。[2] 自主赛事品牌的确立和多项国家级项目的获批，不仅促进了吉林省体育事业和产业的快速发

---

[1] 《加快建设体育强省 省委办公厅、省政府办公厅印发〈实施意见〉》，吉林省人民政府网，2020年6月3日，http://www.jl.gov.cn/zw/yw/zwlb/sz/202006/t20200603_7251912.html。

[2] 《吉林省体育局关于印发吉林省体育事业"十四五"规划的通知》，吉林省人民政府网，2021年10月26日，http://xxgk.jl.gov.cn/zsjg/tyj/xxgkmlqy/202110/t20211026_8259338.html。

展，也为吉林省文体旅产业融合奠定了良好的发展基础，成为加快推进吉林省文体旅产业融合发展的重要抓手。

（三）文化带动模式

文化是产业融合发展的灵魂。吉林省具有鲜明的地域特色和文化优势，厚重的历史文化、地域文化、冰雪文化与现代工业文明交相辉映，为吉林省体育与文化和旅游产业融合发展提供了原动力，形成了交互融通的发展态势。在吉林省文化带动产业融合的实践中已有所显现，"十三五"期间，"冰雪产业做大做强，走出一条创新发展的吉林路径。创新提出建设以'冰雪旅游、冰雪体育、冰雪文化'为核心的'3+X'，冰雪全产业链，全省'西冰东雪'产业格局已经形成，长吉都市冰雪运动与休闲度假区和大长白山冰雪生态度假区两个产业集聚区初具规模，以查干湖等为核心的'冰经济'效应初显。……冰雪休闲度假、冰雪温泉养生、冰雪观光体验、冰雪民俗史迹四大产品体系日趋完善，'滑冰雪、泡温泉、看雾凇、赏民俗'成为游客消费热点"。① 以文塑旅、以旅彰文，深度推进文旅资源整合和产业融合，粉雪已成为吉林省的文化符号，向世人彰显出吉林独特的冰雪文化价值。

（四）旅游主导模式

旅游为体育的推广与交流提供了平台，为文化资源的开发与利用提供了载体，为文体旅产业深度融合提供了广阔的空间，成为融合发展的重要动力来源。国务院先后出台了《国务院关于加快发展旅游业的意见》《国民旅游休闲纲要》《国务院关于促进旅游业改革发展的若干意见》等一系列文件，进一步明确了文化旅游融合发展的目标和方向。在《吉林省文化和旅游发展"十四五"规划》中，确立了新的万亿级支柱产业目标，积极践行"两山"理论，力争用足和用好冬夏两季资源，实现冰雪和避暑优势资源共济，

---

① 《吉林省人民政府办公厅关于印发吉林省文化和旅游发展"十四五"规划的通知》，吉林省人民政府网，2021年11月11日，http://xxgk.jl.gov.cn/szf/gkml/202111/t20211111_8281588.html。

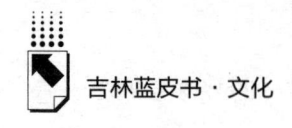

深耕两个"三亿人"市场，打造多个冰雪和避暑品牌，形成四季、全域旅游发展格局。旅游业已逐渐成长为吉林省新的支柱产业，为吉林振兴和发展注入了新动能。因此，旅游产业形成的主导模式及其产业优势，是促进三业融合发展不可或缺的动力源泉。

三 民族民间民俗体育与吉林省文化旅游产业融合发展的困境

吉林省体育旅游产业、体育文化产业、文化旅游产业的总量不大，虽然近年来取得了一些新突破和新成绩，但在文体旅融合发展方面仍然处于初步探索阶段，其融合发展明显存在动力不足的状况，民族民间民俗体育与文化旅游产业融合方面尚有许多亟待解决的问题。例如，融合发展机制不健全，缺少大型的融合性品牌企业，产业规模经济效益不突出、市场化程度低，产业区域分布不均衡、产业结构不合理，融合性产品单一、产业链延伸不足，高层次和复合型专业人才短缺等问题。

（一）尚未健全融合发展机制

目前，吉林省内文体旅融合发展尚没有设置专门的管理机构，体育管理部门与文化旅游部门分头开展工作，跨部门合作与管理推进较为缓慢。各部门主要职责范围不同，由体育部门全力推动尚力不能及，旅游部门又不能跨部门从事相关体育管理工作，只能通过为数不多的民族民间民俗文化活动产生少量的交集，以致政府职能没能得到充分发挥。体育资源难以直接嵌入文化旅游产品或产业中，文化旅游产业也难以借助体育资源形成品牌效应，实现有效引流和发展合力。目前，吉林省尚未充分构建良好的融合发展机制，以实现文体旅高质量融合发展。

（二）融合发展缺乏整体布局

吉林省现有民族民间民俗体育资源与文化旅游产业互动融合开发不

足，尚缺乏总体布局和整体发展思维；资源开发与利用较为有限和分散，尚未充分形成融合发展合力；产业链条及延伸较为有限，致使融合性产品形式较为单一，衍生性纪念品等周边商品较少，总体发展动力不足。从吉林省内看，民族民间民俗体育具有一定的资源发掘潜力，但融合发展目标定位不够清晰，尚未形成融合性品牌效应，在融合性精品线路的打造与深度开发上力量不足。虽然近年来，吉林省大力推动冰雪旅游产业发展，但整体规划未将吉林省域内民族民间民俗体育资源与文化旅游产业进行有机整合，以形成精品，因此仍然处于局部发展的状态。需要充分发掘和利用地方特色体育资源以承载文化价值，满足旅游消费新需求，为新的经济增长点注入新活力。

（三）整体融合发展程度不高

文体旅融合发展整合程度不高，限制了吉林省民族民间民俗体育与文化旅游产业融合发展进程。主要表现在以下几方面。一是很多地区对民族民间民俗体育资源开发和利用程度不高。对文体旅融合发展缺乏系统观念，对一些资源的利用存在单一化现象，资源效能没有得到充分释放，发掘和利用效率有待提升。二是产品结构失衡。一些地区在推进文体旅融合发展过程中思路不清，主线把握不准，整合关键资源能力较弱，从而导致产业结构失衡。三是规模效应不突出，没能充分强化资源效应和规模效应，导致融合发展的系统性、整体性效能没有得到提升。

（四）复合型专业人才队伍匮乏

目前，吉林省省域资源融合发展研究较为薄弱，在文体旅领域尚缺少一批既通晓体育知识，又了解文化旅游，且具有一定创新能力的高水平、高层次专家学者。同时又缺乏具有民族体育文化知识、旅游基本知识且是经营管理和市场开发专业的复合型应用人才，人才的短缺将直接制约吉林省民族民间民俗体育与文化旅游产业融合发展的质量和进程。

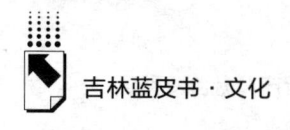

四 民族民间民俗体育与吉林省文化旅游产业融合发展的路径与策略

(一)民族民间民俗体育与吉林省文化旅游资源融合发展的路径

综观吉林省民族民间民俗体育与文化旅游资源特征,吉林省具有较为丰富的历史文化资源、工业文化资源、影视文化资源、红色文化资源、冰雪文化资源、民俗文化资源、民间艺术文化资源以及生态资源和边境资源等。这些极具地域特色的文化旅游资源,在吉林省全面实施"一主六双"高质量发展战略"双线"建设带动下,为吉林省民族民间民俗体育与文化旅游产业融合发展提供了良好的资源基础和政策保障。具体融合思路与举措,可从"民族体育+、民间体育+、民俗体育+"进行挖掘,结合省域文化旅游资源,从多层面视角出发,形成"N+"效应(见表1至表3)。

表1 民族体育与文化旅游资源融合发展路径

民族体育+主题文化+特色旅游
民族体育+朝鲜族文化+延边风情游(延吉市)
民族体育+满族文化+关东风情游(四平市)
……N+

表2 民间体育与文化旅游资源融合发展路径

民间体育+主题文化+特色旅游
民间体育特色小镇+长白山主题文化+生态文化游(长白山管委会)
民间体育拓展运动+长影主题文化+影视观光游(长春市)
民间体育赛车体验+汽车主题文化+工业振兴游(长春市)
净月潭水上运动+航展主题文化+一汽文化游(长春市)
徒步抗联路+杨靖宇主题文化+红色文化游(白山市)
马术运动+伪满皇宫博物院+历史文化游(长春市)
……N+

表3　民俗体育与文化旅游资源融合发展路径

民俗体育+主题文化+特色旅游
民俗冰雪体育+蒙古族文化+民俗风情游（松原市）
民俗狩猎+高句丽遗址+考古文化游（集安市）
民俗赛龙舟+湖光山色+满族风情游（吉林市）
……N+

（二）民族民间民俗体育与吉林省文化旅游产业融合发展的策略

新时期吉林省文体旅产业融合发展必须彰显地方区域特色，应以国家宏观设计为引领，结合地方区域特色、经济结构、产业发展实际等，准确把握产业之间的融合点，精准施策，向融合效率要发展效益，形成品牌效应，构建适合吉林省自身特色的融合发展模式。结合吉林省民族民间民俗体育与文化旅游产业融合发展中尚存的问题，进行深度思考，对具体融合效率和效益进行理性审视，制定出切实有效的融合发展策略。

1. 发挥政府主导作用

加强顶层设计，政府牵头建立跨部门协调机制。不断深化改革、优化资源配置，积极突破体育与文化旅游"各自为政"的局面，打破产业边界和壁垒。体育部门、文化和旅游部门都应将融合发展业务挂靠或重新建立相应的职能部门，在共建活动中加强联系、紧密合作，充分发挥各自的资源优势与市场配置作用，共同开创资源共享和整合发展机制。由政府部门牵头，积极组织人力研究融合发展模式和机制、产业衔接与业务交叉等领域的互通内容，从而实现高效合作，建立健全相应的保障制度。及时联合出台文体旅融合发展政策文件，积极制定融合发展规划，整合现有集聚区实际资源，优化融合发展产业布局。同时，加强教育、会展等平台建设，通过项目带动、产业集聚与平台建设，实现高质量融合发展。

2. 重视产业集群发展

在民族民间民俗体育与吉林省文化旅游产业融合发展过程中，必须高度重视资源整合的重要性。在吉林省地方体育与文化旅游资源的地域性、内在关联性等方面，应充分考虑到游客心理与消费习惯，深度挖掘和整合区域内的民族民间民俗体育与文化旅游资源，立足吉林省地方体育特色与文化旅游资源互补的优势，进一步优化产业融合布局，加快集群建设与发展，实现社会效益和经济效益双赢，更好地弘扬吉林省民族民俗文化，促进区域经济社会快速发展。可以通过打造文体旅融合发展产业带，构建具有地方特色的融合发展产业集群，以此促进其深度融合发展。例如，打造多个融合发展产业经济带：（1）打造"寒地冰雪经济带"，发挥冰雪运动与文化旅游产业辐射带动作用，以举办冰雪赛事为抓手，促进冰雪旅游消费，发展冰雪经济；（2）打造"环长白山民族民俗体育文化旅游经济带"，将延边地区民族民俗体育与文化旅游资源进行整合，以长白山旅游区域为核心，将朝鲜族民俗、体育、美食等特色文化优势整合，促进体育文化旅游消费，为促进地方经济发展提供新的增长点；（3）打造"松白民族民俗体育文化旅游产业带"，将冬捕文化、自然风光与草原文化相结合，依托蒙古族体育文化，融合冬捕文化与湿地水景资源，打造融合发展精品线路，实现区域产业集群联动发展；等等。

3. 推动区域一体化建设

随着经济社会的快速发展，人们消费需求和理念呈现个性化、多元化的趋势，这就对体育和文化旅游相关产品提出了更高的要求。文体旅融合发展，可以突破产业壁垒，实现高质量融合发展，充分解决结构失衡问题。这就需要确立融合发展的系统观念，推动区域一体化建设和发展，充分利用地域优势和地方资源。充分发掘不同地区的优势特色资源，积极解决集群发展效应不强的问题，充分利用地缘优势，将相邻地区的优势资源有机整合，从而将地区间的民族民间民俗体育、文化、旅游产业和资源进行优势融合互补，形成新的产业格局。同时，加强三业之间多产业链条的互渗与延伸，使产业之间业态的互动成为融合发展的催化剂，为吉林省民族民间民俗体育与文化旅游产业融合提质增效。

4. 增强跨区域深度合作

区域合作是产业发展到一定阶段的必然结果，要想增强和拓宽合作就必须打破区域和资源的壁垒，形成多层次、全方位的融合发展格局。注重加强相邻相近区域的横向交流与协作，主动融入"一带一路"倡议，促进吉林省文体旅产业深度融合发展，构建吉林省"北冰南展、东拓西扩"产业融合发展新格局。通过民族民间民俗体育活动大力发展冰雪旅游、文化旅游，向东拓展至东北亚地区，实现吉林省"冰雪丝路"目标；向西与内蒙古强化区域合作，打造"草原丝路"；向北加强与黑龙江省的深度合作，打造"北部冰雪旅游合作体"；向南拉动周边省市，促进区域协调发展，以实现产业融合发展中的区域联动效应。

5. 积极强化人才队伍建设

多层次、高质量的复合型专业人才队伍关系到文体旅产业融合发展的质量与进程。可建立吉林省文体旅融合发展智库，采取引育并举的方式打造高层次人才队伍。积极培育复合型专业人才，充分发掘地方教育资源潜力，深化"政校企"合作，联合培养文体旅产业融合领域急需的复合型应用和管理人才，实施订单式培养，主动适应产业融合发展领域对人才的多元化需求。同时，注重对既有人才队伍的培养，定期不定期组织从业人员进行培训学习，积极拓宽人才培养渠道，广泛开展继续教育，实施行业技能人员职业技能等级资格认定，不断提升人才队伍的业务能力和素质。着力打造一支业务素质高、综合能力过硬的复合型人才队伍，使其成为助推民族民间民俗体育与吉林省文化旅游产业深度融合和高质量发展的生力军。

参考文献

陈博：《多元视角下体育产业的融合发展研究》，中国经济出版社，2020。
徐翠蓉、张广海：《新时代文化产业与旅游业互动融合发展研究》，中国社会科学出版社，2019。
周杰：《产业融合：培育经济发展新动能》，吉林人民出版社，2019。
尹华光、姚云贵、熊隆友：《旅游产业与文化产业融合发展研究》，中国书籍出版社，2017。

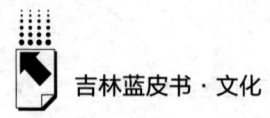

钟晟：《旅游产业与文化产业融合发展研究——以武当山为例》，中国社会科学出版社，2015。

刘旻航、李树梅、王若光：《我国民俗体育的现代功能及社会文化价值研究》，山东人民出版社，2012。

B.12
长春市"十四五"以来文化和旅游事业产业发展报告

王靖然　吕佳蔚　崔晗　肖钒*

摘　要： "十四五"以来，长春市以文旅融合赋能经济社会高质量发展，取得了良好成效。但也存在一定发展难点与困境，本文在对长春市文化和旅游事业产业发展现状系统梳理与研究的基础上，对长春市文化和旅游工作提出了可行性建议：实施政策、环境提质工程"增潜力"；实施事业、产业提升工程"活市场"；实施文化、旅游提效工程"惠民生"；实施软件、硬件提档工程"塑热点"。

关键词： 长春市　文旅产业　文旅融合

"十四五"以来，长春市深入贯彻习近平总书记视察吉林重要讲话重要指示精神，以党的二十大精神为引领，深刻践行省委"一主六双"高质量发展战略，围绕吉林省旅游"万亿级"产业目标，发挥长春辐射主导的"一主"作用，加快旅游"双线"建设，以文旅融合赋能经济社会高质量发

---

* 王靖然，长春市文化广播电视和旅游局一级主任科员，主要研究方向为文旅产业融合发展、文化体制改革、文化事业发展；吕佳蔚，吉林省经济管理干部学院文化旅游学院讲师，主要研究方向为文化和旅游融合发展、研学旅游、会展策划与管理、城市人文研究；崔晗，长春市文化广播电视和旅游局二级主任科员，主要研究方向为行政法学、政府部门行政职能优化；肖钒，长春市文化广播电视和旅游局四级主任科员，主要研究方向为文化创意产业、文艺理论。

展，注重文化注入与表达，不断挖掘城市特色文化元素，提升城市文化软实力，推动文旅产业集约化内涵式高质量发展。

一 长春市文旅事业产业发展现状

（一）文化事业高质量发展步伐加快

1. 推动文艺精品创作生产

依托长春演艺集团、长春市艺术研究所以及驻长高校剧社，累计创作剧本和创排剧目100部。围绕重要时间节点，加大重大现实题材作品创作生产力度，现实题材话剧《黄大年》获国家艺术基金资助；情景魔术剧《红》荣获第十一届"金菊奖"。开展"戏剧星期六"品牌项目，指导高校等戏剧社团排演青年实验话剧20余部，受到社会广泛好评。演艺市场更加活跃，打造"长影周末音乐会"驻场演出品牌，举办"爵士音乐周"活动，进一步丰富市民文化生活，提升城市文化品位。引进举办"时代之光——第五届中国油画展"暨2022长春国际油画邀请展，启动"四季长春"全国名家绘长春写生活动，凝练城市文化精神，提高城市文化品位，宣传展示城市文化魅力。

2. 提升公共文化服务效能

深化长春国家首批公共文化服务体系示范区后续建设，形成了包括覆盖全面的公共文化设施网络、运转有序的公共文化服务产品供给阵地、特色突出的公共文化活动品牌和内容完善的公共文化服务制度在内的公共文化服务体系，公共服务标准化、均等化水平全省领先。全市拥有公共图书馆13个（国家一级馆7个）、文化馆13个（国家一级馆9个）、乡镇（街道）综合文化站210个、村（社区）综合文化活动室2500多个，公共文化设施免费开放率100%，每周开放达56个小时以上，人均获得公共文化服务0.6次，年均增长13%，阵地作用不断凸显。图书馆、文化馆、博物馆年均开展活动1.1万次；乡镇（街道）文化站年均开展活动3798次，年均增长21%，构成覆盖全市的公共文化服务活动热岛、热季。① 成功建立中央歌剧院公共文化高质量发展服务中心长春工作站，首创中直院团参与地方公共文化服务建设模式，创新地方文化建设发展路径。

（二）长春文旅品牌体系逐步完善

1. 深耕冰雪避暑双品牌形象

长春落实"两山理论"，实施"两极带四季"战略，避暑、冰雪旅游稳居全国第一阵营，连续获评"避暑旅游十佳城市""冰雪旅游十强市"。在雪季旅游市场连续"高开低走"的情况下，长春冰雪节连续成功举办，以冰雪运动、冰雪观光、冰雪体验、冰雪活动为核心的冰雪旅游产品体系日趋成熟，莲花山、天定山、庙香山、净月潭四大滑雪场品质不断提升，长春冰雪新天地、长春净月雪世界等冰雪乐园项目质、量双升，冰雪产业发展形成长春路径。围绕"22°的夏天"，发展时尚休闲文化，不断丰富观光、休闲、度假、康养、研学等特色避暑旅游模式，避暑休闲产业成为夏日经济新亮点。升级打造长春消夏艺术节，高标准集成消夏活动品牌。一批"生活场景叠加美丽风景"文旅新品成为市场首选，东北首个电影主题街区"长春电影嘉年华"持续升温，天定山somewhere、浅山星空、慢山里等"精致露营"项目市场表现良好，这有山、国泰中巴风情小镇成为年轻人首选。

2. 加快培育发展新动能

持续提升中高端文旅产品供给的品质和丰度，促进人才、资金、技术等生产要素合理流动，加快推进文化旅游与影视、体育、康养、会议、教育等领域融合，构建城市文化生活高地，打造都市品质生活空间。锚定"六新产业"方向，加快"四新设施"建设，深化长春国家文旅消费示范城市建设，发展夜游、夜娱、夜购项目，建设国家夜间文旅消费集聚区2处、省旅游休闲街区3处，推出长春电影嘉年华等特色文旅消费街区和网红打卡地，持续释放文旅消费潜力。深挖游客本地化潜力，发展乡村游、休闲娱乐游、

---

① 本文数据均由长春市文化广播电视和旅游局提供。

文化体验游等轻度假、泛休闲业态，开发"长春礼物"，打造文旅精品，扩大终端消费。发挥好线路综合带动作用，依托长吉图休闲度假精品线路、长吉都市冰雪与休闲度假集聚区，实施品牌聚能计划，打造"周游长春""都市冰雪""乐享长春"等文旅品牌和业态，实现全省"双线"城市和市内重点景区全覆盖，构建核心带动、节点支撑的"双线"发展格局。

3. 完善旅游服务体系

制定《长春市旅游促进条例》，立法供给和法治保障全国领先。做实做好"全时全季全要素全链条"文章，做优做活"吃住行游购娱"品质提升，在市域范围内打造生态旅游集聚区、都市休闲集聚区、文化产业集聚区、数字产业集聚区和现代服务业集聚区。长春市现有A级旅游景区38家，其中5A级景区4家，星级饭店11家，旅行社241家，吉林省A级乡村旅游经营单位76家，导游人员1.1万名。补齐路网场站、景区周边设施短板，持续推进旅游厕所建设，加快"上云用数赋智"步伐，加强高速服务区旅游宣传栏建设，打造10个服务区点位，使A级旅游景区道路客运覆盖率、重点滑雪场道路客运覆盖率均达到100%。

（三）文旅产业发展持续向好

1. 保持市场主体良好发展韧性

有力抵住"需求收缩、供给冲击、预期减弱"三重压力，坚持"输血""造血"结合施策，推出文旅企业扶持计划、治理体系提升计划、产品供给增量计划、高质量发展保障计划、文旅产业蓄能计划、营销推广提质计划等文旅产业疫后发展6项行动计划，助推文旅市场快速回暖复苏，恢复城市经济热度。制定文旅行业助企纾困实施细则19条，累计暂退旅游服务质保金6700余万元，为滑雪场、冰雪景区、乡村旅游经营单位、温泉景区、文旅综合体等企业争取补贴资金近1000万元，争取社保返还金2700余万元，引导全市文旅行业止损、减负、复苏，文旅市场快速振兴。

2. 积极布局重大产业项目

进行重点文旅项目清单化动态管理，长春市现有在册重点文旅项目206

个，2023年全年在建项目94个，计划总投资近2000亿元，全年计划建成运营项目26个，完成投资100亿元。以净月区为核心，其积极创建国家文化产业和旅游产业融合发展示范区，全方位打造东部生态文旅带。吉林省东北亚文化创意科技园、吉林省广告创意文化产业示范园区被评定为国家级文化产业示范园区，长春市成为当前全国唯一有两个国家级文化产业示范园区的城市。加快动漫产业发展，打造以动漫产业园、动画学院为核心的动漫游戏产业集群，开发《茶啊二中》《青蛙王国》等一批动漫。推进长春影都建设，引进网易（长春）数字产业中心、"元宇宙"创新创业中心、长春鹿鸣谷文旅蜂巢等项目，高质量举办长春电影节，提升影视文旅产业活力。

3. 推动文旅消费市场回暖

坚持文化赋能、旅游带动，创新"文旅+"发展模式。长春荣膺国家首批文化和旅游消费示范城市，成为东北唯一入选城市。提升城市核心消费区功能，打造国家夜间文旅消费集聚区、省级旅游休闲街区、市级文旅消费特色示范街区"三级梯队"，打造网红打卡地和制造消费热点，完善"夜动春城"产品体系，发展夜游、夜娱、夜购、夜读项目，扩大终端消费。开展农特产品进景区活动，200余款农产品进入37家A级旅游景区和62家A级乡村旅游经营单位，总体销售额达到3145.8万元，占吉林省销售额的62.9%。49家单位被评为吉林省文旅行业"放心消费示范单位"。据文旅部数据中心测算，2023年上半年，长春市接待国内游客5957.29万人次，同比增长148.33%，恢复至2019年同期的117.65%；实现国内旅游收入931.43亿元，同比增长206.55%，恢复至2019年同期的85.83%，接待游客人次和旅游收入分别占全省的49.55%、47.76%。

（四）文博发展基础不断夯实

1. 文物保护工作落实有力

深入挖掘长春优秀传统文化，传承红色基因，更好统筹文物保护与经济社会发展，更加扎实筑牢文物安全底线，加强文物保护，基本形成以长春近现代建筑为核心，以辽金城址群、新中国成立初期典型建筑和"一五"时期工业遗产为特色的长春文物保护利用工作总体格局，厘清长春历史脉络。全市保有不可移动文物1785处，核定公布文物保护单位429处，准确反映了地方历史文化发展脉络。"十四五"以来，争取国家文物保护专项资金7200万元，省、市两级投入文物保护专项资金232万元，对伪满皇宫旧址、一汽早期建筑、长春文庙、二道沟邮局旧址等文物保护单位开展修缮工作，文化遗产活化利用成果凸显；落实文物安全网格化管理制度，基本形成"定人、定责、履责、问责"的网格化文物管理格局。

2. 博物馆事业建设步伐加快

建设长拖1958、鼎丰真等社区博物馆。长春市博物馆达53家，藏品63.7万件（套），基本陈列馆87个，举办临时展览60场，平均每年开展社教活动254次。伪满皇宫博物院"侵华日军第一〇〇部队细菌战罪证陈列"获第二十届全国博物馆十大陈列展览精品奖。东北沦陷史陈列馆基本陈列改陈入选年度"弘扬中华优秀传统文化、培育社会主义核心价值观"主题展览项目。伪满皇宫博物院、东北师范大学东北民族民俗博物馆、长春市文庙博物馆、吉林省民间工艺美术馆获评吉林省首批研学旅行基地，伪满皇宫博物院"做城市历史的讲述者与守护人"志愿服务项目案例被评为首届全国博物馆志愿服务典型案例。

3. 优秀文化传承发展效果显著

长春市108个非遗项目入选第五批市级非遗项目名录。长春市创新优化普及推广方式，连续成功举办"文化和自然遗产日"系列活动，医药、美术、技艺、民俗等23个项目精彩亮相吉林非遗节。已推荐长春市第五批省级非物质文化遗产传承基地、传习所，并公布了第三批市级非物质文化遗产代表性项目传承人。

（五）提升长春文旅传播影响力

1. 开拓宣传路径

完善"文旅+互联网"宣传推广模式，做强主题宣传。健全长春文旅新媒体传播矩阵，在原有九大新媒体平台基础上，开通"长春文旅"视频号，加强与头部平台宣传合作，促进媒体平台联动，形成宣传合力。长春冰雪连续登陆央视媒体平台，抖音"#下一站长春见"话题累计播放量突破1.5亿次，单条视频最高播放量超百万次。文旅产业指数实验室发布的2022年度全国市级文化和旅游新媒体传播力指数TOP10中，"长春文旅"新媒体综合数据排名列全国第8位。"长春文旅"荣获吉林省文旅新媒体"双百计划"影响力特别奖。2023年上半年，"长春文旅"新媒体矩阵十大平台累计发布视频及文章1.2万余条，阅读（播放）量约9329.8万次。

2. 加大城市形象推介力度

加大开放步伐，实施"长春文旅百城营销计划"，盯住长三角、珠三角以及东南亚、东北亚等客源地市场，有计划地推广城市文旅资源，扩大新兴客源市场份额。推出"省内客源互换计划"，打造一批以长春为中心节点的旅游精品线路，推动省内游客双向流动。高质量举办中国（长春）旅行者大会，吸引国家文旅部及全国300余名旅游行业专家学者、文旅内容创作者、媒体代表共同参与，为长春文旅产业的发展注入新动能，活动曝光量超5亿人次，进一步打响了长春都市新文旅品牌。

二 存在的问题

（一）政策针对性不强，产业发展支撑力不足

长春市尚无文旅产业发展专项政策，土地、税收、资金等配套扶持举措不多，要素支撑不足，要统筹各部门力量制定出台配套政策，形成政策合力。在资金方面，文旅项目具有投资大、周期长、回报慢的特点，资金缺乏现象普遍存在，金融产品、专项债对文旅项目限制较多，专门的文旅金融产品资金供给普遍不足，专项债合作领域不广，社会闲置资金引入文旅产业建设的措施和成果尚不显著，融资成为发展的难点堵点。例如，文创艺术街区、休闲体验街区等项目需要较大的资金投入以及相应资源，超出很多文旅企业的能力范围。在土地方面，土地仍是制约乡村旅游发展的"痛点"，如

莲花岛景区用地及其停车场用地问题、马鞍山田园综合体用地问题等，均需要进一步深化探索"点状用地"模式加以破解。在人才方面，专业人才断档、管理人才缺位、人员结构不合理的情况仍然存在，特别是尽管长春拥有多所国内高等院校，但真正符合文旅产业发展要求的专业人才仍然稀缺，具备更强研发能力的"结构性"人才短缺造成人才短板。特别是高校与企业"项目联培"机制尚未形成，核心领域人才培养能力偏弱，高端紧缺人才引进力度不够。

（二）产业大而不强，龙头企业作用发挥不足

目前来看，长春市已基本形成完整的文旅产业链条，突出问题是有"链"不强、有"链"不实，总体上缺少有竞争力和影响力的市场主体，节点横纵联合不强。在文旅领域，产业初具规模，但龙头企业少，文化企业体量普遍偏小，旅游企业尚无一家进入全国百强，文旅企业原创动力不足，融资平台、传播平台、营销平台不畅，文旅资源转化利用程度较低，资源创造性转化和创新性发展的项目仍然不多。以"汽车文化"为例，尚未充分提炼和挖掘汽车文化要素，且二次创新创意不足，没有形成与汽车工业相联结的汽车旅游品牌、运动赛事品牌、汽车娱乐品牌、汽车节庆品牌等"汽车文化品牌体系"。在影视领域，虽拥有长春电影制片厂、万达集团等独树一帜的资源优势产业，但缺乏上下游配套整合，建立集剧本孵化、影视融资、版权保护、制片拍摄、后期制作、宣发放映等于一体的影视全产业链仍需时日。缺少好的内容创作和好的IP包装，传统影视产业与互联网科技融合发展能力不足，短视频、会展赛事、教育培训等衍生产业发展缓慢，电子游戏、手办、数字产品等衍生品开发不足。在数字经济领域，围绕产业数字化、数字产业化、数据价值化的具体实践路径和抓手不足，新一代信息技术和文旅产业融合发展深度不够，数字内容向文旅领域延伸缓慢，尚未发挥内容支撑和创意提升作用，缺乏推动数字文旅产业的具体细化政策，特别是长春市在光电领域的优势研发资源并未在文旅场景领域有更深入的落地结合。

（三）基础设施网络不畅，城市综合吸引力不足

在公共服务设施方面，公共配套设施建设长期投入不足，图书馆、博物馆、展览馆、艺术馆等核心文化设施及城市音乐厅等功能型公共文化基础设施缺失，省、市级大型公共文化设施多沿主要街道以及城市轴线分布，西部、南部等新城区缺少大型文化设施，开发区文图两馆缺失，影响营商环境建设。在交通设施方面，航空客运能力整体不足，以长春为目的地的航旅产品不具备价格优势。连接城市周边主要景区和乡村旅游点的公交网络不够健全，部分景区和乡村旅游点的可进入性差。有轨电车、地铁、轻轨等长春特色交通体系配套设施缺少创意化设计，未能很好彰显城市文化特色。旅游集散、旅游咨询、智慧旅游等服务体系尚不完备，旅游交通标识、旅游厕所等服务设施仍需完善。景区内道路、停车场、供水供电、金融服务、通信服务、安全防护等基础设施建设需加强。在配套要素方面，长春市已成功打造了一批夜间文旅消费集聚区，但夜间消费形态整体而言仍显单一，深度体验性不足，缺少夜间经济总体规划，整体形象包装推广力度不够，在政策扶持、制度保障、人才培养、理论研究等方面尚未形成体系。特别是没有在全域范围内打造集吃、玩、购、娱、住等多维一体的夜间经济消费集中区，建设"全时"长春。

三　对策建议

（一）实施政策、环境提质工程"增潜力"

紧跟文旅市场新情况新变化，加强文旅供给侧结构性改革和需求侧管理，为群众提供更加丰富、更高品质、更多样化的文旅产品。

1. 加强产业规划、政策平台建设

聚焦资金、土地、人才、创新、要素保障等重点环节，以落地性和可操作性助力企业稳定运行、项目加快建设、产业加速转型和文旅创新发展。研

究编制《长春市全域旅游发展规划》，加大产业引导和政策扶持力度。加快打造投融资服务平台，引进长兴基金参与重点文旅项目建设。完善现行融资担保服务，发挥好长春文旅云招商平台功能，建立文旅企业融资项目库，助力企业"点对点"招商。探索发行文化创意城建设专项债券，或包含多个建设项目的集合债，充盈发展资金池。

2. 畅通人才引进渠道，培育专业人才

引进一批领军人才和尖端人才。深化政校企合作，与在长高校合作设立专业特色班、人才研修班等，联合培养专业人才。支持吉林艺术学院、吉林动画学院设立电影学院及相关专业，加快培养内容创作生产专门人才。与省、市社科联对接，设立长春特色文化挖掘专项课题，邀请国内顶尖学术研究团队开展深度研究。

3. 注重优化"生态圈"，持续优化营商环境

深化"放管服"改革，对标高位、包容普惠，扎实推进审批制度、行政执法体制改革，实现严格规范公正文明执法。推动旅游产业、文化产业标准化建设，制定具有长春特色的优秀文创产品标准。完善媒体宣传矩阵，创新宣传推广理念内容的方式手段，持续打造"周游长春""都市冰雪""乐享长春"等文旅品牌和业态。

（二）实施事业、产业提升工程"活市场"

坚持事业、产业双向思维，重点破解规模型市场主体缺失以及自主开发和创新能力不足问题。

1. 培育龙头企业，做大做强市场主体

大力扶持长影、万达、吉视传媒、吉广等影视传媒企业，以及华为、科大讯飞等信息技术企业，在政策、土地、资金、宣传等方面予以倾斜，使之成为产业链"链主"，充分发挥辐射带动作用。加强园区建设，推动产业集聚发展。组建产业联盟，实现信息、资源、人才互动和在特殊情况下"抱团取暖"。组织产业招商，策划举办避暑产业博览会、冰雪产业博览会，积极引入龙头企业和优质项目。

2.丰富文旅业态，延伸产业链条

围绕"新生活、新消费、新旅游"，实施文化注入、表达工程，加强以"剧本杀""密室逃脱"为代表的剧本娱乐等新业态管理。提高旅游商品品牌价值，快速布局"长春礼物"营销网络。深挖文旅市场潜力，推动文化旅游与体育、装备制造等融合发展，扶持"冰雪旅游场地装备与智能服务技术"文化和旅游部重点实验室（吉林大学）建设，重点培育天火科技、金仑科技、百凝盾、博立电子、中盈志合等冰雪装备企业。在长春国际影都引入元宇宙产业，通过元宇宙技术为电影产业提供更加真实的虚拟场景，为游客提供更为真实的虚拟体验。

3.立足全要素提升，扩大终端消费

大力发展夜游、夜娱、夜购，强化国家夜间文旅消费集聚区、省级旅游休闲街区、市级文旅消费特色示范街区"三级梯队"建设。积极打造高级别冰雪主题旅游度假区、滑雪旅游度假地，大力发展国家级生态旅游示范区、工业旅游示范基地、A级乡村旅游经营单位。

（三）实施文化、旅游提效工程"惠民生"

坚持围绕"举旗帜、聚民心、育新人、兴文化、展形象"的使命任务，加大优质文化产品和服务供给力度，提升人民群众幸福感和文化获得感。

1.坚持文化"润民"，丰富群众文化生活

以宣传贯彻党的二十大精神为主线，积极开展主题群众性文化活动，策划举办优秀群众文艺节目展演，打造群众文化原创精品节目和品牌活动，繁荣群众文艺创作，提振市民精神，凝聚奋斗力量。健全现代公共文化服务体系，扶持群众文艺团体建设，实施公益普及培训等文化惠民工程，广泛开展市民读书节、市民合唱节等群众文化活动，推动公共文化数字化建设，巩固提升产品供给和服务保障全省领先地位。加大优质现实题材文艺作品创作生产力度，优化城市周末音乐会、爵士音乐节、戏剧星期六、"四季长春"全国名家绘春城等项目，提高城市艺术精品传播力和影响力，活跃城市文化生活。

2. 发展大众旅游，推进旅游业集约化发展

深耕"避暑休闲产业和冰雪产业双轮驱动，消夏艺术节、长春冰雪节双节并举，乡村游、红色游、研学游多元发力"，打造联动冬夏、带动春秋、驱动全年的旅游业发展格局，建设长春特色旅游目的地。大力发展"本土游"，打造本地人游本地、就地休闲、郊区微度假等旅游消费热点。做精东西"双线"互动，推进"双协同"，借助长春市上榜"全国冰雪旅游精品线路"和"吉林省乡村旅游精品线路"，发挥好线路综合带动作用，开发"旅游+"系列产品，吸引游客来长消费。

3. 优化消费环境，提升文旅产业吸引力

以增加中高端文旅产品供给为核心，推进国家文化和旅游消费示范城市建设。加快发展夜间经济、商圈经济、消夏经济、冰雪经济，筹措发放文旅惠民消费券，开展文旅消费季活动，激发消费潜力。培育新型业态和消费模式，举办好电影节、汽博会、农博会、航空展、动漫博览会等特色展会活动，打造"长春必游必到20景"等项目，丰富"吃住行游购娱"全链条消费供给，树立文旅消费风向标。

（四）实施软件、硬件提档工程"塑热点"

坚持以"资源为根、特色为本、文化为魂、市场为导向"提升长春文化软实力，以"完善设施、改善面貌、保护生态"优化长春文旅硬空间。

1. 深度挖掘利用长春红色资源，加强历史文化街区建设

突出反法西斯教育、党史遗存、先进典型、工业文化、电影文化"五个特色"，推动红色旅游资源与产业、生态、文化深度融合，打造独具特色的"红色旅游城"。用活用足吉大等高校文博资源，提升文博场馆开放服务水平。加快北京大街西地块历史文化街区改造、长春机车厂历史文化街区改造、长拖1958文创产业园、山丘文化产业园等标杆项目建设，打造城市文化IP，打造网红打卡地。借鉴"姑苏八点半"经验，依托历史文化街区和特色街区，分时段、分频次、分场地开展夜间表演等活动，打造多维一体的夜间经济消费集中区。

2. 推进"上云用数赋智",加快产业转型升级

推动数字产业与娱乐休闲融合发展,狠抓"数字内容生产和数字产品应用(场景消费)",提升线上音乐、动漫、游戏、艺术教育、视听展演等产品生态水平和扩大其市场规模。探索建设"长春文物数字化回流平台",利用高技术手段推动文物数字化回归。发展数字出版业,依托省出版集团、长春出版传媒集团等龙头企业,建立综合性数字出版产业链,创建国家级出版产业基地。启动智慧文旅建设,搭建长春文旅云平台,加快智慧景区建设,推动实现"一部手机游长春"。

3. 推进城市更新和环境保护,提升长春特色旅游目的地创建能力

实施城市功能完善工程,推进高速、高铁、机场等基础设施建设,适应文旅特别是旅游业可能出现的大规模反弹需求。打造多级旅游集散服务中心体系,推进旅游厕所、旅游标识牌等建设,提升文旅项目配套服务水平。树立和践行"绿水青山就是金山银山"理念,强化环境治理,推进生态修复,实现"生态强市"和"文化强市"协同发展。

参考文献

徐丽娟:《基于全域旅游视角的山东省文化旅游产业投融资创新体系构建研究》,《中小企业管理与科技》2023年第13期。

付晓:《加速文旅产业高质量发展,带动旅游经济迅速复苏》,《中国会展》2023年第8期。

孙九霞:《文旅产业发展的新动向与新趋势》,《人民论坛》2023年第9期。

陈萌、王瑞、魏晓峰、杨光:《黑龙江省冰雪文旅产业的创新、融合与发展》,《冰雪运动》2022年第6期。

孙乐勤:《公共图书馆闯文旅融合新路》,《文化产业》2023年第20期。

高颖、王丽云、王玮:《休闲时代文旅产业深度融合途径初探——以舟山为例》,《旅游纵览》2023年第8期。

B.13
通化市文旅融合发展方向及对策研究

牟致桦[*]

摘　要： 党的二十大报告强调，要坚持以文塑旅、以旅彰文，推进文化和旅游深度融合发展。本文通过对通化市文化和旅游融合发展现状及难点的系统研究，提出了深度挖掘通化市文旅优势资源、优化全域文旅产业空间布局、全力推动全域旅游示范区创建、建立鸭绿江边境旅游城市发展联盟、不断丰富文旅消费新业态、多措并举实现"引客入通"等对策建议。

关键词： 通化市　文旅融合　文旅产业

2023年是全面贯彻党的二十大精神的开局之年。广大游客群体从需求侧发力，倒逼文旅产业加速转型升级，从结构性上进行变革，在更广范围、更深层次、更高水平上推动文旅融合，文化和旅游深度融合发展已然成为大势所趋。通化市拥有"绿水青山"和"冰天雪地"两座"金山银山"，近年来，立足自然资源和人文资源开发出系列特色旅游产品，但也应清醒地看到，由于发展起步较晚，通化市文化和旅游融合发展整体仍处于较低水平，需进一步实现产业联动和结构性提升。

---

[*] 牟致桦，通化市文化广播电视和旅游局产业发展科负责人，主要研究方向为文旅融合发展。

一 通化市文旅融合发展现状

通化市位于吉林省东南部，属于长白山脉，与朝鲜民主主义人民共和国隔鸭绿江相望，是吉林省向南开发开放的重要窗口，下辖东昌区、二道江区、辉南县、柳河县、通化县、集安市，以及国家级医药高新区和吉林通化国际内陆港务区。全域分布着4个国家自然保护区、5个国家森林公园、2个国家湿地公园，有白鸡峰、五女峰、罗通山、玉皇山、四方山、四方顶子山等代表山体，鸭绿江、佟佳江、辉发河、哈尼河等代表水系。通化市先后获评国家生态文明示范市、中国最美绿水青山生态名城等称号，集安市、辉南县先后获评国家"绿水青山就是金山银山"实践创新基地。截至目前，通化市全域共有国家A级旅游景区46家，其中5A级1家、4A级10家，国家级和省级乡村旅游重点村（镇）28个，A级乡村旅游经营单位39个，省级工业旅游示范点（基地）7个，省级中医药健康旅游试点基地2个，省级研学旅行基地3个，省级文化产业示范园区（基地）4个，丙级民宿3家，星级酒店及高端商务连锁酒店20余家。三县两区一市中的5个行政区已入选国家级全域旅游示范区创建名单，其中，集安市于2020年获评第二批国家全域旅游示范区。通化三源浦机场于2014年开通民航业务，现开通5条航线，通航8座城市。[①]

（一）人参、葡萄酒文化和旅游融合发展

通化是全国首家"中国医药城"，是著名的"中国人参城"和"中国葡萄酒城"。采挖和种植人参的历史可以追溯到公元342年，距今已延续近1700年之久。通化葡萄酒曾作为全国政协第一届会议第一次全体会议、开国大典唯一宴会用葡萄酒，被誉为"红色国酒"。以"国参""国酒"为特色，通化连续9年举办农历三月十六"老把头人参文化节"，连续6年举办

---

① 通化市地方志编纂委员会办公室编《通化年鉴（2022）》，吉林文史出版社，2022。

"鸭绿江冰葡萄酒节",形成了"人参之路""葡萄酒采酿之旅"两大特色品牌及一批避暑休闲和康养度假产品,先后推出6条全国乡村旅游精品线路。规划建设了总投资3.8亿元的佟佳江旅游度假区项目,建设内容包括"一岛、一带、四大功能区",即演艺核心岛、滨水景观带、城市文化区、运动休闲区、儿童娱乐区、山地拓展区。一期项目于2021年10月建成并投入运营,建成的人参主题广场、人参花大舞台彰显了地域文化特色,开园一周年接待游客220万人次,2022年10月二期项目基本建成,同年获评国家4A级旅游景区。吉林云岭野山参、振国壹号庄园获评吉林省首批中医药健康旅游试点基地。通化市西夹荒生态旅游度假区、集安市太王镇钱湾村入选"吉林省文化创意赋能景区"十佳优秀案例。2022年4月,"人参花"正式增设为通化市市花。[1]

(二)冰雪文化和旅游融合发展

通化拥有得天独厚的冰雪文旅资源,是名副其实的"新中国滑雪之乡"。新中国成立后,第一座高山滑雪场、第一个全国滑雪冠军、第一个亚洲滑雪冠军、第一个短道速滑世界冠军都出自通化,并且在通化举办了第一次滑雪比赛,其成为"滑雪运动的摇篮"。以得天独厚的冰雪文化为基础,通化市规划建设了百亿级重点文旅项目——通化冰雪产业示范新城,项目一期于2021年11月建成并投入运营,已建成滑冰馆、射击馆、冬季竞训基地、城市旅游服务中心等配套设施,具备承办28项国际标准滑雪赛事的能力。通化相继举办冬奥火炬展示、全国高山滑雪锦标赛、全国高山滑雪青少年锦标赛等冰雪赛事和大型活动50余项。万峰通化滑雪度假区首个开板雪季接待游客30万人次,收入突破8000万元,跻身吉林省"一湖三万"四大雪场之一,2022年12月其被获评第二批国家级滑雪旅游度假地。以万峰通化滑雪度假区为核心,通化市现有通化县康养谷、柳河县青龙山滑雪场、

---

[1] 《2022年政府工作报告》,通化市人民政府网,2023年1月20日,http://www.tonghua.gov.cn/zwgk/gzbg/202301/t20230120_643480.html。

集安市冰雪大世界、东昌区佟佳江冰雪嘉年华、上龙头雪村和千叶湖景区等 7 个滑雪娱雪场，年接待承载能力超过百万人次。

（三）红色文化和旅游融合发展

通化是著名的"红色之城"。吉林省"三地三摇篮"红色标识中，有 4 项（东北抗日联军创建地、东北解放战争发起地、抗美援朝后援地、中国人民航空事业的摇篮）在通化市。民族英雄杨靖宇将军正是以通化为主要根据地，带领东北抗日联军第一路军穿林海、跨雪原、御外侮，演绎了感天动地的民族魂。通化市充分挖掘红色文化资源，培育了杨靖宇烈士陵园、集安市鸭绿江国境铁路大桥、柳河县五七干校、辉南县兵工旧址旅游区、抗美援朝烈士陵园等红色主题的国家 A 级旅游景区。国家 4A 级旅游景区杨靖宇烈士陵园入选全国"建党百年红色旅游百条精品线路"，先后获得 12 项国家级荣誉。东北抗日联军纪念馆是全国首个展示东北抗日联军历史的大型纪念场馆。吉林杨靖宇干部学院于 2021 年 8 月正式揭牌并启用，是全国唯一以东北抗联为主题、唯一被中组部列入省（部）级党委（党组）批准的干部党性教育基地备案目录的学院，曾承办吉林省红色旅游推广活动暨红色旅游万人行活动启动仪式等大型红色旅游活动。集安市榆林镇治安村是吉林省唯一依托红色旅游脱贫的贫困村。通化机场是全国首批 32 家红色旅游示范机场之一。

二 现阶段通化市文旅融合发展的短板

（一）文化赋能旅游产业不够

通化拥有厚重的文化底蕴，但景区和项目建设存在"重开发、轻规划"的问题，传统旅游景区、美食街区、城市公园、文化场馆等缺少文化内涵和主题元素，人参文化、葡萄酒文化、中医药文化、世遗文化、冰雪文化、红色文化等地域文化，与旅游产业发展融合程度不高，现阶段更多具备的是旅

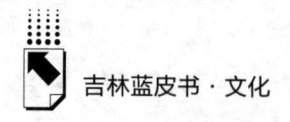

游的"形",而缺少文化的"神",导致景区发展与其他地区同质化程度较高,自身特色彰显不足。

(二)产业发展格局需进一步优化

近年来,关于文旅产业发展的各类政策发生变化,文旅产业加速转型。通化市目前产业发展模式相对传统,新旅游业态布局不够深入,"一核、两翼、三带"产业发展空间布局已不能有力支撑疫后文旅产业高质量发展,全域文旅产业需要进一步立足优势,完成布局和优化。加上部分景区和项目"重建设、轻运营",缺乏专业的宣传营销团队,吸引游客的卖点和故事不多,导致在全省乃至全国范围具备一定知名度和影响力的景区较少。

(三)景区面临四季运营难题

通化市半数以上的景区仍依靠门票作为主要收入来源,景区内部及景区周边消费业态不够丰富,部分景区免费开放且无其他收入来源,传统景区没有及时完善基础设施。资源型景区受季节性影响,冬季市场较为萧条,存在冬季"半年闲"的问题。尽管万峰通化滑雪度假区、通化县康养谷、上龙头雪村等冬季景区(场馆)快速兴起,弥补了通化文旅产业以往"夏盛冬衰"的短板,但又存在一支独大的现象,没有实现多点支撑,且夏季文旅项目开发不够,变相增加了运营维护成本。

(四)支撑旅游的大交通基础不强

相比吉林省旅游接待前三位的长春、吉林、延边,通化市尚未开通高铁,主要高速公路向西、向南需以沈阳为中转地,向北需以长春为中转地,车程均在3小时以上,时间成本较高,不利于中远途游客来通,"过夜经济"和周边产业带动不强。通化机场位于柳河县三源浦朝鲜族镇,距通化市中心41公里,为4C级军民合用支线机场,部分重点航线尚不能实现每日通航。

三 通化市文旅融合和产业高质量发展政策机遇

(一)国家顶层设计不断完善

党的二十大报告强调,要繁荣发展文化事业和文化产业,坚持以文塑旅、以旅彰文,推进文化和旅游深度融合发展。《"十四五"旅游业发展规划》提出,支持革命老区、民族地区、边疆地区和欠发达地区发挥特色旅游资源优势,加快培育旅游产品,打造一批红色旅游融合发展示范区、休闲农业重点县、美丽休闲乡村、民族特色村镇、民族文化旅游示范区、边境旅游试验区和跨境旅游合作区。①《冰雪运动发展规划(2016-2025年)》提出到2025年,力争直接参加冰雪运动的人数超过5000万人,并实现"带动三亿人参与冰雪运动"的目标。② 2023年3月,国家发展改革委同意设立吉西南承接产业转移示范区,通化为三市之一。2023年3月,文化和旅游部与国家发展改革委印发《东北地区旅游业发展规划》,通化属于"冰雪旅游核心圈""边境开放旅游带"节点城市,其被确立为重点旅游集散城市和旅游消费城市。③

(二)万亿级产业建设目标明确

习近平总书记视察吉林时指出,"冰天雪地也是金山银山""大力发展寒地冰雪经济,吉林要做好雪文章",为吉林冰雪产业发展指明了道路。在吉林省"一主六双"高质量发展战略中,通化市位于"长通白延吉长避暑休闲冰雪旅游大环线""长白通辽大通道"等重要节点上,是吉林省向南开放的重要窗口、夏季康养避暑休闲旅游目的地和吉林省冰雪产业第三极。吉

---

① 《国务院关于印发"十四五"旅游业发展规划的通知》,《中华人民共和国国务院公报》2022年第5期。
② 《冰雪运动发展规划(2016-2025年)》,国家体育总局网,2016年11月2日,https://www.sport.gov.cn/n10503/c773657/content.html。
③ 《文化和旅游部、国家发展改革委联合印发〈东北地区旅游业发展规划〉》,文化和旅游部政务服务窗口,2023年3月29日,https://zwfw.mct.gov.cn/flagship/zcjd/zcjdDetail?uuid=347。

林省委省政府确立了"十四五"期间建设冰雪强省的目标，确保到2025年，全省冰雪经济高质量发展体系初步建立，建成世界知名冰雪旅游胜地。2023年10月，吉林省委省政府印发《吉林省旅游万亿级产业攻坚行动方案（2023—2025年）》，明确阶段性任务目标，以农文旅、商文旅、林文旅、体文旅等深度融合为主线，启动了"冰雪丝路"创新先导区建设行动等16项重点行动。明确省级旅游产业发展专项资金规模增加到5亿元，建立旅游"赛马"机制，省领导定点包保"千亿级市"建设等系列措施，为加快迈向万亿级产业强化了制度和资金保障。①

（三）"双高铁一机场"大交通格局加快构建

"沈白高铁"（自沈阳北站引出，终到长白山站，正线全长430.1公里，设计时速350公里）预计2025年底建成通车，北京到通化车程可缩短至3.5小时，将直接为通化地区每年带来超过1100万人次客流。"长辽通"高铁已列入国家《"十四五"现代综合交通运输体系发展规划》。② 通化机场（改）扩建项目启动，完成后通化机场承载力将提升3倍，年旅客吞吐量预计可达60万人次。到"十四五"末期，通化地区年游客接待量预计突破3500万人次。到2030年前后，横纵两条高速铁路在通化交会，通化机场（改）扩建完成后，通化将成为重要旅游集散城市。

四 通化市文旅融合和产业高质量发展实施路径

（一）深度挖掘梳理文化和旅游优势资源

通化市应全面深挖地域文化和旅游资源，坚持"文化为魂、产业为基、

---

① 《中共吉林省委 吉林省人民政府印发〈吉林省旅游万亿级产业攻坚行动方案（2023—2025年）〉》，吉林省人民政府网，2023年10月10日，http：//www.jl.gov.cn/sq/fzjl/ghjh/202310/t20231010_2670157.html。

② 《国务院关于印发"十四五"现代综合交通运输体系发展规划的通知》，中国政府网，2022年1月18日，https：//www.gov.cn/zhengce/zhengceku/2022-01/18/content_5669049.htm。

康养为体"的发展原则，围绕以人参、葡萄酒、中医药为代表的康养文化，以杨靖宇为代表的东北抗联红色文化，以满族剪纸、松花石雕刻等为代表的长白山民俗文化，以冰雪丝路为代表的冰雪文化，以东北特色菜品为代表的美食文化等，形成通化地域文化谱系，推动文化资源与"山水、康养、冰雪、乡村、红色"等板块旅游资源深度融合，用文化赋予旅游核心内涵和场景新体验。

在景区建设和产品开发方面，应积极探索以数字化、网络化、智能化为特征的智慧旅游新模式，融入文化主题元素，深化"互联网+旅游"，扩大新技术场景应用。可以借鉴先进地区经验，在通化主城区选取基础条件较好的地点，例如以佟佳江旅游度假区、万峰通化滑雪度假区、龙兴里文旅小镇、五月花美食街、江南商圈、通化高铁生态新城等为试点，打造一批智慧旅游景区、度假区、旅游街区。以推进文物和文化资源数字化展示为抓手，提供沉浸式互动体验、虚拟展示、智慧导览等新型旅游服务，探索建设高句丽数字壁画展馆、满族文化数字展馆等智慧文化场馆。通化市政府应加强与通化师范学院等本地高校开展深化合作，建立大学生文化创意工作室，开发"通化手信"系列文创旅游商品，并实现商业化生产和景区入驻。

（二）优化全域文旅产业空间布局

通化市应立足吉林省"一主六双"高质量发展战略和省旅游万亿级产业攻坚行动目标任务，主动融入"长通白延吉长避暑休闲冰雪旅游大环线"建设，提前布局双高铁时代，立足已经形成的"一核、两翼、三带"产业发展空间布局，进一步构建文旅产业发展联动格局，结合通化市文旅资源，建议围绕"三带、两区、一集群"六大板块进行布局，以项目联动支撑产业融合发展，打造千亿级文旅产业集群。

"三带"之"佟佳江百里绿水长廊发展带"。建议沿满族母亲河——佟佳江流域，开发上下游文旅项目，建设百里绿水长廊发展带。优先提升佟佳江旅游度假区（国家4A级旅游景区）作为通化市"城市客厅"的影响力，引入水上大型游乐设施，补齐水上项目的短板。谋划建设佟佳江旅游航道、通化高铁生态新城、湾湾川生态画廊等项目，优化佟佳江沿线基础设施和各类景观，彰显"山、水、城"相依相融的城市形象。在中心城区、佟佳江畔谋划建设高端山地江景酒店集聚区，满足高铁时代高端商旅群体住宿需求。

"三带"之"鸭绿江边境黄金旅游带"。通化市应超前布局鸭绿江沿线中朝边境文旅项目，发挥集安市作为重要边境城市和交通枢纽的战略作用，为中朝国际游线恢复和未来中朝边境全面开放做足准备。建议以鸭绿江国境铁路大桥为地标，讲好"抗美援朝第一渡"故事，强化周边配套，延伸打造鸭绿江国门大景区，并规划建设太极湾、云峰湖、明珠岛3个国际旅游度假区，作为鸭绿江沿线主轴上、中、下区位吸引核，同步加强钱湾村·果宿、下活龙村·渔坞、红之宿等特色民宿区和"高丽火盆一条街"等特色餐饮街建设，开展"鸭绿江畔边境二十八村"等乡村旅游项目。

"三带"之"高句丽世遗风情文化廊带"。通化市应持续发挥世界文化遗产引领作用，以集安高句丽文物古迹景区为龙头，加快建设通化县长城国家遗址公园（赤柏松古城）、自安山城遗址公园、万发拨子遗址公园、罗通山旅游度假区等项目，做好文物保护和开发，遵循各类文献依据，进行千年世遗文化探寻之旅，开发各类文化创意产品和沉浸式体验产品。在这个过程中，通化市应积极与东北地区各高校和专家学者开展合作，举办各类学术交流活动，探索建设高句丽数字壁画展馆、高句丽陶艺馆。

"两区"之"避暑休闲生态康养联动区"。充分挖掘通化市优质自然资源条件，特别是人参、葡萄酒、中医药、火山、温泉、溶洞等地域元素，联动辉南县、柳河县、通化县建设通化北部森林避暑产业区，联动集安市、东昌区、二道江区建设南部乡村休闲产业区，形成差异化的南北两极避暑休闲生态康养联动区。完善吉林龙湾景区配套设施，力争在"十四五"期间将其提升为国家5A级旅游景区，辐射带动周边熙嘉荒旅游度假区等，吸引长春、辽源、梅河口、白山等周边游群体。加快盘活通化溶洞和白鸡峰国家森林公园资源，塑造"一峰一洞"山水品牌，形成主城区一日游短途微度假目的地。

"两区"之"东北抗联红色旅游融合发展区"。通化市应大力摆脱红色景区多而分散的发展困境，集中优势打造一处有影响力的红色文旅融合示范区。建议深度挖掘通化红色资源，特别是以杨靖宇为代表的东北抗联历史文化资源，重点包装打造"杨靖宇东北抗联红色文化主题园"品牌，即整合联动杨靖宇烈士陵园、吉林杨靖宇干部学院、龙兴里文旅小镇三大板块，杨靖宇烈士陵园主攻研学和参观、吉林杨靖宇干部学院主攻教学和培训、龙兴里文旅小镇主攻休闲和娱乐，实现"上教下游"发展格局，形成以东北抗联红色文化为主题的红色文旅融合发展示范区，争创东北地区首个国家红色旅游融合发展试点单位。

"一集群"之"环中心城区冰雪产业集群"。从现阶段通化冰雪产业基础来看，下一步应以通化冰雪产业示范新城为核心，在中心城区规划建设"城市滑雪场集群"，即立足万峰通化滑雪度假区，规划新建"天河""隆盛""银厂"三座滑雪场。融入"城市中的滑雪场""滑雪场中的城市"发展理念，以城市配套滑雪场，形成"十五分钟城市滑雪圈"，使其成为全国范围内距离中心城区最近的滑雪场集群。在满足一站式冰雪体验基础上，未来可进一步拓展至"一小时冰雪产业圈"，联动柳河县青龙山滑雪场、通化县康养谷滑雪场以及二道江区铁厂滑雪场（谋划中），提供差异化服务，使通化市成为东北地区第三大滑雪目的地城市。

（三）全力推动全域旅游示范区创建

发挥通化市旅游产业发展领导小组牵头抓总的作用，充分借鉴陕西、四川、浙江等地经验，每年召开1次旅游产业发展大会，释放信号，凝聚共识，做到"产业围绕旅游转、产品围绕旅游创、结构围绕旅游调、功能围绕旅游配、民生围绕旅游兴"。应及时总结推广集安市获评第二批国家全域旅游示范区的经验做法，召开现场工作会议，结合各县（区）实际，对照全域旅游示范区创建指标任务，压紧压实主体责任，做好各要素全面优化。

从目前的基础条件来看,"十四五"期间,通化市应优先推动东昌区、辉南县创建国家级全域旅游示范区,协调推动通化县、柳河县、二道江区创建省级全域旅游示范区。在此基础上,同步抓好各类国家和省级文旅示范区(基地)创建工作。

(四)建立鸭绿江边境旅游城市发展联盟

建议通化市立足现有的"白通丹鸭绿江旅游联盟",与丹东市、白山市共同发起倡议,吸纳梅河新区、长白山管委会,建立"长白通梅丹鸭绿江旅游联盟"(长白山管委会、白山市、通化市、梅河新区、丹东市),形成新的鸭绿江旅游发展机制,设计整体形象标识,树立文旅大品牌意识,合力打造一条以登山(长白山)、寻古(高句丽文物古迹旅游景区)、游江(鸭绿江)、滑雪(长白山万达国际度假区滑雪场、万峰通化滑雪度假区)、观海(黄海)、赏夜(东北不夜城、龙兴里文旅小镇)、赴朝(丹东、集安中朝国际游)、自驾(G331最美边境线)等元素为核心的"鸭绿江边境黄金游线",力争朝着国际游线标准打造,逐步构建鸭绿江边境城市发展大格局。联盟成员应统筹各地区宣传矩阵资源,重点聚焦"京津冀""江浙沪""大湾区"等地区开展宣传推介,积极邀请国内旅游达人和网红博主深度体验,将该线路打造成一线网红产品。

(五)不断丰富文旅消费新业态

从通化市城区规划情况来看,建议通化市围绕现有基础,拓展各类历史文化街区、商圈休闲区、城市公园等新旅游消费空间,在中心城区重点打造江南商圈、龙兴里文旅小镇夜经济街区、五月花特色文化美食街、佟佳江旅游度假区等4处消费集聚区,与此同时,在各县(市、区)重点规划打造1处文旅融合的特色旅游休闲街区,如集安市大吉他广场(电影《缝纫机乐队》取景地)等。立足即将投入运营的龙兴里文旅小镇,植入人参、葡萄酒及各类非遗传承业态,建设体验式博物馆和文化主题小巷,将龙兴里文旅小镇打造成通化市首个国家级夜间文化和旅游消费集聚区。在"冰雪奇缘·童话通化"等冰雪文化主题基础上，融入"新中国滑雪起源地""新中国滑雪之乡""滑雪运动摇篮"等标识，推动万峰通化滑雪度假区成为通化市首个国家级度假区，加快建设全国首个以"冰雪丝路"为主题的博物馆——吉林冰雪丝路博物馆，打造吉林省冰雪文旅新地标。聚焦新文旅业态，持续完善通化市金江花海、西江贡米小镇、白车轴露营地等基础设施，开发汽车营地、星空露营、篝火晚会、户外婚礼等周末微度假和新旅游产品。除此之外，通化市亟须持续提升中心城区游客承载能力，盘活各类闲置资源，多措并举支持域内星级酒店、商务快捷酒店和特色民宿差异化发展，满足不同游客群体的住宿需求。

（六）多措并举实现"引客入通"

应进一步发挥通化市旅游产业引导资金作用，重点在机场航线补贴、企业奖补激励、举办特色活动、刺激旅游消费、旅游宣传推介、产品创新开发等方面发力，特别在夏、冬两季，提前谋划和发放市级文旅消费券，积极申办各类高端冰雪体育赛事和大型活动，推动各类峰会、论坛在通化市举办，持续扩大商旅消费群体。及时与各航空公司沟通协调，在重要节假日增加航班数量，开通直飞航线，配备机场旅游大巴，为中远程游客提供交通保障。建议持续强化政企合作，探索与马蜂窝、携程、途牛、小红书、飞猪等平台形成战略合作关系，聘请第三方团队负责宣传运营，广泛利用各类媒体，特别是抖音等新媒体平台，将重点地标打造成网红打卡地，制造线上"爆点"，带动线下消费。针对通化现有的航线节点城市，应广泛开展旅游推广和交流合作，特别是让通化本地地接旅行社和省外旅行社建立联盟关系，利用通化市旅游产业引导资金，研究出台奖补措施，对成团来通游玩的旅行社进行分级奖励，探索两地互换游客、资源共享，进而实现政府为市场搭台补位。

立足第二个百年奋斗目标新征程，把握文化和旅游产业深度融合与转型趋势，通化市要因地制宜做好顶层设计，优化产业布局，围绕文化和旅游资源优势谋划打造特色项目集群，实现同类文旅项目联动发展，进一步彰显本

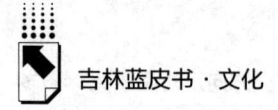

地特色。与此同时，要走出"单打独斗"的惯性误区，充分融入地区开发开放大格局，加快布局相关产业和配套设施，建设旅游集散城市，并积极与周边城市合作，变城市发展为区域联动，串联打造区域旅游线路，连点成线，优势互补，实现文化和旅游深度融合发展。

红色文化赓续

B.14
吉林省东北抗联密营遗址一体化保护利用对策研究*

仲海涛**

摘　要： 东北抗联密营遗址是中国人民14年抗战历史的重要见证，是中国共产党在抗战中发挥中流砥柱作用的重要依据，是深化抗战研究的重要宝库，是反击日本右翼势力的重要武器，是深入开展多种教育的重要载体，是发展东北特色旅游产业的重要依托。吉林省是抗联部队重要活动区域，境内留存下来大量密营遗址。近年来吉林省加大了对这些遗址的保护利用力度，发掘工作进展明显、经费投入有所增加、基础设施建设得以加强、宣教载体功能日益凸显。但也存在发掘与保护利用不同步、经费投入不足、保护利用机制不畅、宣教载体功能发挥不充分等问题。

---

* 本文为国家社会科学基金一般项目"东北抗联密营遗址考察与保护利用研究"（2022BDJ055）阶段性成果。
** 仲海涛，中共吉林省委党校党建教研部主任、教授、硕士生导师、博士后，主要研究方向为东北抗联。

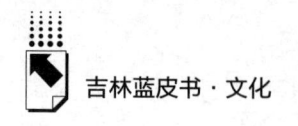

针对这些问题，本文提出如下建议：明晰保护开发责任，成立红色资源保护开发督察组定期检查指导；借助民营资本拓宽保护利用经费来源；加强顶层设计，跨领域整合部门职能；聚焦创新路径增强宣教实效性。

关键词： 吉林省　东北抗联　密营遗址　顶层设计

2015年7月习近平总书记在十八届中央政治局第二十五次集体学习时强调："要加强抗战遗迹保护开发，发挥各类抗战纪念设施作用，为开展抗战研究、展示研究成果、进行爱国主义教育提供阵地。"2020年7月习近平总书记视察吉林时强调："要把红色资源作为坚定理想信念、加强党性修养的生动教材，教育引导广大党员、干部永葆初心、永担使命。"吉林省作为全国最早燃起抗战硝烟的省份之一，境内留存下来大量抗战遗址遗迹，其中最具东北地域文化特色的当属东北抗联密营遗址。"密营"是东北抗日联军在极其艰苦的条件下，根据东北地区山川地貌、气候环境等因素，依托东北深山密林修建的秘密营地，是抗联部队储备军需、修理武器装备、缝制军服、治愈伤病员、宣传抗日教育的重要营地。这些密营遗址是吉林省重要的红色文化资源。近年来，吉林省加大了对抗联密营遗址的发掘与保护开发力度，取得了许多成效，但也存在一些问题尚需改进。因此，深入研究吉林省东北抗联密营遗址一体化保护利用问题具有重要的现实意义。

一　东北抗联密营遗址的当代价值

第一，东北抗联密营遗址是中国人民14年抗战历史的重要见证。从广义上讲，东北抗联不仅是指1936年2月后改编的11个军，还包括此前成立的东北反日游击队和东北人民革命军。这种传承关系正如红军、八路军和新四军、解放军一样，只是在各个历史时期的称谓不同，但本质上都是党领导的人民军队。作为东北抗联前身的东北反日游击队从1932年初便陆续成立并开展抗日斗争，这点不仅有史料记载，也有大量密营遗址作为佐证。这些东北抗联密营遗址充分说明了中国人民抗战的起点。第二，东北抗联密营遗址是中国共产党在抗战中发挥中流砥柱作用的重要依据。纵观中国抗战14年，细数几大抗日武装力量，义勇军仅坚持不到两年就被日军各个击破；八路军、新四军以及国民党蒋介石军队是在"七七事变"后才开始抗日。只有我们党领导的东北抗联自始至终坚持有组织地抗日，只有这支武装力量贯通了14年抗战，在广袤的东北大地上留存下来大量密营遗址，这些密营遗址有力证明了中国共产党是抗战的中流砥柱。第三，东北抗联密营遗址是深化抗战研究的重要宝库。2015年习近平总书记在十八届中央政治局第二十五次集体学习时强调："我们不仅要研究'七七事变'后全面抗战8年的历史，而且要注重研究九一八事变后14年抗战的历史，14年要贯通下来统一研究。"东北抗联作为唯一贯通14年抗战历史的武装力量，包括密营在内的大量抗联遗址遗迹堪称深化抗战研究的宝库，为整体研究14年抗战史，尤其是"七七事变"前的抗战史提供了宝贵素材。第四，东北抗联密营遗址是反击日本右翼势力的重要武器。近年来美化、歪曲日本侵略历史的言行比比皆是，习近平总书记强调"让历史说话，用史实发言"，借助对东北抗联遗密营址所对应史实的研究，可以有力批驳歪曲历史、否认和美化侵略战争的错误言行。第五，东北抗联密营遗址是深入开展多种教育的重要载体。东北抗联斗争的自然环境之艰苦、持续时间之漫长、敌我力量之悬殊、后勤给养之匮乏、长期孤悬敌后之苦闷，在人类战争史上都是极为罕见的，艰苦卓绝的斗争实践铸就了彪炳史册的东北抗联精神。东北抗联精神是中华民族伟大抗战精神的鲜明体现，是中国共产党革命精神的重要组成部分，在当前具有多方面教育价值。而东北抗联精神的教育价值需要一定的载体得以呈现和发挥，其中东北抗联密营遗址无疑是重要的载体，通过对这些独具东北地域文化特色的密营遗址的参观学习，参观者可以真切地感悟到广大抗联将士忠诚于党的坚定信念、勇赴国难的民族大义、血战到底的英雄气概，激励广大干部群众担当作为、顽强拼搏。第六，东北抗联密营遗址是发展东北特色旅游产业的重要依托。近年来东北地区的冰雪旅游强势崛起，绿色生态游日渐升温。然则，单纯欣赏自然景观缺少文化内涵，必须形成独具东北特色的旅游文化品牌。东北抗联密营是东北地区最为丰富也是最有特有的红色文化资源，由此决定了其必然成为东北特色旅游产业的文化标识。因此，高高举起东北抗联旗帜，加快推进"红、绿、白"融合旅游发展模式，是未来东北特色旅游产业发展的方向。当年抗联队伍为躲避日伪军优势兵力的"讨伐"，多选择在深山密林里打游击，因此留存下来的遗址、遗迹等红色资源，现多位于景色秀美的生态保护区。如红石国家森林公园内的杨靖宇最后战斗地蒿子湖密营遗址、集安国家自然保护区附近的河里抗日根据地和河里会议遗址等。东北抗联密营遗址与其他两色资源地域分布趋同的特点，为三色旅游资源融合发展提供了现实条件。

二 吉林省东北抗联密营遗址概况

吉林境内的东北抗日联军密营，目前主要分布在吉林市的磐石市、桦甸市、蛟河市、龙潭区，白山市的抚松县、靖宇县（原濛江）、浑江区、长白县，通化市的通化县、柳河县、集安市（原辑安）、辉南县，延边朝鲜族自治州的安图县、敦化市、延吉市、龙井市、和龙市、汪清县、珲春市、图们市，四平市的伊通满族自治县，主要为东北抗联第1路军军部直属部队、第1师、第2师、第4师、独立师和第2军的第2师、第4师、第6师修建的各类密营。至于密营遗址的数量，还没有一个权威的数据，各研究成果的出入也较大。2013年吉林省委党史研究室编写的《吉林省革命遗址要览》一书中，共收录了13处抗联密营遗址，分别是吉林市大楞厂密营、蒿子湖密营、老营沟口子宿营地、马驮子沟密营、摩天岭密营、旗杆顶子密营、穷棒子沟密营、碗架子沟密营，通化市石湖镇密营、兴林镇惠家沟密营、孟家沟门密营，白山市新屯子镇靖宇岗密营，延边州烟头峰密营。2019年吉林省委宣传部、吉林省委党史研究室、吉林省文化和旅游厅三家单位共同发布了《关于公布〈吉林省革命旧址名录（第一批）〉、〈吉林省东北抗日联军旧址名录（第一批）〉和〈吉林省馆藏珍贵革命文物名录〉的通知》，该通知中一共收录了14处抗联密营遗址，分别是吉林市魏拯民密营、蒿子湖东北抗联营地、马驮子沟密营、摩天岭密营、旗杆顶子抗联密营、穷棒子沟密营、滚马岭抗日密营，白山市五间房抗联密营、大碱场密营、新屯子镇靖宇岗抗联密营、那尔轰密营、冰湖沟密营、五斤顶子密营，延边州奶头山密营。上述两项研究成果是目前为止最具权威性的，这两个成果一个是"要览"，一个是"第一批"，所收录的抗联密营遗址都是有代表性的，但是还有很多没有收录进去。此外，吉林省各市县区党史部门还编写了许多当地革命遗址遗迹普查类书，这些书对所在区域革命遗址的介绍更为详细，涉及的抗联密营遗址也较多。课题组成员在大量查阅这些普查成果、广泛走访踏查的基础上，进行了细致的统计，吉林省现有抗联密营遗址210余处。限于篇幅不能逐一列出，在此仅以延边州为例，延边州是当年东满地区抗联部队的重要活动区域，其境内的抗联密营至少有37处。安图县就有14处，分别是：安图奶头山抗日根据地密营群、安图神仙洞密营、安图迷魂阵密营、安图蒲柴沟密营、安图苇塘沟密营、安图发财沟密营、安图高城密营、安图花砬子密营、安图下崴子密营、安图西北岔密营、安图里马鹿沟密营、安图三道白河密营、安图丰兴洞小部队密营、安图王八脖子密营。有些普查成果对密营的位置、构造、历史、现状予以了简明介绍。如就构造而言，有研究者总结出抗联第一路军设置密营的四种类型，即马架子式、地窨子式、霸王圈式和天然式。① 还有研究者总结出六种类型，即在前述四种基础上又加了房屋式和不可分类式。②

三 吉林省东北抗联密营遗址保护利用的现状

近年来社会各界对东北抗联历史资源日益重视，抗联密营作为最具

---

① 娄晶：《抗联密营》，《新长征》2011年第7期，第18页。
② 王天净：《东北抗联密营中的后方勤务工作初探——以吉林省博物院藏抗联密营文物为例》，《文物天地》2021年第11期，第90页。

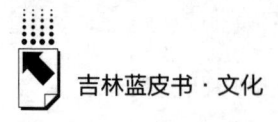

东北地域文化特色的红色资源,对其保护利用力度逐渐加大,取得了许多成效。

(一)近年来吉林省东北抗联密营遗址保护利用取得的成效

1. 发掘工作进展明显

近年来,出于对红色资源的日益重视,吉林省抗联密营遗址的发掘工作进展明显。除中央和省级党史研究部门前期已确定的遗址外,各市(州)、县、区的党史工作者对本地的密营遗址又进行了更加细致的踏查,一些隐秘在深山密林中早已被耕地所占用,或自然损毁严重辨识难度很大的密营遗址被挖掘出来并登记在册。如2018年5月发掘的"敦化寒葱岭西沟抗联密营",2019年6月发掘的"老黑河遗址",2021年和2022年在磐石红石砬子抗日根据地新发掘3000余处抗联遗迹,其中很多遗迹都是以抗联密营遗址为依托的。

2. 经费投入有所增加

吉林省红色资源保护利用级别分为不同等级,以爱国主义教育示范基地为例共有四个等级,即国家级、省级、市级和县级。国家级如杨靖宇烈士陵园、杨靖宇将军殉国地、四平烈士陵园等。这些红色资源根据相关规定每年会从国家相关部门获得较多经费资助,如杨靖宇烈士陵园每年是220万元,杨靖宇将军殉国地每年是140万元,如有特殊需要还可向国家申请专项经费资助。除国家层面资金支持外,吉林省各级财政对这些红色资源也给予一定的经费支持,如杨靖宇烈士陵园所有员工的工资就是由省财政每年支付的。再者,因为这些红色资源知名度高,也易于获得社会资金的捐助。总之,吉林省知名度高的红色资源保护开发经费来源渠道较为广泛,资金支持力度也比较大,总体上看能够满足保护开发的需要。东北抗联密营遗址因其具有隐蔽性、简陋性、偏远性等特点,对其保护利用难度较大,经费投入也较多。近年来各级财政对抗联密营遗址保护利用的经费有所增加。如2016年杨靖宇烈士陵园获得国家发展改革委资金支持,2017年红石砬子抗日根据地遗址获得国家文物局资金支持,进一步改善了抗联密营遗址修复及周边配套设施兴建等方面的基本条件。

3. 基础设施建设得以加强

复原了一批重要密营遗址，在遗址地还新建了一批纪念场馆，交通、住宿、餐饮等配套设施逐步改善。比较有代表性的如汪清县对小汪清抗日游击根据地进行了修复，根据地内诸如地窨子、被服厂、野战医院等大量遗址遗迹被修缮或复原。又如2019年红石砬子抗日根据地被评为第三批全国关心下一代党史国史教育基地和第八批全国重点文物保护单位，国家文物局批复资金1035万元用于红石砬子抗日根据地保护与展示工程。时下承建单位已进场施工，原预计于2022年底前完成景区道路、登山栈道、休憩凉亭、遗址展示等基础设施建设，因施工过程中遇到实地与设计方案不符的情况，针对实际情况对设计方案进行了修改与调整，但后续受东北地区的气候等因素的影响，为避免施工因意外情况中断导致对遗址造成破坏，施工暂停。目前，磐石市在省文物局的大力支持下，正积极向国家申报红石砬子抗日根据地保护与展示工程二期项目。

4. 宣教载体功能日益凸显

一是整体定位布局基本形成。结合地缘优势，经过统筹规划、区域联动，吉林省东北抗联党性教育基地的"三线"格局基本形成。第一条是通化线，主要包括通化、集安、靖宇等地；第二条是吉林线，主要包括蒿子湖密营、吉林市革命烈士陵园、丰满劳工纪念馆等；第三条线是延边线，主要包括敦化陈翰章烈士陵园、汪清童长荣烈士陵园及当地抗联遗迹等。"三线"总布局的形成，彻底改变了以往吉林省各地抗联党性教育单打独斗、各自为战的局面。二是教育实效性有所增强。近年来在红色教育基地建设过程中，全省各地通过完善课程体系、优化教学流程、深化教学内容等，多层次、多渠道开展爱国主义教育、理想信念教育等多种类型的教育活动，取得了较好效果。三是专兼结合的师资队伍逐步形成。发挥好吉林省抗联密营的教育功能，离不开一支知识结构齐备、教学理念先进、教学素质过硬的教师队伍。近年来吉林省多措并举加强师资培训。聘请抗联史专家授课，加深教师对抗联历史的了解。聘请吉林大学教授讲授语言表达技巧方面的课程，提高教师的授课水平；组织骨干教师赴山东沂蒙党的群众路线教育基地、焦裕禄干部学院、红旗渠干部学院等地学习进修；组织吉林省内各教育基地间相互学习交流，学习吉林省红色教育中优秀教师的有益经验和敬业精神。通过上述系列活动，一支基本适应红色教育现实需求的师资队伍逐步形成。

（二）当前吉林省东北抗联密营遗址保护利用存在的问题

1. 发掘与保护利用不同步

通过对吉林省抗联密营的广泛踏查发现，很多密营遗址虽早已被发掘，但却一直未被开发利用，相当数量还保持着当初发掘时无保护的原始状态，自然风化严重，濒于消失，有些则已经消失。如吉林省某县境内有6处东北抗联遗址，即密营遗址2处，被服厂遗址1处，粮库遗址1处，医院遗址1处，修械所遗址1处。其中，密营遗址目前已难觅踪迹，标志性的半地下式地㟻子结构已不复存在；被服厂遗址目前只能看到残存的房基朽木痕迹和一口饮水井。其余三处遗址受自然风化影响，辨识较为困难。上述这些遗址遗迹在发掘之后只是作为普查成果被登记在册，而并没有被很好地保护起来，至于复原重建和开发利用则更加无从谈起。原因是多方面的，其中一个重要原因是受到空间距离和交通条件的制约。密营遗迹多分布于深山密林中，远离城镇，交通极为不便，若非专业研究人员，平时普通人很少踏足，如此便加大了对其保护开发的难度。此外，在调研中还发现有些密营遗址被过度利用，而相应的维护工作没有及时跟进，造成人为损坏。综上，推进吉林省抗联密营遗址保护利用一体化迫在眉睫。

2. 保护利用经费投入不足

与吉林省知名度高的红色资源保护开发经费来源渠道较广、资金支持力度较大形成鲜明对比的是，大量知名度不高的红色资源却因长期缺少经费保护开发状况堪忧。如前段时间我们实地踏查安图县境内的红色资源，像奶头山抗日游击根据地、大沙河战迹地等当地重要红色资源，只是在遗迹所在地立块碑或牌匾，没有对其进行必要的复原，没有修筑可供参观的必要基础设施,也没有对遗迹史实的相关文字介绍,一切还处在刚发掘时的原始状态。原因主要还是这些红色资源知名度不高,很难获得国家财政支持,地方财政尤其是基层财政又很紧张,无力提供资金支持。

3. 开发利用机制不畅

对吉林省红色资源的保护开发是一项综合性的系统工程,涉及组织部、宣传部、吉林省发展改革委、文化和旅游厅、党校、党史研究室、档案馆、财政厅、民政厅等多家单位,过去曾被形象地称为"九龙治水"。虽然上述这些单位都涉及红色资源保护开发工作,但由于各单位职能区分较大,所以在以往基本都是各干各的,偶有合作也仅限于职能相近单位之间。此外,对红色资源开发利用有时会需要很多单位审批同意,但出现问题后又很难找到具体负责单位,所以常被人说成是"谁都管,谁又都不管"。而且以往各单位单打独斗经常会做很多重复性的工作,某些工作一个单位又很难完全胜任,因而必须进行职能整合。近几年,组织部和党校、宣传部和教育厅、文旅厅和高校工委等职能相近的单位分别进行合作,共同开发利用吉林省红色资源,取得了显著成效。但目前来看,职能整合力度尚显不够,只是实现了各条战线整合,还没有真正在全省范围内进行通盘考虑。例如在红色旅游推进过程中,涉及对吉林省红色资源文化内涵的概括提炼,组织部和党校已经在红色教育中进行了有益探索,完全可以吸收借鉴。设计红色教育精品线路时,红色旅游精品线路早已开发成熟,完全可以作为重要参考。

4. 宣教载体功能发挥不充分

一是吉林省抗联密营遗址多在交通不便的深山密林中,限制了人员参观,宣教覆盖面较小。二是与省外同行相比,吉林省红色资源宣教内容缺乏感染力。省外同行多是从挖掘一个个感人至深的事迹着手,然后根据事迹精心撰写讲解词,通过讲解员饱含深情的讲解令人们数度哽咽。吉林省在红色资源宣教中也讲过一些触动人心的事迹,但数量很少,更多的是在交代背景、罗列事件、阐述人物生平,参观者会感到走马观花,对其触动不大。三是宣教内容重复较多。如吉林、通化、白山等地的抗联密营遗址教育基地,

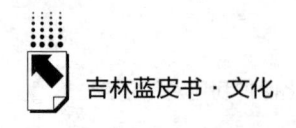

都用较大篇幅讲解杨靖宇的生平，倘在以往单独参观一处尚可，但若将这些红色教育基地连在一起作为线路参观，问题就很明显了。

四 加强吉林省东北抗联密营遗址保护利用一体化的建议

针对上述吉林省东北抗联密营遗址保护利用中存在的问题，在多方调研和查阅文献的基础上，结合吉林省实际现提出如下建议。

（一）明晰保护开发责任，成立红色资源保护开发督察组定期检查指导

以往吉林省包括抗联密营遗址在内的红色资源之所以出现发掘与保护开发不同步，长期闲置、废弃甚至破坏等现象，固然有重视程度不够、保护开发意识不强等原因。但还有一个很重要的制度因素，就是保护开发责任不够明晰。红色资源按规定应该归属所在地民政部门管理，但各地民政部门限于人力物力，很难充分履行保护责任，至于开发利用更是涉及多个部门，而非民政一家能够承担。如此有时便会出现"三个和尚没水喝"的现象。因此，必须将红色资源的保护开发责任落实到所在地党委，将其作为党委的重点工作，由党委统筹各部门合力做好保护开发工作。同时，为有效落实保护开发责任制，还应该成立省委红色资源保护开发专项督察组，由省委遴选组织部、宣传部、党史研究室、文化和旅游厅、民政厅等相关部门领导同志和专家学者组成。一方面对各级党委落实红色资源保护开发责任进行定期检查，针对具体情况采取约谈、问责等形式；另一方面对各地红色资源保护开发工作提供指导帮助，推动各地在有效保护的基础上合理利用，以合理利用促进有效保护，从而实现保护和利用一体化的目的。

（二）借助民营资本拓宽保护利用经费来源

当前吉林省密营遗址保护利用经费主要来自财政拨款，诚然，积极争取

财政支持，尤其是国家财政支持仍然是我们今后的努力方向。此外，有些地方也在尝试建立各种形式的基金会，广泛募集社会资金。还有些地方积极争取党费支持。以上途径都为增加吉林省抗联密营遗址开发利用经费提供了重要渠道。抗联密营遗址的开发利用也是颇具社会价值和经济价值的文化产业，我们应该借助市场机制作用，将密营遗址视为重要的经济资源，加大市场开发力度，以此拓宽资金来源渠道。其实，在市场主导资源配置的大环境下，吉林省一些有远见的民营企业家已经自发介入红色资源的开发利用，比如长春郊区的"莲花岛影视休闲文化园"就是鲜明例证。该园由吉林省一家民营企业自掏腰包斥资上亿元于2015年打造。值得称赞的是园内模拟复原了很多东北抗联遗址密营遗迹，还建成并已投入使用"东北抗联第一路军纪念馆"。如此游客在游玩的同时，也可以接受红色教育。可谓经济效益和社会效益相得益彰。由此可见，不仅历史遗存下来的遗址遗迹具有教育功能，模拟复原的同样也具有，这方面我们要解放思想，重新定义资源。但我们在调研时也发现，该园建设还存在很多问题，如缺乏抗联专家指导，遗址遗迹复原背离历史原貌；缺乏总体风格设计，特色不鲜明，吸引力不强；园区项目立项审批、规划部门规划条件下达等行政环节遭遇困难；等等。园区负责人强烈渴望能够得到党委和政府相关部门的扶持，将园区做大做强。因此，在这方面我们还要进一步解放思想，端正认识，借助吉林省大力发展民营经济的有利形势，积极扶持民营企业开发利用红色资源，如此不仅可以推动吉林省民营经济发展，同时也可弥补吉林省红色资源保护利用资金财政投入有限的短板。

（三）加强顶层设计，跨领域整合部门职能

以往吉林省开发利用抗联密营遗址时，部门职能整合仅限于各自领域。如在干部教育领域，各级组织部门和各级党校致力于整体发挥吉林省抗联密营的党性教育功能，加大了部门职能整合力度，近年来统一规划培训线路，统一开展师资培训，统一评选精品课程，统一评定教育基地，等等。在宣传文化领域，整合各级宣传部门和各级文化旅游部门的职能，开展了一系列围绕红色旅游方面的宣传文化工作。此外，各级党史研究室和各级教育部门也针对青年学生，围绕加强党史教育基地教育功能发挥开展了很多合作。由此可见，近年来在开发利用包括抗联密营遗址在内的红色资源时，吉林省各个领域内部的部门职能整合力度逐渐加大，在很大程度上改变了过去那种单打独斗、各自为战的状态。但各个领域之间却缺乏有效的沟通，未能做到资源及时共享、工作协同推进，时而导致工作重复、效率低下等问题。其实有些红色资源的保护利用工作，无论对于干部教育还是红色旅游都是相通的，可以相互借鉴，有些做法和经验甚至可以直接复制。所以，今后在保护利用吉林省抗联密营遗址时，要加强顶层设计，跨领域整合部门职能，建立有效的工作协同推进机制，以实现资源充分有效共享，提高工作效率。

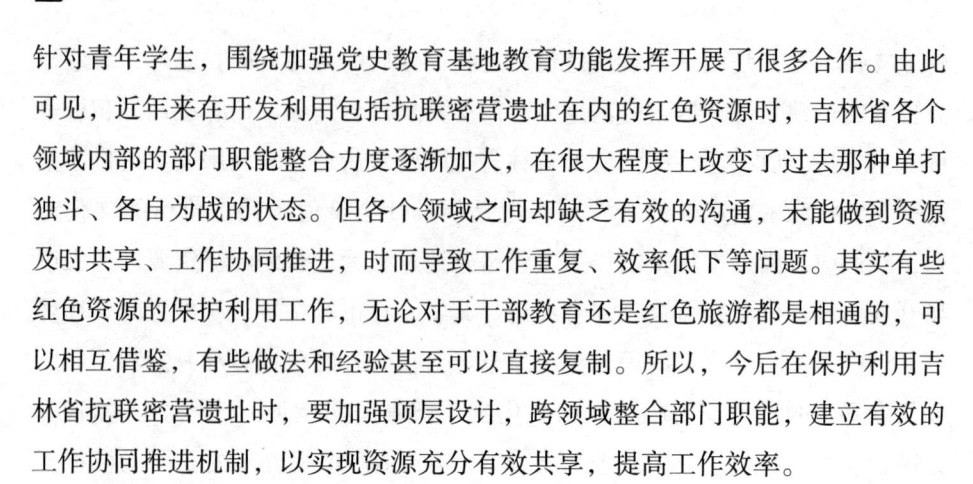

（四）聚焦创新路径增强宣教实效性

1. 创新宣教模式，变被动"等人来"为主动"走出去"

当年抗联部队为躲避敌人的"讨伐"，多在深山密林里活动，建立了很多密营。这些遗址多在交通不便的偏远地区，这就在客观上限制了教育功能的发挥。例如，小汪清抗日游击根据地因为没有通高铁，乘坐汽车要6~7个小时才能到达密营遗址现场，因此在组织参观学习时，囿于空间距离、时间成本、经济成本等因素，不方便经常性大规模地组织人员前去培训学习。但是我们不能拘泥于地区条件，应该进一步解放思想打破这种地域限制。在这方面省外同行的有益做法值得我们借鉴。通过对哈尔滨东北烈士纪念馆的调研得知，其宣教类型有三种：第一种是传统的展厅宣讲；第二种是流动展览小分队宣讲；第三种是专题报告宣讲。传统展厅宣讲从1948年纪念馆落成时开始；流动展览小分队宣讲从1977年开始，成员由馆内讲解员构成，讲解员携带流动展板，经常性地到党政机关、高校、部队等单位义务宣讲抗联事迹；专题报告宣讲从20世纪80年代开始，由馆内优秀讲解员承担，就某一专题不定期地到上述地方宣讲抗联事迹。我们以为这种宣教模式很值得吉林省借鉴，我们应该从以往被动坐等参观者到遗址遗迹现场，变主动地走出去，将密营遗址主要内容制成流动展板或各种多媒体文件，由宣教人员携带广泛走进党校、高校、部队、企事业单位以及社区、乡村等进行宣讲。特别是要利用好抖音、快手、头条等新媒体平台，进一步提升传播效度，如此便可打破客观的地域条件限制，扩大宣教的受众覆盖面。其实，吉林省某些单位近几年也在尝试这种做法，如东北沦陷史陈列馆在2015年就曾将流动展板带进东北工业集团为广大职工群众进行宣讲。但类似这样的举动少之甚少，没有形成一种常态化模式。

2. 转变宣教思路，紧紧围绕增强感染力设计流程

当前吉林省大多数抗联密营遗址教育基地，多是以历史进程为线索，通过罗列历史事件、阐述人物生平进行宣教。如此流水账似的平铺直叙，不仅令受教育者感到走马观花、触动不大，而且各地同构化现象严重。此处从"九一八"事变讲起，另一处也是；此处介绍杨靖宇生平履历，另一处也是；此处讲东北抗联发展历程，另一处也是。因此，以往那种因循守旧的宣教思路要彻底改变，红色教育如果不能触动人，只是介绍点常识那就失去了教育意义。吉林省抗联密营遗址教育基地，都应该紧紧围绕增强感染力，重新设计宣教流程。我们在延安、井冈山、山东临沂红嫂纪念馆等地参观时发现，省外同行多是从挖掘一个个感人至深的事迹着手，紧紧围绕事迹进行流程设计。一段时间后再回想参观的经历，留在脑海中的都是那一个个感人事迹，而非历史事件过程本身。这就启发我们，在对大的历史背景进行简单交代后，要紧紧围绕增强感染力来设计宣教流程。而吉林省在宣教中也讲过一些触动人心的事迹，但只是零星点缀，总体感染力不强。这方面吉林省与省外一些地区相比还有差距。但差距是相对的，差异是绝对的，今后我们要正视差距，重视差异，形成特异。其实，吉林省东北抗联广大将士艰苦卓绝、可歌可泣的斗争壮举，有很多悲壮感人的事迹可以去挖掘，完全可以依托抗联密营这一独具东北地域文化特色的宣教载体，形成吉林省独具特色的红色教育品牌，这方面我们大有文章可做。

参考文献

中共中央文献编辑委员会编《习近平著作选读》（1~2卷），人民出版社，2023。

中央档案馆、东北三省档案馆:《东北地区革命历史文件汇集》(总目录2卷,甲种本66卷,乙种本2卷,共70卷),1989~1991。

东北三省省委党史研究室:《全国革命遗址普查成果丛书》(总第7、8、9卷),中共党史出版社,2011~2013。

《东北抗日联军史》编写组编《东北抗日联军史》(上、下),中共党史出版社,2015。

吉林省档案馆:《日本关东宪兵队报告集》(四辑84册),广西师范大学出版社,2005。

《周保中东北抗日游击日记》,解放军出版社,2015。

张洪兴:《东北抗联精神》,白山出版社,2010。

王志强:《东北抗战遗迹保护与利用——东北抗战遗迹联盟工作报告书(2015-2017)》,吉林大学出版社,2019。

王广义:《国外有关中国东北抗联的历史资料与研究述评》,《甘肃社会科学》2015年第4期。

史守林:《东北抗联史研究述评》,《社会科学战线》2020年第8期。

B.15
吉林省东北抗联文化资源开发与利用研究

谭忠艳　王丽君*

摘　要： 吉林省东北抗联文化资源丰富，具有明显的区位优势，具有较高的社会价值、教育价值以及永恒的文化价值。近年来，吉林省在东北抗联文化资源的开发及利用方面取得了突出的成就，但是仍然具有一定的提升空间。具体而言，文化内涵挖掘要由外到内，文化品牌塑造需由表及里，资源开发利用应由浅到深。针对以上问题，吉林省东北抗联文化资源开发利用应制定切实可行的措施，并且要进一步优化，在实践中要深入阐释内涵，擦亮文化招牌；要持续发掘资源，激活教育功能；要推进文旅融合，打造多元业态；要加大保护力度，创新发展模式；要加大推介力度，扩大辐射范围。

关键词： 吉林省　东北抗联　文化资源

党的二十大报告对"推进文化自信自强，铸就社会主义文化新辉煌"做出战略部署，强调"围绕举旗帜、聚民心、育新人、兴文化、展形象建设社会主义文化强国""弘扬革命文化""用好红色资源"。[①] 习近平总书记视察吉林时指

---

* 谭忠艳，吉林省社会科学院满铁研究中心副研究员，主要研究方向为抗战史、东北地方史、满铁史；王丽君，吉林大学马克思主义学院博士研究生，主要研究方向为中共党史。
① 习近平：《高举中国特色社会主义伟大旗帜　为全面建设社会主义现代化国家而团结奋斗》，人民出版社，2022，第43页。

出,"吉林有着光荣的革命历史",强调"要把抗联的历史发掘好、研究好、宣传好,组织好相关纪念活动,为加强党的建设和推进改革发展稳定凝聚正能量"。① 吉林省红色历史灿烂,抗联文化资源丰富,具有明显的区位优势,新时代深化吉林省东北抗联文化资源的开发与利用具有重要的意义与价值。

一 吉林省东北抗联文化资源的基本状况

吉林省东北抗联文化资源是在长期艰苦的斗争历程中形成的,并经过岁月的淬炼,呈现了明显的特征。

首先,吉林省东北抗联文化资源数量庞大。2019年,《吉林省东北抗日联军旧址名录(第一批)》登记了133处抗联旧址;2022年,《吉林省东北抗日联军旧址名录(第二批)》登记了32处抗联旧址。吉林省博物馆以及各地展馆,馆藏了大量的相关文物。东北抗联文化资源分布广泛,吉林、延边、通化、白山等地抗联遗址遗迹呈现了密集分布的特征,吉林城乡各地都拥有东北抗联文化资源。

其次,吉林省东北抗联文化资源类型众多。东北抗联文化资源包括"硬性文化资源"与"软性文化资源","硬性文化资源"主要包括东北抗联旧址和文物;"软性文化资源"包括东北抗日联军在斗争中形成的制度法规,创作的歌曲、诗歌、话剧等,例如杨靖宇创作的《东北抗日联军第一路军军歌》,展示了抗联英勇不屈的斗争精神和豪迈气概。另外,东北抗联精神是"软性文化资源"的重要组成部分。

最后,吉林省东北抗联文化资源价值较高。吉林省东北抗联文化资源具有重要的教育价值和文化价值,并表现出强烈的文化衍生能力,不断吸收新的元素,保持了文化的活力和生命力。党的二十大报告明确提出"丰富人民精神世界"② 是中国式现代化的本质要求。东北抗联文化资源是中国共产

---

① 习近平:《论中国共产党历史》,中央文献出版社,2021,第8页。
② 习近平:《高举中国特色社会主义伟大旗帜 为全面建设社会主义现代化国家而团结奋斗》,人民出版社,2022,第23页。

党的宝贵精神财富和丰厚的政治资源，开发利用东北抗联文化资源与丰富人民精神世界具有同构逻辑。新时代，将其作为丰富人民精神世界的依托，对实现中国式现代化具有重要的意义与价值。

二 吉林省东北抗联文化资源开发利用的成效

吉林省高度重视东北抗联文化资源的开发，经过长时期的努力，已经基本形成开发体系，颁布相关的法律法规，设立专门性机构负责相关工作。另外，关于东北抗联的学术研究不断深入，取得了丰硕成果。在此基础之上，东北抗联文化资源的教育功能日益凸显，文化资源的教育潜能被进一步激发。

（一）开发体系基本形成

2019年，中共吉林省委办公厅、省政府办公厅印发了《关于吉林省革命文物保护利用工程（2018-2022年）的实施意见》，对东北抗联文化资源的开发利用工作做出了明确的部署，强调要"创新东北抗联遗址保护利用的理念、方法与模式，以东北抗联重要人物、重大事件、重要纪念设施为依托，在吉林、延边、通化、白山等抗联遗址密集地区，组织实施一批具有示范引领意义的抗联遗址保护利用工程，显著改善东北抗联遗址的保存状况和环境风貌"。[1] 2020年4月28日，中共吉林省委办公厅、省政府办公厅发出《关于加强文物保护利用改革的实施意见》的通知，特别强调要"加强革命文物，特别是抗联文物的调查、发掘与研究，建立《吉林省革命旧址名录》《吉林省抗联旧址名录》《吉林省馆藏革命文物名录》，编制《吉林省革命文物保护利用规划纲要》和《吉林省东北抗联文物保护专项规划》"。[2] 从而进一步明确了东北抗联文化资源开发利用的工作目标和计划。

---

[1] 《关于吉林省革命文物保护利用工程（2018-2022年）的实施意见》，《吉林日报》2019年1月17日。

[2] 《关于加强文物保护利用改革的实施意见》，《吉林日报》2020年5月8日。

在此基础之上，吉林省细化落实规划方案。2019年10月，吉林省文旅厅在全国率先公布了《吉林省革命旧址名录（第一批）》、《吉林省东北抗日联军旧址名录（第一批）》和《吉林省馆藏珍贵革命文物名录》，第一次全面系统梳理了吉林省革命文物资源。同时，设立专门机构。2020年，吉林省文旅厅增设了革命文物处，主要负责指导全省革命文物保护、开发和利用工作。另外，制定法律法规。2020年，吉林省批准通过了《白山市杨靖宇将军殉国地保护条例》，对杨靖宇将军殉国地的保护、开发和利用做出了详细的规定。条例的出台，开创了东北抗联文化资源开发利用的新局面，极大地推动了相关工作向规范化、法制化的道路前进。

（二）学术研究不断深入

一方面，强化理论阵地建设，学术交流日益频繁。吉林省党史研究室高度重视理论研究工作，凝聚起了省内党史系统、党校系统、社科系统以及高校系统中研究东北抗联的学术队伍，先后成立了吉林省东北抗日联军研究会、吉林大学东北抗联研究中心、吉林省中国共产党党史和文献研究会。这些机构与团体的成立，为推动东北抗联研究搭建了高层次、高水平的沟通共享平台，使得东北抗联的理论交流互鉴更加紧密频繁。2019年以来，先后召开了"东北抗联历史资料征集工作推进会""纪念魏拯民同志诞辰110周年学术研讨会""杨靖宇精神与东北抗联研究高端论坛""东北抗日联军历史与精神学术研讨会"。多次的研讨会、讲座和报告会，掀起了东北抗联的研究热潮，极大地推动了东北抗联研究向更广领域、更大规模、更高层次迈进。

另一方面，理论研究逐渐深入，理论成果日渐丰硕。吉林省在东北抗联理论研究方面取得了一系列丰硕的学术成果。吉林省党史研究室编写了《中国共产党在吉林的100年》《吉林抗日英雄谱》，并重新修订了2015年版《中国共产党吉林历史》（第一卷）。这些著作围绕东北抗联艰辛而辉煌的抗战历程进行了深入的阐释。另外，吉林省史学界及理论界共同努力，形成了对东北抗联精神和杨靖宇精神的科学提炼与总结，获得了广泛认同。东北抗联理论研究的向前深入推进,进一步挖掘了东北抗联的文化内涵,在宣传东北抗联精神、传承红色基因方面发挥了重要作用,同时也为东北抗联文化资源的开发利用工作提供了坚实的理论支撑。

(三)教育功能日益凸显

东北抗联文化资源是革命先烈留下的宝贵文化遗产,是进行爱国主义教育和革命传统教育的鲜活素材和物质载体。吉林省为进一步挖掘东北抗联文化资源的教育价值,积极打造以东北抗联为主题的教育基地,开发与东北抗联相关的党性教育项目,从而有效激发了东北抗联文化资源中所蕴藏的教育潜能。

一方面,以东北抗联红色资源为依托,相继建设了一批以东北抗联为主题的红色教育基地。2018年7月,首批吉林省东北抗联红色教育基地诞生,其中包括杨靖宇烈士陵园暨东北抗联纪念馆、杨靖宇将军殉国地等12处。近年来,红色文化教育基地在开展爱国主义教育、革命传统教育和党史教育等方面发挥了重要的作用。以最具代表性的吉林杨靖宇干部学院为例,其自建院以来始终坚持党性教育基地的功能定位,积极挖掘东北抗联红色资源,形成了依托弘扬东北抗联精神开展党性教育的相关机制,在发挥东北抗联宣教功能方面做出了卓有成效的贡献。据统计,自2020年9月试运营到2022年1月,杨靖宇干部学院共承接全国培训班次380余期,培训学员70000余人次,与全国20余家高校、单位与学院签署了战略合作协议,从学员教育培训、学术文化交流等方面探索全方位、深层次、多领域的合作交流。2023年,杨靖宇干部学院被批准为吉林省社科联科普基地,在科普教育领域发挥了重要的作用。

另一方面,积极打造与东北抗联相关的红色教育项目。吉林省依托省内各级党校已初步打造了东北抗联教育品牌,建立了实训基地,实施了形式多样的东北抗联精神党性教育项目。其中在长春市、通化市、四平市以及延边州分别打造"大道雄魂,天地党性""重走抗联路""传承英雄史,再铸英雄魂""东北抗联情,逐梦金达莱"项目。这些党性教育项目的运行与发展，实现了东北抗联文化资源向教学资源的转化，极大地挖掘了东北抗联文化资源中的教育价值，为省内外党政机关、企事业单位以及高校开展党性教育提供了丰富的载体。通化市的"重走抗联路"经过长期的运行和发展，取得了良好的教育效果，并逐渐形成了具有通化特色的东北抗联文化教育品牌。

（四）文旅融合初见成效

吉林省东北抗联文化具有较高的文化表现力，近年来，吉林省深入推进文旅融合，释放东北抗联文化资源的新活力。首先，吉林省红色旅游市场持续升温，其中与东北抗联相关的旅游产品表现较好。据统计，寒葱岭2020年接待游客近10万人次。此外，桦甸市、汪清县、通化县兴林镇等地逐步形成了区域红色旅游特色线路。其次，以遗址遗迹的开发为依托，促进文旅深度融合。老黑河遗址经过抢救保护得到了快速发展，2021年老黑河遗址被命名为"全国爱国主义教育示范基地"，2022年被确定为国家4A级旅游景区，成为全省革命文物与旅游深度融合的典范。再次，吉林省东北抗联文艺作品佳作频出。由吉林省戏曲剧院京剧团、吉林省交响乐团联合出品的大型原创现代京剧作品《杨靖宇》，代表吉林省参加第十二届中国艺术节，这不仅是吉林京剧的荣耀，也是东北抗联文化对外展示和输出的重要渠道。敦化市拍摄了大型舞台剧《陈翰章》，在光影技术的衬托下，演员的精彩演绎把观众带回战火纷飞的年代，成为红色旅游线路产品中的一抹亮色。最后，吉林省东北抗联文创产品得到突破性进展。在2023年中国特色旅游商品大赛中，吉林省博物院取得佳绩，其中，"之间味道AND TASTE·飞马挂耳咖啡"荣获金奖，"礼遇吉林·永结良缘茶具"荣获银奖。

三 吉林省东北抗联文化资源开发利用的提升空间

吉林省东北抗联文化资源的开发利用存在文化内涵挖掘不够深入、开发系统过于宏观笼统、省域特征不明显、文化品牌弱化、资源挖掘浅显等问题。这些问题的存在表明吉林省在东北抗联文化资源开发利用的过程中仍然具有很大的提升空间，对此进行深入分析，对于优化资源的开发利用具有重要的意义。

（一）文化内涵挖掘要由外到内

吉林省东北抗联文化具有丰富的内涵，但是现有的内涵表达较为浅显，导致社会影响力相对不高，从而使东北抗联文化容易沦为单一的地方文化符号。现有的东北抗联文化的建构与发展，注重史实陈述，忽视了其蕴含的深刻的教育价值。与东北抗联相关的遗址、遗迹、文物等文化内涵不能及时、全面、系统地反映时代主流精神与主流价值观，在传递正能量方面相对弱化。另外，东北抗联文化内涵的阐释缺乏必要的实践观念与实证精神，对历史事实的取证与验定停留在既有文件的整合阶段，主要依赖既有的具有碎片化特征的文献，导致文化的展现力不足。同时，东北抗联文化作为一种红色文化，其文化精神本身具有内隐性和含蓄性，在经过时代和历史的变迁与涤荡之后，观赏性、感知性、可体验性与可理解性都不高，需要多元文化元素的烘托。由此可见，东北抗联文化内涵挖掘方面具有很大的提升空间，应坚持由外到内的发展。

（二）文化品牌塑造需由表及里

吉林省有着丰厚的东北抗联文化资源，红色基因是白山松水的文化灵魂。近年来，吉林省积极打造东北抗联文化品牌，取得了一定的成绩。但是总体来看，东北抗联文化产品中的精品项目较少，竞争力不够强，其影响力往往只限于省内，尚未形成众多的具有全国性知名度的文化品牌。与井冈山、延安等全国著名的红色文化品牌相比，市场普及率和竞争力较低。另外，吉林省在推广宣传的过程中，对东北抗联文化资源的宣传和推广还远远不够。加上东北抗联往往融于东北的整体区域史而被大家所熟知，人们对吉林省东北抗联文化资源及特征知之甚少。从整体上来看，吉林省东北抗联文化产品的吸引力较低，吉林省文旅厅公布的 2021 年吉林省"五一"假日文

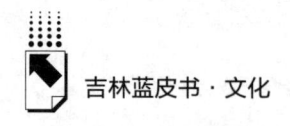

化和旅游情况显示，人们旅行时选择自然景观居多，主要有长白山景区、六鼎山景区以及和龙青龙渔业景区。可见，吉林省东北抗联文化资源的宣传工作和品牌建设工作仍有很大的提升空间，应坚持由表及里的发展。

（三）资源开发利用应由浅到深

吉林省东北抗联文化资源丰富，但是从当前开发利用的现状来看，由于各种因素的制约，保护开发还不够充分，大多数还尚处于浅层次阶段。一方面，东北抗联遗址遗迹大都分布在较偏远的山区，充分体现了分散、不平衡、交通不便等特点，从而在一定程度上加大了保护开发的难度。加之由于年代久远，饱经时间沧桑，自然剥蚀和各种人为破坏，一些遗址遗迹存在坍塌、风化、磨损等不同程度的损坏，亟须加以妥善保护和利用。另一方面，保护开发不均衡，在一定程度上影响了东北抗联文化资源的整体协同发展。部分红色景区和场馆开发模式老旧，场馆的展览内容与展示风格存在同质化倾向，主要以文献史料、影像资料、实体文物等形式呈现，以图片或以静态橱窗布展，容易使参观者产生审美疲劳，难以对东北抗联那段艰苦卓绝的历史产生兴趣与共鸣，使东北抗联文化资源的深层价值没有得到充分展现，更加难以发挥其价值引领作用。另外，吉林省东北抗联文化资源中诗歌、歌曲、话剧等仍然没有得到有效的开发与利用。

四 吉林省东北抗联文化资源开发利用的优化路径

吉林省东北抗联文化资源在前期开发利用过程中，卓有成效，在全省乃至全国已经形成一定的品牌，具有广泛的影响力和知名度。但是，随着时代的发展，出现了新的发展契机，吉林省东北抗联文化资源的开发与利用仍然具有一定的提升空间。吉林省应立足于省情，充分挖掘本土文化资源，制定契合于本省发展的策略方针，加强对吉林省东北抗联文化资源的开发利用。

(一)深入阐释内涵,擦亮文化招牌

吉林省东北抗联文化具有深刻且丰富的内涵,在开发利用文化资源的过程中,要不断深入阐释文化内涵。吉林省在东北抗联相关的基础研究方面具有明确的优势,要充分发挥自身优势,以"三地三摇篮"为基点,对于相关问题深入探讨,使吉林省东北抗联的基础研究不仅能引领东北地区的发展,还能在全国独树一帜。同时,以科研项目为依托,将东北抗联文化研究置于更广阔的学术和文化背景之下,通过推广相关委托项目,将研究成果运用于东北抗联文化资源开发利用中。另外,通过组织相关的学术活动,实现对东北抗联文化内涵的深刻阐释,邀请历史、文化等领域的专家进行研讨与论证,促进东北三省联动,衍生出系列学术成果,提升东北抗联文化的认知度,扩大影响力,提升吸引力。

东北抗联文化是吉林省重要的文化名片,在东北抗联文化资源的开发利用过程中,要树立品牌意识,集中社会各方面力量打造体现吉林省特色及亮点的精品项目,展现吉林省东北抗联文化的核心竞争力。树立品牌是一项系统工程,要统筹谋划、合力推进。在品牌规划阶段,要找准品牌定位,进行充分的资源整合,丰富品牌内涵,创新供给内容和形式,推动东北抗联文化与各类特色文化资源有效融合。通过持续优化东北抗联文化精品项目,打响文化品牌,助力文化强省建设。在品牌运营和维护阶段,加大品牌推介力度,创新宣传方式方法,拓宽宣传渠道,构建线上线下全方位、立体式、多渠道的综合推广策略体系。顺应传统媒体和新兴媒体融合发展趋势,充分运用主流媒体、融合媒体分发渠道进行推广,凝聚受众价值共识,利用好多种新媒体平台,在受众可理解、易接受的多元呈现方式和渠道上下功夫,生动展示吉林省东北抗联文化的魅力。

(二)持续发掘资源,激活教育功能

东北抗联文化以马克思主义为指导,以革命为精神内核和价值取向,继承中华优秀传统文化,具有鲜明的地方特色,充满生机活力。它发轫于中国共产党领导东北人民进行的伟大斗争,是在东北抗战实践中积淀和孕育成的物质文化和精神文化的总和,是党的奋斗历史在精神层面的高度凝练与深刻表达,蕴含了丰富的历史文化内涵,是中国共产党人独特的文化基因。吉林省东北抗联文化资源的保护、开发与利用基础扎实、成效显著,"三地三摇篮"逐渐发展为吉林省新的文化地标。面向未来,应紧紧围绕文化强省建设,进一步挖掘整合利用吉林东北抗联文化资源,加大东北抗联文物保护力度,把相关场馆建好、管好、用好,充分发挥爱国主义教育基地的作用,使东北抗联文化资源更好地"活"起来、"火"起来。同时,深入挖掘东北抗联创作的诗词、歌曲、话剧等作品,深刻理解其艺术价值和社会价值,将其作为东北抗联文化资源开发利用的重要措施,从而实现东北抗联文化"硬资源"和"软资源"的深度融合。

东北抗联文化资源具有重要的教育价值,在开发利用过程中要激活其教育功能。一方面,要用足东北抗联文化资源,将其作为党员干部加强党性锻炼的重要素材,锤炼对党忠诚的政治品格,助推理想信念教育常态化制度化,激励党员干部继承和发扬革命先烈攻千险、破万难的斗争精神,以坚韧不拔的意志和一往无前的勇气,在全面建设社会主义现代化新吉林中建功立业。另一方面,推进大中小学思想政治教育一体化建设,以青少年喜闻乐见的方式讲好吉林省东北抗联文化故事,深化爱国主义、集体主义、社会主义教育,努力培养更多担当民族复兴大任的时代新人。另外,进一步打造精品展陈,积极开展精品研学和"大学生宣讲员""红领巾宣讲员"等活动,生动讲述革命先烈的光辉事迹,引导广大青少年缅怀革命先烈、厚植爱国情怀、坚定理想信念、提升思想境界。

(三)推进文旅融合,打造多元业态

以文塑旅、以旅彰文,推进东北抗联文化与旅游融合发展是优化吉林省东北抗联文化资源开发利用的重要路径。将东北抗联文化融入吉林省旅游产业发展,在旅游中更好彰显东北抗联文化内涵,实现两者良性互动、共赢发展,对于增强人民群众文化自信具有重要意义。要坚持系统思维和全域理

念,突出吉林地域特色和民族特色,将抗联文化元素与民族文化、生态文化、工业文化及冰雪文化等元素充分结合起来,打造经典旅游线路和项目,开发既有丰厚历史底蕴又有浓郁地方气息和吸引力的综合型旅游目的地及文创产品。要在旅游产业发展中充分彰显东北抗联主题主线,加强对东北抗联遗址、文物等有形物质资源和名人历史事件等无形资源的开发利用,对革命历史事件进行深入挖掘,在文旅融合中持续讲好吉林省抗联故事,让红色基因深深植人民群众尤其是青少年心中。要在旅游项目、路线打造中巧妙融入红色教育实践活动,精心设计"东北抗联红色游"等精品线路,并通过唱红歌、读经典、演话剧等形式和集体性、参与性高的活动,增强游客与革命历史情境互动,提升游客对抗联文化的认知与理解。要突出抗联文创产品的标识性和形象性,组织动员各方力量,在文创产品设计、开发过程中巧妙融入吉林省东北抗联文化元素,通过富有地方特色和文化色彩的文创产品,将吉林省抗联文化元素传播开来,提升相关景点的吸引力,使受众近距离体验红色文化的魅力,延长受众停留时间。要发挥科技优势,依托自媒体平台,利用新技术手段实现对东北抗联文化的推广。利用抖音、微信公众号以及吉林省内各大官方媒体等平台制作微视频,对吉林省红色文化既有的流量进行精准引流。充分利用 VR 技术,向游客展示抗联文化的全貌,增强现场体验感。

(四)加大保护力度,创新发展模式

首先,坚持科学设计,完善法律法规以加大保护力度。相关部门应根据目前东北抗联文化资源的保护现状,加强统筹规划,科学制定保护计划,对东北抗联文化资源进行分级分类保护,推进保护开发工作科学化、精细化开展。其次,加强科技赋能,创新开发模式以推动深度挖掘。近年来,随着信息化进程的加快,科技赋能文化产业的趋势愈加凸显。因此,要与时俱进,深入实施创新驱动发展战略,加快发挥人工智能、云计算、区块链等科学技术在东北抗联红色资源开发利用中的作用,不断丰富和拓宽开发利用的形式和渠道,提升开发利用的科学化水平。最后,促进资源整合,打破区域壁垒以拓展利用的广度。目前，东北三省关于东北抗联文化资源的开发协同工作，暂时还停留在学术层面的交流互动，在红色旅游、红色研学等方面，还没有进行深度合作。吉林省要深入挖掘东北抗联文化资源，必须跳出地域局部思维，打破区域壁垒，推动东北三省东北抗联文化的协同发展。具体来说，可以将东北三省的抗联文化资源进行整体统筹规划，把各地经典的东北抗联文化景区串联起来，充分发挥各地景区的聚合效应，建立省外对接、省内联动的互动机制，构建各地资源互享、游客互送、品牌共建的发展大格局，发挥东北抗联文化旅游集群优势，实现"一域之功"与"全局之效"的互动。

（五）加大推介力度，扩大辐射范围

首先，不断创新宣传方法，拓宽宣传渠道，制定线上线下全方位、立体式、多渠道的综合推广策略。一方面，加强传统媒体和现代媒体相结合的线上宣传推广，在电视、广播、报纸等传统媒体的宣传基础上，结合微博、微信、抖音等新媒体渠道进行推广营销。充分利用先进技术，向受众展示推介，推动吉林省东北抗联文化走向更多百姓身边，让更多人在沉浸式体验中更好接受革命文化的熏陶。充分发挥吉林省的影视优势与资源，积极开发东北抗联影视作品，将东北抗联影视创作与红色革命遗迹研学、文化IP打造、文化创意产品的研发等充分结合起来，为东北抗联文化开发与利用创造更大的文化场域。另一方面，要继续加强线下传统营销，联合旅行社、旅游协会等机构，结合目前国内骑行、徒步、露营发展壮大的趋势，紧跟时代潮流，形成骑行、自驾和徒步相结合的新型红色旅游发展模式，让群众在主动参与的过程中接受文化的感染和熏陶，从而形成东北抗联文化传递合力。

其次，构建具有地域特色的红色文化符号。吉林省因其特殊的历史背景和自然地理位置，形成了长白山自然景观、朝鲜族民族风情、冰雪生态特色等多种文化相互融合的发展态势。东北抗联文化作为吉林省的重要文化品牌，在充分挖掘东北抗联文化资源内涵和价值的基础上，要因地制宜，创新开发路径，充分和本地产业融合，突出吉林省地域特色和民族特色，走差异化发展道路。

最后,开发特色主题产品,提升文化产品市场竞争力。要寻找多元文化最佳的契合点,在顺应原本自然风貌和民俗风情的前提下,进行资源整合,创新供给内容和形式,构建多元化发展格局,并在此基础上,开发既有丰厚的历史底蕴又有浓郁的地方气息的有吸引力的综合型旅游目的地和文创产品,从而切实提升吉林省东北抗联文化资源及文化品牌在全国的竞争力。

综上所述,吉林省东北抗联文化资源具有深刻内涵和丰富意蕴。在开发利用东北抗联文化资源的过程中,应秉持"培育品牌、赋能工作"的基本理念,坚持政治性、思想性、艺术性的统一,增强文化的表现力、传播力、影响力。将东北抗联文化资源内化为吉林人民的文化认同与文化自信,外化为吉林人民投身于吉林振兴、奋进第二个百年征程的自觉行动。

B.16
吉林"三地三摇篮"红色标识的传播成效与优化对策

吴永华 王宇飞*

摘 要： 提出吉林"三地三摇篮"红色标识对于赓续红色文化、传承红色基因、传播吉林文化都具有重大意义。在实践中吉林"三地三摇篮"红色标识的传播仍存在较大的可拓展空间。本文围绕吉林"三地三摇篮"红色标识的内涵阐释、传播路径、传播成效等问题做了系统研究，同时通过比较研究，借鉴浙江省立足"三个地"政治优势，聚力讲好浙江故事的实践经验，提出了加强吉林"三地三摇篮"红色标识理论研究阐释、推动相关文艺精品创作、拓展多元传播路径、与旅游产业融合发展、与主题教育紧密结合等对策建议。

关键词： 吉林省 "三地三摇篮" 红色标识

为贯彻落实习近平总书记关于"用好红色资源，传承好红色基因，把红色江山世世代代传下去"重要指示，吉林省凝练提出了"三地三摇篮"红色标识，即东北抗日联军创建地、东北解放战争发起地、抗美援朝后援地，以及新中国汽车工业的摇篮、新中国电影事业的摇篮、中国人民航空事业的摇篮。吉林"三地三摇篮"红色标识是延续红色基因、传承革命精神、

---

* 吴永华，吉林省社会科学院哲学与文化研究所副所长、研究员，主要研究方向为马克思主义哲学；王宇飞，江西科技学院马克思主义学院助教，主要研究方向为马克思主义哲学。

让吉林这片黑土地砥砺奋进的内在动力，也是加快文化强省建设、推进文化自信自强、推动吉林全面振兴全方位振兴的强大精神力量。

一 凝练吉林"三地三摇篮"红色标识的重大意义

吉林省拥有宝贵的红色资源，这些红色资源蕴含着厚重的红色文化。红色文化蕴含着吉林人民对理想信念、革命精神、爱国情怀的追求，代表着吉林独特的精神标识，是吉林这片黑土地红色记忆的载体，具有重要的历史价值和时代价值。因此，提高吉林红色文化的辨识度，凝练出吉林"三地三摇篮"红色标识意义重大。

（一）进一步彰显吉林红色文化历史底蕴

吉林省红色文化底蕴深厚，红色资源丰富。根据红色旅游资源专项调查，吉林省现有红色旅游资源1556处，有红石砬子抗日根据地等见证东北抗联艰苦卓绝斗争的抗联旧址，有"四战四平""四保临江"等记录解放战争时期中国共产党扭转东北战局推动全国解放光辉进程的历史遗迹，有"长春第一汽车制造厂"等代表新中国建设时期最高成就的工业遗产，有伪满旧址等诉说中国人民反抗日本帝国主义侵略的警示类遗存，有以黄大年、郑德荣等为时代楷模彰显中国特色社会主义新时代的人文精神。吉林"三地三摇篮"红色标识是对吉林红色文化从新民主主义革命时期走来，走过社会主义革命和建设时期、改革开放和社会主义现代化建设新时期，走进中国特色社会主义新时代的凝练，是对吉林深厚红色资源的生动再现。

（二）进一步阐扬吉林红色文化当代价值

习近平总书记在党的二十大报告中强调，"坚持创造性转化、创新性发展，以社会主义核心价值观为引领，发展社会主义先进文化，弘扬革命文化，传承中华优秀传统文化"。弘扬革命文化，也即红色文化，就是要回应时代需求，融入时代价值，为其注入新的时代内涵，实现红色文化的创造性转化和创新性发展。"三地三摇篮"红色文化既有由东北抗联精神、解放战争精神、抗美援朝精神、一汽精神、长影精神、东北老航校精神构成的精神图谱凝结成的底蕴，又有在新时代，新一代"汽车人"在加快民族汽车工业发展进程中全力以赴、披荆斩棘的精神，新一代"长影人"在建设电影强国的征程上不忘初心、牢记使命的奋进拼搏精神，新一代"航空人"在强军兴军路上勇于攀登的精神注入的新内涵。因此，凝练吉林"三地三摇篮"红色标识，不仅保持了吉林红色文化原有的底蕴，而且注入了新的时代精神，丰富了吉林红色文化的内涵，在彰显吉林红色文化历史价值的同时，更在吉林红色文化的创造性转化和创新性发展中彰显了其当代价值。

（三）进一步讲好吉林故事

习近平总书记强调，"一个国家、一个民族不能没有灵魂""红色是中国共产党、中华人民共和国最鲜亮的底色"。吉林红色文化是由革命先烈为了民族解放和人民幸福浴血奋战、前赴后继以及在社会主义革命和建设时期、改革开放和社会主义现代化建设新时期吉林人民谱写的红色记忆、红色故事、红色精神凝结而成的，其承载了吉林人民共同的精神价值追求。因此，凝练吉林"三地三摇篮"红色标识，以吉林红色文化为支撑，把"三地三摇篮"的故事讲得更精彩，把蕴含在其中的东北抗联精神、解放战争精神、抗美援朝精神、一汽精神、长影精神、东北老航校精神弘扬好，传播得更广泛深远，有助于传递吉林声音、展现吉林风采、推进文化强省建设、增强吉林红色文化影响力和传播力。

二 吉林"三地三摇篮"红色标识的传播成效

吉林省委省政府高度重视红色资源的利用、红色文化的弘扬、红色基因的传承，凝练形成了吉林"三地三摇篮"红色标识。吉林"三地三摇篮"

红色标识自凝练形成以来，在充分发挥培根铸魂作用、推动文化强省建设以及新时代吉林全面振兴全方位振兴上成效显著。

（一）"三地三摇篮"传播路径有效拓展

"三地三摇篮"承载着吉林这片黑土地上永不褪色的红色记忆、可歌可泣的英雄事迹和崇高的革命精神。依托文学作品、影视作品、书法作品等，"三地三摇篮"红色故事得到进一步讲述。东北亚出版传媒集团借助吉林"三地三摇篮"红色标识这一文化资源，推出《三地三摇篮》《吉林时代楷模》等精品出版物，全力打造吉版图书品牌；吉林人民出版社策划了"吉林红色标识系列（三地三摇篮）"系列丛书。中共吉林省委宣传部指派吉林市策划创作的重点文艺项目纪录片《抗日民族英雄杨靖宇》（4集）已与观众见面；2022年春节档期间上映了根据抗美援朝战争"冷枪冷炮"运动中神枪手群体事迹改编的电影《狙击手》。2022年7月，吉林省美术馆特邀请省内著名书法艺术家30人，题写"三地三摇篮"——吉林六个红色标识，作品一经线上展出，即取得了良好的社会反响。2022年9月，吉林省博物院（东北抗日联军纪念馆）推出"沃土·丰碑——吉林红色标识专题展"，综合运用137件（套）革命文物、120张历史照片、2个场景复原、2个视频展项、2个互动展项，生动讲述了"三地三摇篮"红色故事。通化市整理《杨靖宇风倒树沟突围战》等红色历史故事12篇，原创情景话剧《不朽的旗帜》《白山红雪》成为吉林杨靖宇干部学院驻场教学演绎剧目。吉林杨靖宇干部学院创新打造红色课堂——红色吉林主题教室，围绕"三地三摇篮"六大板块，教室共融合了210张图片、99种137册印本图书、6个电子显示屏、两个透明展示柜等，全方位展示了吉林"三地三摇篮"红色标识。

（二）"三地三摇篮"文化内涵深度阐释

红色文化是由红色记忆、红色故事、红色精神凝结而成的，阐释"三地三摇篮"蕴藏的文化内涵就是阐释其中的理想信念和革命精神。通过理论研究、红色主题教室展陈等方式，"三地三摇篮"的文化内涵得到进一步充实。由中共吉林省委宣传部和中共吉林省委党史研究室编写的《三地三摇篮——吉林六大红色标识》内部资料，收录了刊载在《吉林日报》上的相关文章，分别从吉林省是东北抗日联军创建地、东北解放战争发起地、抗美援朝后援地、新中国汽车工业的摇篮、新中国电影事业的摇篮、中国人民航空事业的摇篮六个主题对"三地三摇篮"的历史文化内涵进行了深入阐释。2023年，"吉林省'三地三摇篮'红色资源保护与利用研究""吉林省'三地三摇篮'红色资源地理信息系统建设研究"获立吉林省社科规划办项目。中共吉林省委党校党史教研部谷曼教授的讲座"'三地三摇篮'——中国共产党在吉林的100年"深入阐释了"三地三摇篮"文化内涵，深受党校各个批次学员的好评。

（三）"三地三摇篮"赋能跨界融合

"以文塑旅、以旅彰文"，以红色文化为红色旅游塑形、铸魂，推进红色旅游融合发展，努力探索创新"红色+"旅游新业态，"三地三摇篮"的吸引力得到进一步增强。2022年，吉林省充分整合利用全省革命旧址、爱国主义教育基地等红色旅游资源，打造了"红色旅游30条精品线路"；着力延伸红色旅游产业链，发挥红色乡村资源优势，加快推进"红色+乡村"融合发展，推出了10个红色旅游示范村；继续开展"初心如磐"五大主题系列活动，包含红色旅游推广、百课开讲、红色故事宣讲、红色故事讲解员大赛等多项内容，如"初心如磐　河山留证　吉林革命旧址百课开讲"、"致敬红色经典"2022年吉林省红色故事讲解员大赛、2023年"红耀吉林"红色故事讲解员大赛、2023年"薪火赓续·声动我心"吉林省红色故事宣讲，展现了富有吉林特色的红色文化魅力，增强了吉林红色文化的吸引力。

（四）"三地三摇篮"提升吉林红色文化影响力

习近平总书记对传承红色文化高度重视，强调"要用心用情用力保护好、管理好、运用好红色资源""增强表现力、传播力、影响力，生动传播红色文化"。通过亮相红色旅游博览会、开发红色文创产品等方式，"三地三摇篮"的影响力得到进一步扩大。吉林红色资源丰厚，是中国红色旅游推广联盟成员单位之一。2022年11月，依托以"贯彻二十大，奋进新征程"为主题的"2022中国红色旅游博览会"，推介了"三地三摇篮"等红色精品旅游线路、文创产品等。2022年10月，在长春市"这有山"文旅综合体三楼举办了以"吉林红 点亮创意生活"为主题的2022年吉林省首届红色文创产品展销活动，进一步提升了吉林省红色文创产品创意性、实用性，用"带得走的红色文化符号"加强了吉林省红色文化的传播力和影响力。

三 浙江发挥"三个地"政治优势的经验借鉴

2019年7月，国务院新闻办举行"'八八战略'再深化、改革开放再出发"浙江专场新闻发布会，面向境内外宣传浙江"三个地"政治优势，即浙江是中国革命红船起航地、改革开放先行地、习近平新时代中国特色社会主义思想重要萌发地。浙江"三个地"政治优势生动地书写出了现代浙江精神的历史谱系，浙江省立足"三个地"政治优势，聚力讲好中国故事的浙江实践，如下经验值得吉林省借鉴。

（一）加强档案资源建设

档案是传承基因、赓续血脉的生动教材。浙江"三个地"档案资源建设成效显著，职责明确、依法规范的档案资源建设机制基本建立，集聚集约、互联互通的数字化转型基本实现，全民共建、社会共享的档案资源建设新格局基本形成，整体水平走在全国前列。[1] 除此之外，中共浙江省委办公厅、省政府办公厅印发的《关于加快推进新时代档案资源建设的意见》明

---

[1] 《省档案局（馆）：浙江省"两办"出台〈关于加快推进新时代档案资源建设的意见〉》，浙江档案网，2018年9月18日，https：//www.zjda.gov.cn/art/2018/9/18/art_1378485_21457868.html。

确提出，要重点推进"三个地"档案资源建设，构建全面系统的习近平新时代中国特色社会主义思想重要萌发地档案资源总库、保护传承中国革命红船起航地红色档案遗产的红色档案资源目录数据库以及开展对浙江改革开放过程中的重大活动、重大事件、杰出人物等具有典型性、稀缺性档案资源的收集建档。

（二）深入理论研究阐释

为深入挖掘浙江"三个地"蕴含的丰厚精神资源，大力弘扬"浙江精神"，中共浙江省委宣传部、浙江省社科联于2019年9月在杭州召开"浙江精神与新时代新使命"理论研讨会，深入研讨浙江精神的思想价值和时代使命。深入诠释浙江"三个地"的报告《"三个地"书写浙江精神的历史谱系》《改革开放精神在浙江的生动体现》《红船精神与浙江精神的一致性》等发表在《浙江日报》上。除此之外，浙江发挥"三个地"政治优势，强化理论自觉，高质量建设了浙江省习近平新时代中国特色社会主义思想研究中心，研究中心编写了《习近平新时代中国特色社会主义思想在浙江的萌发与实践》《习近平科学的思维方法在浙江的探索与实践》（浙江人民出版社，2021）两部著作，集中展现了习近平在省域层面对中国特色社会主义的理论创新和实践探索，深刻反映了习近平的深邃政治智慧、卓越战略远见、高超领导方法、务实工作作风；围绕"八八战略""重要窗口""共同富裕"等编撰出版"读懂""问答""三读"系列通俗读物，在阐释解读新思想上形成了一批特色成果。①

（三）宣传手段多措并举

为加快推进"两个高水平"建设提供更有力的舆论支持，浙江始终高度重视对"三个地"故事的讲述，采取了多措并举的宣传手段。一是打造

---

① 《着力构筑新时代理论高地》，今日浙江网，2021年9月15日，https：//www.jrzj.cn/art/2021/9/15/art_ 510_ 11516.html。

了两个重点理论平台，即"三个地·理论周刊""中国共产党为什么能"电视理论专栏。二是重视文艺宣传。2020年3月，浙江省文化和旅游厅部署开展了包括舞台艺术各门类的大型作品在内的"三个地"主题文艺精品创作活动。除此之外，金华市文化馆举办了"三个地"主题采风写生作品展；浙江展览馆举办了"献礼祖国——浙江美术书法创作精品展览"，展出了《伟大启航》《浙江三地》《八八战略》《枫桥经验》等展现浙江作为"三个地"的作品。三是以书为媒讲好"三个地"故事。2021年12月，由浙江摄影出版社出版的《潮起浙江》以图片方式艺术解读浙江"三个地"，全方位展示了浙江人民在中国共产党的带领下改革奋斗的百年光辉历程、伟大成就和宝贵经验。

（四）注重与主题教育结合

结合"不忘初心、牢记使命"主题教育、党史学习教育、学习贯彻习近平新时代中国特色社会主义思想主题教育，发挥浙江"三个地"政治优势是值得借鉴的浙江思路、浙江做法。2019年，在"不忘初心、牢记使命"主题教育中，浙江充分发挥"三个地"政治优势，与时俱进加强理论武装，引导党员读原著学原文悟原理，深切体悟新思想在浙江的萌发历程和生动实践，把学习贯彻新思想与浙江改革发展实践结合起来，与大力弘扬红船精神、浙江精神贯通起来，动员党员干部学懂弄通、真信笃行。[①] 2021年，浙江作为"红色根脉"，以"三个地"的政治站位和政治担当开展党史学习教育。在党史学习教育中，充分运用红色资源，开展以"我在'三个地'学党史"等为主题、具有浙江省域特色的学习活动，学习教育具有更强的生命力。[②] 2023年，在学习贯彻习近平新时代中国特色社会主义思想主题教育中，浙江坚决扛起"新时代全面展示中国特色社会主义制度优越性

---

① 《以"三个地"使命担当，书写高质量发展答卷——浙江深入开展"不忘初心、牢记使命"主题教育综述》，《浙江日报》2020年1月9日，第1版。
② 《守好"红色根脉"打造"浙江样板"——〈关于开展党史学习教育的实施工作方案〉解读》，《浙江日报》2021年3月29日，第2版。

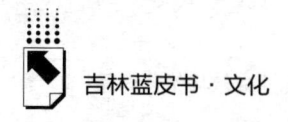

重要窗口"的政治责任,紧密结合实际,以"循迹溯源学思想促践行"活动开展理论学习,把主题教育开展得有"红船味""浙江味""新时代味",推动主题教育走前列做示范。

四 吉林"三地三摇篮"红色标识传播的优化对策

在未来的工作中,应以在中国式现代化进程中推动吉林全面振兴全方位振兴为契机,以赓续红色文化、激活红色文化孕育的持久生命力和强大感染力为目标,进一步深入阐释吉林"三地三摇篮"红色标识的历史文化内涵,增强吉林"三地三摇篮"红色文化的吸引力和影响力。在具体的实施阶段,应努力做好以下几个方面的工作。

(一)加强理论研究阐释

吉林省的哲学社会科学力量雄厚,在理论研究阐释、将理论研究融入经济社会发展的实践中,吉林哲学社会科学工作者为推动吉林全面振兴全方位振兴提供了智力支持。因此,优化吉林"三地三摇篮"红色标识传播路径首先要聚合党校(行政学院)、高校、社科院、党政研究机构等系统哲学社会科学研究人员的力量,发挥他们主力军的作用,对标研究阐释党的创新理论的使命责任和理论自觉,将对"三地三摇篮"历史文化内涵、时代价值的挖掘、研究、阐释作为重点课题,不断推出有分量、有价值、有影响的理论研究成果,为吉林"三地三摇篮"红色标识传播提供学理性的支撑。

(二)推出文艺创作精品

红色文艺作品是讲述红色故事、传承红色基因、传播红色文化的重要载体。通过红色文艺作品,把吉林"三地三摇篮"的故事讲得更精彩,吉林"三地三摇篮"红色标识才能传播得更广泛深远。一是创作反映东北抗联浴血奋战、东北解放战争吹响东北解放号角、抗美援朝保家卫国以及聚焦新中国汽车工业摇篮、新中国电影事业摇篮、中国人民航空事业摇篮题材的文学作品。二是创作"三地三摇篮"相关影视作品。借鉴电视剧《人世间》、电影《狙击手》的成功经验，邀请知名导演、编剧、演员，围绕"三地三摇篮"红色资源提炼英雄的故事、革命的故事、党的故事。三是继续依托吉剧振兴工程、京剧高派基地建设工程等创造群众喜闻乐见的吉剧、话剧、舞剧等戏剧作品。2023年"吉林戏剧节"展演的红色题材的京剧《杨靖宇》、话剧《徐振明》收效良好。四是创作绘画、雕塑、摄影、书法艺术作品，通过组织举办"三地三摇篮"主题作品展，提升吉林"三地三摇篮"红色标识的传播度。

（三）拓展多元传播路径

为进一步加强吉林"三地三摇篮"红色标识的吸引力、感染力和影响力，须拓展吉林"三地三摇篮"红色文化传播的路径。一要加快构建全媒体传播格局。利用"学习强国""吉林学习平台"搭建"三地三摇篮"专有云平台，模仿《人民日报》全媒体平台"中央厨房"传播场的功能，使其作为传播根据地实现纸媒、门户网站、社交平台、移动客户端等不同平台的联动，提高传播效率，形成传播合力。二要综合运用全媒体宣传手段。随着移动互联网的普及，短视频平台、网络直播等成为人们最为喜爱的消费娱乐方式之一。吉林"三地三摇篮"的宣传应契合全媒体时代的传播节奏，突出宣传内容的独特之处，通过留言、转发、点赞等提高参与度，将"三地三摇篮"故事融入日常生活、融入年轻人心间。如短视频《红星照耀中国》深受"90后""95后"的喜爱；南通市崇川区"红色主播"化身志愿者，开创了"互联网+公益"服务新模式。三要依靠技术精准赋能。建设"三地三摇篮"大数据库，打造数字展馆，通过沉浸式体验提升"三地三摇篮"红色文化传播效果。如2023年2月，博乐信息通过运用元宇宙混合现实科技，全新推出了元宇宙红色文化数字空间——"红船殿堂"，通过打造"场景化、互动化、趣味化"的元宇宙数字空间，为红色文化传播插上了技术的翅膀。

（四）与旅游产业融合发展

党的二十大报告明确提出要"坚持以文塑旅、以旅彰文，推进文化和旅游深度融合发展"。因此，推动"三地三摇篮"红色文化与旅游产业融合发展，是传承优秀红色文化的重要途径。一是要结合"三地三摇篮"红色资源空间分布特点，打造诸如东北抗联主题游、解放战争主题游、抗美援朝主题游以及汽车工业、电影事业和航空事业主题游等特色红色主题旅游线路，同时将其纳入吉林省红色旅游线路和红色旅游地（旧址）的规划中。二是要与消夏节、农博会、汽博会、电影节、东北亚博览会、冰雪节、航空展等相结合，实现"三地三摇篮"红色旅游和其他旅游业态如工业旅游、研学旅游、会展旅游、乡村旅游等的融合。三是要推动"三地三摇篮"红色要素与游戏、动漫、文创等跨界融合。如借鉴中共一大纪念馆为迎接建党百年推出文创品牌"一大文创"、开发覆盖十大领域的文创产品、在售330个SKU的成功经验，推出一批特色文创产品。

（五）与主题教育紧密结合

红色文化具有育人育心、铸魂固本的功能。在学习贯彻习近平新时代中国特色社会主义思想主题教育实践中，发挥吉林"三地三摇篮"红色文化的育人铸魂功能，传承红色基因，赓续红色血脉，才能推动主题教育持续走深走实、取得更大成效。一是要深入学习贯彻习近平总书记关于用好红色资源、传承红色基因的重要讲话重要指示精神，紧密结合开展主题教育，努力讲好吉林"三地三摇篮"的故事。二是要实地参观与"三地三摇篮"相关的遗址、陵园、旧址、陈列纪念馆等，接受红色教育，进一步坚定理想信念、提升思想境界、加强党性锻炼。三是要进一步推动实践运用，从"三地三摇篮"展现的精神中汲取奋进力量，在加快推动吉林全面振兴全方位振兴中贡献力量。

参考文献

中共吉林省委宣传部、中共吉林省委党史研究室编《三地三摇篮——吉林六大红色标识》，内部资料，2022。

庄严：《关于进一步加大我省"三地三摇篮"社会宣传和开发力度的建议》，《吉林人大》2023 年第 6 期。

国莉莉、曲向东：《浅谈"三地三摇篮"红色标识的时代价值与开发利用》，《新长征》（党建版）2023 年第 7 期。

何显明：《"三个地"书写浙江精神的历史谱系》，《今日浙江》2019 年第 19 期。

曾骊：《互联网新技术背景下浙江"三个地"传播体系的活化研究》，《观察与思考》2020 年第 8 期。

朱国贤：《着力建设与浙江"三个地"相适应的"四个高地"》，《党建》2020 年第 1 期。

B.17
吉林省西部红色文化资源保护利用现状与提升对策

曲芳艾*

摘　要： 红色文化体现了中国共产党的理想信念和精神追求，是推进中华民族伟大复兴的强大精神动力。吉林省西部红色文化资源具有其独特性和重要价值。加强吉林省西部红色文化资源的保护和利用具有重要现实意义。通过实地调研，本文对吉林西部地区红色文化资源保护利用现状及存在的问题进行分析，提出深入挖掘吉林西部现存重要红色文化资源、逐步确立开发利用统筹管理机制、拓宽红色文化项目融资渠道、提高红色文化知名度、强化人才队伍建设等对策建议。

关键词： 吉林省西部　红色文化资源　文化标识

红色文化是中国共产党领导广大人民群众与人民军队在新民主主义革命实践中形成的，并在社会主义革命和建设时期、改革开放和社会主义现代化建设新时期、中国特色社会主义新时代不断创新发展的中国特色社会主义先进文化。而红色文化资源，是指与红色文化相关的人、事、物及其所承载的精神财富。这种精神财富在实现中国式现代化的道路上必不可少，需要我们世代传承并加以弘扬。习近平总书记多次强调，要把红色资源利用好、把红色传统发扬好、把红色基因传承好。吉林西部毗邻内蒙古、黑龙江省，为三

---

* 曲芳艾，吉林省社会科学院马克思主义研究所研究员，主要研究方向为马克思主义中国化。

省交界之地，历史上是重要的交通要塞，为吉林省西部重要的红色旅游窗口。加强对吉林省西部红色文化资源的保护和利用，传承好红色文化，意义十分重大。

一 吉林省西部红色文化资源分布状况

吉林省西部地区主要指白城市、松原市、四平地区的双辽市三地。吉林西部红色文化资源种类齐全，资源较为丰富，记载、见证了中国共产党带领吉林人民为争取民族解放、建立新制度的奋斗历程。

据统计，白城市红色文化资源中，不可移动文物主要有17处：旧址3处，纪念馆、事迹展馆2处，陵园6处，纪念碑、纪念塔、纪念地、烈士墓等6处（见表1）。

表1 白城市红色文化资源（不可移动）

序号	名称	级别	地区	备注
1	中共辽吉省委旧址	省级文物保护单位，省级中共党史教育基地	洮北区	保存完整
2	中共辽吉省委旧址纪念馆	省级文物保护单位，省级中共党史教育基地	洮北区	保存完整
3	辽北省政府旧址	省级文物保护单位	洮北区	保存完整
4	白城市烈士陵园	国家级爱国主义教育基地	洮北区	保存完整
5	毛泽东塑像（白城市人民政府）	县级文物保护单位	洮北区	保存完整
6	白城抗洪纪念塔	县级文物保护单位	洮北区	保存完整
7	纪英林模范事迹展馆	省级未成年人思想道德教育示范基地	洮北区	保存完整
8	天恩地局	省级文物保护单位	洮南市	保存完整
9	骆、马、周三烈士墓	县(市)级文物保护单位	大安市	保存完整
10	大安市烈士陵园	县(市)级文物保护单位	大安市	保存完整
11	安广镇烈士陵园	未定级	大安市	保存完整
12	通榆县烈士陵园	省级爱国主义教育基地	通榆县	保存完整
13	瞻榆镇烈士陵园	县级文物保护单位	通榆县	保存完整
14	镇赉县烈士陵园	市级爱国主义教育基地	镇赉县	保存完整

续表

序号	名称	级别	地区	备注
15	郝福茂、赵德民革命烈士纪念碑	县级爱国主义教育基地	镇赉县	保存完整
16	孙长华烈士牺牲纪念地	县级文物保护单位	镇赉县	城市中心
17	三十二烈士牺牲地	县级文物保护单位	镇赉县	农村耕地

资料来源：根据白城市委党史研究室、白城市文广旅局提供的相关资料，吉林省公布的第一批、第二批《吉林省革命旧址名录》《吉林省东北抗日联军旧址名录》《吉林省馆藏珍贵革命文物名录》等分析整理。

白城市馆藏革命文物32件，其中一级文物8件，二级文物10件，三级文物14件。较为著名的红色遗址中共辽吉省委、辽北省政府是解放战争时期中共在吉林省白城地区设立的最高党政机构。当年从西部直接威胁国民党统治的中心区长春、沈阳、锦州等地，为吉林解放乃至东北解放战争的胜利做出了巨大贡献。辽吉省委、辽北省政府旧址，作为陶铸、阎宝航等老一辈无产阶级革命家开展革命工作的纪念地、见证物，2016年被列入全国红色旅游经典景区。白城市主要的革命人物事件有29件，① 新中国成立后的英模人物有救死扶伤的黄慧生、吉林省劳动模范成盛三、公安英烈芮志江。红色文艺作品主要有，马加的小说《开不败的花朵》；麦新的歌曲《大刀进行曲》，凌霞的歌曲《从黑暗到光明》《黑暗曲》《进步赞》《天亮了》等。

松原市毗邻白城市东部长春市西部。"十三五"时期吉林省红色资源普查中，松原市不可移动革命文物主要有18处：陵园4处，旧址遗址4处，纪念碑、纪念塔5处，烈士墓5处（见表2）。

表2　松原市红色文化资源（不可移动）

序号	名称	级别	地区	备注
1	营造百万亩森林纪念碑	市级文物保护单位	长岭县	保存完整
2	扶余市烈士陵园（扶余县烈士陵园）	市级文物保护单位	扶余市	保存完整

---

① 中共白城市委党史研究室编《白城党史人物》，内部资料。

续表

序号	名称	级别	地区	备注
3	苏联红军烈士墓（宁江区烈士陵园）	县级文物保护单位	宁江区	保存完整
4	陶赖昭中共特支党的活动旧址	未定级	扶余市	保存完整
5	前郭县烈士陵园	市级文物保护单位	前郭县	保存完整
6	九连事件遗址	市级文物保护单位	乾安县	保存完整
7	乾安县烈士陵园	市级文物保护单位	乾安县	保存完整
8	长岭县烈士陵园	市级文物保护单位	长岭县	保存完整
9	东北民主抗联军三师十旅二十八团烈士纪念塔	县级文物保护单位	宁江区	保存完整
10	后官烈士墓	县级文物保护单位	宁江区	保存完整
11	互助烈士墓	县级文物保护单位	宁江区	保存完整
12	罗斯屯烈士墓	县级文物保护单位	宁江区	保存完整
13	溪浪河烈士墓	县级文物保护单位	宁江区	保存完整
14	安字烈士纪念碑	县级文物保护单位	乾安县	保存完整
15	兰字烈士纪念碑	县级文物保护单位	乾安县	保存完整
16	水字烈士纪念碑	县级文物保护单位	乾安县	保存完整
17	大獾子洞惨案地	未定级	扶余市	保存完整
18	高家粉坊惨案地	未定级	扶余市	保存完整

资料来源：根据松原市委党史研究室、松原市文广旅局提供的相关资料，吉林省公布的第一批、第二批《吉林省革命旧址名录》《吉林省东北抗日联军旧址名录》《吉林省馆藏珍贵革命文物名录》等分析整理。

松原市馆藏一般革命文物115件：腰带1件，锦旗1件，电台1件，刀具10件，毛主席瓷像、像章102件。在松原市红色文化资源中，长岭县营造百万亩森林纪念碑、扶余市烈士陵园、苏联红军烈士墓（宁江区烈士陵园）、陶赖昭中共特支党的活动旧址，被公布为吉林省省级革命旧址。松原市文物管理所被纳入"东北革命文物保护利用联盟暨红色景区联盟"成员单位。在抗日战争时期、解放战争时期和抗美援朝时期，松原市英雄事迹共23件，其中1件为口述。

双辽市隶属四平市，位于四平市西部，属吉林省西部地区之一。双辽市红色文化资源较匮乏，不可移动文物主要有12处。其中，双辽市烈士纪念碑位于双辽市辽西街道电厂社区东风村西南角，陵园路北侧，双辽市烈士陵园院内。纪念碑是1947年中国人民解放军东北军区西线后勤战地全体指战员修建的，1969年迁移复建，新建陵园占地面积2万平方米，每逢清明节双辽市党政机关干部及各界群众都到这里举行祭扫活动，缅怀先烈；"四·一"惨案纪念地已修建民宅；西满分局旧址、辽吉省委旧址、胜利报社旧址三处红色文化遗址早些年已拆除，只留空地（见表3）。

表3 双辽市红色文化资源（不可移动）

序号	名称	级别	地区	备注
1	双辽市烈士纪念碑	县级文物保护单位	双辽市	保存完整
2	双辽革命烈士陵园	县级文物保护单位	双辽市	保存完整
3	铁路职工殉职纪念碑	县级文物保护单位	双辽市	保存完整
4	王奔烈士纪念碑	未定级	双辽市	后修复
5	双山镇烈士纪念碑（双山收复战）	未定级	双辽市	保存完整
6	卧虎镇烈士纪念碑	未定级	双辽市	保存完整
7	服先镇烈士纪念碑（服先堡突围战纪念地）	未定级	双辽市	保存完整
8	茂林镇烈士纪念碑（茂林收复战）	未定级	双辽市	保存完整
9	"四·一"惨案纪念地（四一街）	未定级	双辽市	现民居
10	西满分局旧址	未定级	双辽市	已拆除
11	辽吉省委旧址（中共辽北省一地委）	未定级	双辽市	已拆除
12	胜利报社旧址	未定级	双辽市	已拆除

资料来源：根据四平市文化广播电视和旅游局所提供的数据资料、吉林省公布的第一批、第二批《吉林省革命旧址名录》《吉林省东北抗日联军旧址名录》《吉林省馆藏珍贵革命文物名录》等分析整理。

目前，双辽市暂无馆藏革命文物。双辽市红色故事主要有"王奔烈士的故事""吕正操及警卫团在双辽""双辽籍革命活动家陈涛"等。①

---

① 双辽市文物管理局提供。

二 吉林省西部红色文化资源保护和利用现状

吉林省委省政府高度重视西部红色文化建设工作。2020年7月22日，习近平总书记视察吉林省四平市时作出重要指示："一定要把红色资源利用好，把爱国主义教育基地建设好，作用发挥好。"省委省政府精心部署，明确了"全国红色文化旅游高质量发展示范区"的发展定位、打造全国红色地标城市、建设全国党员干部教育基地的工作目标，确保总书记重要指示精神落地见效。吉林省西部地区全面加强红色文化研究与保护、红色规划引领、升级改造红色文化场馆等工作，推动了红色文化与干部教育、旅游发展有机融合，打造红色文化高地，传承红色基因，为吉林省振兴发展凝心聚力。

（一）升级改造红色文化旧址、场馆等设施成效显著

白城市委市政府于2022年2月正式启动中共辽吉省委旧址的恢复保护与建设工作，11月1日中共辽吉省委旧址纪念馆正式建成并投入使用。该纪念馆的建成，填补了吉林省西部革命旧址类党史教育基地的空白。2018年，洮北区文物管理所申请辽北省政府旧址修缮工程资金，批复103万元，用于维修墙体、门窗、屋面与屋架、室内设施以及屋面瓦更换等，现已竣工。洮南市天恩地局见证了解放战争时期辽吉省委初创阶段的红色历史，陶铸、郭述申、阎宝航、李富春等老一辈革命家都曾在这里办公生活。2022~2023年，洮南市启动实施天恩地局展陈提升工程。辽吉洮南根据地红色主题纪念馆展览150余幅珍贵历史照片和文献资料，线上线下年平均接待参观群众10万人次以上。2019年，由吉林省退役军人事务厅拨付专项经费，对洮北区烈士陵园的烈士纪念碑、陵园大门、接待室等部分设施进行修缮；2020年，通榆县烈士陵园扩建陈列馆192平方米，陈列馆现有面积452平方米，再现了先烈们不畏艰险、前赴后继、浴血战斗的历史画卷和革命先烈的丰功伟绩。每年有大批党员干部和群众前往通榆县烈士陵园开展参观、缅

怀活动。为更好地对其保护利用，通榆县烈士陵园计划向新址搬迁，相关前期工作正在开展中。镇赉县改建县烈士陵园，现占地面积约11000平方米，纪念设施齐全，安葬了39位英烈骨灰，已成为镇赉县重要的爱国主义教育场所，先后被评为市爱国主义教育基地、县文物保护单位、县关心下一代委员会教育基地、县少先队校外实践教育基地，2021年12月，被白城市人民政府列入市级烈士纪念设施进行保护管理。

（二）积极推动"红色文化+旅游"融合发展

近年来，松原市将红色文化与旅游产业紧密结合，走出了一条"红色文化+旅游"整合发展之路。松原市将查干湖景区（查干湖引松纪念碑）纳入全省"生态湿地线路"当中；将"松原市红色旅游线路"，即扶余市陶赖昭中共特支党的活动旧址—前郭县烈士陵园和查干湖引松纪念碑—长岭县营造百万亩森林纪念碑，纳入吉林省红色旅游精品线路当中。2022年，松原市依托前郭县烈士陵园，成功推介郭尔罗斯草原（郭前旗蒙古骑兵团诞生的草原）入选国家文物局、国家林草局公布的国家第一批红色草原。依托这些红色资源松原市红色文化旅游产业得到进一步发展。

（三）有效发挥革命旧址的党史教育及爱国主义教育基地功能

白城市中共辽吉省委旧址纪念馆开馆以来，有效发挥党史教育基地功能，有序接待了各级机关和企事业单位党员干部、部队官兵、青少年学生等参观瞻仰纪念馆，了解辽吉省委历史，增强历史自信，传承红色基因。目前累计接待各级部门（单位）干部群众16500余人次参观学习。在白城市洮北区烈士陵园内，坐落着鹤城英雄纪念碑、革命烈士陈列馆、卧式墓群以及一座马仁兴烈士雕像，这里被省政府定为"吉林省国防教育基地"、省少工委"吉林省少先队体验教育基地"、白城市秀美城市生态景点之一，2009年被评定为国家级爱国主义教育基地。2002年移地新建以来，先后接待省、市各级领导近百次，承办社会各界悼念活动600余次，参观群众18000余人次。白城市纪英林模范事迹展馆位于洮北区查干浩特旅游经济开发区，占地面积108平方米，2018年建成，展馆内共收集图片200余张，文字1500余字，2019年投入使用以来，组织机关干部参观2000余人次，接纳研学旅游学生10000余人次、社会团体8000余人次，充分发挥了展馆的教育作用。白城市镇赉县新民康社区党群服务中心，打造了以中国共产党人精神谱系为主要展示内容的红色教育展厅，推动了党员干部红色教育培训提质增效。

（四）挖掘红色文化新时代内涵并加强宣传推广

白城市为深挖中共辽吉省委旧址这一红色资源，白城日报融媒体平台与白城市委党史研究室联合摄制了12集专题片《追寻红色记忆 聆听历史回音·中共辽吉省委旧址纪念馆系列讲解》，并号召各部门工作人员广泛转发，让干部职工们足不出户就能全面参观，丰富了党史学习教育的形式，不断深化拓展党史学习教育，更好地发挥纪念馆资政育人的教育功能。白城市为充分挖掘白城地区红色地名文化资源，讲好红色地名故事，全面搜集白城地区内的红色遗址和红色地名，挖掘背后的历史故事，编辑出版了《白城红色遗址·红色地名概览》《白城党史人物》。《白城党史人物》以民主革命时期党在白城地区的历史为主线，以党史代表人物的活动为中心，以发生在白城地方的大事、要事为重点，真实反映了白城地区各级党组织和广大党员干部在领导人民进行革命、建设和改革实践中创造的辉煌业绩，真实反映了白城人民饱经磨难，自强不息，从黑暗走向光明的奋斗历程。

（五）绘就红色蓝图，规划未来发展

吉林西部三地为保护和利用好红色文化资源，积极响应上级的有关红色文化资源保护措施，并根据本地区实际情况出台、谋划发展蓝图。白城市委市政府印发的《2023年全市重点工作清单》中，有由大安市委宣传部、市文广旅局牵头，开展"2023吉林消夏避暑休闲季"等系列活动，以及开发乡村游、红色游、研学游、边境游等精品线路。以农文旅融合为主攻方向，以大项目建设带动旅游业大发展，加快恢复文旅消费，创建旅游休闲城市。

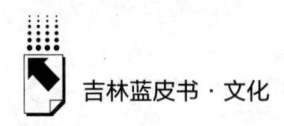

精心打造一批串点成链的精品乡村旅游点，叫响吉林"醉美乡村"旅游品牌，加大革命文物和文化遗产的保护力度。

2022年，松原市印发了《松原市文化事业发展十四五规划》，专门部署了革命文物保护利用工作，拟推动实施扶余市陶赖昭中共特支党的活动旧址、长岭县营造百万亩森林纪念碑等2个展示项目，目前两个项目已被纳入吉林省革命文物保护利用规划纲要。

四平市为充分利用好红色资源，编制完成《四平市红色旅游发展规划（2021-2035）》，确定了"馆城一体、山城协同、一路贯通"的总体发展格局。即到2025年，初步建成山城协同的红色文化旅游高质量发展示范区，建成国内一流红色文化旅游胜地，实现年接待红色旅游人次突破300万人次；到规划末期，全面建成全国红色文化旅游高质量发展示范区。2021年5月17日，《四平市红色旅游发展规划（2021-2035）》经市委深改会审议通过，由各地、各相关部门共同推进实施。

三 吉林省西部红色文化资源保护和利用存在的问题

吉林省西部三地红色文化资源保护利用工作取得了一定成效，但与国内先进地区相比仍存在差距，红色资源开发尚未形成体系。尽管省、市、县各级政府下大力气打造红色地标，但红色文化资源开发尚未形成有效的产业链，市场化运营尚未形成良性循环，活跃经济的作用仍不明显。红色文化资源的挖掘、利用、整合和深层魅力、现实价值的深度开发还有很大发展空间。存在的主要问题如下。

（一）红色文化资源的保护缺乏系统性

一是缺乏持续的资金保障系统。目前各级财政都面临资金不足情况，导致修缮、新建相关设施资金投入不足，存在省市资金无法全面到位的困境。二是缺乏各部门的统筹协作系统。红色资源保护和传承并非文物或相关职能管理部门能够独立承担的职责,需要自然资源、住建、财政等部门共同承担,各部门对红色文化资源的保护职责边界划分还不够细化。

(二)群众文化基础薄弱,红色文化资源保护意识不强

吉林西部许多红色文化遗址在城市建设中被拆除,部分遗址损毁严重,濒临倒塌。另外,偏远区域当地对红色资源的挖掘、保护的重要性认识较晚,导致本就数量较少的红色资源,只有故事而没有承载故事的实物载体,如故居、纪念馆等。红色文化遗址不可再生,它们的消失将使历史的传承失去鲜活的律动,若不加以保护,将会越来越少,甚至逐步消失。此外,许多群众对抗战历史知之甚少,所知大多为口口相传,对存在的文物建筑不了解,只知其一而不知其二,只知其为革命旧址,却不知其革命时期的战略意义和重要性,对文物建筑的保护意识尚待加强。

(三)红色文化资源挖掘深度不够,缺乏吸引力和影响力

吉林省西部地区在红色文化资源保护方面基础较薄弱。目前,县级的红色文化资源多以烈士陵园、烈士牺牲地为主要内容,如白城市镇赉县、通榆县在开展红色文化活动时,只能以参观、瞻仰、纪念为主要内容,缺乏吸引力和影响力,难以满足红色文化旅游资源的发展需要。白城市洮南市天恩地局,最近两年因整体修缮,游客较少。洮南市是"百年古城",是曾经的辽吉省委旧址所在地,也是如今锦州医科大学的摇篮,红色资源异常丰富,但该地红色资源的开发明显滞后,展示到观众眼中的仅仅是展板上的图片和文字,不能做到专业展馆的动静结合。有的地方对红色资源研究不足,好资源难以讲出好故事。存在红色文化产品雷同、景区服务不到位等问题。

(四)保护红色文化资源的法律法规有待进一步完善

红色文化资源的明确界定,是对红色文化资源进行有效保护的前提条件。从近年来红色资源保护工作实际情况来看,红色资源具体界定、革命文物具体确定依据仍不够明确。目前,针对吉林西部红色资源的保护和执法缺

乏专项法律依据。许多地方缺乏保护革命文物的法律条款和破坏革命文物的处罚措施,如有些地方对不可移动革命文物,并未以先确定不可移动文物为革命文物,再依据不可移动文物级别(国、省、市、县、未定级)进行保护这样的程序执行。

(五)相关专业人才较为缺乏

红色文化遗址保护是一项专业性较强的工作,吉林西部红色文化建设中缺乏大量相关的可用人才。例如,白城市洮北区缺乏文物保护、遗址修复的专业人才;镇赉县党史办人员虽然不少,但都是内部其他科室转来的,新招录的专业对口人员多年没有;通榆县烈士陵园、瞻榆镇烈士陵园两处均缺乏专业讲解员等专业人员,通榆县烈士陵园经常只有一名讲解员,有时需要从其他部门借调人员进行讲解,瞻榆镇烈士陵园有时甚至没有讲解员。其主要原因是,红色文化研究力量比较薄弱,针对吉林西部历史及红色文化建设开展的学术活动、课题及成果都较欠缺。伴随着数字化、信息化技术的发展,红色文化资源保护和利用方面的专业型、技术型人才也较为紧缺。

四 提升吉林省西部红色文化资源保护和利用的对策建议

(一)加强对红色文化资源的普查,深入挖掘吉林西部现存重要红色文化资源

一是逐步为现存红色文化资源进行文物保护单位级别认定,分批次申请国家和省级专项资金,对红色文化资源有计划、分批次修缮和保护。对需要修缮的文保单位申请专项资金修缮。二是结合实际确定革命文物保护措施及其立法。立法过程中予以明确标准解释,为后续保护工作提供法律支撑。三是充分发挥专家、学者、老党员的作用,积极为吉林西部地区红色资源的研

究建言献策。根据尊重历史、缅怀先烈、摸清底数的原则,建议各县(市、区)组建党史研究专业队伍,深入挖掘吉林西部红色文化资源,让党员干部在红色教育中接受深刻的革命精神洗礼,激发干事创业的正能量。

(二)加强组织领导,逐步确立开发利用统筹管理机制

一是参考政府部门文物保护职责边界划分,确定革命文物保护各部门的职责。二是加强各县(市、区)与当地文广旅局、教育局、退役军人事务局等部门沟通联系,探索建立红色资源开发利用统筹机制,努力形成联动工作力量。三是利用烈士陵园、红色教育展厅等资源,定期组织党政机关、企事业单位和社会团体开展向党旗、国旗宣誓,重温入党誓词,参观祭扫活动,开展英烈事迹进校园爱国主义教育,开展党史进社区活动,为社区、学校等捐赠党史各类书籍,举办党史图片展,组织观看文献纪录片,撰写心得体会等,努力传承红色文化精神。

(三)引入市场运行机制,拓宽红色文化项目融资渠道

一方面,依托已经成立的旅投集团,按照谁投资、谁经营、谁受益的原则,整合红色资源,实行市场化运作,以保护红色文化资源为出发点,以打造红色旅游产业链为落脚点,形成红色文化资源保护与红色资源开发利用的良性循环,以红色资源为依托发展红色文旅产业,以红色产业带动经济增长。另一方面,积极争取项目资金和社会资金,增加文物保护单位进行红色文化遗址维护工作的使用资金。

(四)发挥舆论宣传作用,提高红色文化知名度

吉林西部红色资源大多地处偏僻地区,这些地方的经济较落后,其红色文化产品的知名度相对较低。首先,应注重红色氛围营造,加大宣传力度。依托网站、报刊、微信公众号等新媒体,做好红色舆论宣传,提升社会各界对吉林西部红色文化资源的认知了解。其次,结合党组织共建、结对帮扶、重要纪念活动等,主动走出去,向机关、社区、学校、农村等领域赠送一批

反映吉林西部党史、地方史的书籍，宣传党领导人民进行革命、建设和改革的伟大实践，提高吉林西部红色文化的知名度和影响力。最后，要抓住亮点，突出特色，打造具有独特性和经典性的西部红色文化品牌，做到有址可寻，有物可看，有史可讲，有事可说，让静止的文物活起来。在吉林省"三地三摇篮"六个红色标识之外，进一步扩展或建立新红色标识体系。例如，结合长岭县营造百万亩森林、国家级红色草原"郭尔罗斯草原"、查干湖生态保护等新旧生态保护事迹与习近平总书记"两山"理论，建立吉林西部红色生态保护标识体系。

（五）强化人才队伍建设，为吉林西部红色文化建设提供智力支持

红色文化的建设离不开一支高素质、有经验的人才队伍。一方面，要进行专业化的培训，提高从业人员的整体素质。与各科研机构、高等院校、党史研究单位、学校、博物馆等加强合作、交流、相互学习。选派优秀人员去红色文化资源开发经验丰富的地区考察、学习和培训，使相关人员的专业素质得到逐步提高。另一方面，应适当增加红色文化人员编制，为他们提供较好的工作待遇和生活环境。用比较优厚的待遇吸引高等院校相关领域的优秀毕业生来工作，充分发挥他们的专业特长，让更多优秀的专业人才参与红色文化的传承与保护。

公共文化服务

B.18
吉林省公共文化新空间发展研究

隋滨竹*

摘　要： 伴随经济高速发展和城镇化进程不断深入，城市居民对休闲、娱乐、社交等文化生活需求不断增长，传统公共文化空间已经不能满足实际需求，一些新型空间应运而生。本文通过查阅梳理文献和实地调研，对相关理论、吉林省公共文化新空间发展现状，以及部分发达省份经验做了系统梳理与研究，提出了保障基础阅读空间、构建地域特色空间、打造多业态服务空间，以及盘活场所资源，引入社会力量多元共建等对策建议。本文对进一步深入挖掘公共文化新空间发展潜力、传承城市文化和推动文旅融合发展具有一定现实价值。

关键词： 吉林省　公共文化新空间　文化传承　文旅融合

---

* 隋滨竹，吉林省社会科学院哲学与文化研究所助理研究员，主要研究方向为传统文化现代化、区域发展与现代服务业。

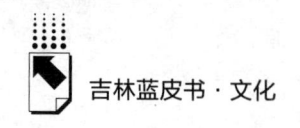

一 公共文化新空间建设的内涵

（一）公共文化新空间的定义

"公共文化新空间"是两个概念的合一。其中，公共空间是城市中供全体公众共同所有、共同使用的空间，如街道、广场、公园、步行街等，能够满足居民日常社交、文化、休闲和运动等方面需求，在工作之后放松身心，促进城市居民之间的交流和互动；"文化空间"首次出现在联合国教科文组织保护人类口头和非物质文化遗产的条例中，是城市中承载其物质属性和精神文化传承的载体，是文化价值和精神价值的统一综合体。① 公共文化新空间在一定程度上体现了一个城市的发展脉络和内涵，在推动公共设施建设、打造创新性文化载体、营造舒适和谐的生态文化空间以及树立城市品牌形象上具有重要价值。

（二）公共文化新空间的建设背景

近年来，国家不断关注公共文化新空间建设工作。中共中央办公厅、国务院办公厅专门印发了《关于加快构建现代公共文化服务体系的意见》②，对公共文化建设提出了明确的、清晰的、具体的、可实施的指导意见，在全国各地引起关注和反响，公共文化新空间建设开始纳入城市发展中。而后，中共中央办公厅、国务院办公厅印发了《关于实施中华优秀传统文化传承发展工程的意见》（中办发〔2017〕5号），提到进一步深

---

① 向云驹：《论"文化空间"》，《中央民族大学学报》（哲学社会科学版）2008年第3期，第88页。
② 2015年1月14日，中共中央办公厅、国务院办公厅印发了《关于加快构建现代公共文化服务体系的意见》，并发出通知，要求各地区各部门结合实际认真贯彻执行。参见《中共中央办公厅、国务院办公厅印发〈关于加快构建现代公共文化服务体系的意见〉（全文）》，中国政府网，2015年1月14日，https://www.gov.cn/xinwen/2015-01/14/content_2804250.htm。

挖城市历史文化血脉价值点，精选一批具有文化特色的代表性元素和城市名片符号，将其纳入城镇化建设和规划设计中。2018年，吉林省委办公厅、人民政府办公厅印发《吉林省实施中华优秀传统文化传承发展工程方案》，进一步细化工作职责分工，推动省内有效实施，满足人民美好生活新期待。2023年，吉林省文旅厅印发了《推进全省公共文化新空间建设行动方案》，提出坚持以人为本和服务基层、政府主导加社会参与、因地制宜并注重实效、共建共享融合发展的基本原则，对建设类型、推进路径、总体要求进行细化实施。

随着"十四五"的开局，我国公共文化新空间建设相关工作不断趋于完善。先后出台的《中华人民共和国公共文化服务保障法》《中华人民共和国公共图书馆法》，标志着公共文化服务体系和公共文化新空间所需的法律制度框架基本确立。《"十四五"文化和旅游发展规划》《关于推动公共文化服务高质量发展的意见》《"十四五"公共文化服务体系建设规划》《国家公共文化服务体系示范区公共文化服务体系绩效评价指标》等系列文件相继出台，标志着现代公共文化服务体系进入新阶段。2021年以来，国家加强了对全国公共文化领域的建设，"城市书房""城市文化广场""城市文化公园""文化驿站""社区文化站"等大小不一的项目落地建成，一批空间美化、功能优化、供给丰富、特色鲜明、保障有力、群众欢迎的公共文化新空间开门服务，与传统公共文化服务设施逐步实现功能互补、资源互通、工作互联、错位发展，打造城市15分钟、乡村半小时便民文化圈，人民群众对美好生活的向往落到了实处，公共文化服务不断向更高品质和更加多样化升级，基本文化权益以及生活的幸福感、满意度不断提升。2022年，吉林省创新开展了公共空间和特色街区建设融合工作，以商旅文融合为核心，利用公共空间打造"全新形态"，分批次推进省级特色街区改造提升，培育了长春桂林互通美食步行街、集安市高句丽边境风情街等一批"有特点、接地气、烟气浓"的公共文化特色街区。公共文化服务体系和公共服务基础建设深入推进，范围逐步扩大，品质日渐提升，图书馆、博物馆、文化墙逐渐成为一些地区的网红打卡点。

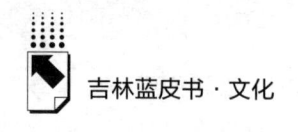

二 公共文化新空间的特点

(一)使用场景的丰富化

如果我们说城市是文化增长的机器,那么对空间进行场景营造就可以说是加速这部机器的加速器。新空间首先是建设场所的"新"。以往公共文化空间,以公共文化场馆(如图书馆、文化馆、博物馆等)为载体,而新文化空间多半设置在人群密集的地方,如城市商圈、公园、机场、车站等处。"新空间"不受传统公共文化形式的束缚,其建设空间的文化元素多样,文化、美学、新科技、新国潮、消费等都能成为新空间的构成元素。只要进行合理组合,这些元素的碰撞融合会营造出不同的场景氛围,或现代、或传统、或沉静、或动感等等,无一不给人们带来全新的沉浸式文化体验。这种人为书写的美好场景,带给人们心灵的愉悦。在这里可以实现不同业态的整合。一方面可以为受众提供更加多元化的服务,另一方面也能促进空间自身的发展,如新空间中的轻餐饮等,可以为空间带来一定的经济效益,减轻空间的运营负担。

(二)文化活动的多元化

在传统的文化活动中,一般在一个场域中,只有一种文化作为主体活动出现,像图书馆以阅读为主,博物馆以参观为主,而在新空间理念下产生的新型文化空间,不论是城市书房类,还是文化驿站类、空间体验类,更注重以人为中心,注重人在其中的体验,其文化活动往往是多元的,智慧阅读、艺术展览、大众讲堂、各业沙龙、美食轻饮等各类复合创新型文化活动包容并蓄,这些空间具有艺术韵味,对外开放、内容综合、合适优美,兼具智能化,更强调人在其中的参与度。这些新空间合理地布局在城乡居民的身边,渗透在每个人的生活中,形成个性化文化地标。

（三）参与受众的广泛化

让更多的人群成为受众，是新空间建设的一个重要目标。传统的公共文化设施提供基本的、单一的文化服务，正因为如此，与设施相匹配的特定人群参与是长期以来给人们的直观感受。公共文化新空间大幅度地改变了传统公共文化设施的这一功能定位，因其场景的多样化、内容的丰富性、形式与内容的高度融合，吸引周边各类人群产生兴趣并参与其中。很多新空间成了人们学习、休闲、体验的首选，有些极具特色的地方，还成为网红的打卡地。城市是人民所建，也应为人民服务，新空间的建设很好地诠释了文化为人民服务的思想。新型空间热度的不断升高，促进了大量体制内各类公共文化设施的转型升级，在图书馆、博物馆等地通过微调改进，特别是对新科技手段的运用，产生了一批各具特色的新型空间，这进一步推动更多的人加入其中。

三 国内部分发达省份相关经验做法

（一）北京市"寺锦·回龙观城市会客厅"

在北京市昌平区有一座古朴静谧的寺庙——玉光寺，它与周围的现代楼宇形成鲜明的对比，是由回龙观街道打造的新型公共文化空间，如今有了新的名字——"寺锦·回龙观城市会客厅"[①]。

由于周边居民希望玉光寺对外开放并为大家提供文化休闲等服务，回龙观街道经过实地调研，并经过与周边居民、专家、商户、社区多次共商，最终决定，将玉光寺建成一个为辖区居民提供展览展示、会客议事、互动体验、休闲学习的街道形象展示平台、居民议事基地和文化生活聚所。因为回龙观街道居民学历高的占比大，年轻人多，街道为了更多地紧跟新时代潮

---

① 《北京回龙观"寺锦·城市会客厅"：新型公共文化空间激活社区内生动力》，新华网，2023年7月12日，http：//www.xinhuanet.com/culture/20230712/cb951dd8e53b4294a1a6c5f1a12bca6e/c.html。

流,进而吸引更多人特别是年轻人参与其中,根据玉光寺的建筑风格,结合社区居民希望打造精品文化活动空间的诉求,设计了茶空间、艺空间、诗空间、展空间、静空间等,并以此为依托,组织了许多新奇有趣、质优多元、富有时代感的文化活动,像音乐派对、非遗手作体验、陌生人茶会等。

寺锦带给人们的不仅仅是文化的享受,还提升了居民对社区的认同度,增强了社区凝聚力,提升了居民参与社区管理的热情,打破了居民的社交壁垒,汇聚民智,寺锦成为一个社区治理的活跃交流平台。寺锦采用社会化运营模式,引入专业化运营团队和服务体系对文物空间进行公共文化服务运营,这也是新空间管理模式的突破和有益尝试。

(二)上海市"最美公共文化空间大赛"

政府搭台,让专业力量助力新型公共文化空间建设,是公共文化新空间建设中的一大亮点。在这方面,发端于上海的"最美公共文化空间大赛"成为全国的典范。

上海市浦东新区经过研究认为,新型文化空间发展的重要原则是需求导向、问题导向、效果导向,提出"设计+服务"的评判标准,力推具有"全新设计理念、全新服务内容、全新服务方式、全新服务人群、全新运营模式"的公共文化新空间,策划发起"最美公共文化空间大赛"。开展5年以来,参赛空间有3500多个,获奖空间800多个,建立了千余个最美空间样本。

大赛不但解决了基层文化空间存在的空间建设不够美、运营理念不够新、服务品质不够优、年轻群体不愿来等共同性问题,也秉持空间设计服务人民的价值取向广泛征求民意,满足了人民群众最直接的需求。同时培养了一批心中装着人民的有情怀的设计人员,这批人员为空间设计持续注入崭新创意、灵动活力及人文关怀,以此延伸,形成了优质运营服务机制。

上海经验告诉我们,人民群众在需求阶段就参与到新空间的设计建设很重要,运营团队在设计阶段就参与到新空间的设计建设很重要,这样可以充分了解使用者的需要,研判服务方向,实现公共属性的标配,对接群众的真实文化需要,并根据群众集中性的需要开拓前瞻性的功能。公共文化空间设计的要点就是空间、城市和运营的紧密结合，基层公共文化空间并不大，但与群众生活密切相连，设计应是使用者与设计者沟通的结果，只有创造群众关心、设计者贴心的局面，新空间才能起到引领文化潮流的作用。

（三）重庆市"沉浸式+"文化空间

重庆市渝中区是国家公共文化服务的示范区，该地区大胆探索，先试先行，建成了一批有颜值、有内涵的沉浸式新型文化空间。[①]

形式一：沉浸式演艺

首先是"扯馆儿"演出，"扯馆儿"即指重庆本土方言"扯拐儿"，演出主打原创，不论是故事内容，还是方言台词，都来自重庆本土生活和本土文化。100多人的演出场地，常常满座，人们开怀叫好。其次是"GAGA9"新喜剧，"GAGA9"来自重庆方言"嘎嘎酒"，意思是人生第一次表演，其表演形式更潮酷、更年轻化，有脱口秀、即兴喜剧、漫才等。观众可以点播，也可以接梗，还可以与演员互动，演员也可以走下舞台，向观众提问，带观众入戏，实现沉浸式体验。

形式二：沉浸式展间

渝中以"创造、参与、分享"为核心理念，创造共享创意展示空间。一是共享展厅，例如展出了成都摄影师的作品。二是地下展厅，将展览与地下防空洞结合，加上影像、声音，效果别具一格。三是渝中区加大力度，推动历史文化遗址的保护、改造和利用，这些旧址成为有颜有值的新文化空间。

形式三：沉浸式品读

改造重庆老的历史文化场所，使其成为展示重庆文化历史的品读所，这里有书，有老照片，有老物件，把整个重庆的文学发展史按一定的脉络展示出来。这里还有精心布置的茶几、书架、椅子，给阅读人、创作人开辟了一方独有的天地。

[①]《公共文化空间皆成"景"渝中文化体验无止"浸"》，华龙网-新重庆客户端，2023年6月30日，http：//h5.cqliving.com/info/detail/98477262.html。

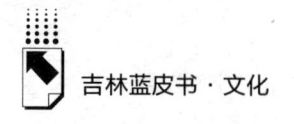

（四）三市公共文化新空间建设的几点启示

1. 顺应群众需求

公共文化新空间的建设，不是政府凭空想象、照搬照抄、一厢情愿就能做好的，而应该是在充分考虑民众需求、实际情况、历史沿革等多重要素的基础上，集思广益、顺势而行。

2. 突出高位统筹

公共文化新空间的建设避免不了会涉及多个部门、多个区域，必须政府主导，成立专门项目规划团队，全省、全市、全区一盘棋统筹考虑规划、整体设计，保证项目建设有效、有序、有利。

3. 融入地域特色

深入挖掘城市特有的历史文化资源和人文特质，在公共文化新空间建设上不主张推倒重建、不搞大拆大建，重视对老城区历史建筑保护、文化元素的提炼和新利用，只有创造根植于城市的空间环境与经营模式，才有真正的城市品牌和核心竞争力。

4. 坚持思路创新

注重信息更迭和方式方法的创新应用，在方案设计、开发建设、运营管理、建设思路上要大胆创新，广泛听取民意，积极借鉴外省市成功经验。

四 吉林省公共文化新空间发展现状

近十年来，吉林省从政策到落实上始终在实施文化惠民工程上下真功夫，将文化生活摆在重要议事日程中，全过程关注、全链条指导，全省公共文化新空间数量不断增多，质量不断提升。吉林省新文化空间建设从整体上来看，各类书屋无论是数量还是质量，都取得了较好的成果。书屋的名字不同，特色不同，建设与管理主体不同，但都突出了一个"新"字，优雅的环境、丰富的藏书、现代技术的运用、多项活动的融合，带给人们新的阅读体验。其他类型的新文化空间，尚未形成规模化，但有一些社会自发形成的典型案例，如商业与自然环境结合形成的空间、特定场所改造后开展的一些专项文化活动等。要想建成体验类空间，可以对现有体制内公共文化设施内部从美观度、舒适性等方面进行改造，增加现代科技功能，增加人机互动，增强空间科技体验感。这项工作在一些公共文化设施上已经开展，但其规模和力度依然有待加大。随着对城乡新文化空间建设理念和行动的深入，越来越多的公共文化新空间被释放出来，成为居民喜闻乐见的学习、休闲、交流、共享的新场所。同时，在公共文化新空间的建设与管理、使用方面也积累了许多成功案例和经验。

但是相比于先进省份，吉林省公共文化新空间工作还处于初级阶段，有很大的发展空间。随着信息时代扁平化，跨地域、跨阶级文化供给越来越便捷、丰富，民众对自身文化生活的期待和满足感需求也越来越高。在加快推动城乡新空间建设过程中，我们也发现了一些需要思考的问题和现象，比如部分地方简单理解为建设网红打卡点，以吸引流量为出发点和成绩见证点，忽视了公共文化新空间建设的根本目的应该是为民众打造一个茶余饭后休闲时，提升自身文化素养和展示城市文化底蕴的地方。有些打造的公共文化新空间过于追求所谓的潮流时尚前沿，不接地气、不脚踏实地，没有关注使用者的切实需求和实用性；前期投入不计成本，讲究表面的"高大上"，没有考虑长远运营维护成本，也没有考虑这样做的可持续性；等等。网红打卡总是表面的、一时的，把新空间建成为民造福的公共空间才是工作的真正目的，新空间要设计好、建设好、运维好，让老百姓实实在在地获益，需要思想的端正，更需要不断的创新方法。当前吉林省公共文化新空间工作面临的主要问题是政府主导的文化供给和公众的文化需求之间不匹配，群众在文化方面投入的时间精力与公共文化新空间发展需求体量不对等。

（一）文化设施利用率低，更新不及时

受地域发展和地方财政等多方面因素影响，吉林省农村地区公共文化新空间建设项目不多、设施破损陈旧、卫生条件差等情况还十分突出。城市地区青壮年和青少年忙于上班上学，对家附近的公共文化新空间不了

解，而中老年人出于身体原因对活动器械、运动场地和喜爱的放松类文化项目需求更高，一些地区甚至连基本活动阵地都没有，或者被挤占，利用率几近为零。

（二）文化服务内容单一，缺少吸引力

影视、二人转、演出等活动目前是较为普遍易于接受的公共文化服务内容。吉林省这类活动场所缺口较大，场次较少，特别是公益性质的"下乡文艺"等大篷车类文化活动开展较少。此外，目前公共文化服务对场地、设备有特殊需求，大部分公共文化新空间不能推行，而人群大量聚集造成交通堵塞，安全性不高，体验感不佳。在文化供给对象方面，对未成年人、残障人士、进城农民工、农村留守儿童、生活条件困难群众等群体关注少，缺少人性关怀。关注关爱儿童成长的书本、影视、演出匮乏，即便在长春也只有新年音乐会上才有极少数适合儿童的项目。图书馆的儿童阅读证要等到12岁以后才能申办，馆中适合学龄前儿童阅读的书更加少之又少，与我国先进省份相比差距极为明显，亟待更新提升。

（三）传播文化方式陈旧，模式套路化，缺少新意

目前，百姓的日常交流方式大部分已网络化，传统的见面、书信已不常见。最新国民阅读方式结果显示，2022年我国成年人日常图书阅读占信息摄取总量的45.5%，通过数码产品获取信息的为58.2%，[1]大部分的公共文化新空间中宣传展示文化的方式和应用媒介，依然是黑板报、小广播、展板等，更新时效性和便捷性不强，与互联网信息交互、群众便捷需求相比还有很大差距。从受调百姓反响情况看，展板、画报等"迎检式""形式化"的文化形式已经非常普遍，人们对此缺少兴趣，看起来热闹，色彩艳丽，但缺乏吸引力，与百姓的文化期待、服务需求不一致。

---

[1]《第二十次全国国民阅读调查结果发布 2022年我国人均读纸质图书4.78本》，京报网，2023年4月23日，https://news.bjd.com.cn/2023/04/23/10408621.shtml。

（四）文化服务主体单一，思路难创新

当前吉林省公共文化新空间建设还以政府主导、推动、执行全包式服务为主，相比于先进省份的开放式服务缺少能动性。虽然《关于加快构建现代公共文化服务体系的意见》中提出"减少行政审批项目，引入市场机制，激发各类社会主体参与公共文化服务的积极性，提供多样化的产品和服务，增强发展活力，积极培育和引导群众文化消费需求"，但受限于吉林省实际情况，政府"一体化"服务模式还要持续一段时间，多方社会力量参与的方式还处在探索阶段。其中主要原因，一是公共文化新空间专项资金严重不足，二是目前占比较少的购买服务行为"内卷化""非竞争性"等问题还不同程度地存在，这些都严重影响了公共文化新空间的效果。

五 推进吉林省公共文化新空间工作对策建议

（一）公共文化新空间建设方面

1. 保障基础阅读空间

近年来，吉林省不断加大城乡居民阅读空间建设力度，城乡阅读空间无论数量还是质量都得到了提高。阅读空间利用各种阅读渠道，延伸服务触角，让阅读融入群众生活。但依然存在基础设施建设滞后、区域覆盖不均衡、阅读理念不深入、优质阅读不充分、工作推广体系不健全、数字化阅读质量和水平不高等问题。

建议在进一步加大财政投入的同时，整合利用各方面的资源，增加市民阅读场所数量，在适合的场所建设图书角，改造或引入新设备，优化阅读环境，保障全民基础阅读空间，调整阅读场所对外开放时间，提高图书借阅服务质量，更好满足人民群众阅读需求，为公共文化服务提供便利。统筹利用现有图书馆和各类阅读书屋的图书，丰富流动图书种类，优化图书借阅流程。开展各类阅读活动，开展书香社区、书香单位建设活动。完善书屋评价

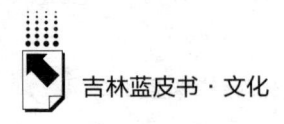

指标体系，加大评估督导力度，收集群众反馈意见，定期开展状况调查，改进阅读空间管理效益模式。

2. 构建地域化特色空间

公共文化新空间的建设和发展是回应人民群众对文化生活、精神需求的贴近生活的一种形式，是实现文化强省、建设文化中国的必由之路，是提供更便捷更优质更贴心公共文化服务的新方式方法。新空间建设要以人为本，要结合地方特点，提供有效的、有品质的、有特色的公共文化服务，将新空间打造为综合性的文化活动场所，成为集公共阅读、艺术赏析、美育教育、交流互动、信息获取、休闲娱乐等于一体的公共文化空间。

新空间的构建应根据地域特点建设特色空间。在这一点上，苏州市吴江区陆续打造涵盖公共阅读、基层文化、文博艺术、商圈跨界等多类型的公共文化新空间，值得我们学习借鉴。在公共文化新空间打造的过程中，吴江区重视本地文化特色，在注重空间外观美感、内部设施舒适化的同时，推动空间阵地和文化团队合作，突出文化空间的特色，提升文化空间服务效能。

3. 打造多业态服务空间

《推进全省公共文化新空间建设行动方案》指出，"鼓励社会力量结合老旧城区改造、新城区建设，解码城市文化，创新打造具有地域特色和人文品质的新型公共文化载体，建设商业与文化相融合的体验型、服务型文化新空间。"

位于北京阜成门南大街的"自在博物书店"，经营方式是"1+N"多业态融合典型发展模式。书店依托其本身的平台和拥有的客户群体，定期开展丰富多彩、多种多样的特色服务，目前已常态开展包括画展、自习室、家庭活动、种植培训、心灵课堂等在内的多种服务。通过用户体验和需求，不断丰富载体和内容，利用多种类客户群体和零散时间快捷体验方式，打通社区公共文化最后 50 米。值得称道的还有，书店这种"1+N"经营模式也提升了书店的经济收入，设置的阅读体验区、咖啡饮料区、糖果零食区等，在提供便捷公共社区服务的同时创造的营收甚至占到了书店总营收的七成。

（二）公共文化新空间行政管理方面

1. 加强厅局企事业单位沟通，盘活场所资源

新空间建设是党和政府当前落实公共文化建设的重要举措，吉林省具体主要由省文旅厅牵头执行，新空间的建设涉及社会各方面，应以开放的姿态，与政府机关、事业单位、各类企业、各级各类文化组织、文创组织、民间组织、社区物业等通力合作，打造一批具有创新形态的集阅读、展览、文娱、培训、社交、休闲、美育等要素于一体的新的文化场所。

2. 深化放管服，引入社会力量

吉林省推动新空间建设的一个基本原则是："坚持政府主导，社会参与。"各级各地政府及文旅部门要统筹谋划此项工作，引入有意愿、有能力的各类单位、组织参与新空间的规划、建设与运营；要不断创新新空间设施经营管理方式，提升其使用效率；要引导社会力量参与公共文化的管理服务，鼓励文化志愿服务中心、文化艺术类社会组织和文化机构、剧团和戏曲演唱队等常态化参与公共文化新空间的服务。

3. 探索社区多元共建

根据社区工作的特点，社区打造的新文化空间可能集服务、共治、生活和智慧等多种元素于一体，设置党政议事、便民政务、公益慈善、阅读休闲、亲子教育、养老保健等多项服务，满足社区居民多元的切实需要。为更好吸引年轻人参与其中，可以打造社区"会客厅"，以共创、共建、共享为出发点，为辖区居民提供亲子互动、休闲娱乐、读书学习等多样化服务，将其打造为社区形象展示平台、居民议事基地和学习生活聚场。

B.19 吉林省公共图书馆传承吉林优秀传统文化实践路径与对策研究

郝菲菲[*]

摘　要： 吉林省公共图书馆作为弘扬吉林优秀传统文化的重要阵地，通过文献阅读推广、展览展示活动、网络数字化、品牌讲坛等方式有力促进了吉林省长白山文化、红色文化、民俗文化、非遗文化、冰雪文化等优秀传统文化的传播与传承。但实践过程中也遇到了经费缺乏、专业人才不足、地方文化馆藏不足、发展不均衡等问题。本文在文献梳理和实地调研基础上，提出推进社会多元主体参与、政府加大资金投入力度、图书馆深入挖掘本地文化资源、引进和联合培养专业人才、共享馆藏资源等对策建议。

关键词： 吉林省　公共图书馆　优秀传统文化

公共图书馆承担着文献收藏、整理研究和社会教育等诸多职能，是传统文化资料的汇聚地，有着丰富的馆藏资源和地方特色文献，在传承优秀传统文化上有着得天独厚的资源和公共空间优势。2023年6月7日，吉林省委书记景俊海来到吉林省图书馆调研，并主持召开吉林省文化传承发展座谈会，强调以长白山文化为代表的吉林传统文化是中华优秀传统文化的重要组成部分，要善于活化利用文献文物，创新讲好背后蕴含的历史故事，更好地

---

[*] 郝菲菲，吉林省社会科学院哲学与文化研究所助理研究员，主要研究方向为马克思主义哲学。

宣传普及吉林历史文化知识，切实把吉林长白山文化传承下去、发扬光大。①吉林省公共图书馆承担着宣传和传播吉林优秀传统文化这项不可推卸的责任和使命，要不断创新宣传和弘扬吉林优秀传统文化的方式和路径，增强文化自信，并助推文化强省建设。

一 吉林省公共图书馆传承吉林优秀传统文化的重要举措

吉林省各级公共图书馆利用公共文化服务的阵地优势，深入开发自身承载的历史与文化资源，面向群众精心打造阅读推广品牌，深入推进全民阅读；举办各式各样的传统文化展览和活动，让群众沉浸式体验文化的魅力；通过讲座讲坛等方式，有针对性地向不同群体讲述传统文化；致力于智慧图书馆建设，在公共网络数字平台上宣传和弘扬本地文化，取得了显著成绩。

（一）深入推进全民阅读，营造学习传承传统文化良好氛围

2023年，"全民阅读"第十次写入政府工作报告，公共图书馆被首次写入政府工作报告。吉林省在2017年发布了《吉林省全民阅读促进条例》，吉林省公共图书馆坚决执行该条例，深入推进全民阅读，为学习和传承吉林省优秀传统文化营造良好气氛。

1. 古籍传承，古韵体验

古籍是文化遗产的一种重要载体，是记载一个国家文明的重要标志，也是传承文明的一种重要形式，与其他文化遗产相比，它具有稳定性、内容不会变异的优点，是时代历史的真实写照。吉林省公共图书馆典籍藏量丰富，并具有地方特色。吉林省典籍博物馆依托吉林省丰富的文献藏量，

---

① 黄鹭：《深入贯彻习近平总书记在文化传承发展座谈会上的重要讲话精神　在新时代新征程上担负起新的文化使命　为建设中华民族现代文明贡献吉林力量》，《吉林日报》2023年6月8日，第1版。

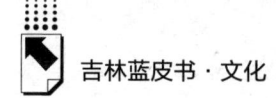

以展示典籍、弘扬中华文化为宗旨，发挥典籍收藏中心、保护中心、学术交流中心等功能，全面展示吉林省收藏古籍的菁华，拓展省级图书馆社会教育新职能。

吉林省公共图书馆经常性组织开展古籍线装书现场制作、古籍修复活动，古籍修复老师指导读者进行线装书制作，折页、齐栏、打捻、装皮、线装、贴书签，让群众接触古籍，了解古籍线装知识和操作，感受装帧技艺的无限魅力，增强对古籍的热爱和保护，感悟中华古籍传承的任重而道远。

2.以书会友，赠书惠民

2023年4月22日，在第28个"世界读书日"到来之际，吉林省图书馆携全省公共图书馆共同举办"换书大集"活动，让读者从不同角度享受读书、寻书带来的快乐。此次活动吸引了近400名读者参与，交换图书600余册。① 通化市"换书大集""你购书，我买单"特色活动如期举办。通过"唤醒"百姓家中"沉睡"的图书，为市民提供以书会友的平台，极大地保证了读者借阅图书的便利性和实效性，进一步提高了图书馆文献使用率。

吉林省公共图书馆经常为不同群体和地方读者送书，2023年5月吉林省图书馆和农安县图书馆为农安县开安镇中心小学学生赠送150本新书、500本少儿期刊；② 6月吉林省图书馆为长春市儿童福利院儿童赠送200本少儿书刊。③ 2022年通化市图书馆文化惠民行动暨"4·23世界读书日"为社区共赠送图书600余册，受众200余人。此外，精选了百姓喜爱的图书150余册赠送给兴隆村村民。④ 梅河口市图书馆与六所漂流学校代表进行图

---

① 《春日书香暖 共约读书时——吉林省图书馆举办第五届"换书大集"活动》，吉林省图书馆网，2023年4月22日，https：//www.jllib.com/gz/202304/t20230422_23305_NEW.html。
② 《与变幻莫测的文字相约儿童节——省图"作家进校园活动"走进学生书房》，吉林省图书馆网，2023年5月29日，https：//www.jllib.com/gz/202305/t20230529_23369_NEW.html。
③ 《爱心助成长 书香润童年——吉林省图书馆迎来特殊小读者》，吉林省图书馆网，2023年6月16日，https：//www.jllib.com/gz/202306/t20230616_23400_NEW.html。
④ 《市图书馆开展文化惠民活动》，通化市图书馆网，2022年4月22日，https：//www.thslib.cn/show-16-576.html。

书交接，为29所城乡学校共提供漂流图书7150本，涵盖文学、历史、科普、艺术等丰富的内容，为乡村文化振兴贡献力量。①

3.全民阅读，同沐书香

吉林省各级公共图书馆都会在4月23日世界读书日，或者市民读书节举办主题阅读活动。2023年4月吉林省图书馆为进一步推进全民阅读，建设书香社会，努力营造全社会热爱读书的氛围，围绕"世界读书日"开展系列阅读活动，其中包括古韵传承——传统技艺体验与展示。7月，吉林省图书馆举办"暑·阅"书香节系列活动，旨在为学生读者及家长营造盛夏书香氛围。

2023年7月15日，长春市民读书节如期举办，该届读书节以"传承优秀文化，阅享美好生活"为主题，以传承和发扬中华优秀传统文化为主线，通过一系列参与度高、特色鲜明的阅读推广活动，打造市民夏日阅读新空间，不断提升城市的形象气质和文化品位。辽源市图书馆推进"书香辽源"建设工程，精心策划一系列阅读活动，培养青少年学生爱读书、勤读书、读好书的良好阅读习惯，积极营造校园阅读氛围，增强青少年文化自信。梅河口图书馆承办的2022年"诗文古韵贺新春，书香四溢满梅城"经典诵读晚会已成为一年一度梅城群众精品文艺晚会之一，具有很高的社会关注度。

（二）创新展览展示活动内容和方式，阐释吉林优秀传统文化

创新展览展示的内容和方式可以更好地将优秀传统文化成果向公众展示，促进文明交流和借鉴。吉林省公共图书馆举办各种特色的展览活动，将教育与展览相结合，将吉林省特色的长白山文化、传统节日文化、红色文化、非遗文化、冰雪文化等向群众展示和推广。

1.挖掘传统节日文化内涵

吉林省公共图书馆每逢中国四大传统节日都会结合地域民俗文化举办各式各样的主题展览或活动，致力于打造文化活动品牌。吉林省图书馆在

---

① 《梅河口市"书行梅城 遇见悦读"图书馆漂流活动拉开帷幕》，梅河口市图书馆网，2023年5月19日，http：//www.mhklib.com/base/client/index/629/aboutdetail？modelType=7。

2023年6月22日以"'粽'情书海，走进端午"为主题拉开序幕，开展了吟诵诗词、汉服走秀、民族管弦乐欣赏、赠送精美五彩绳、手工制作龙舟、百发百"粽"投壶游戏等活动。各地市图书馆也举办了主题鲜明的节日活动，例如辽源市图书馆联合卓睿幼儿园举办了"爱在卓睿 与粽不同"端午节活动，与孩子们一起包粽子、做龙舟。

2021年12月吉林省图书馆举办"吉林传统节日文化源流"学术研讨会，会议讨论了东北年节的传统渊源和特点、重阳节的文化内涵及传播到吉林后发生的变化、吉林地区民族节庆活动与乡村伦理文化的重构，以及吉林省村落文化、民间艺术与东北年节的研究等，充分挖掘和讨论了中华传统节日在吉林大地的特色延续。

2. 展现长白山自然人文精神

山水相依、人文相连的长白山文化是吉林省最有标志性的文化，其超越性和超然性融汇了中华文化的内在特质，与中国传统文化一脉相承。吉林省图书馆为迎接建党100周年举办"书载史 物为证——吉林长白山文化展"，以吉林省图书馆和考古所的文献和文物为素材，展览自长白山有人类活动至今的自然和人文，包括考古遗址遗迹遗物、历史文化与非物质文化传承、现代人文胜景、红色革命传统与英雄事迹、伟大中国梦建设成就等多方面、多角度内容。为迎接党的二十大胜利召开，2022年9月吉林省图书馆联合文物考古研究所、吉林省自然博物馆，吉林省摄影家协会再次举办"吉林长白山文化展"，展览将典籍与考古文物、传承与创新结合在一起，共展出文献172册、文物128件、动植物标本13件、长白山摄影作品多幅，全方位展示吉林长白山文化的历史轨迹。①

3. 传承东北抗联红色基因

红色文化是吉林省优秀传统文化的重要组成部分，东北抗日联军在白山黑水间英勇奋战，书写了可歌可泣的传奇历史，抗联精神是我们宝贵的

---

① 《喜迎二十大·"书载史 物为证——吉林长白山文化展"开展》，吉林省图书馆网，2022年9月13日，https：//www.jllib.com/gz/202209/t20220913_23065_NEW.html。

精神财富。2021年11月至2022年4月,为纪念抗日战争胜利76周年,吉林省图书馆主办、白城市图书馆承办了"抗联岁月微型海报展",此次展览选取了东北抗联时期15位英雄人物、5部重要文献、8场重要战役,图文并茂地将抗联事迹向大家展示,让读者回顾过去那段抗联岁月,感受抗联精神。①

四平市图书馆与四平市烈士陵园、四平市战役纪念馆合作,通过馆际合作方式,更全面地深入推广红色文化,传承红色基因。四平图书馆的红色阅读推广项目"小雏鹰"被四平市委宣传部列为2023年重点打造督办的项目,通过寓教于乐的方式将红色文化植入身心,重温"四战四平"血与火的革命故事,用英烈的革命事迹激励当代英城少年奋勇向前,筑牢红色印记,传承红色基因,赓续红色血脉,打造英城图书馆特色红色阅读品牌。

4. 展示非遗民俗文化

长白山满族剪纸是吉林省两大世界级非遗项目之一,吉林省图书馆利用这项技艺献礼建党100周年,与长春市腰十小学、民间手工艺人刘冬雪共同举办"百年剪影　红色印记"剪纸展。腰十小学的师生创作了以英雄人物、红色精神、中国梦和举国欢庆为主要内容的四大场景的剪纸作品,百年来中国共产党的重大历史事件、重要场景、英雄人物以及奋斗历程跃然纸上。刘冬雪老师通过非遗剪纸中剪、刻的镂空手法及单色套色等多种形式的组合画面,以画为魂、以史为体,通过剪纸作品将我们带回那个激情燃烧的岁月,生动展示了中国共产党百年奋斗的光辉历程和历史性贡献。

2021年9月,吉林省文化和旅游厅主办,吉林省图书馆、东辽县委、东辽县人民政府承办的"非遗·东辽之美"民俗传承艺术展在吉林省图书馆开幕。东辽县是东辽河的发源地,文化底蕴深厚,是中国民间文化艺术二人转与剪纸之乡。展览展出了东辽弓箭、东辽满族剪纸、东辽葫芦画等10

---

① 《〈抗联岁月微型海报展〉在省图展出》,吉林省图书馆网,2021年11月17日,https://www.jllib.com/gz/202111/t20211117_22764_NEW.html。

余种非遗文化产品，展品共 150 余件。东辽此次通过展览的方式展示东辽非物质文化遗产，传承东辽民俗文化。①

5. 融合"冰雪阅读"与旅游

吉林省具有丰富的自然冰雪资源，与省内多民族历史文化资源相融合，形成了内涵丰富的冰雪文化。长春市图书馆联合各区县图书馆自 2020 年 12 月开始举办以"冰雪阅读"为主题的系列冰雪阅读活动。在 2021~2022 年的冰雪阅读季中，一共举办了 97 项形式多样的阅读推广活动，以书香迎接北京冬奥会，用阅读塑造长春冰雪文化。2022~2023 年的长春冰雪阅读季，举办了 65 项阅读量共 3 万人次的线上线下多种形式的活动。②

在 2023 年冰雪阅读季，深圳"国青会"、长春市图书馆"方寸时光休闲阅读文化品牌"共同策划组织了一场多位一体、横跨两地、为期三天的"雪地嘉年华"特色冰雪活动。长春市图书馆精心设计多项文娱活动，深刻践行着"以文促旅，以旅彰文"的融合发展思路，借着冬奥会的热效应让更多的人认识吉林，将吉林的冰雪魅力与人文推广给更多的人。

（三）丰富公共数字资源，宣传和共享吉林优秀传统文化

吉林省公共图书馆的数字资源丰富，智慧图书馆建设成绩显著，特别是吉林优秀传统文化的数字内容极具特色。读者对数字资源的需求量越来越多，各级公共图书馆致力于积极输送和传播优质公共数字文化资源，其中包括民族文化、地域文化、非遗文化等。

1. 举办古籍线上展览

古籍数字加工是让公众了解古籍、保护古籍的一种重要方式。吉林省典籍博物馆举办了主题为"墨雅余香　纸润流芳——吉林省图书馆藏珍籍展"的在线展览。吉林省图书馆从馆藏品中遴选出 80 部具有代表性的珍籍，这

---

① 《"非遗·东辽之美"民俗传承艺术展在省图书馆举办》，吉林省图书馆网，2021 年 9 月 30 日，https://www.jllib.com/gz/202109/t20210930_22696_NEW.html。

② 《冰雪融情，向阅读出发——2023 长春冰雪阅读季落幕》，长春市图书馆网，2023 年 3 月 1 日，https://www.ccelib.cn/xwdt1/1721。

是吉林省规模最大、珍本最丰的一次馆藏珍籍的集中展示，让大家领略传统文化的精彩。珍籍在线展览的内容除经典古籍外，还有"地方文献乡土记忆"专栏，考察、研究吉林地方昔日风俗。

2. 打造文化专题片

在吉林省文化和旅游厅的指导下，吉林省图书馆开创新举，与省级媒体强强联手，打造大型系列纪录片栏目《吉林文脉》，用更为立体生动的形式，全方位展示吉林省地域文化，传承民族精神。《吉林文脉》分为《吉林访古》《百年手艺》《故事吉林》《钢轮铁骨——吉铁风云》4个系列。《吉林访古》由吉林省图书馆、吉林省文物考古研究所、吉林电视·7频道共同打造，以"考古"这一特殊题材为主要内容，真实记录、展现了吉林省的考古成就、考古文化，揭开珍贵文物背后的故事，科普考古知识，即时追踪最新考古发现，展示考古挖掘现场，留存珍贵影像资料，让全国乃至全世界人民了解吉林的考古文化。《吉林文脉》开创了吉林省文物、考古内容纪录片先河，对吉林省历史遗存的文化内涵、类型、样式等第一次进行了系统、详尽的梳理，具有可持续性，为吉林省的历史溯根、文化溯源提供了重要依据。

3. 设置地方特色专栏

"长春记忆"项目是长春市图书馆弘扬地方文化、彰显馆藏特色，构建城市记忆的专项保护行动。2018年以来，长春市图书馆以人物为线索，先后对地方作家、两院院士、戏曲戏剧名家进行逐一走访，抢救式搜集和整理相关资料，初步形成了规模化的城市记忆档案库。2022年，"长春记忆"项目以本地美术人才为重点，通过挖掘馆藏、查阅文献、深入走访等形式，收集和展示了74位长春美术名家的个人资料和百余件精品力作，举办了一场展示地域文化特色的美术盛宴。①

通化市图书馆官网设置了通化史话专栏，介绍高句丽文物景区、通化历

---

① 《文心铸魂　绘美长春——长春美术名家精品展开展》，长春市图书馆网，2023年3月3日，https://www.ccelib.cn/xwdt1/1694。

史文化、五女峰、葡萄酒、东北酸菜史话、朝鲜族风俗习惯、传统节日、满族习俗、满族剪纸、祭祀等特色文化。

延边朝鲜族自治州图书馆门户网站的公共数字资源中的地方特色文献，列举了朝鲜族文化的相关书目；延边红色资源联合目录，包括档案、博物馆文件、视频资料、中文图书、朝鲜文图书等；延边旅游板块，介绍了本地特色旅游文化。

（四）打造品牌文化论坛，筑牢吉林优秀传统文化根基

吉林省公共图书馆在文化论坛品牌中深入挖掘和弘扬吉林优秀传统文化，邀请专家进行线上或线下讲座，每个公共图书馆都有自己的品牌论坛，有的设有专门的传统文化系列讲座，文化论坛成为传播文化、传承文明的重要平台。

1. 品牌论坛传播吉林声音

吉林省图书馆常态化开展"文化吉林讲坛"系列讲座，成为全国知名品牌，下设"文化吉林讲坛""吉林社科讲坛""普法大讲堂""青青草大讲堂"等。长春市图书馆的"城市热读"、吉林市图书馆的松花江讲坛、延边州图书馆的延边讲坛、通化市图书馆的山城讲坛等，都是传播地方声音的重要论坛。

长春市图书馆的"城市热读"每月都会邀请专家进行吉林优秀传统文化的专题讲座。近半年来，"城市热读·关东文化讲坛系列"讲座分别邀请高校老师、文化部门工作人员、民间学者以及民俗学会专家等从吉林人文地理等不同角度做主题讲座。其中包括长白山摄影文化带构建的全过程、东北民间故事的文化人类学解读和松花江文化、东北喜剧小品语言的幽默艺术、吉林省近代建筑的文化与传承。

2. 馆校合作探索服务新模式

吉林省图书馆与长春教育局联合开展"讲座进校园"，丰富了校园文化生活，也充分发挥了公共图书馆的社会教育职能。吉林省图书馆播撒文化的种子，让更多未成年人伴着书香成长。

图书馆与高校合作可以发挥各自优势，满足社会发展需求，增强图书馆的社会教育职能，发挥高校向社会传播传统文化的作用，推动馆校共建，实现文化与教育资源的深度融合。2023年5月，吉林省图书馆与东北师范大学历史文化学院签署合作共建协议。馆校共同探索新的服务模式，尝试开展更多、更丰富的文化活动。

二 吉林省公共图书馆传承吉林优秀传统文化的困境和不足

吉林省公共图书馆在传承吉林传统文化方面做出很大贡献，但是图书馆的地方特色馆藏，与地方志部门和博物馆相比还略显薄弱，依靠自身馆藏资源开展活动，往往工作负担大，专业或专门资源不够充足，内容形式单一等，导致参与者热情度不高，活动难以达到既定目标，进而限制其社会影响力。① 因此存在一定的发展困境和需要加以扶持的地方。

（一）相关经费与政策保障缺乏，图书馆发展受限

吉林省公共图书馆在古籍数字化及保护、各种展览展示活动、传统文化讲座以及公共数字平台的维护方面需要充足的经费保障。有数据显示，2021年吉林省公共图书馆举办展览活动总数为1072场，参加人次为11.99万人次。② 仅从数量上看，与国内其他省份相比较为不足，其中缺乏经费支持是很重要的原因。公共图书馆属于非营利性机构，仅依靠财政经费不能保证其良好运转，地域性传统文化的挖掘和保护更需要专门资金支持。

各级公共图书馆需要与教育部门、地方志部门、博物馆等其他文化部门进行合作，搭建共享平台以及拓宽沟通渠道，以此更有效地弘扬和传播吉林

---

① 李萌：《公共图书馆传统文化阅读推广的实践与思考——以吉林省图书馆为例》，《北华大学学报》（社会科学版）2021年第5期，第127页。
② 中华人民共和国文化和旅游部编《中国文化文物和旅游统计年鉴2022》，国家图书馆出版社，2022，第50页。

优秀传统文化。但是这些合作关系缺乏政策性的保障和管理机制，共同举办活动投入成本较高，由于合作机构大多也是非营利性部门，经费预算不足，具有不稳定性。因此，给予更多的经费支持和政策保障，推动公共图书馆与相关文化部门建立稳定的合作关系和长效服务体系，发挥各自优势，可以更为有效地推动吉林优秀传统文化的传承和发展。

（二）地方馆藏文献资源不足，呈现形式单一

古籍的保护、传承和弘扬地方优秀传统文化需要更为丰富的馆藏资源，但是图书馆的地方特色馆藏与地方志部门、博物馆相比较为薄弱，需要大力引进和进行本土挖掘，特别是基层图书馆所在地方存在更为丰富的民族文化、非遗文化、乡村文化，目前图书馆馆藏利用不多。

古籍与地方文献是记录传统文化的重要载体，但是由于其专业性和研究性的特点，缺乏趣味性，所以很难激发读者的兴趣。无论是借阅还是网站的浏览量都没有达到预期效果。因此，古籍与地方文献需要进行形式或载体的转换，精准推送，实现向大众推广的目的。

（三）基层图书馆薄弱，软硬件设施落后

吉林省图书馆、长春市图书馆、通化市图书馆等一级公共图书馆在传承吉林优秀传统文化的过程中有着较好的软硬件设施保障，基层图书馆相对薄弱，很多图书馆环境设施条件差甚至没有独立馆舍，没有门户网站，图书资源更新慢。基层图书馆距离群众最近，更应该积极发挥其优势宣传和弘扬吉林优秀传统文化，但是由于客观条件的限制并没有良好的阅读氛围，很难实现文化传播的目的。

（四）专业性人才缺乏，需加强人才队伍建设

当前吉林省公共图书馆工作人员数量基本能够满足日常工作所需，基础性人才较为充足，但是工作人员的专业素质与传承优秀传统文化所需要的人才不匹配，专业性人才较为缺乏，因此无法全面做好当地传统文化传

承工作，没有专门的弘扬地方优秀传统文化的可行性实施方案。传统文化由于自身的晦涩难懂日渐脱离现代语境，对专业性解读提出了更高的要求，那么对馆员的工作要求与培养方向也需要做出调整。特别是有的基层公共图书馆人员整体学历不高，中年和老年工作人员比例高，具有人员发展断层的趋势。

三 吉林省公共图书馆传承吉林优秀传统文化的对策建议

针对在传承吉林优秀传统文化过程中遇到的困境，吉林省公共图书馆纷纷探索解决问题的对策和寻找摆脱困境的出路，在制定图书馆十四五规划时也将这些情况考虑在内。综合以上现状和问题，吉林省公共图书馆可以从经费、人才、地方传统文化资源、基层图书馆等几个方面入手，并积极借鉴省外先进创新模式，探索更为有效的传承吉林优秀传统文化的方式。

（一）拓展经费渠道，争取专项资金，保障图书馆事业发展

吉林省一级公共图书馆除财政经费外应多元化、多渠道争取资金支持。在扎实履行职能、提升服务社会效能的基础上，在国家层面上加大力度争取智慧图书馆体系建设项目资金、文物保护专项资金，在省（市）级层面上除财政渠道外，继续争取省（市）委宣传部、省（市）发展改革委、省（市）工信厅（局）、省（市）科技厅（局）等部门专项资金，全方位保障图书馆事业发展。基层图书馆应争取挖掘和开发地方传统文化的专项资金，用以改善图书馆环境和软硬件设施，更好地提供文化服务。

（二）深入挖掘开发地方传统文化资源，构建吉林特色的文献体系

公共图书馆活化地方传统文化既是国家发展长远的战略需求，又是当下摆脱传统文化发展困境的紧迫需求。吉林省公共图书馆作为弘扬传统文化的

重要阵地,应结合吉林省及地方发展定位,深入挖掘地方传统文化,深入民间,多收集一些本地区的地方名人专著和历史著作,并专设地方名人书架以及地方历史书架。同时可以通过引进方式,鼓励社会各界捐赠地方非遗手工制品,对民族及乡村特色物品等进行收藏和展示。值得一提的是,吉林省图书馆将吉林省典籍博物馆打造成兼具图书馆和博物馆功能,独具吉林传统文化特色的典籍展陈中心。

吉林省公共图书馆可以积极实施地方文献整理出版计划,围绕吉林省产业发展、文化发展需求,收集冰雪文化、长白山文化、红色文化、工业文化、乡村文化等方面的文献,增加数字资源数量,提升服务的针对性和社会性,形成具有吉林特色的馆藏体系。依托"吉林印记"等项目,分期启动吉林文化数字记忆项目,建立具有吉林特色的文献资源保障体系,保障吉林省全域信息资源需求。

(三)引进专业人才,加强传统文化学习培训

吉林省各地各级公共图书馆因地制宜,已经采取多种手段引入专业人才,稳定人才队伍,积极创造条件引进高素质人才。图书馆应该建立以高校图书馆人才优势为依托的培训基地,培训馆员以提高馆员素质,保证传统文化"导读"。一方面,重视培养馆员自身对传统文化的阅读习惯,在馆内构建阅读推荐、分享与考核评价一体化机制,激励馆员对传统文化的学习,同时也培养馆员的特色讲解风格;另一方面,公共图书馆可以与旅游业、博物馆、美术馆等进行合作,组建文旅复合型人才联盟,相互学习借鉴,共同培养新型复合人才。

(四)积极帮扶基层图书馆,实现行业均衡发展

推进吉林省公共图书馆合作交流,推进基层公共数字文化综合服务平台建设,提升数字化服务能力,创新管理体制机制,促进社会发展。优化布局基层公共文化网络,实现图书资源与数字资源、活动联动与上层培训有机结合。

省馆与基层馆之间应该实现长期实质性的文献资源共享,主导促进优质

资源向基层倾斜和延伸，改善区域发展不平衡、不充分的现状，突破城乡文化不平衡的制约，扩大全省图书馆服务的覆盖面和提高其适用性，保障公众享有均等的公共文化服务的权益。持续推进常态交流，促进公共图书在文献信息服务、全民阅读推广、业务与服务创新、学术研究、新技术应用等领域交流合作，实现活动资源、馆员互访交流培训等项目的共建共享与经验交流。

（五）借鉴省外先进经验和新模式，创新传承吉林优秀传统文化方式

广东、山东、江苏等省份在传承优秀传统文化方式上探索的经验和新模式值得借鉴和推广。佛山市邻里图书馆项目是家庭力量参与公共文化服务供给的创新模式；山东省图书馆率先创造性地推进"图书馆+书院"模式；南京、杭州纷纷设立国学馆、佛学馆，传承中国传统文化和技艺。

吉林省公共图书馆可以参考这些先进省份的创新模式。第一，打造新型阅读空间，鼓励基层群众依托公共图书馆，成立吉林传统文化兴趣小组，自发开展阅读和交流活动。第二，整合文化系统内部和社会资源，充分发掘利用当地知名人士、离退休教师等人才资源和文化志愿者，通过志愿服务开展各种活动。第三，设立吉林传统文化主题分馆，与社会各界合作，最大限度地挖掘和展示吉林文化。

参考文献

王可航：《墨雅余香　纸润流芳——吉林省图书馆藏珍籍展》，《吉林画报》2018年第1期。

刘一鸣、邹雅婷：《文旅融合视域下公共图书馆活化地方传统文化研究》，《图书馆学刊》2021年第12期。

范红梅：《公共图书馆弘扬地方优秀传统文化的策略实施》，《文化产业》2022年第16期。

陈卫东等：《2022年广东省公共图书馆事业发展报告》，《图书馆论坛》2023年第5期。

B.20
吉林省博物馆传承传统文化和地方特色文化的现状与对策

王 鹏*

摘 要: 公共文化服务是中华优秀传统文化与吉林特色文化传播的重要文化空间,吉林省各地博物馆近年来通过实施一系列举措促进了文化传承与发展。本文通过调研与资料分析的方式对吉林省各地博物馆文化传承的现状进行系统研究与分析,并提出了可以举办多样化展览、丰富社会教育活动、推动数字化技术应用、加强博物馆交流合作与提高学术研究水平,这对中华优秀传统文化和吉林特色文化传承做出了贡献。同时,吉林省博物馆行业文化传承工作蓬勃发展的同时也面临挑战。对吉林省博物馆文化传承事业的研究有利于不断提高吉林省公共文化服务水平,有利于进一步树立文化自信,讲好吉林故事。

关键词: 博物馆 公共文化服务 传统文化 吉林特色文化

习近平总书记曾指出:"博物馆是保护和传承人类文明的重要殿堂。"在当今社会,博物馆在公共文化服务领域中的作用日益凸显。博物馆已经不仅是一个历史文化遗产的展览场所,更是文化传承、社会教育与提升国家文化软实力的重要平台。吉林省拥有深厚的历史文化积淀和丰富的地域文化资

---

* 王鹏,吉林省社会科学院哲学与文化研究所助理研究员,主要研究方向为外国哲学基础理论、公共文化服务。

源，这些宝贵资源是中华优秀传统文化的重要组成部分。吉林省各地博物馆作为公共文化服务事业的组成部分，作为弘扬中华优秀传统文化、传播吉林特色文化的专业平台，在保护和传承文化遗产方面扮演着日益重要的角色，为建设吉林文化强省发挥了独特的作用。

一 吉林省博物馆传承传统文化和地方特色文化所取得的成就

（一）博物馆参观人数较同期稳定增长，社会教育活动呈现良好势头

从博物馆近年的参观人数上看，吉林省各地博物馆所举办的特色展览和活动受到了越来越多民众的关注。吉林省统计局官网数据显示，2020年吉林省全年博物馆参观人次达330万人次，2021年吉林省博物馆参观人次达553.59万人次，2022年参观人次达291.16万人次。2023年，吉林省博物馆利用独具特色的活动与展览，使参观人数有了新的增长势头，并较往年同期有了大幅提高，群众关注度也不断提高。2023年"五一"假日期间，吉林省内各大博物馆线下参观人数达69.7万人，线下活动109次，线上活动参与人数20.1万人，线上活动54次。2023年1月13日至3月8日，由吉林省博物院和陕西历史博物馆联合主办的"永远的长安——陕西唐代文物精华展"在吉林省博物院展出。在1月13日开展当天，吉林省博物院日接待观众量高达上万人次。2023年2月，伪满皇宫博物院当月总接待人次达到了69986人次，同比2019年（伪满皇宫博物院开馆以来游客人数最多的年份）增长83%，创历史新高。2023年"五一"假日期间，长春伪满皇宫博物院接待游客、营业收入分别恢复至2019年同期的214%、179%。[1] 2023年开年，长影旧址博物馆开展的"博物馆里过大年"等活动深受省内外游客欢迎，总收入同比最佳收入年2019年增长22%，其中门票、售卖、讲解

---

[1] 《连续接待人数创历史新高！伪满皇宫开启人山人海模式》，中国吉林网，2023年5月2日，http://news.cnjiwang.com/jwyc/202305/3718577.html#20898。

等各项收入同比 2022 年春节档均增长 300%以上，创下历史最好纪录。①

据 2018~2022 年各年《中国文化和旅游统计年鉴》数据统计，2018~2020 年，吉林省博物馆社会教育活动次数及活动参加人次在整体上均呈上升趋势。2021~2022 年，吉林省博物馆行业社会教育活动虽然受到一定程度的影响，但在努力恢复，并取得了一定成效（见图1、图2）。

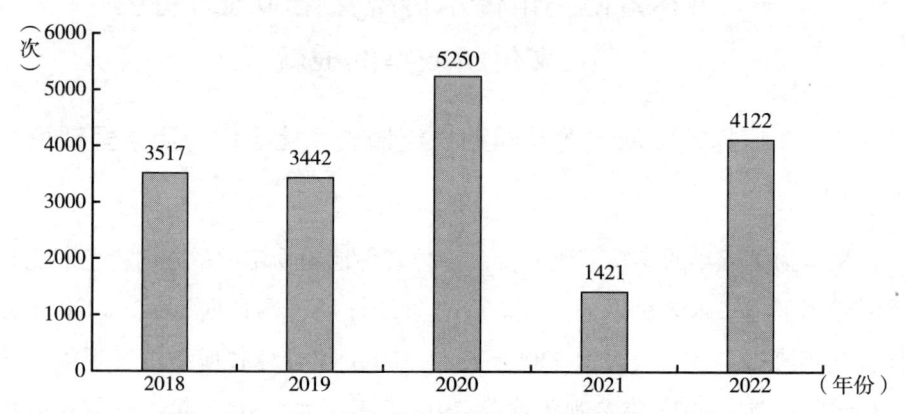

图 1　2018~2022 年吉林省博物馆举办社会教育活动次数

资料来源：2018~2022 年各年《中国文化文物和旅游统计年鉴》。

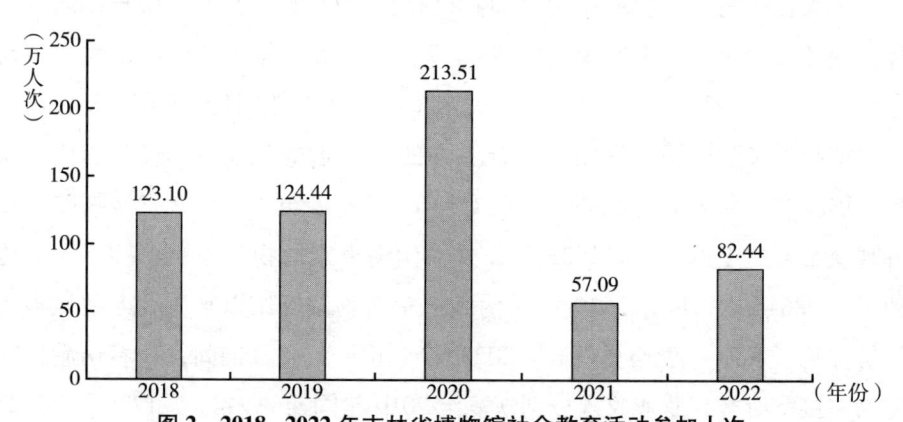

图 2　2018~2022 年吉林省博物馆社会教育活动参加人次

资料来源：2018~2022 年各年《中国文化文物和旅游统计年鉴》。

---

① 《票房飘红、经营增长——长影迎来兔年"开门红"》，新华网，2023 年 1 月 31 日，http：//jl.news.cn/2023-01/31/c_1129325249.htm。

（二）乡村博物馆蓬勃发展

乡村博物馆的兴建使乡村的传统民俗赓续与历史文化传承有了保障，促进了地方的文旅融合与文化事业发展。吉林省建立了"2021~2025'吉林印记'乡村博物馆"项目库，逐年规划建设乡村博物馆60~70家，预计"十四五"期间全省乡村博物馆总数达到150家以上。[①]

吉林省位于世界黄金玉米带，具有独特的农耕文化。2022年，位于双阳鹿乡镇信家村的黄金玉米博物馆正式开放，这是东北地区首家以玉米种植文化为主题的博物馆。博物馆展品主要围绕玉米种植历史与现代产业化发展，同时包括吉林特色的乡土建筑以及生产、生活工具等。在信家村，除了黄金玉米博物馆，还有玛虎戏博物馆。玛虎戏由萨满文化发展而来，是一种以歌舞祭神为主要表演方式的满族民间戏剧。博物馆根据玛虎戏的艺术特征与文化背景，将满族独特的艺术风格融入其中。

位于长春市九台区其塔木镇刘家满族村的吉林省农民收藏博物馆，在建立之初成为当时东北地区唯一的农民收藏博物馆。由农民收藏家、艺术家所提供的展品种类多样，展示了吉林地区独特的渔猎、森林、农耕及萨满文化。其独具特色的馆藏吸引了吉林省内高校与其合作，其也成为吉林农业大学的教学实践基地。

公主岭市毛城子镇于塘坊村设有耕读文化博物馆，馆藏以乡村文化教育为主题，设有念书房、识字堂、龙藏私塾等文教场所，馆藏文物达2000余件。毛城子镇许菜园子村以大车店、老烧锅等乡村民俗特色为主题，建立了"乡愁"收藏馆。

敦化的柳编技艺具有600余年的悠久历史，是长白山地区特色文化的重要组成部分。2016年敦化市秋梨沟镇成立了吉林省唯一的柳编文化博物馆，馆藏包含从清代的木胎柳编提箱到现代餐篮、果篮等各式柳编。敦化的柳编

---

① 《吉林省文化和旅游发展"十四五"规划》，吉林省文化和旅游厅，2021年11月17日，http：//whhlyt.jl.gov.cn/zwgk/jghg/202111/U020221205436193166803.pdf。

博物馆项目于2016年入选"吉林省第四批省级非物质文化遗产代表性项目名录"。

（三）公众服务让文化传承真正走进百姓生活

1. 举办种类多样、贴近人民群众的文化展览

吉林省独特的自然地理环境与丰富的人文历史相结合，形成了鲜明的民族文化色彩。吉林省各地博物馆以其馆藏资源为基础，定期举办一系列以传统文化与吉林特色文化为主题的展览活动，形成了一个涵盖中华传统文化、吉林历史文化及地方民俗文化的综合性展览体系。吉林省各地博物馆展览可以分为三种类型。

第一，传统书法绘画艺术展览。吉林省博物院推出的"风流清逸萧疏奔放——吉林省博物院藏'南张北溥'书画特展"于2020~2023年连续四年入选国家文物局"弘扬中华优秀传统文化、培育社会主义核心价值观"展览推介项目。此外，"长白遗珠"系列书画艺术展览已成为馆际交流合作的"金色名片"，在国内具有影响力及品牌效应。近年来，吉林省美术馆推出了一系列展现吉林省本土艺术家风采的展览，如吉林省名家中国画扇面作品展、吉林四老书画作品展、墨舞吉韵——馆藏吉林当代书法作品展。

第二，吉林地区民俗与地域文化展览。吉林省博物院于2023年6月1日推出大型东北民俗展览"民生百业——吉林省博物院近代东北行商展"，此次展览包括民间服装、杂品百货、手艺匠人作品和饮食小吃。吉林省东北二人转博物馆是国内首家以二人转为主题的博物馆，近年来的常设展览"二人转传承史展览"集图文、微缩、模拟场景、影像播放、舞台演出于一体，尤其是以二人转演出为活态展示的展览方式在各类博物馆中独具特色。吉林市满族博物馆的常设展览"吉林满族陈列"对吉林满族的兴起源流、民风民俗、农业生产、历史人物等进行详尽的展示。磐石市博物馆的特色常设展览"关东物事——磐石民俗陈列"在吉林省第三届博物馆陈列展览精品项目评选会上荣获精品奖。抚松县被誉为人参之乡，抚松人参博物馆也是中国第一家人参博物馆。其常设陈列通过展示人参应用历史、栽培历史、采参习俗及人参实物使吉林省独具特色的"长白山人参文化"有了逐步走向公众的平台。前郭尔罗斯查干湖渔猎文化博物馆是中国境内唯一以渔猎文化为主题的专题性博物馆。其常设展览"郭尔罗斯历史、民俗、资源展"通过对查干湖新石器、旧石器时代文物展示以及沿袭至今的查干湖冬捕的现场演示展现了吉林省独具特色的渔猎文化。

第三，历史遗产和传统手工艺展览。吉林省博物院的"瓷彩华章——吉林省陶瓷艺术馆"呈现了景德镇陶瓷艺术与吉林地域文化相融合的创意。2023年是共建"一带一路"倡议提出的十周年。为全面落实中央关于传承中华优秀传统文化的指示精神，长春博物馆"丝路遐想——戈沙丝绸之路艺术作品展"于2023年7月21日至9月10日在中国港口博物馆展出。

2. 开展内容丰富的特色社会教育活动

在树立文化自信的新时代背景下，博物馆的社会教育功能的重要意义越发凸显。吉林省各地博物馆依据自身特点，设计了不同类型的社教活动，对吉林省的传统文化与特色文化传播起到了良好的促进作用。吉林省各地博物馆社教活动可以归为四种类型。

第一，传统节日与民俗活动。吉林省各地博物馆针对中国的传统节日及民风民俗进行活动设计，走进群众文化生活。2023年国际博物馆日当天，吉林省博物院推出了一系列特色活动，如民俗体验活动、非遗展示、文化知识讲座以及特色文物走秀等。另外，吉林省博物院将"院藏十大国宝"展览和"百花争艳绘春色"教育课程，以"文化惠民大篷车"的特色形式带至安图县广场和万宝镇大顶子村学校。在线上活动方面，吉林省博物院组织了"吉地过年"以及中秋节"月圆中秋 共庆华诞"活动。2023年春节期间，长春博物馆开展"博物馆里过大年"系列活动——"兔年大吉"博物馆里猜灯谜、做灯笼。长春美术馆（长春书画院）、长春市城乡规划展览馆联合举办"喜迎新春"新年公益活动，邀请著名书法家为参观群众书写春

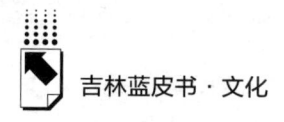

联，送去新春祝福。

第二，学校教育与研学活动。吉林省博物院规划和开展了适合中小学生群体的专题展览和社教活动，包括吉林市研学基地、白城研学基地，以及长春中信附小等在内的多家单位纷纷参与。与此同时，吉林省博物院积极开展馆校合作，打造爱国主义教育基地和优秀传统文化传承教育基地，广泛开展优秀传统文化传承活动进校园。2019年和2020年，吉林省博物院的"百花争艳绘春色"教育课程连续两年在中国博物馆协会市场推广与公共关系专业委员会、社会教育专业委员会评选中荣获优秀课程奖项。2022年，"旗装雅韵"数字教育关卡制互动课程入选全国文博社教百强案例，并最终入围2022年度全国文博社教十佳案例推介活动终评，该课程走进长春吉大附中力旺实验小学、延吉市北山小学、辽源市多寿路小学、白山市三道沟镇明德小学、安图县万宝镇中心小学等省内各地的多所中小学以及新疆维吾尔自治区和田地区墨玉县喀瓦克乡夏合塔什拉木小学。吉林省博物院开创的"奇趣博览大课堂"以馆藏文物为主题，以知识课堂、手工制作、趣味游戏为主要形式，深受广大群众喜爱。该系列活动逐步成为具有影响力的吉林省青少年社会教育品牌活动。截至2022年末，该系列活动共举办700余场，年参与人次达6000余人次。为促进东北民俗文化在青少年群体中的普及与传承，东北师范大学东北民族民俗博物馆联合中国网家家先锋少年团队共同发起了一场以"探索东北民族民俗文化"为主题的教育活动。

第三，手工艺及创新活动。结合创新教学方法，使参与的群众在亲身体验的过程中学习传统文化。2023年端午节期间，长春博物馆举办了"巧手做绳编　端午迎安康"端午节主题活动。此外，长春博物馆在2023年还开展了"走进国粹　巧绘脸谱　领略多彩非遗之美"手绘京剧脸谱文化活动，让观众感受京剧魅力。长春市城乡规划展览馆于2023年端午节举办"粽情端午　弘扬传统"端午节制作景深画公益活动，制作造型精美的创意景深画。东北师范大学东北民族民俗博物馆结合民俗馆实际和国际博物馆日主题，于2023年5月20日举行"巧做民俗小手工——服饰贴画"活动。2023年6月10日，白山市长白山满族文化博物馆推出"保护传承文化遗产，筑牢文化自信根基"活动，通过长白山文化展览与手工制作使参与活动的青少年学生更加了解长白山地区的民俗文化。

第四，文化公益讲座。通过专家及专业从业人员现场讲座的形式为群众提供更广泛的学习和探讨平台。2023年，长春文庙博物馆推出"长白山，我心向往之"文化讲座，邀请吉林省内专家学者为群众讲解长白山的基本情况。吉林市博物馆推出"汉字中的中国建筑"活动，通过专家课堂讲座、手工互动的方式了解中国建筑与汉字之间的联系。2022年国际博物馆日当天，位于延边朝鲜族自治州安图县的长白山民俗博物馆推出了"长白山民俗文化讲堂"系列文化专栏。

（四）虚拟平台扩大文化传承辐射面

1. 推进数字化博物馆建设

吉林省推出的数字博物馆在线服务平台以全方位的方式展示文物信息，允许公众随时随地通过网络获取省内各博物馆的相关信息，深入了解吉林省的博物馆发展、藏品陈列及展览活动情况。该平台充分运用了大数据和云计算等创新性数字技术，实现了文物工作与现代科技的深度融合。观众在平台上通过云端参展的方式观看各类展览，获取展品信息。该平台将3D技术应用于部分藏品的展示，使观众能够体验到多维度立体化观赏的乐趣。

由伪满皇宫博物院、吉林大学考古学院、中科院上海高等研究院等单位联合成立的"博物馆数智创新实验室"，是国内首个跨机构、跨行业、跨专业横向交流的文博行业协同创新平台，致力于为中小博物馆智慧化建设寻求最优方案。实验室的成立依托伪满皇宫博物院数字化升级的成功。伪满皇宫博物院通过信息化等手段，在博物馆保护、服务、管理、运维、研究等方面取得了一系列突破性成果。伪满皇宫博物院经过数字化升级改造，其无界安保指挥系统和格物客部落协同研究平台荣膺

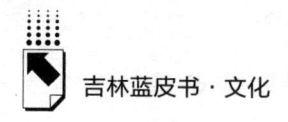

全国十佳文博技术产品和服务奖项。此外，还有门户管理系统、数据共享移动终端等。

吉林文庙开展了数字化保护项目，对全国重点文物保护单位吉林文庙古建筑群的历史建筑信息进行全面记录。激光扫描技术、多图像三维建模技术、摄影测量技术、高光谱成像、X光成像、微距摄影、显微摄影以及多种物质成分无损分析技术等新技术的介入，使得文物的空间形态记录实现精准保真。

2. 打造吉林特色精品H5系列融媒体展览

H5展览是一种可以在线浏览、交互式展示的数字展览形式，它将传统展览的内容转化为各种多媒体元素，并在网页或移动设备上呈现。2020年，吉林省博物院在原有的信息化建设基础上精心策划了H5系列展览，通过微博、微信等媒介广泛宣传和展示，打造"互联网+"时代博物馆服务新形态。H5系列展览汇集了馆藏书画作品、青铜器、玻璃镜画等珍贵文物素材。在提供详尽的文物说明的同时，包含了高清大图显示和语音讲解的功能。此外，其在线留言评论功能为参观群众增强了参与感和互动性。公众不仅可以通过微信登录提交评论和留言，还可以通过微博和微信等社交媒体平台进行宣传，提升了展览在公众之间的传播效率。2020年，吉林省博物院的H5平台入围了国家文物局主办的"中华文物全媒体传播精品（新媒体）推介"项目。

（五）通过合作交流传播中华优秀传统文化与吉林特色文化

1. 通过馆校合作推动文化传承进校园

吉林省博物院目前与武警总队、空军航空大学、消防总队、吉林大学、长春大学、长春建筑大学、长春光华学院等30余家单位建立了"爱国主义教育基地"。同时，吉林省博物院与长春市教育局、经开区教育局签署了馆校合作协议，年均完成馆校合作课程100余场，覆盖长春市内各区和省内多个地区，并将课程送到南京、长沙、新疆阿勒泰等地区。

2. 通过馆际合作形成文化传承合力

在馆际合作方面，吉林省博物院国家艺术基金项目"风流清逸萧疏奔放——吉林省博物院藏'南张北溥'书画特展"先后赴陕西历史博物馆、镇江博物馆、颐和园博物馆、云南省博物馆、重庆中国三峡博物馆、南京博物院等8家博物馆巡回展出，引进"五彩斑斓——广西民族博物馆藏瑶族服装展""冰清玉洁——重庆中国三峡博物馆藏玉器展"等。长春博物馆通过联合吉林大学考古与艺术博物馆举办"澎湃吧！国潮"主题海报展以加大传统文化的传播力度。在依托长春博物馆、吉林大学考古与艺术博物馆、吉林大学国际汉语教育东北基地的馆藏资源与人才资源的基础上，积极调动社会参与，合力扩大两馆影响力与传统文化传播力。

二 吉林省博物馆行业在文化传承工作中的限制性因素

当前，吉林省各地博物馆在传承中华优秀传统文化与吉林特色文化工作中取得了较好的成绩和一些宝贵经验，但在一定程度上，相关工作也存在一些难点和不足。

（一）文旅融合的发展契机有待更充分开发利用

文化和旅游的融合，既给博物馆带来重大的契机，也使得博物馆面临全新的挑战。近年来，吉林省各地博物馆以国家大政方针和地区特色为契机，举办各项活动与展览。如吉林省博物院以冰雪丝绸之路的发展为契机，围绕冰雪主题与文旅厅等单位联合承办雪博会，持续推出承载区域文化内涵、群众喜闻乐见的商品，推进吉林省文旅融合高质量发展。文旅融合的进一步发展也同时扩大了中华优秀传统文化与吉林特色文化的传播辐射面。然而，面对人民群众日益多样化、个性化的文化需求，吉林省各地博物馆在统筹发挥复合功能和综合优势、主动融入经济社会发展大局、促进文化旅游消费和相关产业发展方面还有很大的提升空间。

（二）博物馆资源融入中小学教育尚处于起步阶段

依托博物馆的馆藏资源和人才资源推动文化传承事业进入校园是优化青少年传统文化教育体系的重要方式。以吉林省博物院为代表的大型博物馆在馆校合作方面取得了一定的成果，但总体而言，吉林省的馆校合作工作仍处于起步阶段，表现为缺乏博物馆教育常态化课程及教材，教育人才不足，教育课程针对性不强，学科融合性不足，一些中小型博物馆参与度不高。首先，多数博物馆工作人员从事的是具有专业性的业务工作和学术研究，因此缺乏中小学教育经验，而中小学教师又不具备专业的文物知识，同时也不掌握博物馆的馆藏资源信息，因此馆校合作急需兼顾博物馆专业知识与中小学教学经验的复合型人才。其次，教育人才不足所带来的另一个问题为博物馆教育难以针对各年龄阶段孩子的认知特点进行有针对性的课程设计，同时难以将博物馆教育资源与具体学科特点进行融合，造成教学脱节。

（三）与科研机构、高校的合作不足

吉林省各地博物馆近年来在学术交流和科研工作方面取得了一定的成绩，为促进博物馆文化传承事业的发展做出了贡献。但由于博物馆从业人员更多承担的是管理性和事务性工作，在一定程度上影响了学术工作的推进和科研水平的提升。此外，在馆校合作中，博物馆基本处于为学校教育服务发挥其教育职能的一方，在一定程度上难以推进自身的学术研究。例如吉林省博物院的近代史馆建设工作，亟须科研机构、高校的参与，以提供科研支撑和骨干力量，形成完整的合作体系。

（四）人才梯队结构失衡，中坚力量不足

吉林省各地博物馆都拥有各自的高水平专家，但由于许多博物馆专家年龄偏高，同时中青年业务骨干在一定程度上数量不足，加大了中青年骨干的业务压力，因此亟须大量的中青年人才补充上来，提高业务能力，成为吉林省博物馆行业未来发展的中坚力量。

三 促进吉林省博物馆行业文化传承工作发展的对策建议

（一）加强与政府部门及社区合作，助推文旅公共服务

在文旅融合大背景下，吉林省各地博物馆一方面应以大众需求为导向，提升公共文化服务水平；另一方面也应创新博物院发展模式与宣传手段，与相关政府部门及基层社区合作，让博物院展览与社教活动真正走进百姓的日常生活，促进旅游与博物馆文化保护、开发、传承之间的良性互动。

第一，吉林省各地博物馆应积极与当地文旅部门、交通部门等政府相关部门沟通协作。一方面，积极加强与旅游景区之间的联动，加强吉林省内各旅游景区的博物馆旅游宣传。具体而言，既可以通过设立展板、发放宣传册等形式在各大旅游景区进行宣传，让游客在参观旅游景点的同时，对博物馆的历史文化有全面深入的了解，增加其对博物馆的兴趣与增强口碑传播；又可以通过线上媒体、社交平台等新媒体渠道与旅游景区形成互动，针对不同景区的旅游文化资源特点设计相应的活动。另一方面，在政府相关部门的指导下，博物馆与旅游景区共同策划并推出一系列结合博物馆特色的旅游线路或活动，使文化展览与旅游体验融合，让游客在游览与学习中体验文化的魅力，让博物馆旅游成为吉林省旅游行业的重要分支。同时，城市地区的博物馆可以与交通部门、城市规划部门等单位合作，利用城市人口流动特点，提高展览的流动性与时效性。例如，长春地区的博物馆可以借鉴中国国家博物馆的展览方式。2019年，中国国家博物馆让展览走进了地铁，打造了为期3个月的"国博专列"。此外，其他城市可以充分利用本地区的交通行业特点，让展览流动起来。

第二，全面提升文旅融合背景下博物馆公共文化服务水平。吉林省各地博物馆应加强对不同公众进行调查、分析与研究，在此基础上设计有针对性

的分众化服务。例如针对少儿群体开发少儿专属语音导览,针对老年人、残障人士等特殊群体加强无障碍设施建设,实现公共文化服务均等性发展。

第三,坚持"宜融则融、能融尽融"的融合发展理念,主动融入社区、城市以及地方历史文化,构建"博物馆+"的新模式。吉林省各地博物馆发挥各自区位优势,与当地旅游资源结合起来,联合创办服务社区、辐射城市及周边地区的主题文化旅游节,并延伸为本地居民文化娱乐周末游、外地游客夏季文化避暑游特色旅游线路,引导市民公共文化消费需求供给侧改革,助推吉林省全域旅游,形成集文化、旅游、(绿色)生活、社区发展于一体的社区文化生态圈。

(二)与中小学建立长效合作机制,延伸博物馆教育职能

博物馆的首要职能是教育,吉林省各地博物馆可以利用其各自的教育资源履行其社会教育职责。但是,由于博物馆社会教育并未真正融入吉林省中小学的教育体系之中,因此博物馆教育没有成为中小学教育的常态化课程,教育人才资源短缺,尚需相关的政策和法律法规的支持。

第一,在制度上,吉林省可以出台相关政策明确博物院的教育性质,确立其在国民教育体系中的重要地位,建立长效机制,并给予资金保障,让公众普遍了解博物馆的社会教育职能。同时,将博物馆教育纳入吉林省中小学教育中并形成常态化机制,从少数合作单位逐步拓展,在日常的教学和教材中适当增加吉林省历史文化的相关知识,让博物馆成为吉林省中小学生的重要学习基地。博物馆还可以与第三方教育机构合作,开展研学旅行等实践活动,拓展博物馆的教育功能。

第二,博物馆与中小学联合培训,打造师资队伍。博物馆从业人员具有专业的文博知识,中小学教师具有丰富的教学经验,因此只有双方依据自身优势密切合作才能打造综合素质过硬的师资队伍。吉林省各地文旅部门与教育部门可开展主题培训班,组织进行专题讲座与研讨、教学观摩与体验,由本地区的中小学教师与博物馆从业者共同参与,通过选拔机制与奖励机制建立人才库。另外,适当引入高校学者和志愿者,促进人才选择多元化,打造

一支专业的师资队伍。

第三，在打造师资队伍的基础上，需要对教学内容进行规范化管理。2019年，教育部印发了《中小学教材管理办法》，明确提出"在国家教材委员会指导和统筹下，中小学教材实行国家、地方和学校分级管理"。吉林省地方教材的编写是博物馆教育融入中小学教育的重要契机。以文旅部门和教育部门指导为前提，联合馆校双方共同编写教材，针对各年龄段学生特点遴选合适的教学内容。同时，由专业文博工作者将不同类型馆藏资源按照人文类、艺术类、自然科学类进行梳理并设置教学目标，由中小学教师根据梳理结果与目标设置历史、语文、政治、音乐、美术、自然科学类课程的教学内容。

（三）与科研院所、高校建立战略合作关系，提升学术研究水平

吉林省拥有丰富的高校和科研院所资源，学术资源丰富，文化底蕴雄厚，具有学科资源和人才优势。吉林省各地博物馆可以引进高校和科研院所的专家作为客座研究员，返聘学术性人才，让他们作为学术带头人建设自身的学术队伍。另外，需要相关行政部门加以协调指导，建立长期的合作机制，给予项目和经费支持，促进成果输出和转化，共同提升学术竞争力。

例如吉林省博物院可以着眼于自身的发展规划，以建设近现代史展馆为契机，建立并加强与吉林省文物考古研究所、吉林省社会科学院、吉林大学、东北师范大学等驻地高校战略合作关系。以《博物馆研究》创刊40周年为契机，积极组织国内行业人士开展学术研讨交流会，推进博物馆的学术研究工作。

（四）加强人才队伍建设，优化人才管理与激励机制

博物馆行业的专业人才由于业务较为广泛，涉及众多学科专业，对人才的理论水平与实践能力要求高，博物馆人才的质量与数量对吉林省各地博物馆的运营具有决定性作用。因此，营造有利于人才引进与发展的环境是解决博物馆人才问题的根本方式。

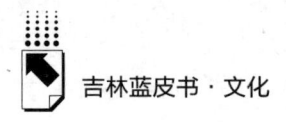

第一，扩大、优化人才队伍，建立人才资源整合机制。在人才队伍扩充方面，吉林省各地博物馆应借助政府部门的支持，制定人才引进计划，扩大人才引进数量，拓宽专业跨度，保障博物馆综合性业务的均衡发展。同时对引进人员的质量进行严格把关，注重人才的理论水平与实践能力，重视对复合型人才的吸纳。在人才资源整合方面，对现有人才的岗位实行调配，根据岗位需求、年龄结构和个人意愿进行双向选择，力求各部门的人才搭配更加合理。

第二，建立人才培养长效机制。完善学术委员会制度，加强学科带头人、专家型人才培养。健全岗位培训制度，组织现有高水平专家对青年人才进行帮扶指导，传授经验，指导青年根据自身特点明确专业方向，同时加强馆际交流学习及邀请行业专家进行专题讲座。此外，吉林省各地博物馆应在政府部门的政策扶持下有计划地鼓励人才进行专业进修。

第三，建立人才激励机制。政府在财政扶持方面保障业务人员研究项目的资金支持，吉林省各地博物馆应对优秀研究成果给予奖励，在科研管理上给予业务人员足够的研究空间，鼓励创新性研究。同时，提高管理类人才的待遇，注重学习并建立科学有效的人性化管理体系。

参考文献

中华人民共和国文化和旅游部编《中国文化文物统计年鉴2018》，国家图书馆出版社，2018。

中华人民共和国文化和旅游部编《中国文化和旅游统计年鉴2019》，国家图书馆出版社，2019。

中华人民共和国文化和旅游部编《中国文化文物和旅游统计年鉴2020》，国家图书馆出版社，2020。

中华人民共和国文化和旅游部编《中国文化文物和旅游统计年鉴2021》，国家图书馆出版社，2021。

中华人民共和国文化和旅游部编《中国文化文物和旅游统计年鉴2022》，国家图书馆出版社，2022。

郝晓光:《二人转艺术传承中的探索与思考——以吉林省东北二人转博物馆为例》,《东方收藏》2023年第3期。

筱唐、贾春文、赵娅丽:《吉林省博物院 记录白山黑水的另一页》,《东北之窗》2023年第5期。

褚逊:《吉林省博物院H5系列展览的探索与尝试》,《文物天地》2021年第11期。

党云峰:《吉林省吉林市:公共文化服务让生活更有获得感》,《中国文化报》2023年9月4日,第2版。

B.21
吉林省民族类文化馆及群众艺术馆文化影响力提升的对策与建议

李 博*

摘 要： 文化馆和群众艺术馆是我国公共文化服务事业的重要载体。近年来，吉林省民族类文化馆、群众艺术馆在扩大文化惠民服务覆盖面与民族传统文化传承发展上，取得了显著成绩。伴随经济社会及科技的迅猛发展，两馆在人员结构、服务形式、技术手段等方面面临新的挑战。本文梳理了两馆发展中的成功经验，探讨了其发展难点与困境，并从民族文化服务内容、人才队伍建设、文旅融合、数字技术应用、交流合作形式等方面提出了相应的对策建议。

关键词： 吉林省民族类文化馆 群众艺术馆 非遗传承 数字化

文化馆、群众艺术馆是具有鲜明中国特色的公共文化服务机构，是服务于广大人民群众精神文明生活需求的基础设施，肩负着传播社会主义精神文明和中国先进文化的职责。近年来，文化馆与群众艺术馆之间的界限逐渐消弭，两馆"属于相同性质功能的公共文化机构的理念成为主流认识"。① 在此背景下，民族类文化馆、群众艺术馆的功能日趋一致，两馆在担负着文化馆属性的同时，还是推广与发扬、传承与保护民族文化艺术的主要阵地。

自党的十八大以来，党中央高度重视文化强国和中华传统文化的继承发

---

* 李博，吉林省社会科学院民族研究所副研究员，长春师范大学历史文化学院博士研究生，主要研究方向为民族文化与社会发展、民族史。

① 李国新：《论文化馆及其主要职能》，《中国文化馆》2021年第1期，第7页。

展。近日，习近平总书记在文化传承发展座谈会上强调，"在新的起点上继续推动文化繁荣、建设文化强国、建设中华民族现代文明，是我们在新时代新的文化使命"。① 民族类文化馆、群众艺术馆在守护文化根脉的同时，将具有当代价值和意义的民族文化炼精化髓，展示和推广出来，提升中华文化的影响力，也是其在新时代所要肩负的历史责任。

一 吉林省民族类文化馆、群众艺术馆发展概况

吉林省目前共拥有 8 家民族类文化馆、群众艺术馆（简称"群艺馆"），分别为长春市朝鲜族群众艺术馆（一级）、吉林市朝鲜族群众艺术馆（一级）、四平市朝鲜族群众艺术馆、通化市朝鲜族群众艺术馆、集安市朝鲜族群众艺术馆、前郭尔罗斯草原文化馆、梅河口市民族文化馆（一级）、辉南县民族文化馆（二级）。其中，在第五次全国文化馆评估定级中，吉林省上等级的民族类文化馆、群艺馆的总数，在全国文化馆系统内名列前茅。② 经过数年发展，这些单位在文化空间、公益培训、非遗传承、展演创作等方面取得了显著成绩。

（一）设施完善，构筑群众文化新空间

吉林省高度重视民族文化事业的发展，把建设和更新改造文化馆、群艺馆作为创建国家公共文化服务体系示范区的重要组成部分。为便于各族群众开展文化艺术与信息交流活动，排演厅、展示厅、培训教室、图书阅览室、会议室等公共文化服务空间为省内文化馆、群艺馆的基本标准配置。如长春市朝鲜族群众艺术馆另建有文艺创作室、文化遗产工作室以及音像、摄影、音乐、舞蹈、

---

① 何中华、郝书翠：《"第二个结合"与建设中华民族现代文明》，《光明日报》2023 年 6 月 28 日，第 11 版，https：//epaper.gmw.cn/gmrb/html/2023 - 06/28/nw. D110000gmrb_ 202306_ 28_ 2 - 11. html。

② 《吉林省文化和旅游厅关于转发〈文化和旅游部关于公布第五次全国文化馆评估定级上等级文化馆名单的通知〉的通知》，吉林省人民政府网，2022 年 5 月 13 日，http：//xxgk. jl. gov. cn/zcbm/fgw_ 98067/xxgkmlqy/202205/t20220513_ 8448938. html。

美术、书法等诸多专业性空间，其新馆造型为朝鲜族长鼓，成为彰显地域特色和民族风情的城市名片。另外，吉林省民族类文化馆、群艺馆在职员工多具有声乐、舞蹈、器乐、美术等专业艺术技能，部分馆还具备非遗传承能力，如前郭尔罗斯草原文化馆分别拥有国家级非物质文化遗产传承人1名、省级非物质文化遗产传承人1名，成为区域性非遗传承学习班的骨干力量，由此构成了吉林省集创作、研究、展示于一体的公共文化服务专业团队。

（二）服务基层，提升文化惠民品质

1. 开展丰富的"文化普惠"市民公益培训

民族类文化馆和群艺馆不仅面向吉林省各民族群众进行免费培训，还为省内外广大人民群众提供便利、健康且丰富的公益培训项目。辅导内容不仅有以往的民族舞蹈、民族声乐、器乐，还有受到普通群众广泛喜爱的广场舞、街舞、模特、合唱、书画、摄影、礼仪等多种培训内容。仅2023年上半年吉林省民族类文化馆、群艺馆举办各类公益培训班55场次（见图1）。并且，各民族类文化馆、群艺馆立足本馆优势，发挥所长，着重将本民族或本地区非物质文化遗产作为主推培训内容，如前郭尔罗斯草原文化馆开设蒙古族民乐、乌力格尔培训班，吉林市朝鲜族群众艺术馆开设朝鲜族尤茨（掷柶）培训班，长春市朝鲜族群艺馆开设朝鲜族农乐长短培训班，辉南县民族文化馆开设满族剪纸培训班，等等。通过对群众的培训，吸引了更多喜爱文艺的群众走进文化馆，享受免费公共文化服务之际，也为吉林省营造出浓厚的文化氛围。

2. 广泛开展青少年公益培训和文体活动

为推动民族文化大繁荣，吉林省各民族文化馆、群艺馆充分利用公休假日，对所在县市民族中小学的未成年人进行文化艺术培训。通过对未成年人进行系统的民族传统舞蹈、器乐、马术等文体活动的辅导，以及开展各类文化展、特色体育表演等活动，对各族文艺传承人从小进行培育，让民族传统文化得以传承发扬。长春市朝鲜族群艺馆举办的"长春市朝鲜族传统体育嘉年华"、前郭尔罗斯草原文化馆举办的乌兰牧骑等文体活动，在省、市各类比赛中大放异彩，给广大群众留下了深刻的印象。

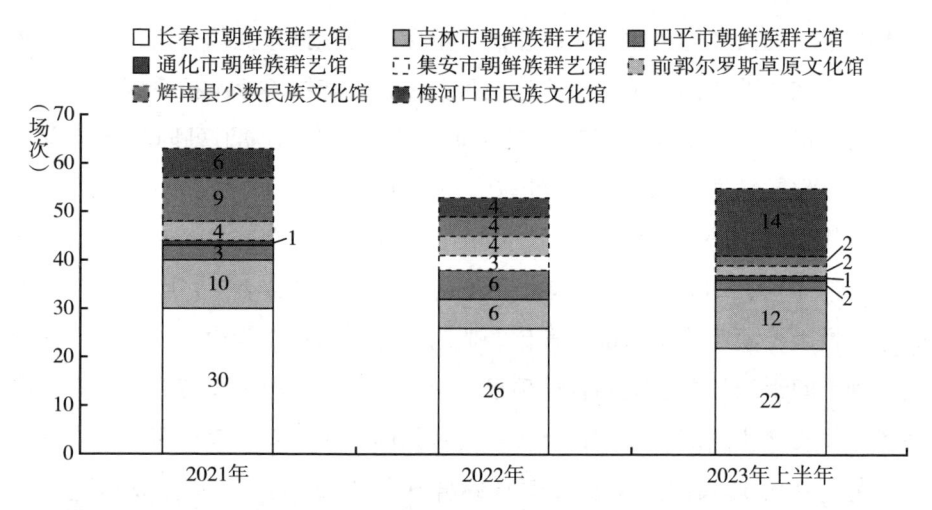

吉林省民族类文化馆及群众艺术馆文化影响力提升的对策与建议

```
图例：
□ 长春市朝鲜族群艺馆    ■ 吉林市朝鲜族群艺馆    ■ 四平市朝鲜族群艺馆
■ 通化市朝鲜族群艺馆    ▨ 集安市朝鲜族群艺馆    ▨ 前郭尔罗斯草原文化馆
▨ 辉南县少数民族文化馆  ■ 梅河口市民族文化馆
```

2021年数据（场次，自下而上）：30、10、3、4、9、6、1
2022年数据：26、6、6、4、4、4
2023年上半年数据：22、12、2、1、2、14、2

图1　2021~2022年和2023年上半年吉林省民族类文化馆、群艺馆公益培训班举办情况（含线上培训）

资料来源：吉林省民族类文化馆、群艺馆微信公众号。

3.扎根基层，举办多种惠民展演

文化惠民演出是文化馆系统坚持不懈的一项重要公益活动，将群众文艺辐射到村镇、街道社区，让老百姓在家门口也可以欣赏到高质量的民族文化演出。每逢传统节日、党和国家举办重要活动时，民族类文化馆、群艺馆也担负着弘扬传统文化和展现社会主义精神面貌的责任和使命，如举办红歌赛、民族特色文体嘉年华、迎新春文艺演出等。另外，各馆发挥优长，创办并连续多年举办各类农民文化节、民族民俗文化节等，将文艺表演、体育活动、非遗展示、民族工艺制作以及文旅活动有机融合，在民族文艺活动丰富基层群众精神文化生活的同时，打造出当地文旅活动品牌，展示了地方的文化活力。

（三）基地传承，保护发展非遗文化

民族类文化馆、群艺馆是吉林省保护和传承非物质文化遗产的重要力量，尤其是在蒙古族、朝鲜族的非遗文化活态传承方面成绩斐然。其中，前郭尔罗斯草原文化馆承担着蒙古族乌力格尔、郭尔罗斯民歌、博舞、婚俗、四胡音乐、马头琴等多项国家级非遗传承保护与发掘研究任务，其也是吉林省民族类文化馆中拥有国家级非遗项目最多者。连续多年承担全国蒙古族民歌、乌力格尔、婚俗等非遗项目的培训工作。并且，为了巩固非遗传承成果，每年举行乌力格尔、蒙古族民歌等大型展演。

在朝鲜族非遗项目传承方面，由吉林市朝鲜族群众艺术馆主推的朝鲜族传统游艺尤茨在2021年入选国家级非物质文化遗产名录，并以此建立传承基地，投入专项经费予以推广宣传，成为吉林市朝鲜族各学校、单位、社团及各种民间组织开展活动的首选项目之一。另外，吉林市朝鲜族群艺馆还创建了非物质文化遗产博物馆，以直观的展品向广大群众生动地展示了吉林地域特色的朝鲜族风俗。长春市朝鲜族群众艺术馆构建了以省级非遗项目"农乐长短"为中心的传承基地，紧抓朝鲜族非物质文化遗产的声乐、朝鲜族传统舞蹈、集体舞、伽倻琴等非遗文化的传承与保护工作，邀请非遗传承人为省内外民族类文化馆、群艺馆培训文艺骨干，近年累计培训人次达2万多人次，并将"中国朝鲜族农乐长短"特训班培训展演活动固定化、长期化。

（四）文旅融合，提高区域民族文化品牌知名度

为满足群众的多元化诉求，提升吉林省文旅高质态融合和品牌影响力，由吉林省文旅厅和各地市文广旅局牵头，各民族类文化馆、群艺馆以共享共生为发展理念，在文旅融合宣传和服务提升等方面开展多项创新实践，进一步加大文旅元素内容的融合。一是积极参与区域性旅游宣传推广活动。例如，通化市朝鲜族群艺馆连续多年进景区举办"朝鲜族端午节大联欢"，以文旅结合的方式宣传通化市旅游和民族文化产品；梅河口市民族文化馆立足梅河口旅游经济发展，举办"多民族民俗文化节"，以民族文化吸引省内外游客体验当地多彩有趣的文体活动。二是以民族文化展演增强旅游文化影响力。例如，前郭尔罗斯草原文化馆是吉林省西部地区蒙古族文化代表性单位，积极助力松原查干湖捺钵开湖节、白城草原湿地文化体育旅游节等区域性旅游推广活动，以深厚的蒙古族文化吸引了国内外大量游客；长春市朝鲜

族群艺馆每年参与"长春冰雪节""长春金秋文旅欢乐季""长春消夏艺术节"等各类大型文旅活动，将民族文化与旅游景点相结合，带来精彩的"百人伽倻琴""百人手鼓"，以及传统跳板、掷柶、顶罐等文体娱乐活动，还开设了朝鲜族商品一条街，吸引了众多知名朝鲜族食品企业参与。

（五）数字创新，培育公共文化新动能

为在更高的水平上发展公共文化现代传播体系，同时方便广大群众随时随地了解文化馆动态，实现全民艺术普及，省内民族类文化馆、群艺馆在原有门户网站基础上，将吉林省公共文化一体化服务平台"吉林文旅云"、微官网进行统合同步于微信公众号平台。各馆举办了各类线上公益课、文艺表演和文化展览，以长春市朝鲜族群艺馆为例，在2020年共计发布31篇培训视频，总惠民人次达3.8万人次。既满足了"老粉丝"的需求，还为广大市民提供了足不出户享受文化培训带来的精神愉悦。随着新媒体影响力的扩大，各馆还陆续开设了抖音和快手号，将各类艺术培训、文化演出、公益活动等信息即时发布，以吸引年轻人群参与互动。

长春市朝鲜族群众艺术馆结合当下数字化传播需要，超前谋划、创新举措，投资打造出约70平方米数字化体验空间并面向市民全面免费开放。自2021年建成以来，吸引了大批少年儿童来体验数字文化、数字书法、全民运动、VR骑行互动、数字视听、绘画娱乐体验等项目，实现了数字创意教育，也成为民族类文化馆、群艺馆探索数字化时代公益性文化服务的全新尝试。

二 吉林省民族类文化馆、群艺馆文化影响力提升的制约因素

随着社会与技术的发展，公共文化事业及所涉场馆的未来发展空间也面临许多困境，民族类文化馆、群艺馆属于公共文化服务体系中的少数存在，所要应对的问题也更为复杂。

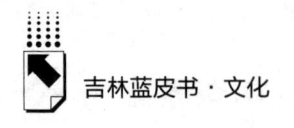

（一）中小型文化馆综合影响力趋于弱化

1. 自身定位已经无法满足时代需要

文化馆、群艺馆属于公益类事业单位，其工作任务、内容与形式均来自上级文化主管部门的指导。面对日新月异的技术革新所带来的大众文化潮流与审美风向的改变，其工作方向没有从政府指导及时向广大群众文化需求调整，逐渐加大了与年轻世代在文化满意度和获得感方面的差距。致使"银发一族"至今依然是文化馆、群艺馆的主力军。

2. 主体文化服务形式较为固化

多数文化馆、群艺馆的文化服务形式以公益培训、文艺展演为主，其受众以时间充裕的中老年群体为主。当前，各类大型文旅娱综合景区快速发展，在场景搭建、光影互动、大型巡游、舞台服饰设计、数字技术体验、传媒流量捕捉等游览体验和传播力上，远胜传统的文化场馆。中小型文化馆、群艺馆受制于基础设施、财政和人才等因素，传统的文化宣传形式已然无法获得青少年群体的认知与认同。

（二）职工队伍趋于老龄化，青年骨干不足

目前，吉林省民族类文化馆、群艺馆人才结构趋于老龄化，而且青年骨干力量严重不足。以八馆中较大的长春市朝鲜族群众艺术馆为例，截至2021年，其馆内在职人员34人，其中51岁以上职工10人，占29.41%；20~30岁职工仅1人，占2.94%。如通化市朝鲜族群艺馆和集安市朝鲜族群艺馆，有编制的人仅有4~5位，人员配比与实际工作量完全失衡。

另外，民族类文化事业单位招聘人员，不仅要具备相应的专业知识和业务水平，还要符合特定民族限制，致使各馆的职工学历构成堪忧。对于学历、语言、基础文化有限的民族群体来说，参与事业单位人员招聘考试有一定难度；而民族属性与薪资待遇等问题，又令招录高层次人才难上加难。这就造成了民族类文化馆、群艺馆出现"业务能力强考不进，高层次人才不愿来"的尴尬局面。这些因素造成各馆存在梯队建设

难、技术人员断层等问题，人的问题是未来公共文化影响力提升的关键所在。

（三）数字化建设处于两难境地

数字化是现今文化传播与扩大品牌影响力的最有效途径，但对大多数基层文化馆、群艺馆是一项重要挑战。首先是数字化管理平台。小型数字化管理平台可以内嵌至微信小程序，其开发、运营、维护成本较低，而且有助于进行日常管理和数据统计分析。当前省内民族类文化馆和群艺馆，大多数尚未完善该功能，而且无法做到信息的实时更新。其次，抖音、快手、哔哩哔哩、小红书等短视频、直播、潮流 App 等新媒体成为潮流文化的重要组成部分。八馆中仅有四馆开设了抖音或快手账号，但其粉丝量与更新速率并不尽如人意。那么，如何运用传媒手段将传统文化与现代艺术传播形式相结合呢？掌握民族文化的"流量密码"，创作出优秀的短视频作品，吸引年轻人的关注与提升其黏性，已成为事关未来文化馆系统生存发展的关键。

三 提升吉林省民族类文化馆、群艺馆文化影响力的对策建议

（一）推陈出新，优化民族区域文化服务

1. 拓展基层公共服务模式，增强民族村镇社区文化活力

在原有"文化惠民"的基础上，紧紧围绕乡村振兴，广泛开设基层文艺骨干培训班，帮助民族村镇、社区文化站组建业余表演团体，丰富当地居民多彩生活的同时，促进民族村镇乡村旅游业的发展。

2. 合理开发，深入挖掘各民族非遗文化

注重对区域内民族文化资源的发掘与利用，通过调研走访等形式，掌握整理所在地市的民族非遗文化目类、传承人情况等内容，为开展新颖的文艺

活动积累丰富的资料与素材，也为后续非遗项目数字化做好铺垫。另外，积极寻求财政投入，设立专项基金，并与高校、科研院所及社会力量探索开发有利于非物质文化遗产传承发展的项目。

3. 以新型文化综合体为载体，鼓励民族类文化馆开展沉浸式体验服务

吸取外省市文化馆、群艺馆建设经验，省内有条件的地区可以将文化馆的文艺创作、文化展演、非遗传承、数字化体验职能，与舞美设计、灯光技术、空间营造等公共文化建筑相结合，打造能够展现当地民族文化氛围的沉浸式文化综合体。通过模拟民族历史场景、生活方式、人物故事等，在展示其传统民族民俗特色的同时，令观众身处其中去体验这些文化场景，提高新时期民族类文化馆系统的引流能力和品牌力。

（二）探索文旅融合新模式，塑造文化新地标

1. 持续推进文旅深度融合

文化馆系统与旅游业的深度结合是必然趋势，各民族类文化馆、群艺馆可以总结现有民族民俗赛事、文化节、嘉年华活动的成功举办经验，探索联合本地知名旅游景区，将本馆民族文艺和非遗优势项目展演融入区域性旅游节、旅游季等文娱消费活动中，积极推进"文化+旅游+N"融合模式。同时，重视社会资源的引入，尝试依托所在地市景区或步行街等旅游人群聚集场所，开展集旅游推介、文艺会演、送戏进景区、非遗展示、游艺体验、民族工艺展销等于一体的综合性文旅体验，使人们在游览美景和放松身心的同时，也能够感受到吉林省民族文化艺术的新时代活力。

2. 尝试开展文创产品研发与推广

破除公益性事业单位固化思维，借鉴博物馆、图书馆系统文创产品开发模式和经验，积极探索开发民族类文化创意产品。在保障知识产权的前提下，勇于与高校、企业在内的社会力量合作，发挥各自长处，合力将民族传统技艺或非遗文化项目有机融入文创产品开发中。还可以通过有奖文创竞赛，征集社会上优秀的产品创意文案，既可以得到可迅速转化的设计方案，

也可以创建本馆文创库，以备后期转化。文创产品开发不仅是各民族文化馆、群艺馆对非遗的文化传承，也是探索民族文化和现代大众文化间内在联系的尝试，有利于营造浓郁的群众文化艺术氛围，还是树立民族类文化馆、群艺馆品牌形象行之有效的方式之一。

（三）推动数字化，创新公共文化服务方式

针对提升数字化，吉林省民族类文化艺术馆应根据自身情况，择优适度配置。

1. 公众服务数字化

文旅主管部门可围绕文化馆系统的功能定位，统一公众服务平台，精练浓缩至各馆微信公众号平台，以节约运营成本。以微信小程序扩大移动端功能，使之服务模块更为优化，简单明了易于大众操作，还便于各部门适时统计相应数据，做出科学合理的规划和调整。

2. 宣传教育数字化

各民族类文化馆、群艺馆继续加大对新媒体账号的运营投入力度。抖音、小红书等新媒体内容的可视化、年轻化、互动性等特点，有助于增强各文化馆对社会大众的引导力和影响力，这也是数字化对文化宣传和公众教育行之有效的直接手段。各馆应充分利用好已有的新媒体账号这一宣传阵地，吸收丰富传播内容，将传统文化与现代艺术传播形式相结合，掌握民族文化的"流量密码"，创作出优秀的短视频作品，吸引年轻受众关注，提高信息传播力效果，以丰富高质量的群众文化传播途径。

3. 民族文化资源数字化

相关政府部门可调动和借助省内各民族类文化馆、群艺馆，对民族文艺或非遗资源进行系统性整理，有效实施数字化上传与管理；再因地制宜，因馆施策，小到微平台、微网站，大到线下数字体验馆，甚至VR互动体验开发，尽可能做到民族文化资源的数字化普及，为不断传承和繁荣吉林省民族文化提供更适应时代需求的技术手段。

（四）突出专业性，强化群文服务队伍建设

1. 制定适于各民族人才专项灵活用人机制

吉林省各民族类文化馆、群艺馆普遍存在的人才缺失和人员构成失衡问题，可在符合事业单位公开招聘原则的基础上，对各民族报考者的学历、年龄等条件适当放宽，着重在非遗传承、信息技术、文创开发等方面进行考核。同时，在确保公平公正公开的情况下，酌情扩大地方民族馆的筛查与考核权，便于自主确定高层次民族人才和急需紧缺专业人才的层级、专业和数量，特别是引进高层次民族人才应实行定向备案制度，以解决民族类文化馆、群艺馆梯队建设问题。

2. 加强民族文艺人才培育与培训

一是对高层次民族专业技术人才的培养选拔，通过各类民族类文艺培训和竞赛，发掘表现突出的骨干人才。同时对拥有非物质文化遗产传承人称号的专业人才开设绿色通道，在职称评定、干部选拔、优秀评审等方面适当放宽。二是推送馆内青年人才参加相关培训与学习。鼓励各馆与省内高校导师、本地专家、骨干教研员共同制定民族文艺骨干研训计划，广泛参与国家、省、市组织的多层次人才培训，把抓好自主培训与开展"影子培训"、短期研修、对口学校培育锻炼等实践与研修有机结合，不断促进省内民族类文化馆、群艺馆人才队伍的专业化成长，切实提升群众文化事业的服务水平。

（五）广拓渠道，扩大文化交流合作

1. 省内外文化系统交流

馆际交流是文化系统内最为普遍的交流和学习方式。除文化馆、群艺馆间的交流外，可以适时扩大到涉民族文化的博物馆、美术馆等文化单位，学习彼此在文旅融合、观众交互体验、数字传媒建设、文化传播等公共文化服务方面的经验和技术。在以往省外交流的基础上，希望能够扩大交流范围，特别是民族地区的群艺馆或其他民族类文化展馆，借鉴、总结它们在民族群

众文化服务高质量发展方面取得的成功经验，适时转化为适应本馆现状的模式和方法。在条件允许的情况下，可尝试签订合作协议、人员互派、技术指导等方式，提升吉林省民族类文化馆、群艺馆的综合实力。

2. 文化展会交流

近年来，文化博览会正在加速复苏，不仅参展的各类文化企业、事业单位众多，而且观众参与热情高涨。这些展会优势在于参与单位多、专业广、技术新，相较一对一交流，在选择合作、学习对象方面更为快速便捷。而且，伴随展会开设的研讨会、政企接洽会等为我们提供了一个绝佳的展示、研究且安全的平台。如长春市朝鲜族群众艺术馆连续参加吉林省颇有影响力的"东北亚博览会""冰雪博览会"等品牌展会。省内其他民族馆可以此为基础，在展示、宣传吉林省民族文化成果的同时，与兄弟单位进行广泛的交流学习，为进一步合作打下前期互信基础。

3. 高校交流合作

得益于吉林省教育资源的丰富和实力，吉林省民族类文化馆、群艺馆有着与高校合作的优秀传统，但程度不一。高校拥有专业的研究团队，也是本地重要的人才储备基地。因此，与高校在艺术创作、技术革新、人才培养等方面合作，不仅是必要的，也是很有前景的。通过合作演出、创意设计、研究成果转化、教习互动、定向委培等方式方法，有利于各民族馆未来的人才保障、团队素质、作品创新、技术支撑等多方面的提升发展，这是吉林省民族类文化艺术馆能够经久不衰、持续输出文化影响力的根本保障，也促使吉林省民族类文化艺术馆在公共文化高质量发展的道路上走得更为长远。

作为吉林省民族文化的灵魂所在和文化基石，民族类文化馆、群艺馆将一如既往地坚持以广大人民群众为中心，不断丰富民族文化产品和公共服务供给，提升文化艺术惠民品质。扎实做好民族文化内容与形式创新，推动自身体制和机制突破，提升群众文化服务能级和水平，扩大文化辐射范围与提升传播能力。要在新时代的浪潮中坚持民族文化的守正创新，弘扬具有当代价值的中华文化精神，努力履行作为繁荣发展民族文化事业主力军的使命和责任。

文学艺术探索

B.22
吉林省2021~2023年文学发展现状及未来发展路径探寻

李 克*

摘　要： 文学创作对国家及地域的文化发展都至关重要。近三年，吉林省文学创作发展势头良好，在小说、诗歌、散文、儿童文学、报告文学、网络文学等领域均取得不俗成绩。但也存在创作队伍不强、主题创作不够深刻、网络文学创作格局不足等问题。本文在分析吉林省近三年文学发展现状的基础上，探寻如何拓宽吉林文学的未来发展路径，提出了加强冰雪文学、红色文学等主题创作，推动文学母本的形式转化，促进网络文学创作国际化等建议。

关键词： 吉林省　文学创作　冰雪文化　红色文化资源　网络文学

---

* 李克，吉林省社会科学院文学所副研究员，主要研究方向为东北文学文化。

2021~2023年，我们见证了中国共产党成立100周年的辉煌时刻；我们见证了脱贫攻坚取得全面胜利的辉煌时刻；我们迎来了党的二十大胜利召开的辉煌时刻。不管是辉煌的时刻还是艰辛的历程，都被文学创作者用笔勾勒出来，成为历史的书写、时代的见证。

2021~2023年，吉林省的文学发展势头良好，取得了丰硕的创作成果。首先，创作数量较大，据不完全统计，从2021年至2023年上半年，吉林作家共发表近300篇（部）作品。另外，2023年正在创作、已完成但尚未发表、已完成待发表（出版）的作品有114部。其次，创作种类丰富，体裁多样。小说、诗歌、散文、纪实文学、儿童文学、网络文学等，都有不错的作品呈现。最后，创作题材广泛。农村题材、都市题材、爱情题材、儿童题材、公安题材……涉及社会生活的各个领域，表现内容相当丰富。

虽然取得一些可喜的成绩，但不可否认，从整体看，相对其他发达省份，吉林省的文学发展是处于弱势地位和边缘化的，文学创作整体实力不强，在全国文学创作中，处于相对落后状态，即便是在东北，也难以和兄弟省份媲美。好在，吉林这片土地上，生长着一群热爱文学、努力创作的作家，他们深耕在白山黑水间，用真诚而热烈的笔触，去描绘真实的生活、去展现自然的美好、去歌颂祖国的伟大……他们是新时代、新蓝图、新征程的参与者和构建者。

一 文学发展现状

（一）文学创作情况

小说。近年来，吉林省的小说创作一直坚持现实主义主调，以稳健的步伐踏实前进，延续并开拓着丰富多彩的局面。长篇小说的创作，以王怀宇的"家乡三部曲"——《血色草原》《风吹稻浪》《芬芳大地》为代表，作者以广阔的视角书写了一个伟大的时代，书写了东北农村几十年的变化。中篇小说和短篇小说的创作也可圈可点。金仁顺的小说，笔调一如既往的冷静、克制，无论是书写小人物命运遭际的《众生》，还是书写家长里短、浮世绘般的《易安居》，抑或是让人读了心情沉重、心生反思，更像一篇散文的《小野先生》，每篇作品中都充满喜怒不形于色、万事不关己身的格调，却往往让人不知不觉陷入更深的思考。王可心、江北（李松花）的作品则侧重描写社会底层人物的生存状态，揭示当下社会形态中存在的问题。翟妍、于德北等作家的创作也产生了一定的影响。小说创作呈现以下几个特点。首先，对吉林地域生态人情的深情描写。地域性书写一直是包括吉林文学在内的东北文学的整体审美特质。如王怀宇的长篇小说中充满了大量对东北风物的描写：吉林草原的自然景观、渔猎、游牧、农耕、冬捕等地方风俗，萨满教、二人转等民间文化，草原狼的生活习性，等等。其次，对时代脉搏的紧密跟随和准确把握。主旋律作品贯彻党在新时代的文艺大政方针，与主流意识形态相呼应，表现时代的风云变化，贴合时代精神。再次，直面社会矛盾、揭露现实问题、深剖人性弱点、正视社会转型期普通民众的困苦。最后，女性创作成绩突出。金仁顺、江北、王可心、翟妍、王小王等吉林女性作家的创作十分亮眼，她们用自己敏锐的观察描写世态人生，用细腻的笔触描摹生活画面，用真挚的情感书写吉林故事，在创作中展现了吉林地方文化特色。

诗歌。近年吉林省的诗歌创作，取得了不俗的成绩，显现出以下几点共性：探讨当下价值与意义、注重个人化的生命体验、尝试城市化语境下的后乡土写作以及多元化语境下的口语写作。任白、张洪波、宗仁发、董喜阳、九荒、秀枝等诗人的创作尤为突出，他们在《诗潮》《诗刊》《散文诗》《作家》《山东文学》《湖南文学》《鸭绿江》等有影响力的文学期刊上发表了大量作品，多位诗人还结集出版了优秀诗集，异彩纷呈，各有千秋。这些诗集和诗作，体现了作家思想的深刻性、与现实关联的密切性、文字的唯美性以及思维的开阔性。诗人们拨开纷繁复杂的生活表象，从内心主体体验出发，透过对人生的观察，对世态的描写，怀着真挚、纯洁、深邃、博大、慈爱的情怀，对地域文化或人的心灵世界进行探寻和追问，显示出一个有社会责任感的作家的创作初衷和价值取向。

散文。吉林省的散文创作很有特色，成就也比较突出。从创作力量上看，有"吉林散文三家"之称的胡冬林、格致、任林举挑起散文创作大旗；从创作风格上看，有以胡冬林为代表的"生态散文"写作，有以格致、肖达、东珠为代表的女性散文写作，有以任林举、赵培光为代表的人文情怀写作……作家们坚持以专业和思辨的方式，对写作主体进行深层次挖掘，通过对东北历史文化和个人精神内涵的总结，采用多元化的叙事视角、写作经验和题材手法，对人生、人性，生命、自然等命题进行了较为深入的反思。2021~2023年的散文创作，呈现丰富多样、平稳发展的趋势，胡冬林、格致、东珠、赵培光、任林举、尚书华、王旗军等人发表了多篇高质量散文，在表达作者的文化人格和理性诉求、展现世道人情和时代精神、反思人与生态的关系等方面，显示出细腻的笔触。

报告文学。吉林省的报告文学，全方位、多视角反映了社会现实和时代生活，以高度的历史责任感对吉林社会面貌进行了挖掘和解读。任林举的《虎啸——野生东北虎追踪与探秘》，是探秘野生东北虎的传奇长篇；任林举的《出泥淖记》、张伟的《扶贫笔记》，是对扶贫攻坚这场伟大战役的真实再现；杜波的《家国情怀蒙汉缘　一笔倾力写千年》、孙翠翠的《在北沟村的大棚里》，是新时代山乡巨变的有力证明；李金龙、宗源的《闪亮的坐标》，是对公安干警的致敬与讴歌……吉林省脱贫攻坚战役中，干群关系的改善、党在群众中形象的提升、农村群众观念的全面更新、扶贫干部的艰苦努力和无私奉献，在这些作品中展现；呼吁保护生态环境、揭示人类与野生动物及自然之间的关系、思考人与自然之间如何相处等，在这些作品里呈现。

儿童文学。吉林省的儿童文学创作成果颇丰，获奖无数。谢华良的长篇小说《陈土豆的红灯笼》2021年5月荣获中宣部第十五届精神文明建设"五个一工程"优秀作品奖；薛卫民的《24节气儿歌》2021年获得第二届接力杯金波幼儿文学奖金奖；张紫华的童话《扭扭镇的一天》2021年获得第二届接力杯金波幼儿文学奖铜奖、《三个雪人》荣获第二届小十月文学奖；袁淑娟2021年9月获第六届公木文学奖（吉林文学奖）……这累累硕果见证了作家们的才能和成就。新一代作家的创作热情很高，如张紫华，近几年创作势头良好，作品内容很丰富。窦晶、芷涵、郝天晓被誉为吉林儿童文学创作的"三朵腊梅"。窦晶、芷涵创作的低幼儿童文学作品，取得了可喜的成绩；郝天晓的写作对象以小学高年级学生和中学生为主，作品将幻想、探案、揭秘、历险、武打等元素融合在一起，富于想象力。此外，还有一些作品虽未获奖，也不乏精品佳作，或以儿童的视角感知时代的脉搏，或在幻想的时空里表现现实中的真情实感，或在童话的意象中带给人美的享受。总之，儿童文学延续了一贯的繁荣态势，在我国儿童文学大花园中散发着独特的芬芳。

影视文学。长影一直坚持"以人民为中心"的创作导向，围绕"四个讴歌"推进影片创作。2021年和2022年，长影主投主控、参与出品的电影有《731》《汉藏铸魂》《检察风云》《青春作伴好还乡》等。《青春作伴好还乡》是一部扶贫与共同富裕视角下的农村题材电影，入选"2021脱贫攻坚主题电影推荐活动"推荐影片。这部影片打破了脱贫攻坚、乡村振兴类主旋律影片的常规节奏与剧情逻辑，在影片开场就以紧张的气氛引人入胜，中间还充满了反转，引发了观众在好奇中强烈的观影意愿。此外，长影参与出品的2022年贺岁双片《狙击手》《这个杀手不太冷静》、2023年贺岁双片《满江红》《流浪地球2》，虽然不是长影主投主控影片，但因票房和口碑领跑春节档而备受瞩目。

2021~2023年的吉林电视剧则保持了农村题材电视剧的创作传统，也延续了"吉林电视剧现象"的辉煌。2021年，由吉林省委宣传部、吉林广播电视台、东北风影视剧制作有限公司等单位联合出品的农村题材电视剧《鲜花盛开的山村》在央视八套播出。剧中有对农民美好情怀的颂扬，有对国家政策的深度理解，有对政治体制改革的实践；剧中塑造了一系列感人的人物形象，真实丰满，主题鲜明，具有东北特有的喜剧色彩和浓郁的地域特色，巧妙地将大众性和观赏性融合到一起。这是一部在全面加快乡村振兴的时代背景下，全景展现新时代乡村干部的新面貌以及新时代乡村巨大变化的代表性剧作。

网络文学。吉林省的网络作家，较早而且高度地参与了中国网络文学的发展进程。早在 2003 年，王超（网名流浪的蛤蟆）就在起点中文网发布作品《天鹏纵横》，《天鹏纵横》成为起点中文网首部 VIP 章节付费小说，而王超也成为首批获得互联网线上收入的作者。随后，他又创作了《蜀山》《母皇》《仙葫》等作品，成为起点中文网首批白金作家，也成为中国网络文学创作中的大神级作者。2022 年，中国作协召开文学作品影视转化评估会，从近 2000 部作品中评选出 15 部适宜影视转化的文学作品，王超的网络小说《武谪仙》成功入选。这是吉林省作协积极谋求"跨界"生长、"破圈"传播的喜人成果。吉林省的网络文学创作人才丰富，除王超外，还有刘阳、林立强、梁玉坤、郝国月、吉振宇等重要网络作家；创作体裁多样，以小说、诗歌、散文为主；创作题材丰富，涵盖了玄幻、仙侠、灵异、校园、悬疑、恐怖、都市、重生等，也有官场、抗战等题材；作品数量大、点击量高，仅 2021 年，吉林省网络作家的创作就达到了 3500 余万字，另据不完全统计，吉林省的网络文学作品，累计点击超 100 亿次，累计收入达 2 亿元以上。

（二）活动开展情况

习近平总书记在党的二十大报告中强调，要"坚持以人民为中心的创作导向，推出更多增强人民精神力量的优秀作品，培育造就大批德艺双馨的文学艺术家和规模宏大的文化文艺人才队伍"。吉林省的广大作家和文学工作者，一直贯彻党的二十大报告中关于文艺创作的指导思想，坚持以人民为中心的创作导向，深入生活、扎根人民、潜心创作、服务群众，推动吉林文学高质量发展，为建设北方文学高地打下坚实基础，为新时代吉林全面振兴全方位振兴提供有力的文化支撑。

近年，吉林省作协以主题创作为重点，举办了一系列助力文学发展的活动：开展建党百年、全面建成小康社会、党的二十大等主题创作活动；在吉林省舒兰市设立中国作家"深入生活、扎根人民"新时代文学实践点，组织全国知名作家吉林行；与辽宁省作协、内蒙古文联（作协）联手成立东

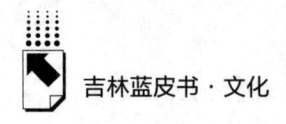

北文学发展联盟，实现省际相互借鉴、资源共享，共同推动东北地区的文学交流、繁荣发展。

从2021~2023年的创作成果看，反映新时代山乡巨变、乡村振兴主题的作品占主要地位，"三地三摇篮"红色主题创作也取得了可喜的成绩，以生态文明为主题的作品篇数众多、质量上乘，其余以粮食安全、黑土大地、吉林民俗文化为主题的作品也很亮眼。

党的二十大报告为我们描绘了中国特色社会主义文化事业繁荣发展的崭新蓝图，在新的历史方位上为新时代文学高质量发展指明了前进方向、提供了根本遵循。吉林省的作家和文学工作者，正在努力将党的二十大精神贯彻落实到日常工作和具体写作中，书写恢宏气象，自觉以"吉林文笔"为努力方向，立足本土、开掘生活、努力创作，讲好吉林故事，开拓吉林文学创作的新局面，为推动新时代文学从"高原"迈向"高峰"做出自己的贡献。

当然，吉林文学的发展现状还存在很多不足之处，比如创作队伍建设不强，存在主力断代、青年作家成长慢等问题；主题创作题材广泛但在内涵的深刻性上还有所欠缺；本应为主体创作体裁的小说，创作力量不够强大，影响力甚至不及散文和报告文学；工业文学创作的深层关注不够，与吉林省的老工业基地地位不匹配；网络文学在创作题材和主旨上都稍显格局狭隘……这些问题，都有待于在未来的文学发展中逐渐改进。

二 未来发展路径探寻

吉林省的文学发展，既要立足本地，立足当下，也要面向世界，面向未来。要注重文学创作为地方发展服务，助力吉林省的政治、经济、文化发展。

（一）挖掘冰雪文化，开展冰雪文学主题创作

地处东北大地的吉林省，冬季漫长而寒冷，因此产生了历史悠久的冰雪文化，也产生了各种冰雪游乐活动：滑冰、滑雪、滑爬犁、滑雪圈、坐冰

车、抽冰猴、赏冰灯……不畏严寒的人们，总能在漫长的冬日里欢快地嬉冰御雪，乐在其中。这样的乐趣，相信南方人更想体会一下。查干湖冬捕作为传承了千年的渔猎文化形式，能带给人们独特的体验。

习近平总书记指出，绿水青山就是金山银山。随着社会的进步，文旅行业的发展越来越迅猛。在东北，在吉林大地，有一望无际的莽莽雪原，有终年积雪的皑皑白山，有冬日里取之不尽用之不竭的冰雪资源。吉林的绿水青山、冰天雪地，为文学创作者提供了丰厚的土壤。此前，我们缺少有力的以冰雪文学为主题的创作。在未来发展中，吉林省文学创作者应结合本省特点，发展冰雪文学、讲好吉林故事，通过文学作品，创建当下最能刺激文旅行业发展的网红打卡地，推动地方文旅建设，实现向冰天雪地要金山银山的目标，创作出吉林文学更加多彩绚丽的篇章。

（二）挖掘红色文化资源，加强红色文学主题创作

吉林省红色资源丰富，如轰轰烈烈的抗联历史以及保临江、战四平的著名战役等；也产生了很多民族英雄，如抗联英雄杨靖宇将军等；有很多先进典型，如蒋筑英、黄大年等。这些人用一生的心血或生命谱写了一曲曲英雄之歌、奉献之歌。当代吉林文学史中已出现很多利用红色资源创作的作品。未来发展中，吉林文学创作者不仅要守住红色根脉，还要进一步挖掘红色资源中蕴含的伟大精神，进而展现红色历史中的吉林精神、中国精神。"用帕克慕的话说是：用针去挖井——用针去挖井，在枯燥和重复中间，诚恳地、专一地进行下去，进行到底，把生命和生活嚼碎砸烂，作为燃料，最终，作家有可能完成历史和现实之间的贯穿，找出自己文学源泉的所在。"[①]

（三）积极推动文学母本向其他形式转化

首先，重视文学创作与影视资源的互通。文学作品产业化是创意文化产

---

① 金仁顺：《今天的文学》，《民族文学》（汉文版）2020年第8期，第1页。

业发展的重要一环。文学作品社会价值的传播，依靠商业价值的实现来助推。吉林省拥有丰富的影视资源——长影是新中国电影的摇篮，从新中国成立，到经历一系列改革，走过了漫长而曲折的道路，曾经拍摄无数经典影片，在中国电影史上具有特殊地位。吉林电视剧也有过高光时刻，一度形成"吉林电视剧现象"，在全国范围内引起广泛讨论。吉林文学创作应与影视资源互通，提升原创影视剧本能力，打造出具有"北方写作、吉林文笔"标志的文学、影视双精品。

其次，加强文学成果向网络转化、向其他文艺形式转化。网络时代的到来，为受众提供了更为广泛多样的阅读形式。文学成果可以通过改编成网剧、网络电影，获得更广泛的传播，实现社会价值与经济价值的最大化；还可以向近年在小众中比较流行的小剧场、二人转音乐、戏歌等形式转化。多种成果转化形式可以多方位实现文学价值与社会价值的结合，让文学更好地为社会经济发展服务。

（四）网络文学创作向国际化迈进

网络文学自诞生以来，仿佛一直受到歧视。但随着社会的发展与进步，网络文学的力量越来越强大，其衍生的相关产业链五花八门，根据网络文学改编或创作的影视剧、动漫、游戏、短剧、有声剧以及文创产品等，不计其数。

早在2014年，就有网友提出，中国网络文学是与好莱坞电影、日本动漫、韩国电视剧并驾齐驱的"世界四大文化奇观"。虽然这种提法未必能获得所有人的认可，但不管怎样，中国的网络文学已经步入世界舞台，并且已经产生了相当大的影响力，这是不争的事实。网络文学的对外输出，对中国文化走出国门、提升国际影响力和竞争力，具有不容忽视的作用。

中国网络文学之所以受到外国读者青睐，首先是因为中国网络文学的故事"好看"——这里的"好看"，源于中国文化的魅力和作者讲好中国故事的能力。其次是因为国外读者能够感受到中国网络文学中表达的情感。网络作家"爱潜水的乌贼"认为，"情感首先是我们打破文化隔阂的首要利器，之后才是异域风情、新奇的东西"。① 只有以情动人的作品,才能跨文化、跨地域、跨种族地被全世界的人们接受。最后是作品里包含的中国元素让外国读者感兴趣。中国文化让人觉得神秘,中国功夫让人向往,中国医术让人敬佩,中国风俗让人好奇。还有一些网络作者构建的架空历史的虚无世界、修仙的多重境界,网络作家创造出的一些新鲜的词语,如禅修、筑基、悟道、飞升、灭杀等,都会让国外读者觉得耳目一新。

吉林省的网络文学发展较为突出,上文已经提到,吉林有国内极具影响力的大神级作者,他们有多部点击量"10万+"的作品;吉林有领跑仙侠文、重生文等网络潮流的创作,也有立足地方、关注时代的现实主义之作。但吉林省的网络文学创作也存在诸多问题,从创作题材看,以架空历史的玄幻、仙侠题材为主,虽然也有抗战、悬疑、科幻等题材存在,但势头很难超过玄幻题材。综观网络文学创作,几乎都是历史虚无主义的作品,而且多是跟风创作。有些作品,只有天马行空的想象,连正确的三观都找不到,更不用说弘扬正能量了。还有一些作品,为追逐经济利益而无限延长篇幅,甚至持续几千章永不结尾,或者写到一半以"烂尾"草草结束。在规避上述问题的同时,吉林省的网络文学发展也应该向国际化迈进。

此前,《赘婿》《地球纪元》《第一序列》《大医凌然》《大宋的智慧》《大国重工》等16部中国网文被大英图书馆收录。相关数据显示,2022年网文出海吸引了近1.7亿名访问用户,成为提升中国文化竞争力的强劲力量。截至2022年底,已有9部中国网文的翻译作品阅读量破亿次。另有研究部门预测,到2025年,网文出海的用户规模有望达到13.29亿人,届时市场规模将达到193.35亿元人民币。②

面对如此浩瀚的发展空间,吉林省的网络文学创作,应牢牢抓住机遇,向国际化迈进,为中国网络文学添砖加瓦,为使中国网络文学担得起"世界四大文化奇观"之一的盛誉做出应有的贡献。

---

① 李梦馨:《中国网文:不光"风景这边独好"》,《大众日报》2023年4月16日,第6版。
② 李梦馨:《中国网文是"世界四大文化奇观之一"吗》,《大众日报》百家号,2023年4月24日,https://baijiahao.baidu.com/s?id=1763987411330365198&wfr=spider&for=pc。

首先要在作品质量上下功夫。网络作家要沉下心来创作，改变重量轻质的作风，不能一味追求利益、追求速成。据统计，仅2021年度，吉林省网络文学作品码字量达3514万余字，有人年创作量达二三百万字之多，这样的写作速度，让人叹为观止，但同时也令人产生怀疑：如此速成，精品能有几何？在未来发展中，期待吉林省的网络创作者，有"十年磨一剑，出鞘露锋芒"的意识和勇气，抛却利益至上的写作目的，出精品、出佳作，潜心打造具有国际影响力的作品。

其次要在创新性上下功夫。网络文学创作一直存在跟风、模仿的不良现象。穿越、重生、玄幻、仙侠、霸总……一旦哪个类型火了，全网一拥而上，进行模仿写作。这样的创作模式必然不会长久，受众会因厌倦海量复制品而逐渐失去阅读兴趣。所以网络文学创作一定要注重创新性，包括立意的创新、内容的创新、形式的创新、语言的创新等。

此外，也应加大政策扶持力度和服务保障力度。相关部门有责任合理引导、监督网络文学创作，促使网络作家以新时代文学创作目标为指引，创作有道德、有温度、有筋骨的作品，同时提高市场要求和受众的鉴赏能力，使网络文学快速向好发展。可喜的是，2021年3月，吉林省网络作协成立，成为推动吉林网络文学高质量发展的有力机构。期待在未来的发展中，吉林省的网络文学能够日新月异，走向国际化，为提升中国在世界发展格局中的软实力贡献力量。

习近平总书记在"中国文联十一大、中国作协十大开幕式上的讲话"中说，新时代文学要"向世界展现可信、可爱、可敬的中国形象"。这是新时代文学要实现的目标之一。吉林省的文学创作者，以大美吉林这片生机盎然的肥沃土地为纸，以皑皑长白山冲破云霄的雄壮白桦为笔，以粼粼松花江清风徐来的潋滟水光为墨，书写着吉林大地上的壮美风物、塑造着中华民族的可爱人群。期待吉林省的文学创作者，在未来的发展道路上，以文学的力量，绘就一幅吉林省全面振兴的壮美画卷，为中华民族的伟大复兴默诵歌吟。

B.23
吉林生态文学助力生态文明建设的思考与建议

杨春风*

摘　要： 近年来吉林省生态文学创作呈现良好发展态势，但也存在视野较窄、表现手法单一和后备力量不足等问题。笔者在全面梳理吉林优秀生态文学作品、采访知名作家、系统总结其创作经验的基础上，对推动吉林生态文学发展，助力吉林省生态文明建设提出了建议：生态文学必须始终以深入生活、扎根黑土地、紧跟时代热点为根基；吸纳先进生态文明理念、学习国外优秀生态文学创作经验、将生态文学创作与地域文化底蕴相融合，是生态文学发展的一个重要拓展方向；促进生态文学向影视、动漫、网络视频等领域转化，是生态文学重要的未来增长点；写好吉林生态文明故事，服务文旅融合发展，为建设文化强省、生态强省服务，是其长远发展方向和目标。

关键词： 吉林省　生态文学　生态文明建设

生态文明建设是建设中国式现代化的重要内容之一。弘扬生态文化，增强全社会生态文明意识，是生态文明建设的重要内容。文学是最能潜移默化

---

* 杨春风，吉林省社会科学院文学所所长、研究员，主要研究方向为东北文学文化、满族说部。

地影响人心、陶冶情操的重要手段，生态文学也应该在新时代弘扬生态文化、增强民众生态文明意识中发挥重要作用。在生态文明建设中，我们不仅需要好的政策的引导和贯彻执行生态政策的切实努力，还需要好的生态文学来传播生态文明理念、宣传党和国家的生态文明政策、揭露和批判种种破坏生态环境的言行，歌颂在生态文明建设中做出贡献的党员干部，使生态文明理念深入人心、家喻户晓，生态文明政策和实践得到民众的充分理解和支持。怎样才能更充分地发挥生态文学在弘扬生态文化、增强全社会的生态文明意识中的作用，如何讲好新时代吉林生态文明故事，推进生态强省建设，是当前摆在我们面前的重要课题。

一 吉林生态文学发展现状分析

吉林省拥有长白山、查干湖两块"金字招牌"和"东有虎豹、西有白鹤"两个"生态地标"，良好的生态环境一直是吉林省突出的优势、宝贵的财富和重要的品牌，这些都为吉林生态文学创作提供了丰富的素材和无限的灵感。近年来，吉林省作家协会深入省内白城、大安、松原、白山、舒兰等地，先后组织了"吉林大地行·看山乡巨变""厚植文学土壤　助力吉林振兴""'黑土粮仓·冰雪吉林'全国知名作家吉林行""辽金故郡·诗礼农安"等主题采访采风活动，为作家深入生态建设一线，近距离对先进人物和先进基层党组织进行文学采写，搜集生态文学创作素材提供了有力保障，客观上为吉林省生态文学的发展提供了不小的助力。

随着新时代生态文明建设活动如火如荼地开展，在吉林省作家协会等相关单位的正确引导和组织下，近年来吉林省生态文学创作空前活跃，涌现出一批优秀的生态文学作家，出版了大量优秀的生态文学作品，一些作品还获得大奖，在全国产生了很好的影响。

首先，一批能深入基层、甘于吃苦、以生态文学创作为毕生使命的作家群体应运而生。如被誉为"中国离野生动植物最近的作家""中国少数与世界文学接轨的自然文学作家"的胡冬林；曾获多项大奖，并在作品中深入分析东北虎千年迁徙轨迹、发展史和近年东北生态保护喜人成就的优秀作家任林举；在作品中展现近百年东北西部草原生态文化、绿色发展的王怀宇；深入长白山腹地，既是作家又是山林生态保护志愿者，倾情讲述长白山森林野生动物故事，并获得中国作协"深入生活、扎根人民"主题实践先进个人的李谦；一年中有半年回归田园，在吉林乌拉古城遗址附近租房安居，在其文学创作中自然倾注了自然主义情怀和环境保护意识的格致；一个多月行程五六千公里追踪记录秋沙鸭迁徙路线并以儿童的口吻记录并展现中华秋沙鸭独特风采的陈凤华；实地走访查干湖，用作品展现查干湖践行"绿水青山就是金山银山"发展理念的丁利；年近九旬仍笔耕不辍，守望黑土地的侯树槐；持续多年深入长白山腹地，致力于展现长白山丰富动植物资源和山林意趣的于德北、赵连伟、高维生、刘德远等人；长期生活在长白山脚下，不仅自己参与生态文学写作，还无私地为大量生态作家提供帮助的宗玉柱……这些优秀的生态文学作家用笔墨，更用心血和汗水倾情书写了吉林省大好河山的壮美画卷，展现了长白山动植物资源的灵动魅力和丰富多样性，为吉林生态文学创作注入了强大力量，也为吉林省的生态文明建设奉献了自己的力量。

其次，吉林省生态文学作品不断涌现，其中还有不少作品获得各类大奖，在全国产生一定影响。如胡冬林的长篇纪实文学《山林笔记》荣登《收获》文学排行榜非虚构类作品榜首，入选2020年中宣部"优秀现实题材文学出版工程"，获中华人民共和国生态环境部评选的第二届"十本生态环境好书"第二名；王怀宇的长篇小说《血色草原》获第十一届茅盾文学奖提名；李谦的长篇小说《缝狗》荣获第二届"长江杯"中国现实主义原创儿童文学优秀作品二等奖；宗玉柱的生态散文《秋沙鸭归来》获"双王城杯"第六届大地文学奖。

吉林省的生态文学作品呈现品类繁多、体裁多样、表现形式丰富的特点。其中长篇小说有胡冬林的《野猪王》、王怀宇的《血色草原》《风吹稻浪》《芬芳大地》、李谦的《虎王归来》《与虎为邻》；散文有胡冬林的《山林笔记》、格致的《帮助南瓜》、赵连伟的《寻找对开蕨》《岳桦族谱》《崖柏部落》《寻访东北红豆杉》《山野中的色彩魔盒》、宗玉柱的《长白山天池》《高山湖泊中的明珠》、葛晓强的《黄榆笔记》、高维生的《寂静的森林》《天空的流浪者》《鸟儿歌唱的地方》、刘德远的《第十棵树》等；长篇纪实作品有任林举的《虎啸》、陈凤华的《守护大山的人》、丁利的《八百里河湖》；儿童文学作品有于德北的《归来！山林之王》《偷蜂蜜的熊》、李谦的《缝狗》《熊和女孩》《虎牙》《守着你》《撅枪》、陈凤华的《长白山下是我家》、窦晶的《和动植物的神秘约会》《珍珍住在大山里》《一棵树能走多远》《我在地球遇见你》；诗集有秀枝创作的《白雪之上》。

近年来吉林省生态文学创作态势良好，但也存在一定的不足。

第一，从生态文学的内容来看，有些作品还存在视野较窄、现实性不强和思想文化底蕴不深的缺陷；关注生态自然之美和野生动植物研究的作品较多，从社会生活的角度反映现实中如火如荼的生态文明建设的较少；有些生态文学创作思想底蕴不够深，没有将文学视野与经济、政治、文化、社会紧密联系起来从更多维度展现人与自然和谐交融之美，也没能在作品中反映更深层次的生态文明理念。

第二，从生态文学的表现形式来说，吉林生态文学还存在表现手法比较单一，向动漫、影视、IT作品转化不够的缺陷。不能将作家、创作、出版、转化结合，形成生态文学发展联合体。

第三，从生态文学的创作队伍来看，存在后备力量不足的缺陷。创作队伍多为老一辈已经成名的作家，缺少群众的广泛参与，特别是青少年生态文学写作的组织较少。

第四，从文学活动来看，作协虽然组织的采风活动不少，但单纯以生态文明建设为主题的集中式、专题式的组织生态写作的活动较少，不能充分调动作家们生态文学创作的积极性。

二 吉林生态文学助力生态文明建设的思考与建议

总结近几年吉林生态文学创作的成功经验和不足之处,笔者认为,应该从以下几个方面来提升吉林生态文学的水平,更好地为吉林省生态文明建设服务。

(一)深入生活、扎根黑土地是吉林生态文学创作的基础

社会生活是文学创作的源泉。没有深入生活、扎根黑土地的实践基础,生态文学创作必然是无本之木、无源之水。只有爱得深,才能写得真,没有对吉林这片大地深切的热爱是创作不出优秀的生态文学作品的。在这一点上,老一辈生态文学作家胡冬林为我们树立了榜样。胡冬林之所以能写出那么多生态文学精彩作品,与他深入长白山腹地,爱之、恋之,将自己的生命完全融入这片山林有关。如有一次,为了搜集长篇小说《熊纪年》《野猪王》的创作素材,他雇车拉了简单家具和4箱图书到长白山体验生活,过着"半个森林人、半个写作人"的生活。只要身体状况和天气情况允许,他就走进原始森林,观察自然万物的细微变化,以及大森林中各种动植物无尽的生命奥秘;他还采访原住民、昔日猎户以及山里的挖参人、伐木人、采药人,搜集当地的传说故事、历史掌故等,记下了6大本近80万字的笔记。

除胡冬林外,吉林省优秀的生态文学作家大都是长白山的常客,甚至有的作家,如任林举、李谦等人,都曾经作为志愿者亲身参与环境保护组织的各种活动,对东北的动植物资源十分了解,能如数家珍般说出长白山上大多数动植物的习性和用途。正因为有深厚的生活基础作为保障,其文学作品才能在细节上格外真实生动,富于感染力。

(二)先进的生态理念是吉林生态文学创作的灵魂

好的生态文学作品必须以先进的生态理念作为其创作的思想理论基

础和灵感源泉。近几年的吉林生态文学在生态文明理论上突破了以人类为中心的自然观，强调万物一体、人与自然和谐共存的生态理念。生态作家们深切地认识到以人类为中心，从人类自身的利益和需要出发的自然观和环境观是片面的、肤浅的，甚至是有害的。如胡冬林强调"生态作家必须站在野生动物的立场上写作"，强调作家应该是守护一方水土的坚强战士，与种种破坏环境的行为做斗争。

再如王怀宇的《血色草原》写出了草原人在长期生产生活中积累的生态文明智慧。书中将河流比喻成其家乡塔头滩的血液，把草原比作塔头滩的皮毛，而人类和各种动植物则"不过就是皮毛上的寄生者"，"寄生者就是寄生者，寄生者们绝不可自以为是，胡作非为"。这种长远的眼光和智慧，突破了以人类为中心的价值观，形成了万物和谐共生、生命平等共存的世界观。这种理念同现今世界流行的"大地伦理观"是暗合的，利奥波德"大地伦理观"指出用人类中心主义的价值观去决策生态活动是非常危险的，强调地球是个有机的整体，人类只是这个有机整体中的普通成员，其成员还包括土壤、水、大气、阳光、植物、动物等；人类有责任维护地球家园的完整、稳定和美丽，一个有道德的人应该尊重地球上一切有生命的存在物和这些生命赖以生存的地球环境。

（三）丰厚的动植物学知识储备是吉林生态文学借以超越平庸的翅膀

生态文学创作离不开丰厚的生物学知识储备。如果说深入生活、拥抱吉林的山山水水是吉林生态文学创作的基础，那么丰厚的生物学知识储备就是吉林生态文学得以超越平庸、自由飞翔的翅膀。近几年，吉林生态文学创作很多都是博物学与文学结合得十分完美的写作，在某种程度上带有生物学研究和普及的性质。如胡冬林曾拜多位生物学家为师，他的启蒙老师是动物学家、"鸟博士"赵正阶；其代表作《青羊消息》就是借助动物学家赵正阶的视角和心理活动得以完成的；《蘑菇课》则得益于菌类学家王柏先生的指导。此外，胡冬林还有不少"山里通"朋友，这些人经常带着他进山，向他实地介绍许多动物的习性，这些都对他的生态文学写作非常有帮助。

此外，高维生在鸟类三部曲《寂静的森林》《鸟儿歌唱的地方》《天空的流浪者》中对各种鸟类的形态、性情、生活习性如数家珍，其凝聚了作者数十年来丰富的生物学知识积累和实地考察的经验，堪称长白山鸟类学研究丛书；刘德远在《第十棵树》中为心中的长白山的十种树画像，不仅观察其四季形态变化，还系统地研究并介绍了长白山十种树木在生产生活中各种珍贵的实用价值，堪称长白山植物的实用宝典；任林举的《虎啸》、李谦的《与虎为邻》《虎王归来》都是有关长白山上东北虎的文学作品，其中关于虎的饮食习惯、生活习性、迁徙路线等生物学知识十分丰富，令读者如身临其境般领略东北虎的风采。

当然，文学作品并非科普读物，不仅需要丰富的自然科学知识来提升其文化品位，更需要用文学手段去感染人、感动人。要将丰富的动植物知识不留痕迹、毫不刻意地完美融合到文学作品当中并非易事，需要作家有一定文学水平和文字驾驭能力。

（四）将生态文学创作与深厚的地域文化底蕴相融合更能相得益彰、魅力无穷

吉林生态文学是在宽广、深厚的地域文化背景下产生的。许多优秀的生态文学作品并不只是单纯的生态文学，而是与多种地域文化、民风民俗完美融合、相得益彰的作品。如胡冬林的生态散文有丰富的野生动植物学知识积累和多年野外考察做基础，对东北传统文化以及各个时代的各种民风、民俗、民间故事都有较深入的研究。因此他的散文中常常有东北地域文化和古代民风民俗穿插其间，往往能令读者受益匪浅、收获颇丰。再如王怀宇的长篇小说《血色草原》，一方面生动地写出了传统草原文化中朴素的环保意识和生态文明智慧，写出了人与自然、人与家畜、人与草原上的野生动植物间的水乳交融、休戚与共，你中有我、我中有你的关系。另一方面，《血色草原》又绝不仅仅是生态文学作品，作品中几乎涵盖了草原文化的方方面面，

不仅有对各种草原传统生产生活方式的描述，如对钓巨型狗鱼、冬捕队猎狼、查干湖冬捕、驯马、打草、捕雀儿等细节的生动描述，还生动地描写了大草原上的风景、气候、动植物，更全面地展现了传统草原人的生活习俗、娱乐方式、民歌谚语、婚丧习俗、种种禁忌和宗教信仰等，堪称东北西部草原文化的百科全书。

除胡冬林和王怀宇的作品之外，许多优秀的生态文学作品也都完美地融合了东北地域文化因素。如李谦的《阿玛的山》将抗日元素与守护长白山珍贵资源相结合，使得作品有更多历史的苍凉凝重之气；格致的《帮助南瓜》将吉林乌拉古城中浓厚的历史文化气息与尊重自然、返璞归真的生态文明理念相结合，使得其散文自然地弥漫着一股悠悠思古之气和淡淡草木之香。

笔者认为，未来的生态文学创作应继承并发扬老一辈生态文学作家的这一传统，将生态文明元素与地域文化素材完美巧妙地融合起来，增加生态文学的历史厚重感和思想深度。

（五）学习国外生态文学创作经验，适当与国际接轨，对生态文学创作有一定助益

从创作风格上说，吉林生态文学在一定程度上受到了国外自然主义文学的影响，如胡冬林对国外自然文学作品非常喜爱，对其文学创作影响最深的外国文学作品"首推梭罗的《瓦尔登湖》和《梭罗日记》"。[①] 胡冬林的作品也被某些评论家称为"中国版的'瓦尔登湖'"[②]。除胡冬林外，吉林生态作家于德北的生态文学创作中也有相当明显的学习外国文学创作的痕迹。在他的《春日书简》中就曾多次提到惠特曼、缪尔、梭罗，并时常引用外国文学作品中的句子，这给他的文学创作增色不少。

笔者认为，可以适当学习一些国外先进的文学作品，吸取其中的有益营养，

---

① 周长庆：《长白山下，他书写中国版的"瓦尔登湖"》，《文风》2020年第4期。
② 《瓦尔登湖》是一部由美国作家亨利·戴维·梭罗所著的著名散文集，于1854年首次出版。该散文集表现出崇尚简朴生活，热爱大自然的风光，且内容丰富，意义深远，语言生动。

但绝不能生硬地模仿和照搬，还要结合自己的创作素材、生活底蕴和中国现状、时代特色，只有这样才能创作出有自己独特风格特色的优秀文学作品。

（六）紧跟时代、抓住时代热点是吉林生态文学更好地服务生态文明建设的必由之路

要想使吉林生态文学更好地服务吉林省生态文明建设，必须紧跟时代、抓住时代热点，创作出切实与群众生活息息相关、准确反映新时代吉林如火如荼的生态文明建设的生态文学作品。近几年的优秀生态文学创作中还是有不少作品体现出了这一特点的，如李谦的《大风口》就及时地反映了东北黑土地的宝贵资源面临流失的重大问题，并在其中介绍了吉林省四平市梨树县在黑土地保护利用方面的宝贵经验；任林举的《虎啸》、李谦的《与虎为邻》《虎王归来》都一方面系统回顾、深入分析了历史上东北虎在人类为满足私欲无限度捕猎中逐渐消失、濒临灭绝的过程和历史原因，另一方面也满怀深情地写出了近年来一系列生态保护政策和措施使得生态环境逐渐变好、东北虎逐渐回归故乡的喜人景象，客观上宣传了吉林省生态文明建设取得的不斐成就；陈凤华的《长白山下是我家》和宗玉柱的《秋沙鸭归来》等散文都关注了国家一级重点保护野生动物、有"鸟类中的大熊猫"之称的、被视为"检验水质的敏感指示钟"的中华秋沙鸭，在为美丽而珍贵的中华秋沙鸭留下宝贵文字影像的同时，也欣喜地写出了吉林生态环境在国家一系列政策的保护下逐渐变好的客观事实。

吉林省未来的生态文学作品，要吸取这些优秀生态文学作品的宝贵经验，学习这些优秀生态作家紧跟时代、关注热点的精神品格，在未来的生态文学创作中更好地融入时代、讴歌时代、引领时代，为吉林省的生态文明建设贡献力量。

（七）积极促进生态文学向影视、动漫、网络视频等多种形式的转化是未来发展增长点

在当前信息爆炸的多媒体时代，单纯的文学作品的影响力是有限的，远

不如影视作品和网络媒体等传播广泛、影响力大。一部优秀的影视作品的宣传效应是难以估量的，不仅能推进生态文明建设，更能带动旅游经济的发展。有时一部优秀的影视作品就能成就一个旅游景点甚至带火一个旅游城市。吉林的生态文学作品要想得到广泛的传播，产生更深远的影响，从而更好地为吉林生态文明建设服务，必须突破自身的局限，积极寻求向影视、网络视频等方面转化。

如前所述，近几年的吉林生态文学创作还存在表现手法比较单一，向动漫、影视、IT作品转化不够的缺陷。虽然有个别作品已经在这方面取得了一定成绩，如王怀宇的《芬芳大地》获中国作协影视转化重点扶持，并拟拍成电视剧在央视播出，作家描写中华秋沙鸭的文学作品也被拍成纪录片在央视播出，但总体来说，吉林生态文学作品向影视、动漫、多媒体等形式的转化还明显不足。

推动生态文学向影视、动漫等形式的转化必须作家、媒体、影视公司等多方面力量团结合作，有时还需要投入大量的资金支持。因此，笔者建议吉林省相关部门能充分重视，积极推动相关方面力量的联络、合作、整合，形成合力，共同组成生态文学发展联合体，从而推动生态文学的成果转化和全面升级，更好地为吉林省的生态文明建设做出贡献。

（八）组织青年学生等群体积极参与生态文学写作是吉林生态文学未来发展的长远规划

优秀的作家队伍是文学事业得以长期发展的基础。"十年树木，百年树人"，培养创作队伍是一个长期的、艰巨的过程。如前所述，目前生态文学作家多为老一辈的已经成名的作家，缺少群众的广泛参与，特别是青少年生态文学后备力量较少。笔者认为，若想生态文学事业得到持续的长远发展，还需要在基层多培养一些后备力量。

可以通过在中小学或全社会征文，组织生态文学夏令营、冬令营，文艺采风等方式发现一批对生态文学感兴趣的作者，并通过多方面的培养、教育，使其成为生态文学发展的后备力量，甚至成为未来的生态文学作家。争取形成全社会拥护生态文明理念、书写生态文明故事、歌咏吉林真山真水的热潮，只有这样才能推动生态文学创作的发展，更好地为吉林省的生态文明建设做出贡献。

（九）写好吉林生态文明故事、带动旅游经济的发展、为实现生态强省服务是生态文学发展的重要方向和目标

吉林有着良好的生态基础和得天独厚的自然资源，为生态文学创作提供了丰沃土壤，同时生态文学的发展也能在客观上宣传吉林省的生态资源，为发展吉林省旅游经济服务。如吉林省近年来的生态文学创作中不少作品都相当详尽地描写了长白山、查干湖等吉林地区特有的优美风景和丰富的动植物资源，为读者展现出一幅幅吉林山水的优美画卷。这些创作客观地宣传了东北山水美景和良好的生态，自然会对推动旅游经济发展起到积极作用。如胡冬林118万字的《山林笔记》，堪称百科全书式的大型笔记，细致描述了长白山的山林、鸟兽，以及作者随时随地的思考与感悟，向人们呈现了一个山、鸟、兽相依相存，人类与动植物和谐共生的美好图景。有评论者指出，胡冬林的《山林笔记》使长白山多了一种存在的方式，胡冬林使长白山成为一座"文学的山"。此外，在吉林生态文学作品中，不仅东北虎、中华秋沙鸭等珍稀动植物成为众多吉林生态文学创作的主角，甚至长白山上的一草一木都有神奇的妙用，一鸟一兽都有精彩的故事，读了这些极具感染力的作品自然会令读者心生向往，产生到东北看一看的想法。这些都必然会对打造吉林生态名片和品牌有所助益，为推动吉林省旅游经济发展、实现生态强省目标提供助力。

笔者认为，应该将生态文学创作与生态旅游结合起来，努力把吉林的青山绿水真正打造成推动吉林省经济发展的"金山银山"。建议在长白山等吉林生态旅游景点多开展一些生态文学推广和生态文学征文等活动，以生态旅游带动生态文学的发展，同时也以生态文学促进生态旅游经济的繁荣，使二者发挥联动效益，相得益彰，更好地为实现吉林生态强省的目标贡献力量。同时，应进一步引导和鼓励吉林生态作家深入吉林最有特色的山水田园、旅游

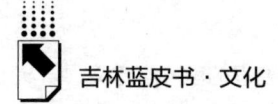

胜地来采风，争取创作出更多反映吉林真山真水、独特风物的作品，争取以文学作品打造一些吉林特有的旅游名片和网红打卡地，为振兴吉林省旅游经济、实现生态强省目标服务。

总之，未来吉林生态文学创作一方面要吸取老一代生态文学作家的成功经验，深入生活、紧跟时代，关注时代热点和近期生态文明建设实践，用先进的生态文明理念来指导自己的写作实践，用丰富的动植物学知识、地域文化营养和国外先进的生态文学创作方法来武装自己的头脑。另一方面还要弥补目前吉林生态文学创作存在的不足，加强对青少年生态文学后备力量的培养，促进生态文学创作向影视、动漫、网络视频等多种形式的转化，进一步推动生态文学和生态旅游互相促进、联动发展，以生态旅游推动生态文学的发展，以生态文学带动吉林省生态旅游事业的繁荣。

B.24
长影集团电影创作与电影产业发展现状与展望

杨 阳*

摘　要： 长影是吉林省电影艺术乃至国家电影艺术的重镇。21世纪以来长影的主旋律影片创作基本完成了从类型到主题、从商业化到新主流的转变。这些作品反映了时代的变化、国家的发展和人民的心声，选取多种题材从多个角度观照中国人民创造新生活的拼搏实践和奋斗成果，全方位、全景式地展现了新的时代风貌。未来长影发展应深深植根于中华民族优秀的传统文化，积极借鉴国际影视文化热点，争取在文化输出中、在塑造国家形象上贡献新的力量。

关键词： 长影　主流影片创作　大电影产业运作

说起长影集团，首先就要提到长春电影制片厂（简称"长影"）①。长影在中国电影发展史上一路走来，栉风沐雨，铸就了无数的辉煌，不仅推出了多部脍炙人口的优秀影片，还为我们的电影事业培养、输送了众多人才，因此被人们亲切地誉为"新中国电影事业的摇篮"。

新中国成立后，我国的电影事业开启了新的篇章。当时，新中国的电影开拓者们纷纷奔赴我们党新接手的"东北电影公司"，他们创下了人民电影事业的"七个第一"。接下来的几十年里，长影拍摄了1000多部故事片，伴随

---

* 杨阳，吉林省社会科学院文学所副研究员，主要研究方向为东北文学等。
① 为叙述方便，以下将其在不同时期的不同名称东北电影公司、东北电影制片厂、长春电影制片厂、长影集团有限责任公司统称为"长影"。

了几代中国人成长。《钢铁战士》《白毛女》《上甘岭》《党的女儿》《英雄儿女》《红孩子》《平原游击队》《董存瑞》《冰山上的来客》《刘三姐》《我们村里的年轻人》《五朵金花》《甲午风云》《人到中年》等一大批优秀电影作品，为人民放歌、为时代立像、为民族铸魂，铸就了长影的文化品格，定格并沉淀在几代观众的记忆深处，在新中国的电影史上留下了浓墨重彩的篇章。

21世纪以来，走出低谷、大力改革的长影仍然坚持革命历史题材、农村题材与贴近党和人民关注的现实题材的影片创作，对于复杂的社会矛盾、社会热点问题投以客观的态度，敢于触及揭示，勇于贬恶扬善，并且注重对时代精神的弘扬和对先进、生动人物形象的塑造。一大批优秀影片再度点亮了长影的品牌，丰富了中国电影银幕。《男妇女主任》《毛泽东和斯诺》《巧凤》《灿烂的季节》《大娃娃和小公主》《任长霞》《小巷总理》《辛亥革命》《大太阳》《信义兄弟》《索道医生》《铜雀台》《老男孩之猛龙过江》《龙之谷：破晓奇兵》《守边人》《黄大年》等影片纷纷获得"华表奖""五个一工程奖""金鸡奖""百花奖"等，还有些影片比如《大东巴的女儿》《十三棵泡桐》《老阿姨》等在国外影展中获奖，既赢得了票房，又赢得了口碑。长影的影片创作，弘扬了社会主义核心价值观，呈现了鲜明浓郁的"红色基因"，在中国特色社会主义新时代的当下，这种"红色基因"的传承与发扬，无疑具有凝聚民族精神、引领时代前进的强大号召力。2023年春节档，长影集团联合出品的电影《满江红》《流浪地球2》票房和口碑双丰收，这也是继2022年春节档联合出品影片《狙击手》《这个杀手不太冷静》之后，长影集团第二年以"双片"阵容贺岁。

本文梳理近年来长影电影事业发展的得失，总结成绩和经验，以期长影再出精品，再攀高峰。

一　长影集团电影艺术创作现状

从1987年电影局局长滕进贤在一次全国性电影会议中提出"突出主旋律，坚持多样化"口号至今，尤其是21世纪以来推出了许多主旋律影片，不难得出结论,基本完成了从类型到主题、从商业化到新主流的创作转变。正如剧作家于敏先生说的,判断中国电影的得失,"有三个标志不可忽略。一是社会主义的,二是群众性的,三是中华民族的。三合一地说,就是具有中国民族特色的,为中国老百姓所喜闻乐见的社会主义新电影"。①

这些具有鲜明中国特色、富有民族精神内涵的电影作品从新时代国家文化主题出发,以多年形成的类型经验来结构并推动影片创作,将艺术的脉动融入时代的脉搏中,很好地展现了中国电影从诞生一开始就承载了社会政治内容、担负着反映社会现实的责任这一属性。这些作品反映了时代变化之下中国的发展和人民的心声,切入了中国人民的奋斗成果和创造新生活的拼搏进取,全景式地展现了新的家国风貌。

(一)农村题材影片

发展农村题材电影、创作农村题材电影,是长影保持传统特色的一条差异化电影创作之路。成立于 2008 年的长影农村题材电影创作基地,以"关心农村、关爱农民、关注农业"的深厚情怀进行农村题材电影的创作、生产和发行。这些农村题材影片紧贴"三农"主题,呈现"题材丰富多样,乡土气息浓厚,富有鲜明地方特色"②的特点。近年来,长影在农村题材影片创作上也有一些佳作。

电影《青春作伴好还乡》由著名导演赵琦执导,鲍盛华、郝天晓、胡莹、马犇担任编剧。主人公管松江清华大学毕业后没有选择大都市,而是回到家乡,拟任县扶贫办主任。围绕对管松江在五天公示期内展开的调查,影片展现了以他为代表的返乡创业的年轻群体为脱贫攻坚、乡村振兴的奋斗精神和奉献意识。小切口,大主题,兼以融合青春、励志、悬疑等诸多元素,《青春作伴好还乡》一经上映就好评如潮。同时,该片在创作上也怀着对长影经典影片《我们村里的年轻人》的致敬,发扬了"聚焦现实、扎根生活,

---

① 于敏:《得失也宜放眼量》,《大众电影》1989 年第 12 期,第 2 页。
② 常文宣:《长影农村题材电影创作硕果累累》,《长春日报》2011 年 1 月 31 日,第 6 版。

刻画小人物、反映大时代"的长影优良传统，折射出时代变化之下不变的年轻人建设家乡的决心与信念。

《我和我的家乡》由张艺谋担任总监制，宁浩担任总导演，分为五个单元讲述五个故事。《我和我的家乡》以喜剧的方式呈现了当下我国农村建设成果和家乡面貌的巨大变化，五个不同地域的家乡故事带出了小康社会、乡村振兴和脱贫攻坚的重大社会命题，广受观众欢迎，而且在政策导向的框架内交上了一份完美的答卷。2020年10月6日在《人民日报》上发表的文章《国庆档电影〈我和我的家乡〉〈一点就到家〉引关注》中称"影片反映的山乡巨变，让人感慨时代进步给老百姓的生活带来实实在在的变化，激励人们努力建设家乡、建设祖国"。①《我和我的家乡》上映后口碑、票房的双丰收，也再次印证了只要讲好"中国故事"，即使现在的农村题材影片失去了20世纪的"顶流"地位，农村片做到契合乡思、乡心，依然可以赢得观众，赢得市场。

（二）现实生活题材影片

青年励志网络电影《中国青年：我和我的青春》也采用了"拼盘式"结构，通过三个独立的篇章讲述了三代热血青年为党为人民拼搏奋斗、进取奉献的感人故事。三个故事展现了三个时代的青年虽然身处的环境不同，但都饱含志愿精神，为了国家，为了他人，愿意付出自己的时间、热情、智慧。影片塑造的青年引路人形象从身份、情感和价值三个维度言说了中国特色的文化认同，个人的理想抱负融入祖国的复兴发展当中，中国青年的家国情怀让人动容，青春的意义、青春该有的样子，都在影片中有了答案。

（三）喜剧题材影片

近年来，长影拍摄了一些喜剧题材影片，影片中有血有肉的主人公给人

---

① 《国庆档电影〈我和我的家乡〉〈一点就到家〉引关注》，人民网百家号，2020年10月6日，https://baijiahao.baidu.com/s?id=1679752882116476177&wfr=spider&for=pc。

们留下了深刻的印象。

《东北合伙人》是一部典型的富有东北色彩的喜剧电影，由长影集团有限责任公司出品，崔志佳导演，修睿、张琪等网红明星主演。影片以东北农村投资酒厂负债累累的李大壮意外中彩票而展开——李大壮隐瞒了自己中彩票的事实，王坤为了得到准丈人的同意，决定假装中奖……一系列令人啼笑皆非的事件因此展开。影片非常贴地气地展现了小人物的生活日常，幽默搞笑，而且富有温情，真实得就像我们身边的人和事，鲜活生动，整体基调轻松乐观，诙谐幽默。在一连串的闹剧之后，所有的谎言都被揭穿，三兄弟下定决心不再搞这些旁门左道，他们决定脚踏实地干出一番事业来，带领全村人民共同致富。影片讴歌了小人物，这些勤劳、质朴、可爱又带一点狡黠的小人物身上，有着对家乡的深情，他们的努力勾勒出"乡村振兴"的生动图景。

《绝望主夫》讲述了在一次电梯穿越之后，影片主人公胡铁男与妻子许薇薇身份进行了对调，他处在了原来他妻子的位置上，而他妻子则成为这个异世界中家庭和社会地位居于主导位置的成功女人。无论胡铁男怎样反抗都无济于事。接下来的日子里，胡铁男完全转变为一个全职主夫，日复一日地操持家务，日复一日地照顾妻子和孩子，胡铁男慢慢地体味到了婚姻生活中女性的操劳和付出。《绝望主夫》巧妙设置了一个异世界男女倒置的颠倒视角来与观众探讨现代婚姻问题，"紧贴近年普通人群所关心和热议的社会话题，创造出一个性别颠倒的焕新世界，男女社会职能的调换赋予角色出其不意的幽默感，营造出故事性和沉浸感兼具的超现实空间"。① 虽显荒唐，却发人深思。

合家欢喜剧《这个杀手不太冷静》选在了2022年大年初一上映，影片定位很明确——趁着过年的这个假期，看场喜剧，轻松一回。《这个杀手不太冷静》没有停留在搞笑的层面，而是宕开一层，笑中带泪，书写了一个小人物为了自己的梦想不断地努力奋斗，艰辛又执着。魏成功未必从来没有怀疑过饰演男主角杀手卡尔的真实性，没有剧本，没有摄影机，不让看回放，这么多疑点，但是他太需要这个机会，他宁愿不做任何判断，也要多享

---

① 影子：《常远主演喜剧电影〈绝望主夫〉杀青》，《中国电影报》2022年5月11日，第4版。

受一下做主角的感觉。小人物的无奈和艰辛，小人物的笑里带着泪，全在其中。看罢全片，虽然其中有一些不合逻辑之处，影响了影片叙事的流畅度，但魏成功的奋斗和他一路以来的跌跌撞撞却实实在在令观众产生共鸣和共情，我们每一个努力生活的普通人身上，都有魏成功的影子。

《满江红》由张艺谋执导，沈腾、易烊千玺、张译、雷佳音、岳云鹏等主演。影片的故事背景为岳飞含冤受死，奸臣秦桧手握大权的南宋时期，叙事充满喜剧色彩，悬疑设置巧妙，层层反转，在这个过程中，整部影片以悬疑的外在承载了深深的家国情怀，完成了对主旋律精神内涵的阐述。张大、丁三旺、刘喜、瑶琴、孙均这些小人物，虽然身处社会底层，但都心怀家国，有勇有谋，联手策划并实施了刺杀秦桧、传承岳家军精神这一看起来几乎不可能完成的任务。他们为了家国大义，将自身安危置之度外，舍生忘死，高高举起了精忠报国的旗帜。一首《满江红》，悲怆而激越地道出了岳飞精神——家国情怀。

（四）历史战争题材影片

长影出品的影片《狙击手》，是国内第一部取材于真实抗美援朝神枪手事迹的影片。这部作品展现的是抗美援朝战争中发生在一个不起眼的战争角落里的一场普通遭遇战，是在中国人民志愿军狙击小队与美军军备力量差距悬殊的绝境下展开的一场"以战术胜战力"的顽强营救。我们看到的《狙击手》是冰天雪地、一片白茫茫中的冷静克制，是一个又一个在战火中牺牲的战士，是一个又一个平凡而伟大的英雄形象。在和平年代，对牺牲的革命先辈真诚纪念，生生不息、精神永存。

此外，还有一些其他题材内容的尝试，比如女性题材影片《春潮》、音乐题材影片《青春就这么过》等。《春潮》由长影集团出品，聚焦在郝蕾、金燕玲饰演的这对中国式母女关系上，讲述了女性在自我追寻过程中的各种挣扎与对抗，各种互相伤害和相互依存。长影联合出品的科幻灾难题材影片《流浪地球2》是一部中国式的科幻电影，好莱坞式的视觉奇观的画面之下，是不可忽视的中国文化元素与民族情感表达。影片成功地传达出家国大义、故土情怀，刻画出使命担当与精神文明的中国航天员的形象，其独树一帜的中国想象也成为中国形象对外传播的典型范式。长影还积极开展对网剧、网络大电影的创作拍摄，有院线电影《我的青春有个你》《东北往事：我叫赵红兵》《东北往事：我叫黄中华》，也有网剧《立功·东北旧事》（范伟主演）等。

二 长影集团的大电影产业发展创新

随着世界经济全球化的进程不断加快，知识经济越来越受到人们的广泛关注，文化全球化也日渐成为一个大趋势。而文化产业作为知识经济的重要因素，必然也受到无论是来自理论还是实践的极大重视。国家在宏观文化层面为电影产业提供支持，又颁布出台了多项电影政策，加之20世纪90年代好莱坞电影大片引进带来的压力与挑战，中国电影不得不开始思考产业化改革。2004年1月8日，国家广播电影电视总局颁布《关于加快电影产业发展的若干意见》，电影首次被明确定义为一种产业。

（一）长影的体制改革

20世纪90年代，长影的创作进入困难时期。从1993年到1998年，长影连续5年亏损，亏损额高达3000万元。在省委省政府决定拯救长影、振兴长影的号召下，在"不改即死"的严峻形势下，长影进行了一系列改革。1998年4月，长影改革进程启动，确立了长影必须走集团化、公司化、产业化道路的基本思路；到2000年长影实现完全转制，组建了十多个子公司，建立了现代企业制度；2003年，长影被确立为国家级文化体制改革试点单位，并被吉林省列为振兴东北老工业基地重点扶持单位……此后，长影在体制、机制方面，建立了出资人制度、准制片人制度、准自由职业者制度；在管理模式方面，实行责任有限化、产权多元化、管理科学化，标志着长影改革走入正轨。

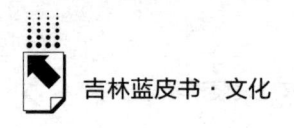

（二）长影集团的大电影产业链的逐步建立

在大电影产业中，后电影的开发也占有举足轻重的地位。长影的改制与转型还体现在大电影产业链的建立上。长影与北京保利集团联手成立东方神龙影业有限公司；创办影视艺术学校；长影世纪城作为中国第一个电影主题娱乐公园投资兴建，并于2005年正式开园。同时，长影频道已设立，农村题材电影基地已成立，长影电影艺术馆正在筹备。

经过十年改革，长影集团大电影产业转型初见成效。长影剥离了社会性附属组织机构，各个子公司基本实现独立经营，自负盈亏。长影集团由改革前的亏损到2001年的收支基本平衡，再到2007年实现了资产总量的稳步增长。长影世纪城和长影频道也持续创造利润。经过多年的努力，2010年长影集团"壮大主业，多元经营，以副养主，延伸电影产业链"的目标初步实现。生存问题解决之后的长影，在2010年实现净利润5979万元，总资产达到20亿元。此后，长影开始步入大电影产业转型和大发展的转折期。

（三）大电影产业转型和大发展的转折期

党的十八大以来，吉林电影实施了电影创作与电影企业双轮发展战略，不断进行新的尝试。扩大市场规模、逐步提高产业化程度，谋求电影产业发展的同时坚持"为时代立像、为人民放歌、为民族铸魂"的创作原则，坚持把红色传承作为主要创作基调，以人民为中心的创作导向，用影像的力量传递奋斗和幸福的含义，这成为凝聚民族精神、引领时代前进的精神动力。

长影坚持把主要精力放在主流价值影片创作上，一大批讴歌党、赞颂社会生活中善良和美的主旋律现实题材优秀影视作品传递了正能量，弘扬了社会主义核心价值观。

长影译制片厂是新中国第一家译制片厂，在长影译制片厂70多年的历史中，已经译配了55个国家41种语言的进口电影3012部。长影译制片厂近几年译配了《马达加斯加》《蓝精灵》《驯龙高手》等一系列热映银幕的优秀影片。近三年译制的《无影之镜》是国内上映的第一部塔吉克斯坦影片，长影译制片厂首次译制该国影片，保留了原声并加上了中文字幕。经典重映影片《天堂电影院》2021年首次登陆内地大银幕，由长影译制片厂制作影片的中文配音。奥斯卡获奖影片《困在时间里的父亲》由长影译制片厂制作中文字幕和原声格式。2021年岁末，长影译制片厂译配完成了2022年金球奖最佳动画长片、最佳原创歌曲等多项提名的动画长片《魔法满屋》。

党的二十大报告中，习近平总书记提出，"讲好中国故事、传播好中国声音，展现可信、可爱、可敬的中国形象"。用电影作品、歌曲和角色传递革命精神，长影集团面向社会推出"四史"宣传教育电影党课，并作为典型案例成功入选《百年初心成大道——党史学习教育案例选编》一书。长影集团与中国电影资料馆、华夏电影发行公司、吉林省委宣传部等共同开展"百部经典影片献礼建党百年"公益展映活动，共同举办"光影映初心、奋斗新征程——银幕上的共产党员形象"展览，深度挖掘红色电影中的典型人物及感人故事。

本着"尊重经典，重现经典，致敬经典"的宗旨，长影先后组织修复并放映了4K版《开国大典》《祖国的花朵》《董存瑞》《上甘岭》《英雄儿女》等影片，长影旧址博物馆联合几家电影博物馆联合巡展4K修复版《红色娘子军》《舞台姐妹》，2K沪语修复版《大李老李和小李》，2K修复版《青春万岁》等影片。这些经典作品再现大银幕，既能勾起人们对那个时代风采的深刻回忆，又能唤起当代观众对其艺术价值的深刻回味。

长影乐团是新中国建立的最早的国家级电影交响乐团。由长影集团与国家大剧院联合策划推出的"追寻·不忘初心——新时代经典作品音乐会"于2023年6月27日、28日连续两晚在国家大剧院音乐厅隆重上演，重温伟大建党精神，赓续永恒历史血脉，唱响时代之声。这是国家大剧院"七一"特别演出的重要活动之一，也是新时代长影乐团规模最大、嘉宾阵容最强的一次重磅演出。

长影旧址博物馆一直心怀"展现电影历史、传承电影文明"的使命与责任感，推进电影工业主题旅游与长影艺术史结合的尝试与实践。2023年4月29日，长影旧址博物馆洗印车间展区首次免费向公众开放，"五一"期间接待游客2.6万人次。长影洗印车间是目前全国现存最早、最完整的电影洗印工业遗址。展区内展现了原底冲洗、底片鉴定、样片制作等电影洗印工艺流程，胶片鉴定室、洗片暗室、印片室等工作场所也完整保留了原貌。

第十七届中国长春电影节"光明影院"公益项目单元启动仪式在长影电影院举办，现场放映了由长影集团与中国传媒大学制作的电影《青春作伴好还乡》无障碍版本。"光明影院"项目通过"讲"电影给视障观众，让他们感受电影独有的魅力，感受年轻人在还乡助脱贫的攻坚实战中挥洒的青春和汗水以及激昂的进取力量。

三　未来展望

当前，我国电影产业发展呈现一派进取的景象，优秀影片频出，一些优秀的电影企业也实现了良性竞争，但是，我国的电影产业仍存在不足需要改进，主要表现在以下几方面。

（一）区域以及精品发展不平衡

我国的电影产业发展在区域上呈现不平衡的状态，主要体现在东部与中西部、大城市与中小城市、城市与乡村之间差异显著。国产电影市场中，高票房与高口碑的优秀作品不多，极少数制作精良的影片也主要集中在东部发达城市地区，一些小成本制作的影片很难进入院线走进观众的视野。

（二）产品类型单一

中国电影家协会与中国文联电影艺术中心联合发布的《2023中国电影产业研究报告》指出，一部电影有超过五六家投资方的情况在全球是比较罕见的，在好莱坞通常只有1~3家。这一现象背后的原因是值得深思的，投资者在投资风险面前小心翼翼，不敢轻易尝试，这样一来电影作品很难百花齐放，电影项目结构也无法均衡合理。

（三）电影技术与人才培养方面的欠缺

电影是一门科技与文化融合的产物。在电影的数字制作技术方面，国产电影始终处于劣势状态，与发达国家的电影制作技术存在不小的差距。当下轰轰烈烈进行的数字化革命，既是机遇，又是挑战。电影技术的提升很明显是电影产业推进的重要环节，而技术提升背后的关键在于人才，这也正暴露出我国电影科技人才匮乏的问题。另外，在电影产业人力资源方面，单纯重视利润而忽视了人才发展的持续性，这也严重制约了电影产业的发展。

（四）版权保护力度不足

中国电影产业化起步较之于发达国家较晚，起初资金扶持力度不大，与之相关的政策和法律法规也不够完善，所以在中国电影产业发展之初，就存在比较严重的盗版问题。网络的便捷性、高效性，加之电影的数字化进程，铺天盖地的各种移动终端抢占了传统的电影播放路径，盗版问题愈加严重。这个问题严重影响并损害了电影发行和放映方的权益。

经济和社会的发展，不仅推动人民物质生活水平的不断提高，而且在精神文化需求层面日趋多元。电视、电脑、手机以及各种移动终端，都对电影产生了强大的冲击。几家国有大型电影公司、民营公司都在奋力抢占电影市场，加上国外资本的不断涌入，这些都导致了当前我国电影产业压力的增加。压力的增加会带来处境的艰难，是短板，但同时也是动力，带来了新的机遇和挑战。人民群众的文化消费需求旺盛、标准提高，市场潜力巨大。这使得我国电影产业有着空前的发展活力和发展动力。

党的二十大报告对推进文化自信自强，铸就社会主义文化新辉煌做出部署，提出"全面建设社会主义现代化国家，必须坚持中国特色社会主义文化发展道路，增强文化自信，围绕举旗帜、聚民心、育新人、兴文化、展形象建设社会主义文化强国,发展面向现代化、面向世界、面向未来的、民族的科学的大众的社会主义文化,激发全民族文化创新创造活力,增强实现中华民族伟大复兴的精神力量",这一部署为全面推进社会主义文化强国指明了方向。作为文化消费重要组成部分的电影产业,如何加强生产多出精品、如何面对国际竞争的压力持续中国文化的输出,这是电影产业必须清醒理性把握的重中之重。笔者认为,长影应从以下几个方面把握未来的发展方向。

1. 把握正确的政治方向和价值导向

电影从诞生之日起就负载着意识形态传播的使命,承担着塑造社会主流价值观的职责。优秀的文艺作品,要自觉地对社会上颓废萎靡的风气进行批判,要在社会大众思想意识的提升上起到引领作用,要领风气之先,弘扬主旋律。长影务必要在社会思想意识多元化的当下把牢政治方向和价值导向,不流俗,不困惑,在电影创作、经营发展的整个过程中自觉践行社会主义核心价值观,有所为有所不为。

2. 找准定位,保持自身的文化传统和文化特色

在电影产业发展的过程中,过度娱乐化、唯经济利益导向,这导致当下许多电影作品缺乏价值感和思想艺术性。农村题材、儿童题材和艺术电影等日渐式微,在市场多元化需求面前难以为继,无论是在数量上还是在口碑上都呈现贫弱疲惫的状态。而长影作为新中国第一家电影制片厂,长期以来都有着把人民作为表现对象、为人民拍摄好影片的传统,创作了大量打动人心的经典电影作品,塑造了大量感人至深的英雄以及平民模范形象,沉淀在几代电影观众的记忆深处。新的时代背景下,长影应该立足于自身的文化特色,保持自身的文化传统,在把握时代精神的基础上继续创作为社会大众所喜闻乐见的作品。

3. 加强创新,提升市场竞争力

党的二十大报告深刻阐释了习近平新时代中国特色社会主义思想的世界观和方法论,提出"必须坚持守正创新"。"守正才能不迷失方向、不犯颠覆性错误,创新才能把握时代、引领时代。"坚持把握正确的政治方向和价值导向,我们可以称为"守正",那么创新则对我们提出了更高的要求。电

影工作者要加强内容创新，再好的电影表达技巧也需要一个好的故事好的脚本。事实上，我们从来不缺乏好素材。中华传统文化源远流长，当代文化昂扬向上、充满生机，长影当深深植根于中华民族优秀的传统文化，积极借鉴国际影视文化的热点，把握人性的共通点，创新话语表达，积极讲述引发人性共鸣的中国故事，争取在文化输出中，在塑造国家形象上贡献新的力量。国产电影的市场竞争力一直不足，作品数量虽多，但赚钱的少，亏钱的多。随着我国电影体制改革的不断深入，创新的经营制度已经如同箭在弦上，势在必行。建立现代企业制度、完善法人治理结构、实行现代化的资本运作方式，只有如此才能在电影产业的资本运营阶段取得良好的发展成绩。2016年上影股份有限公司和中影股份有限公司在 A 股市场挂牌上市，已经迈出了市场化探索的有益一步。在这样的形势下，长影更应该走深化体制改革之路，在保持电影创作为主的前提下，积极探索适合的资本运作之路。

当前我国的经济情况显现出巨大的潜力和向好的前景。国家对文化产业的扶持政策、十几亿人口的庞大消费市场，只要坚持潜心打磨、力推精品，立足中国实际，讲好中国故事，定能创作出更多反映社会现实、符合社会主流价值观念的高质量影片，相信会有更多新时代的优秀作品再度点亮长影的名牌。

B.25 文旅融合背景下长春市小剧场戏剧发展研究

王冠 付天杨 赵美娜 高一莹 张卓钰 张帆 乔浩然*

摘　要： 戏剧能见证城市发展的物质进步和精神成长，对城市发展具有重要作用，其中小剧场戏剧的发展有利于促进城市戏剧整体的繁荣发展，丰富和完善城市公共文化服务体系和文化消费结构，满足市民的审美和娱乐需求，提升城市及旅游的文化内涵，促进文旅产业发展，增强城市软实力。本文阐释了长春市发展小剧场戏剧的重要意义，通过文献整理、实地走访等方式，对长春市小剧场戏剧的基础设施建设、剧目创作、队伍建设等进行了广泛调研，结合文旅融合的大背景做深入全面剖析，并提出了加大政府扶持力度、设立专项扶持基金、倡导"共享戏剧人才"理念、加强人才引进和人才培养、加强专业管理和市场化运营等可行性建议。

关键词： 长春市　小剧场戏剧　剧目创作　共享戏剧人才

在文旅融合大背景下，为长春市戏剧文化的繁荣发展，立足长春实际，进一步谋划发展思路，对小剧场基础设施建设、戏剧创作现状及人才队伍培养等方面广泛调研和分类研究，形成了文旅融合背景下吉林省长春市小剧场戏剧发展研究报告，具体内容如下。

---

* 作者单位均为长春市艺术研究所，其中王冠、付天杨为二级编剧，赵美娜、张帆为三级编剧，高一莹、张卓钰、乔浩然为四级编剧，主要研究方向均为文艺理论。

一 文旅融合背景下长春市发展小剧场戏剧的意义

（一）有利于弘扬长春市文化精神，彰显文化价值

戏剧演出能见证城市发展的物质进步和精神成长，对城市发展具有重要作用。剧场是长春市文化产业的重要组成部分，是各种艺术表演团体的演出载体，更是城市中具有交流和沟通作用的公众场所和文化名片。对于城市来说，剧场中演绎和呈现的戏剧是标志性形象、文化符号，不以"利润"为导向，而是以"文化价值"为导向，更是一个城市的精神领地。

（二）有利于繁荣长春市戏剧创作，提升整体水平

小剧场戏剧作为舞台艺术的"试验田"，是探索本行业发展、培育青年艺术人才的重要平台和实践基地，有利于激发创作热情，提高专业水准，发掘、培育、储备戏剧人才。其题材广泛，兼具文学性、思想性、艺术性，与社会互动性强，更具活力，大大拉近与观众的距离。经受观众和市场检验后不断修改、提升，有利于打造精品剧目，既获得巨大的社会效益，又取得很好的经济效益。其创作周期短，具有投入低、产出快、成活率高等优势，有利于民营剧社和业余剧社生存、发展并谋求壮大，还促进舞美、灯光、服装、造型等全行业共同发展。

（三）有利于丰富城市公共文化服务体系，完善文化消费结构

小剧场戏剧形式灵活，内容多样，充满创作的热情和丰富的艺术想象力，其新型的观演模式和独特的审美体验，吸引以中青年为主的观众群体，满足不同层次和类型观众的审美及娱乐需求，且票价亲民，有利于吸引普通市民走入剧场，领略舞台艺术魅力，是新兴的市民文化消费领域，在丰富市民文化生活的同时，起到艺术陶冶和引领的作用。

（四）有利于提升城市文化内涵，增强城市软实力

城市的现代化进程、市民精神内涵的强化是社会和谐发展的重要保证。中国艺术研究院话剧研究所宋宝珍在《关于小剧场的文化思考》中阐述，小剧场戏剧让人们更加亲近城市，更加了解城市文化魅力，也更能感受城市的生机与活力，增强人们的参与感、认同感和成就感，通过相互交流、情感互动和情感渗透，感受并纾解社会情绪，寻找人生意义和价值，影响力是深入人心的，更是持久永恒的。

（五）有利于提升旅游的文化内涵，促进文旅产业发展

随着我国居民消费水平不断提升，人们对文旅消费抱有新期待、新向往。"文化和旅游融合的根本目的是提供优质文化旅游产品和服务供给，满足人民对美好生活的向往。"[1] 小剧场戏剧一头连着文艺创作、文化惠民，一头连着文旅消费、文化产业，兼具事业、产业双重属性，既能给游客带来新型的休闲方式，也有助于提升旅游的文化内涵，培养新的文化消费群体，并为旅游开发创造直接的经济效益，具有文旅结合的实际意义。

二　文旅融合背景下长春市小剧场戏剧建设现状

（一）长春市小剧场戏剧基础设施建设现状

长春市目前的演出场所主要分为四类。一是人民艺术剧场、桃李梅大剧院、大众剧场等传统剧场，只有人民艺术剧场拥有符合演出小剧场戏剧的"黑匣子"。二是吉林艺术学院、吉林动画学院等在长高校的剧场及报告厅、礼堂，吉林艺术学院八楼黑匣子剧场和吉林动画学院青春剧场是符合演出小

---

[1] 韩旭：《我国文旅融合相关政策研究——基于新中国成立以来国家层面相关政策内容文本分析》，《陕西行政学院学报》2020年第3期，第103~107页。

剧场戏剧的"黑匣子",其他高校剧场戏剧演出设备不全且只供学校内部免费使用,不对外开放。三是长春市群众艺术馆、长春市朝鲜族群众艺术馆、长春市图书馆等公共文化服务设施内的剧场,没有严格意义的"黑匣子",有些演出团队也曾尝试在其演出,演出效果虽不完美,但也有一定的观众。四是栖乐荟、水文化生态园、莲花岛等旅游景区及大型商超的演出场所,栖乐荟楼内的草台班子新喜剧剧场是目前长春市演出小剧场戏剧频率比较高的一个演出场所。

小剧场戏剧发展的基础包括创作团队和演出场地,由于自身演出特点,需要有符合导演想象的自由灵活的表演和观赏空间,以及创造性强的配置、座位和舞台安排,使观众具有"浸入感"。通过调研,长春符合"黑匣子"建筑结构的剧场只有3处,以及未来5年要建成的吉林省活动中心的多功能活动厅。但其中两所院校的剧场不对外开放,只为本校师生创作演出提供服务。长春市小剧场数量极少,难以满足创作、排练、演出等需求。商业剧场的场租每天在5000~20000余元,增加了演出成本,使很多民营演出团体望而却步,制约了小剧场戏剧剧目的排演,降低创作热情,使戏剧人才及爱好者大量流失,影响了长春市小剧场戏剧发展。

(二)长春市小剧场戏剧剧目创作现状

目前,长春市小剧场戏剧演出尚处于探索和开拓阶段。2008年,吉林艺术学院青年教师陈晓峰创作了小剧场话剧《夜迷茫》,率先踏入"小剧场话剧"市场化道路,之后长春市小剧场戏剧在艺术和商业上进行探索,但未能形成规模。2015年至2018年,长春市共创作、排演原创小剧场戏剧剧目40余部(部分剧目未能在长春市上演)。其中,《南门客栈》《画皮》为国家艺术基金扶持项目,《等待戈多大人》《徐娘梦》《新台》《彼岸花开》《疯狂的鹦鹉》是乌镇国际戏剧节青年竞演入围剧目,《等你爱我》《魔教东来》《徐娘梦》《新台》《气味剂》等剧目受邀赴各地戏剧节进行展演。2019年至2022年7月文旅融合后,长春市共有14部原创戏剧剧目演出,其中小剧场戏剧6部:三脚猫剧社创作的《不亦说乎》《喷泉》、吉林艺术学院创作的《消失与重现》、长春光华学院创作的《熊表姐》、孑孓兄弟创作的肢体默剧《我话你猜》、草台班子的肢体默剧。其中《消失与重现》获国家艺术基金资助，《熊表姐》入围第八届乌镇国际戏剧节青年竞演单元复赛。

2015年至2022年7月，长春市原创小剧场戏剧剧目约50部，平均每年不足6部，产能远远低于需求。但整体水平相较于除北上广等小剧场文化发达城市以外的同等级别城市，在形式、主题的丰富性和艺术含量、演出水准等方面水平都比较高。《南门客栈》《画皮》《消失与重现》都是从小剧场中走出的国家艺术基金扶持项目，而业内知名的乌镇国际戏剧节青年竞演单元几乎历届均有长春市原创剧目入围，《新台》《徐娘梦》等作品也不断在重庆、广州、青岛、天津等地的戏剧节演出，取得不错的社会反响。但是长春市小剧场戏剧并没有诞生出IP剧目，也未真正走入市场被广大市民所熟知。相比之下，南京大学的《蒋公的面子》迄今为止已经演出10年400余场，成为城市文化IP，带动了整个南京小剧场戏剧的发展。

（三）长春市小剧场戏剧创作队伍建设现状

长春市小剧场戏剧创作力量总体上分为五种。一是以长春话剧院为主力军的专业团体，具有较强且完备的创作实力，近年来创作了《等你爱我》《魔教东来》《色涩瑟》《构思婚姻》《良宵》《年轻的星空》等多部小剧场戏剧剧目。二是长春市艺术研究所以本单位原创剧本为主，依托"戏剧星期六"活动平台，联合高校剧社和常春藤剧社、mask戏剧工作室等非营利性民间剧社等演出团队，打造自主版权的戏剧剧目，近年来合作创作《玉簪记》《詹姆斯和魔力豆》《一串朝珠》《Lost》《Iris》《感恩节》《少女白昼》《我是谁》《新台》《陪审团》《恶之花》《无处藏身》《奋斗·征程》《雪国历险记》等多部小剧场戏剧，它们成为近几年长春市小剧场戏剧创作及演出的主要平台和产出渠道。三是吉林艺术学院、吉林动画学院、长春人文学院等具有戏剧影视专业的艺术类高校，具有编、导、演的能力，近年来创作的剧目主要有《南门客栈》《画皮》《夜色迷茫》《逆子》《信》《风声河纪事》《杀死齐天大圣》《霍普莱斯》《当我，遇到了我》《你看起来很好吃》《小马快跑》《青蛙王国》《木马银行大劫案》《彼岸花开》《疯狂的鹦鹉》《郑德荣》《誓言》《消失与重现》等多部剧目。四是三脚猫剧社、草台喜剧馆、长春市匡格文化传播有限责任公司等商业性民营剧社，演出《情关三叠》《故事》《无声之地》《一出好戏》《喷泉》《蠢货·求婚》《不亦说乎》等剧目，其中三脚猫剧社、草台喜剧馆都有固定演出场地和排练场所及专业的导演、编剧、演员。五是木鱼石戏剧工坊、常春藤话剧社等业余剧社和广大高校剧社，创作原创小剧场剧目《第十九个陌生人》《永夜》《岁月童话》《破晓》《古城天空》《原罪》《唐敖庆》《戴面具的人》等，主要由广大戏剧爱好者组成，成员流动大，没有固定的编剧、导演和演员，也没有固定的演出和排练场地。

长春市小剧场戏剧人才队伍建设也存在以下问题。一是编剧人才短缺。编剧大多集中在艺术研究院所、艺术类高校和普通高校剧社，整体创作数量和质量难以满足长春市小剧场戏剧的市场需求。前两个地方的编剧具有专业知识和技能，作品质量相对较高，但人数有限；普通高校剧社中的编剧缺乏编剧技巧，多是凭借兴趣和冲动创作，创意丰富但往往不易落地，剧本质量参差不齐，稳定度和成熟度不高，又缺乏接受专业培训指导的机会，很难提升创作水平，且创作的作品多在校内展示，难以走向市场。二是戏剧演员不足。长春市有多个高校设立戏剧专业，是小剧场演员培养来源，但在实践中演出团体仍要面对没有成熟的专业演员可用的窘境。以长春话剧院为例，由于转企改制和事业发展及地缘等，人才资源不足且流失严重，演员年龄结构失衡，人才队伍断层，部分演员还要同时承担行政工作、单位剧目创排工作及公益演出，其余时间很难支撑其他小剧场戏剧的创作演出。"戏剧星期六"平台与其他团队进行合作演出，也因为没有自己的演员团队受到很大限制，民间剧社更是如此。戏剧演员需要在舞台上不断历练和实践，如果不能长时间在剧团沉淀下来进行专业实践，培养人才的机制就不能发挥作用，不利于剧社的稳定性和长期发展，难有优秀作品产出。三是戏剧管理人才缺位。管理人才和科学的人事管理制度是小剧场戏剧人才队伍建设的重要角色，而长春市专门从事剧团管理的人员数量非常有限，多由艺术创作人员兼任，缺少对剧团未来的发展和市场大环境的敏锐预判以及合理有序、整体性、持续性的规划，缺少对外宣传和推销的手段，难以形成产业化、规模化的运营。

（四）长春市小剧场戏剧市场化发展现状

目前，长春市小剧场戏剧演出基本以教学、交流、公益性惠民演出为主，且只有"戏剧星期六"长春青年实验话剧演出系列活动形成半常态化演出，整体市场化程度较低。2015年至今，只有10部原创剧目进行商业演出，不足剧目总量的20%，每部剧的演出场次平均不超过3场。因此，在创作上较少考虑市场和观众需求，制约着作品的市场化发展。虽然长春市小剧场戏剧避免"唯市场论"的创作理念和创作庸俗化的困境，但因为市场化不足造成大量"短命剧"，不利于打造IP。例如，《南门客栈》《消失与重现》等剧目演出大部分是内部赠票，辐射面小，不利于形成品牌效应，市民观众难以欣赏，剧目也无法真正在观众和市场的检验中不断打磨、提升。由于小剧场空间小、座位少、票价低廉，仅凭一两场演出无法收回成本，很难形成良性的商业化运作模式，使很多民间商业演出团体难以维持，不利于创作、演出生态，造成创作内驱力不足。2018年，"北京故事"巡演活动来长春举行，14场演出上座率平均在75%以上（以实际观演人数为准），其中4场全部售罄，2场加座，观众反响热烈，可见长春市小剧场戏剧演出市场还有很大潜力值得挖掘。

（五）长春市小剧场戏剧文旅演艺发展现状

长春市小剧场戏剧创作演出仍以传统的戏剧演出为主，更加关注剧目的文化艺术价值，并未有意与旅游、休闲融合。迄今为止，只有长春莲花岛影视休闲文化园的实景探案互动戏剧《长春囍事》《老枪》等几部作品是真正立足景区打造的旅游演艺作品，但整体上仍具有浓重的游戏色彩，戏剧表演比例不高，质量和专业水平也有待提升。而《消失与重现》虽与景区结合，在长春水生态文化园进行沉浸式环境戏剧演出,将戏剧与公共休闲空间相结合,但并未公开售票,还不能说是真正意义上的文旅演艺。整体而言,长春市小剧场戏剧创作与旅游的结合刚刚起步,还需要进一步发展和探索。

三 文旅融合背景下促进长春市小剧场戏剧建设的对策建议

(一)加大政府扶持力度,促进长春市小剧场戏剧良性发展

政府的引领和扶持对长春市小剧场戏剧的建设和发展具有重要意义。例如,北京市东城区从2007年正式提出"戏剧文化城"建设发展理念,戏剧文化城经过10余年已成为全国戏剧产业链条最完整、戏剧生态最好的区域之一,共有剧场39个,演出团体79家,演出经纪机构293家,平均每年各类演出5000余场,演出票房3亿元,产生了"大戏看北京、好戏在东城"的社会影响,对推动演艺生态建设具有重要意义。因此,针对实际情况,长春政府应出台一系列扶持政策,促进长春市小剧场戏剧良性发展。

1. 提高剧本创作的重视程度

在保证大型戏剧创作基础上,可由相关部门牵头设立小剧场戏剧编剧工作室,打造一个凝聚长春市小剧场戏剧编剧人才的平台,结合本土的旅游资源,定期开展小剧场戏剧剧本征集活动,优秀剧本可采取政府购买方式或开展孵化项目,形成相应的激励机制,鼓励并促进小剧场戏剧的剧本创作。

2. 倡导"共享戏剧人才"理念,加强人才引进

一是组织相关创作单位、演出单位、公共文化服务单位、演出场所(包括各景区)成立"长春市小剧场戏剧演出联盟",让优秀的戏剧人才打破专业和非专业的界限,打造艺术项目,共同进行艺术创作。可与优秀的民营剧社签约进行长期合作,对优秀人才进行资金奖励和扶持。二是邀请外地顶尖创作专家合作创作戏剧剧目,以创作实践为核心配套搭建创作队伍,形成专业的交流和学习平台,带动人才培养。三是让创作者走出去并且拿回

来,学习先进艺术创作理念和方法,开阔艺术视野,并加强"内功"的修炼,多采风、多调研,扎根基层获取艺术养分,为创作提供成长空间。

3. 成立长春市小剧场戏剧艺术委员会,设立专项扶持基金

一是由政府主管部门牵头,以小剧场戏剧为基础,整合长春地区话剧、戏曲、杂技、魔术、舞蹈、音乐以及灯光、舞美、服装方面的专家,成立长春市小剧场戏剧艺术委员会,加强专业引领,负责剧目甄选、剧目指导、制定发展规划等工作。二是设立"长春市小剧场戏剧艺术基金"或专项扶持资金,建立评审和扶持机制,以剧目为单位,由演出单位自主申报,艺术委员会根据艺术性、思想性、市场性相结合的原则,甄选一定数量的优秀作品给予资金扶持,并由专家全程指导、监督、把关,引领小剧场戏剧演出的发展方向,提高艺术水准。三是采取政府购买服务的形式租用商业演出及排练场所,供优秀小剧场戏剧团队使用,使其减少演出成本,扶持优质原创剧目公开演出。

(二)多元开发长春市小剧场戏剧演出场所

1. 开发建设小剧场戏剧演出空间

由政府主导或参与,在城市开发建设及落地项目中有意识地增加适合小剧场戏剧的演艺空间,让戏剧艺术为城市建设注入文化气息和文化魅力。小剧场戏剧演出空间建造的可操作性更强也更好实现,可借鉴小剧场开发的成功案例,结合现代化演出要求,重视其先锋性和灵活性,完善音响、灯光等舞台配置,兼顾观众出入场区域、停车区域、票务服务区、休息区等,以及演职人员的化妆间、服装道具存放区及后台休息和控制室,提升剧场功能的多元化和品质。

2. 完善长春市现有剧场,提升演出场所品质

长春市现有专业小剧场在设计之初就符合演出基本需要,具有良好的基础氛围和观众群体,为满足当下戏剧发展的艺术规律和观众的审美需要,对基础设施进行升级改造更为容易,将灯光、音响更新换代,适应小剧场戏剧演出需要,实现座椅自由调配。在剧场周围开辟空间,销售演出剧目相关文化衍生品，拓宽剧场生存渠道，开辟休闲娱乐区，使观众可以通过 AR 等与虚拟产品进行互动或与主创人员进行交流合影，近距离感受戏剧带给观众的魅力，形成戏剧文化产业链，使观众的观赏体验得以延伸。

3. 升级改造原有公共文化设施，使小剧场戏剧与其他文化艺术相融合

一是由政府相关部门科学统筹资源，升级改造一批原有文化公共服务设施，例如在长春市图书馆、长春博物馆、长春市群众艺术馆、各行政区文化馆、少年宫等公共文化场所中寻找并升级打造适合小剧场戏剧的演出空间，提升空间开放性和功能性，完善观演设备，满足小剧场戏剧演出的需求，赋予它新的文化功能，盘活戏剧创作空间，开辟新的文化艺术展示方式，发挥新作用，实现文化间的跨界融合。设立申请机制，供优秀的小剧场戏剧团队免费使用。同时，利用原有文化公共服务设施的受益群体，比如图书馆的读者、博物馆的参观者、群众艺术馆的市民学员等群体，培育并扩大小剧场戏剧的观众群体。二是扩充更多的地方作为升级改造的选择，例如企事业单位报告厅、教室，以及工业主题的历史文化街区、仓库、舞厅等，活跃周边文化氛围，满足人们对演艺环境的需求。例如，北京 9 剧场的打造，就使文化馆焕发出新的生机与活力。三是根据原有公共设施中的环境及文化元素打造符合当下的小剧场戏剧作品，使相关文化知识内涵及历史故事等内容全方位、立体地展现给观众，用生动的方式演绎悠久的文化历史，使观众有别样的参观、参与体验，让文化更好地渗透和滋养市民及游客群体，提升戏剧艺术的社会功能性，也使场所提升利用率，成为城市焕发新活力的地标。

4. 联合有演出场所的在长高校，形成演出联盟

长春市在长高校众多，很多高校都注重对学生的艺术培养。吉林艺术学院、吉林动画学院等专业院校也培养了大量戏剧人才。可对有意愿、有想法发展戏剧事业并且具备演出场所和条件的高校进行整合，采取"戏剧进校园"的方式，展开各高校间的相互展演，形成固定的"开放日"活动，让更多校外的优秀团体走进校园，与热爱戏剧的同学同台竞技，通过艺术教育资源及周边文化区域，满足小剧场演出场所需求。

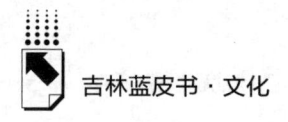

5. 打造演艺新空间，形成小剧场集群

小剧场集群属于创意文化中较高端的一类。目前，上海的"现代戏剧谷"就是成功案例，具有社会和经济双效益。长春市内没有大量的演出场所，但是商业圈、旅游景区却已形成规模，大型商场、景区、公园可以成为小剧场集群发展的重要推动力。例如，长春世界雕塑园、友谊公园、长春博物馆这些文旅公共场所，本身有固定的客流量，周边交通、餐饮、休闲娱乐等设施相对齐全，既方便群众，又可以快速形成效应，创排符合这些场所的小剧场戏剧也可以反作用于场所繁荣，形成集群优势。同时，也可以在城郊选址新建，满足产业集群的升级要求，缓解市区内交通压力，带动周边旅游经济的繁盛。

（三）加强人才培养，提升队伍专业化程度

1. 提供学习专业知识和技能的机会

定期针对广大非专业民营剧社和校园剧社开展表演、导演、编剧等方面的专业培训，吸纳广大非专业剧社主创人员到专业演出单位观摩学习，参与排练、训练。同时，在群众艺术馆等公共文化服务单位开设戏剧培训相关课程、表演工作坊等，推广戏剧文化，满足群众需求。北京、上海、江苏、天津等地区均有专业机构组织的针对小剧场创作的专门培训项目。除"戏剧星期六"活动有针对演出剧目的不定期指导外，长春并没有专门的小剧场戏剧创作相关培训项目。

2. 提供更多的实践机会

在进行理论培养基础上更应注重实践，要敢于给青年创作人员提供展现才艺的平台。应该加大对剧本创作和排演实践的支持力度，为广大剧社创作排演提供更多便利条件和实践机会，建立校企合作机制，成立毕业生实习基地，由高校向剧团推荐优秀毕业生，深度融合定向培养，解决高校就业和剧团缺人的问题。在定向培养过程中，双向确定培养方向，改善戏剧人才供给结构。

3. 健全艺术人才人事管理制度

国营院团和民间团体在创作艺术作品的同时，合理搭配人事管理制度也是保证其生存和发展的重要因素。小剧场戏剧演出团队应当建立符合自身特点的人事管理制度，在政府的指导下，引进与培养各类所需艺术人才，建立合理的人才制度。在配备演员和管理人员之外，剧团也要不断丰富包括编剧、舞美设计者等在内的创作人员，还要多梯队培养演员队伍，以及通过高薪资、重培养的用人机制吸引和留住优秀人才，做到人员建设有需要，人才配备就有供应，彻底实现剧团品牌形象的打造。

（四）加强专业管理和市场化运营

以政府购买服务的形式，委托专业运营团队，比如长春市演艺集团或其他文化企业等，负责演出联盟整体的市场开发、演出组织、宣传推广等工作。目前，长春市小剧场戏剧演出可划分为三个板块。一是免费的公益惠民演出。以"戏剧星期六"活动为依托，以广大校园剧社作品为主，旨在吸引更多观众走近和了解小剧场演出，锻炼演出队伍，培育市场和人才。二是低票价惠民演出，与文化消费相结合，由政府补贴，广大市民享受低票价观演，培育市场的同时增强群众获得感，提升市民文化品位和审美情趣。三是精品剧目演出，以政府购买文化产品的方式，推向市场，打造自主品牌，并有针对性引进天津、北京等对口城市优秀剧目，作为精品演出的补充。通过这三个板块相互促进，协调发展，营造小剧场文化氛围和培育消费市场，提升长春市小剧场演出的市场化程度。

（五）加强艺术引领

小剧场戏剧具有多重属性，在具体实践中，长春立足自身特色，吸收和借鉴发达地区的经验教训，加强对长春市小剧场戏剧的引领。一是努力提升质量，可采取"一帮一，结对子"的方式，以剧社或剧目为单位，让艺委会专家深度介入，进行有针对性的指导，提升艺术质量。二是加强商业化、娱乐性的同时，注重小剧场戏剧的探索性，坚持人文定位，避免过度商业化、同质化、庸俗化的不良倾向，引领城市文化和观众审美，为观众提供精神食粮。三是引导小剧场创作与文旅结合，紧扣本地文旅特色，利用已有文旅资源，深入发掘文化历史底蕴，组织创作人员赴外调研学习和采风、座谈，根据文旅发展需求开展小剧场戏剧创作，开辟旅游公共演出空间，鼓励和扶持创作沉浸式戏剧、环境戏剧等新类型的文旅戏剧。

参考文献

姜茜：《中国当代小剧场戏剧的艺术特色》，《剧影月报》2015年第3期。

宋宝珍：《关于小剧场的文化思考》，《艺术评论》2011年第10期。

高龙民：《小剧场话剧创作"三题"》，《上海戏剧》2002年第12期。

何素玉：《以小剧场建设带动文旅融合发展的秦淮实践》，中国旅游新闻网，2021年1月20日，http://www.ctnews.com.cn/paper/content/202101/20/content_54007.html。

戴晨：《我国小剧场戏剧的市场化发展及其积极意义》，硕士学位论文，安徽大学，2011。

侯琳：《中国小剧场戏剧发展现状分析及对策研究》，硕士学位论文，辽宁师范大学，2015。

胡月：《市场细分背景下小型舞台演艺产业化运营研究——以我国二线城市小型歌舞剧、话剧等表演艺术为典型》，硕士学位论文，厦门大学，2017。

刘彦君：《当代戏剧文化与中国城市发展》，《艺术百家》2010年第6期。

李瀛、徐楠：《北京小剧场差的不只是钱》，《北京商报》2009年4月20日，第C06版。

皮书网

（网址：www.pishu.cn）

发布皮书研创资讯，传播皮书精彩内容
引领皮书出版潮流，打造皮书服务平台

栏目设置

◆ **关于皮书**
何谓皮书、皮书分类、皮书大事记、
皮书荣誉、皮书出版第一人、皮书编辑部

◆ **最新资讯**
通知公告、新闻动态、媒体聚焦、
网站专题、视频直播、下载专区

◆ **皮书研创**
皮书规范、皮书出版、
皮书研究、研创团队

◆ **皮书评奖评价**
指标体系、皮书评价、皮书评奖

所获荣誉

◆ 2008年、2011年、2014年，皮书网均在全国新闻出版业网站荣誉评选中获得"最具商业价值网站"称号；

◆ 2012年，获得"出版业网站百强"称号。

网库合一

2014年，皮书网与皮书数据库端口合一，实现资源共享，搭建智库成果融合创新平台。

皮书网

"皮书说"
微信公众号

权威报告·连续出版·独家资源

皮书数据库
ANNUAL REPORT(YEARBOOK) DATABASE

分析解读当下中国发展变迁的高端智库平台

所获荣誉

- 2022年，入选技术赋能"新闻+"推荐案例
- 2020年，入选全国新闻出版深度融合发展创新案例
- 2019年，入选国家新闻出版署数字出版精品遴选推荐计划
- 2016年，入选"十三五"国家重点电子出版物出版规划骨干工程
- 2013年，荣获"中国出版政府奖·网络出版物奖"提名奖

成为用户

登录网址www.pishu.com.cn访问皮书数据库网站或下载皮书数据库APP，通过手机号码验证或邮箱验证即可成为皮书数据库用户。

用户福利

- 已注册用户购书后可免费获赠100元皮书数据库充值卡。刮开充值卡涂层获取充值密码，登录并进入"会员中心"—"在线充值"—"充值卡充值"，充值成功即可购买和查看数据库内容。
- 用户福利最终解释权归社会科学文献出版社所有。

卡号：222375221997
密码：

数据库服务热线：010-59367265
数据库服务QQ：2475522410
数据库服务邮箱：database@ssap.cn
图书销售热线：010-59367070/7028
图书服务QQ：1265056568
图书服务邮箱：duzhe@ssap.cn

法律声明

"皮书系列"（含蓝皮书、绿皮书、黄皮书）之品牌由社会科学文献出版社最早使用并持续至今，现已被中国图书行业所熟知。"皮书系列"的相关商标已在国家商标管理部门商标局注册，包括但不限于LOGO（ ）、皮书、Pishu、经济蓝皮书、社会蓝皮书等。"皮书系列"图书的注册商标专用权及封面设计、版式设计的著作权均为社会科学文献出版社所有。未经社会科学文献出版社书面授权许可，任何使用与"皮书系列"图书注册商标、封面设计、版式设计相同或者近似的文字、图形或其组合的行为均系侵权行为。

经作者授权，本书的专有出版权及信息网络传播权等为社会科学文献出版社享有。未经社会科学文献出版社书面授权许可，任何就本书内容的复制、发行或以数字形式进行网络传播的行为均系侵权行为。

社会科学文献出版社将通过法律途径追究上述侵权行为的法律责任，维护自身合法权益。

欢迎社会各界人士对侵犯社会科学文献出版社上述权利的侵权行为进行举报。电话：010-59367121，电子邮箱：fawubu@ssap.cn。

社会科学文献出版社